21世纪高职高专财经类规划教材

21SHIJI GAOZHIGAOZHUAN CAIJINGLEI GUIHUA JIAOCAI

人际沟通与礼仪

Renjigoutong yuliyi

高琳 ◎ 主编

周晓红 李文强 高亚锋 ◎ 副主编

人民邮电出版社

北京

21SHIJI GAOZHIGAOZHUAN CAIJINGLEI GUIHUA JIAOCAI

图书在版编目（C I P）数据

人际沟通与礼仪 / 高琳主编. -- 北京 : 人民邮电出版社, 2017.6（2021.1 重印）
21世纪高职高专财经类规划教材
ISBN 978-7-115-45849-0

Ⅰ. ①人… Ⅱ. ①高… Ⅲ. ①人际关系学－高等职业教育－教材②社交礼仪－高等职业教育－教材 Ⅳ. ①C912.1

中国版本图书馆CIP数据核字(2017)第121464号

内 容 提 要

本书着力突出职业教育教学特点，注重教学内容的实用性、操作性，将人际沟通与礼仪两方面内容进行了有机融合，在编写体例及内容的选择上进行了创新，设置了认识人际沟通与礼仪、沟通技能职场沟通、个人礼仪和交际礼仪共五章内容。每章对相关基本知识进行了梳理，并在各小节中穿插了“小案例”“小贴士”“小故事”，以增强阅读的趣味性和启发性，此外还设计了“学习目标”“案例导入”“拓展阅读”“实践训练”“课后练习”等栏目，方便学生做中学、学中做，学做结合，更好地运用人际沟通和礼仪知识，自信、自如地进行沟通，礼貌、得体地与人交流，塑造出职业人的良好形象。

本书提供教学PPT、电子教案、习题答案等资料，可扫描封底二维码下载或通过编辑QQ：60298335索取。本书可作为高职高专院校学生人际沟通与礼仪公共基础课教材，也可作为各界人士进行人际沟通与礼仪训练的培训教材和重要参考书。

◆ 主　　编　高　琳
副 主 编　周晓红　李文强　高亚锋
责任编辑　万国清
责任印制　周昇亮

◆ 人民邮电出版社出版发行　　北京市丰台区成寿寺路 11 号
邮编　100164　　电子邮件　315@ptpress.com.cn
网址　http://www.ptpress.com.cn
北京七彩京通数码快印有限公司印刷

◆ 开本：787×1092　1/16
印张：16.25　　2017 年 6 月第 1 版
字数：396 千字　　2021 年 1 月北京第 9 次印刷

定价：45.00 元

读者服务热线：(010)81055256　印装质量热线：(010)81055316
反盗版热线：(010)81055315
广告经营许可证：京东市监广登字20170147号

前　　言

个人与社会需要进行正常的沟通与交往，人与人之间也需要进行广泛的人际沟通与交流。无数事实表明，建立良好的人际关系是个人生存和发展必不可少的条件，因而人际沟通与礼仪受到社会广泛重视。目前，很多用人单位对大学毕业生的适应能力、沟通能力、礼仪素养的要求高于对专业技能的要求，这使大学生在进行专业知识与技能学习的同时，还需要掌握人际交往与沟通的方法和技巧，更好地发挥专长、提高个人在职场中的竞争力，以及培养自己的礼仪修养，提升人文素养，以获得就业的竞争优势，只有这样才能“学会生存生活，学会做人做事”，这也是学生主动适应社会、开创美好未来的基础。

为了培养会沟通、懂礼仪、知协调、能公关、有口才、善经营、懂管理的第一线的“实干家”，我们为高职高专院校学生编写了应用型特色教材——《人际沟通与礼仪》。本书在编写体例及内容的选择上，一改以往同类教材以灌输理论知识为主的做法，着力突出职业教育教学特点，既注重基础性知识、技能的铺垫，也注重突出教学内容的实用性、操作性、便于学生在做中学、学中做，学做结合，塑造出职业人的良好形象。

本书由大连职业技术学院高琳任主编，周晓红、李文强、高亚锋任副主编。由高琳拟定全书框架并编写第一章和第二章，同时完成教学课件、教案、习题答案等辅助教学资源的整理编写；周晓红编写第五章；李文强、高亚锋编写第四章；高亚锋、张岩松编写第三章；刘嫣茹、谭晓虹、韩金、穆秀英、金磊、王允编写各章学习目标。全书由高琳统稿。

本书提供教学 PPT、电子教案、习题答案等资料，可扫描封底的二维码下载或通过编辑 QQ：602983359 和微信 15652315123 索取。本书在编写过程中，参阅了一些文献资料及网络资源，在此向原作者致歉并表示感谢。由于编者水平有限，书中难免存在不足与错误之处，敬请广大读者指正。

编　者
2017 年 4 月

目录

第一章　认识人际沟通与礼仪

沟通是把一个组织中的成员联系在一起，以实现共同目标的手段。

——[美]巴纳德

表面上礼仪有无数清规戒律，但其根本目的却在于使世界成为一个充满生活乐趣的地方，使人变得平易近人。

——【美】米莉·波斯特

学习目标

了解沟通的目标与类型；把握沟通的原则，并能在沟通中加以运用；熟悉沟通的过程；了解沟通障碍产生的原因并能予以克服。

引导案例

王总经理的一天

王伟是一家公司的经理，下面我们看一下他一天的工作情况。

早晨 8:00 来到办公室，打开计算机开始处理、收发邮件。

8:20 开始批阅文件，然后开始撰写年度工作报告的提纲。

9:00 浏览了一个地区经理提交的关于改变某项工作流程的备忘录，于是决定要为这件事召开一次会议。

按照约定，他在 10:00 就新招聘员工的相关事宜听取了人力资源部经理小宋的汇报。

11:00 亲自去机场迎接来自美国的客户，并与其共进午餐。

下午 1:30 引导美国商客去公司参观，并就进一步合作事宜进行了磋商。

下午 3:30 接受了一名记者的采访。

下午 4:00 就与美国合作事宜召集各部门经理开了一个紧急会议。

……

上述他一天中的事情都可称为是一种“沟通”。

问题：

请分析一下你自身一天之中进行了哪些沟通？

第一节　人际沟通

要认识人际沟通，首先要对沟通有一个深刻的把握。

一、沟通的内涵、种类与过程

1. 沟通的内涵

沟通是各种技能中最富有人性化的一种技能。社会就是由人与人之间互相沟通所形成的网络。沟通渗透于人们的一切活动之中，人们已经习惯于生活在沟通的汪洋大海中，很难设想，要是没有沟通，人们该怎样生活。美国相关机构曾经对 25 名优秀的管理人员进行调查，发现他们有 76% 的工作时间是用于沟通的。在现代信息社会，人们对信息的搜索、加工和处理能力已经成为决定其职场竞争力的关键因素。

所谓沟通，就是发送者与接收者之间为了一定目的而运用一定符号，所进行的信息传递与交流的过程。沟通过程涉及沟通主体（发送者和接收者）和沟通客体（信息）的关系以及信息发送者为影响接收者而使用的语言或非语言的行为。在沟通过程中，信息以怎样的方式被传送，又如何传递给接收者，接收者如何解读信息，信息最终以怎样的方式被理解，这些都与沟通过程中主体的语言行为息息相关。具体来说，要正确理解沟通的含义，可以从下述几点来把握。

（1）有效的沟通既要传递事实，又要传递发送者的价值观及个人态度。

（2）有效的沟通意味着信息不仅被传递，而且还要被理解。

（3）有效的沟通在于双方能准确理解彼此的意图。

（4）沟通是一个双向动态的反馈过程。这种反馈并非一定要通过语言表现出来，接收者也可以通过其表情或目光、身体姿势等形式将信息反馈给传递者，从而使发送者得知接收者是否接收与理解其所发出的信息，并了解接收者的感受。

【小故事 1-1】

土著人的最高礼节

有一天，哈佛商学院的一位教授接到非洲土著的请柬，邀请他到非洲讲授部落的竞争力战略。

教授为了表示对土著人的尊敬，于是准备了好几套西服上路。土著人为了表示对文明国度知名教授的尊敬，准备按照部落至高礼节欢迎他的到来。

讲课的第一天，教授西装革履地出现在土著人面前，讲了一整天，一直在冒汗。为什么呢？原来土著人以最高礼仪在听课——男女全部都一丝不挂，只戴着项圈，私处也只遮盖着树叶，在下面黑压压地站成一片。

第二天，教授的讲课同样也是一个冒汗的过程。为了入乡随俗，教授也脱得一丝不挂，只戴了个项圈，私处也只遮盖着树叶；但是土著人为了照顾教授的感情，吸取了头一天的教训，于是全部西装革履。

直到第三天，双方做了很好的沟通，台上台下全穿西装，竞争力战略才顺利地传授下去。

【思考】本案例对你有何启示？

2. 沟通的种类

（1）按照沟通的方法划分，沟通可划分为口头沟通、书面沟通、非语言沟通、电子媒介、手机媒体沟通等。各种沟通方式的比较如表1-1所示。

（2）按照组织系统划分，沟通可分为正式沟通和非正式沟通。

① 正式沟通。正式沟通主要包括以下5种。

- 链式沟通。在链式沟通中，居于两端的人只能与邻近的一个成员联系，居中的人则可分别与其两侧的人沟通信息。
- 轮式沟通。轮式沟通网络在组织中代表一个主管直接管理部属的权威系统。

表1-1 各种沟通方式的比较

沟通方式	举例	优点	缺点
口头	交谈、讲座、讨论会、电话	快速传递、快速反馈、信息量很大	传递中途经过层次愈多信息失真越严重、核实越困难
书面	报告、备忘录、信件、文件、内部期刊、布告	持久、有形，可以核实	效率低、缺乏反馈
非语言	声、光信号、体态、语调	信息意义十分明确，内涵丰富	传递距离有限，界限模糊，只能意会，不能言传
电子媒介	传真、闭路电视、计算机网络、电子邮件（E-mail）、即时通信	快速传递、信息容量大、一份信息可同时传递给多人、廉价	单向传递，电子邮件可以交流，但看不见表情
手机媒体	微信、QQ、短信	体积小巧，便于携带，隐蔽性好；普及率高，覆盖面广；手机功能强大，传播迅速	国内手机资费高、网速慢；手机用户结构复杂；手机传播中存在虚假、诈骗、色情、暴力等有害信息

- 圆式沟通。此形态可以看成是链式形态的一个封闭式控制结构，表示5个人之间依次联络和沟通。其中，每个人都可同时与两侧的人沟通信息。
- 全通道式沟通。这是一个开放式的网络系统，其中每两个成员之间都有一定的联系，彼此可随时沟通情况。此方式集中化程度很低。
- Y链式沟通。Y链式沟通，其中只有一个成员位于沟通的中心，成为沟通的媒介。在组织中，这一网络大体相当于组织领导、秘书班子再到下级主管人员或一般成员之间的纵向关系。

正式沟通方式如图1-1所示，各种正式沟通方式的比较如表1-2所示。

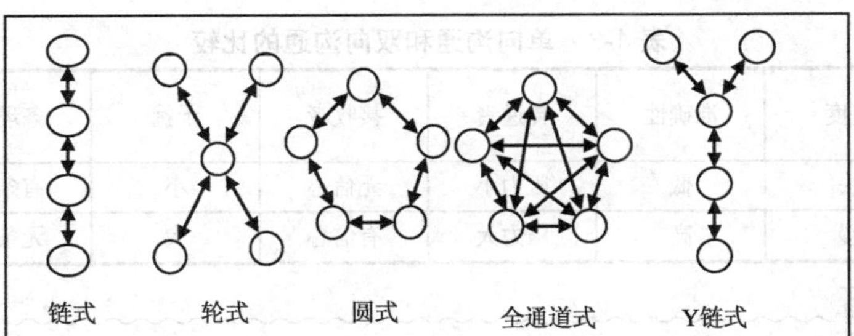

图1-1 正式沟通方式

表 1-2　各种正式沟通方式的比较

沟通方式 沟通特点	链式	轮式	圆式	全通道型	Y 链式
解决问题速度	快	较快	慢	快	中
正确性	高	高	低	中	高
突出领导者	相当显著	非常显著	不显著	无	中
士气	低	非常低	高	高	中

② 非正式沟通。非正式沟通主要包括以下 4 种。

- 单线式。单线式的传递方式是通过一连串的人，把信息传播给最终的接受者。
- 集中式。集中式的传播方式是把信息有选择地告诉自己的朋友或有关的人，这是一种藤式的沟通传递。
- 偶然式。偶然式的传播方式是按偶然的机会来传播信息，有些人未接收到信息，这与个人的交际面有关。
- 流言式。流言式的传播方式是一个人主动将信息传播给所有与他接触交往的人。

非正式沟通网络如图 1-2 所示。

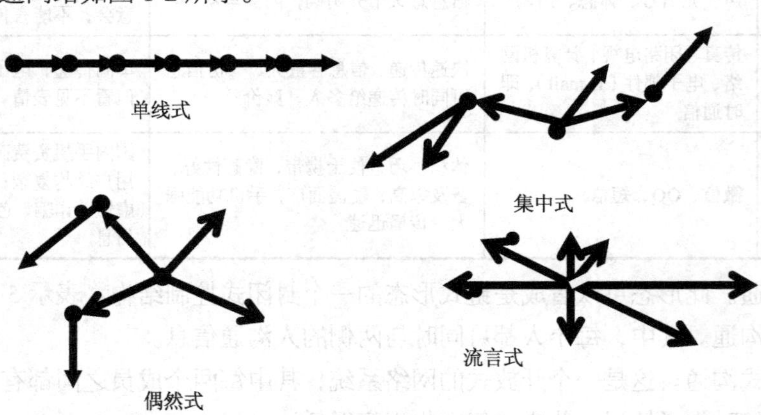

图 1-2　非正式沟通方式

（3）按照信息传递的方向划分，沟通可分为下行、上行、平行和斜向沟通。

（4）按照是否进行反馈划分，沟通可分为单向沟通和双向沟通。单向沟通和双向沟通的比较如表 1-3 所示。

表 1-3　单向沟通和双向沟通的比较

类型 特点	速度	准确性	传递者	接收者	干扰	条理性	反馈
单向沟通	快	低	压力小	无信心	小	有条理	无
双向沟通	慢	高	压力大	有信心	大	无条理	有

小案例 1-1

课堂中的沟通

阳阳是一个调皮的学生，常常在课堂上捣乱。有一天，第一节上音乐课，阳阳一会儿捣乱前面的同学，一会儿乱唱曲子，一会儿自说自话地翻音乐书。结果，因为他不遵守纪律而导致全班同学被扣了一颗星。

朱老师上第二节思品课，走在去教室的路上得知这件事，当她走进教室的时候，学生们便纷纷告状，诉说阳阳今天如何如何不好。而阳阳坐在位子上，低头不语，好似一个犯了天大错误的罪人。等学生们一一说罢，朱老师请阳阳到讲台上，阳阳慢吞吞地挪了上来，看上去情绪很失落。

“阳阳，我想听听你的想法。”朱老师说。

阳阳默不作声。

“那么，就让朱老师站在你的角度，感受一下你此时的内心想法吧!”朱老师关切地看着阳阳，继续说道，“我想，你听到同学们如此说你的不是，一定感到很没面子，你也一定没有想到同学们对你竟有如此大的意见。”阳阳一个劲地点头。

“那么，你认为同学们对你有这么大的意见，今后在班级里还能交到朋友，还有人愿意和你玩吗?”

说到这里，阳阳的泪水“哗”地一下奔涌而出，一边抽泣一边说：“没有了，没有人愿意和我玩了!”

朱老师看时机成熟了，便因势利导，说道：“那么，如果你想让同学都认可你，愿意和你玩。今后上音乐课，你如何做才能赢得同学们的尊重与好感?”

阳阳一下子说了好多平时老师教育学生课堂上该如何遵守纪律的话。

朱老师听了很高兴，鼓励他：“朱老师相信你能用实际行动来证明给同学们看!”

“好的，看我的吧!”看着灿烂的笑容重又回到阳阳的脸上，朱老师也笑了。

【思考】朱老师与阳阳的沟通是何种沟通，有何特点？效果如何？

3. 沟通的过程及要素

沟通过程是指发送者将信息通过一定的渠道传递给接收者的过程。沟通的具体过程如下。

第一步，发送者获得某些观点或事实（即信息），并且有传送出去的意向。

第二步，发送者将其观点、事实以言辞来描述或以行动来表示（即编码），力求不使信息失真。

第三步，信息通过某种通道传递。

第四步，接收者由通道接收到信息符号。

第五步，接收者将获得的信息解码，转化为其主观理解的意思。

第六步，接收者根据他理解的意思加以判断，以采取不同的反应行为。

由此可见，一个看起来简单的沟通过程事实上包含着许多环节，这些环节都有可能产生沟通的障碍，从而影响沟通目的的实现。现在可以理解，为什么每天我们都有可能遇到一例因沟通而出现的误解、尴尬甚至是矛盾和冲突的事件了。

沟通过程模式如图 1-3 所示。

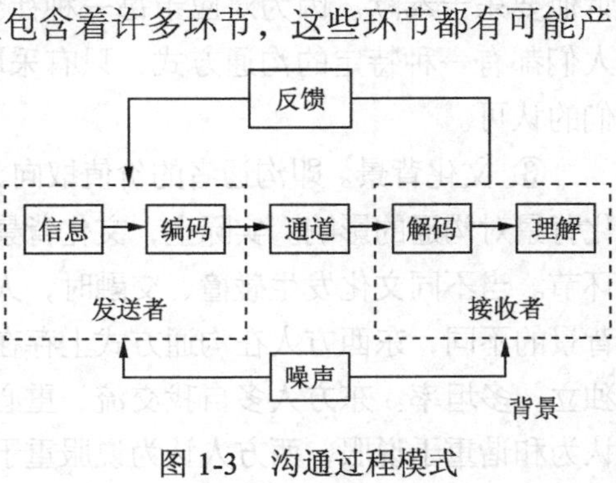

图 1-3　沟通过程模式

要想取得沟通的最佳效果，必须首先把握沟通过程中的要素，这主要包括以下几个方面。

（1）发送者与接收者。沟通的主体是人，任何形式的信息交流都需要有两个或两个以上的人参加。由于人与人之间的信息交流是一种双向的互动过程，所以，把一个人定义为发送者而把另一个人定义为接收者，这只是相对而言，这两种身份可以发生转换。在信息交流过程中，发送者的功能是产生、提供用于交流的信息，是沟通的初始者，处于主动地位；而接收者则被告知事实、观点或被迫改变自己的立场、行为等，所以处于被动地位。发送者和接收者这种地位对比的特点对信息交流的过程有着重要影响。

（2）编码与解码。编码是发送者将信息转换成可以传输的信号的过程。解码就是接收者将获得的信号翻译、还原为原来的含义的过程。编码和解码的两个过程是沟通成败的关键。最理想的沟通，应该是经过编码与解码两个过程后接收者形成的信息与发送者发送的信息完全吻合，也就是说，编码与解码完全“对称”。“对称”的前提条件是双方拥有类似的知识、经验、态度、情绪和感情等。如果双方对信息符号及信息内容缺乏共同经验，则容易缺乏共同的语言，那么就无法达到共鸣，从而使编码、解码过程不可避免地出现误差和障碍。

（3）信息。在沟通过程中，人们只有通过“符号—信息”的联系才能理解信息的真正含义，由于不同的人往往有着不同的“符号—信息”系统，因而接收者的理解有可能与发送者的意图存在偏差。

（4）通道。通道是发送者把信息传递到接收者那里所借助的媒介物。口头交流的通道是声波，书面交流的通道是纸张，网上交流的通道是互联网，面对面交流的通道是口头语言与身体语言的共同表现。在各种通道中影响力最大的仍是面对面的原始沟通方式，因为它可以最直接地发出及感受到彼此对信息的态度与情感。因而，即使是在通信技术高度发达的美国，总统竞选时候选人也总是不辞辛苦地四处奔波去选民面前演讲。

（5）背景。背景就是指沟通所面临的总体环境，任何形式的沟通都必然受到各种环境因素的影响。沟通的背景通常包括以下几个方面。

① 心理背景。即沟通双方的情绪和态度。它包括两方面内容：一是沟通者的心情和情绪，或兴奋、或激动、或悲伤、或焦虑，不同的心情和情绪会影响沟通的效果；二是沟通双方的态度，如果沟通双方彼此敌视或关系淡漠，则其沟通常常会由于偏见而出现误差，双方都较难准确理解对方的意思。

② 社会背景。即沟通双方的社会角色及其相互关系。不同的社会角色关系有着不同的沟通模式。上级可以拍拍你的肩头，告诉你要勤奋、敬业，但你绝不能拍拍他的肩头，告诉他要乐于奉献。因为对应于每一种社会角色关系，无论是上下级关系，还是朋友关系人们都有一种特定的沟通方式，只有采取与社会角色关系相适应的沟通方式，才能得到人们的认可。

③ 文化背景。即沟通者的价值取向、思维模式、心理结构的总和。通常人们体会不到文化背景对沟通的影响。实际上，文化背景影响着每一个人的沟通过程，影响着沟通的每一个环节。当不同文化发生碰撞、交融时，人们往往能较明显地发现这种影响。例如，由于文化背景的不同，东西方人在沟通方式上存在着较大的差异：东方人重礼仪，多委婉；西方人重独立，多坦率。东方人多自我交流、重心领神会；西方人少自我交流、重言谈沟通。东方人认为和谐重于说服，西方人认为说服重于和谐。这种文化差异使得不同文化背景下的管理人员在沟通时遇到不少困难。

④ 物理背景。即沟通发生的场所。特定的物理背景往往造成特定的沟通气氛。如在能容纳千人的大礼堂进行演讲与在自己的办公室高谈阔论，其气氛和沟通过程是大相径庭的。而在嘈杂的市场听到一则小道消息与接到一个电话特意告知你一则小道消息，给你的感受也是截然不同的：前者显示出的是随意性，而后者体现的却是神秘性。

（6）噪声。噪声就是妨碍信息沟通的任何因素，噪声存在于沟通过程的各个环节。典型的噪声包括以下几个方面的因素。

① 影响信息发送的噪声：表达能力不佳、词不达意；逻辑混乱、艰深晦涩；知识经验的不足，使解码造成局限；发送者不守信用、形象不佳等。

② 影响信息传递的噪声：信息遗失，外界噪声干扰，缺乏现代化的通信工具进行沟通，沟通媒介选择不合理等。

③ 影响信息接收和理解的噪声：知觉的选择性，使人们习惯于对某一部分信息敏感，而对另一部分信息“麻木不仁”“充耳不闻”；接收者的选择性理解，他们往往根据自己的理解和需要对信息进行“过滤”，造成信息传递的差异；信息量过于巨大，过犹不及，使接收者无法分清主次，对信息的解码处于抑制状态等。

（7）反馈。即将信息返回给发送者，并对信息是否被接收和理解进行核实，它是沟通过程的最后一个环节。通过反馈，信息交流变成一种双向的动态过程，双方才能真正把握沟通的有效性。如果反馈显示接收者接收到并理解了信息的内容，这种反馈称为正反馈，反之则称为负反馈。反馈可以检验信息传递的程度、速度和质量。获得反馈的方式有很多种，直接向接收者提问，或者观察接收者的面部表情，都可获得其对传递信息的反馈。但只借助观察来获得反馈还不能确保沟通的效果，将观察接收者与直接提问法相结合能够获得更为可靠、完整的反馈信息。

小案例 1-2

老板的脸是办公室的“晴雨表”

很多德国公司的中国员工，往往待不了几天就跳槽，原因是德国公司的气氛太压抑。导致气氛压抑的直接原因就是“可怕”的德国老板。

赫敦咨询管理有限公司的菲比，虽然年轻，但已经是位有好几年工作经验的人力资源经理了。大学刚毕业那会儿，她进入一家外资银行，行长就是德国人。菲比有幸在20世纪90年代初就领略到德国人“古板”“严谨”的工作作风。她回忆，那个时候，所有人对德国行长都怕得不得了，不到万不得已，谁都不会主动和行长说话，对他都是敬而远之。老板脸一沉，办公室一片死寂；老板心情好，大家统一微笑。老板的脸就是办公室的“晴雨表”。

对于老板的命令，员工只有服从的份，更别说商量了。菲比清楚地记得，她刚到银行不久，行长的秘书休产假去了。她在毫无准备的情况下，被指派暂时接替行长秘书的工作。一次，行长让她找出“Mercedes-Benz”和“DaimlerChrysler-Benz”两个文件，他开会要用。菲比听了半天，还是不知道“Mercedes-Benz”和“DaimlerChrysler-Benz”到底是什么东西，也不知老板要的文件是关于什么的。行长没有考虑到她是顶替的，对文件不熟悉，没有任何解释和提示。菲比也根本不敢问，毫无头绪地对着一大堆文件，不知从何下手。

第二天，不见文件的老板给她下了最后通牒，明天早餐会前必须把文件放在他桌上。行长压根不关心为什么菲比没能找到文件，而她更不敢解释。菲比一度曾想请假，不去上班，避免见到行长。可是躲得过初一，躲不过十五，只好硬着头皮上。终于，找到了“Mercedes- Benz”和“DaimlerChrysler-Benz”这两个文件，才发现原来就是奔驰车的相关文件呀！

【思考】在与人沟通过程中有哪些需要注意的因素？

4. 有效沟通的条件

（1）高情商是有效沟通的先决条件。长久以来，高智商一直被视为事业和生活方面成功的先决条件，后来人们发现仅凭高智商是远远不够的，事业的发展和生活的幸福，情商在其中也扮演重要的角色。在美国，曾有人追踪过哈佛大学一些学生在中年的成就，从薪水、生产力、社会地位等诸多方面的考察来看，发现在校考试成绩高的不见得社会成就高。就一个40岁左右的中年人来说，智商与其当时的社会地位有一定的关系，但影响更大的是处理挫折、控制情绪、与人相处的能力。在社会中生存，每个人都必须面对各种纷繁复杂的关系网，情商高低决定了人一生的去向，与外界沟通的程度取决于人的情商。社会交际能力较差的人，常常感到活得很累，他们活没少干，力没少出，辛苦没少搭，却时常事与愿违，得不偿失。纵使他们获得了足够的成功机会，最后也可能因不会交际而错失机会，功败垂成。因此，沟通能力的优劣可以决定一个人的成功与否，情商又决定沟通能力的优劣。要提高沟通能力，首先要提高情商。

（2）良好的文化素养是有效沟通的前提。沟通的信息是包罗万象的，在沟通中，我们不仅在传递信息，而且还在表达情感，提出意见。要想有效与人沟通，就必须具备一定的文化素养。沟通手段的运用，社交礼仪的展现，言语表达的技巧，处理问题在“度”上的把握，都是一个人综合素质的体现。美国著名汉学家约翰·塞维斯在一篇刊登在《洛杉矶时报》的纪念文章中这样描写周恩来同志给人的印象：“凡是见过周恩来的人，没有谁会忘记他。他精神饱满，富于魅力，长相漂亮，这是原因之一。他给人的第一印象是他的眼睛。浓密的黑眉毛下边有一双炯炯有神的眼睛在凝神看着你。你会感觉到他在全神贯注地看你，会记住你和他说过的话。这是一种使人立即感到亲切的罕见的天赋。1941年在重庆第一次会见他时，我的感觉就是这样。在重庆和延安的那些日子里，同他谈话，每次都是思想智慧的交锋，愉快得很。他文雅、和蔼、机警而不紧张，不会使人提心吊胆，幽默而不挖苦人或说话带刺，也能非常迅速地领会你的想法，但从来不会在你表达遇到困难时表示不耐烦，他自己思维敏捷而不耍花招，他言行如行云流水而不夸夸其谈，他总是愿意开门见山地谈问题，而又总设法寻找共同的见解。他在设法使我们趋向赞同他对中国和世界事务的看法，他自己对这些看法是深信不疑的。但是他这样做，靠的是冷静的说理、清晰温和的措辞、广博的历史知识和对世界的了解及深入掌握的事实和细节。”文化素质修养决定着一个人的行为方式，决定着一个人的沟通能力的高低。

（3）语言表达能力是有效沟通的重要基础。人际沟通主要是通过语言，语言表达能力和技巧直接影响着人际沟通的效果。提高语言表达能力首先要培养自己的语感。语感是指人对语言的感知和反应能力，也叫语言的触发功夫。语感强的人具有很强的语言感知能力和语言感应能力，前者是指当一连串的线性结构的语流通过听觉或视觉传入自己大脑的时候，能迅速而准确地领会其含义和情味；后者是指当某种事物或事变呈现在眼前，或某种意念产生于脑海时，能快捷地找到准确而生动的词语，并进行语言的编码，将其连贯有序地表达出来。

【小故事 1-2】

梁启超对对子

清末的梁启超有一次到武昌讲学，拜访当时的湖广总督张之洞。张之洞自恃位厚爵显、才高学富，想难为梁启超一番，便出了个上联，让他答对：“四水江第一，四时夏第二，先生居江夏，谁是第一？谁是第二？”这个问题很难回答：江淮河汉四水，长江排第一；春夏秋冬四季，夏季为第二。你梁启超来到我坐镇江夏的张总督管辖的地盘里来了，谁居首位呢？梁启超自然听出了对方的倨傲之势，却又不好说自己居于对方之上。该怎么说呢？他稍加思索，便对出了下联：“三教儒在先，三才人在后，小子本儒人，何敢在前？何敢居后？”

【点评】如今人们日常沟通交谈，很少是出题作诗对对联了，但这种对于语言的感知和反应如此之迅捷、精当和简练的智慧，确实是一个人十分重要而又特别实用的本领。

提高语言表达能力还要注意语言表达的简洁精练，这是说话的基本功，它体现出说话人分析问题的快捷和深刻的能力，是其认识能力和思维能力的高超表现。它能使听者在较短的时间内获得较多的有用信息，有助于博得对方的好感，同时这也是说话人果断性格的表现。要做到这一点，头脑里必须储存一定量的材料，并且临场交流时能选用恰当的词语表达思想、思路清晰、层次分明。

提高语言表达能力还要注意语言表达的生动形象。生动形象是语言魅力的基本因素，能增强语言的感染力，吸引听众的注意力。要善于运用各种修辞方法，把深刻的道理寓于具体事实中，使之通俗易懂。语言的幽默风趣能使你到处受欢迎，幽默也是一种智慧，是人的内在气质在语言运用中的外显，在人际沟通时能活跃气氛，化解尴尬。

此外，委婉含蓄这一语言技巧在交际中的作用是很大的，是人际交往的缓冲术。在自我表露时，可绕过一些难于直言的内容，在拒绝对方的要求、表达与对方不同的意见或批评对方时，可以维护对方的自尊，给对方留足面子。

二、人际沟通的内涵、特点与作用

1. 人际沟通的基本内涵

所谓人际沟通，就是指人与人之间进行信息传递和情感交流的过程。通过人际沟通，人们彼此交流思想、观点、情感、态度和意见，从而达到交流信息、调节情绪、增进友谊、加强团结的目的。在现代社会中，人际沟通的广度和深度不仅是人们生活质量的重要体现，而且也是组织沟通、团队沟通的前提和基础。可以说，有效的管理沟通都是通过有效的人际沟通来实现的。

实际上，人际沟通的内涵是涵盖广泛、错综复杂的。但它的最基本内涵却只涉及内容和关系两个方面。所谓内容是指人际沟通中的信息，所谓关系是指沟通双方在互动中所建立的相互联系。两者紧密相连，不可分割，共同构成人际沟通内涵的基本框架，使每个沟通均包含着一定的内容和所确定的相应关系。因此，研究人际沟通的规律，从剖析、理解、处理其内容与关系之间的内在联系入手，是十分重要的。

（1）内容与关系对人际沟通的作用与影响。通常任何一个欲交流的信息是携带着相应的内容和一定的关系在传、收双方之间进行沟通的，它的效果和稳定状况如何，则自始至终与其内容和关系的相互作用及彼此影响密切相关。事实上，同样的沟通内容可有不同的关系水平，以致产生不同的沟通效果。反之，同样的关系水平也可有不同的沟通内容，但常可以维持相对稳定的沟通。

如有在某医院病房工作的护士甲和护士乙，一天护士甲对护士乙说："请与我一道给病人送药好吗？"显然，从该信息的关系层面来看，甲向乙提出这个请求，是处在与乙平等的地位出发的，表明两人的关系为对等状态，因而易被乙接受，与甲共同为病人送药。以后如甲维持与乙的这种对等关系，那么无论请求与乙一道为病人做什么（注射、导尿、灌肠、测血压等），均可得到相应的合作。倘若甲对乙的说法变为："你想与我一起给病人送药吗？"这时尽管两种说法的内容信息均为"一起给病人送药"，但后一说法所显示的甲、乙两人之间的关系是呈互补状态的，所处的地位也存在着一定的差异。于是甲的要求易被乙拒绝，结果难以达到"一起为病人送药"的目的。可见指导、帮助沟通双方正确处理彼此之间的关系，合理利用内容沟通和关系沟通的相互作用与正面影响，对客观认识人际沟通规律，掌握它的规范、准确运作技巧是大有裨益的。

（2）内容和关系之间的实质性。所谓人际沟通，实质上就是要沟通双方建立真正的相互关系。因此，紧扣人际沟通的真实含义，以建立关系为主线，揭开表象、剖析事实、克服偏见、反复实践，是学会沟通的有效途径。具体来说，应做到以下几点。

① 确保沟通双方首先获得对方的好感，尽可能避免背逆接收者的感情来说话。客观根据人们的气质特点（如对好友说的话洗耳恭听，对讨厌者说的话逆反排斥等），使沟通的对方在充满善意或好感的认知基础上，开展友好、有效的人际沟通。

② 积极建立关系、融洽感情，努力使沟通双方能自觉为对方着想，以良好的人际关系增进友谊，加强信任，弥补过失，消除误解，切实保障人际沟通的正常运转。

③ 从内容和关系双重角度，来加深对信息的正确理解。即通过在沟通双方之间构建可靠的关系，进而影响对内容的理解和认同。

小案例 1-3

两次效果迥然不同的裁员

由于受全球经济危机的影响，一家网络公司的经营遭到严重打击，最后决定裁员。

第一次裁员。

地点：公司的会议室。

方式：通知全部被裁人员到会议室开会，在会议上宣布被裁人员，并且要求每个人立即拿走自己的东西离开办公室。

效果：公司所有被裁员工都感到很沮丧，离开后到处述说对原公司的不满，造成较坏的社会影响。留用的员工人人自危，极大地影响了公司的士气。

第二次裁员。

地点：星巴克咖啡厅。

方式：人事专员在咖啡厅单独约见每个被裁人员，耐心、细致地向他们解释公司的决策，由于公司的原因致使他暂时失去了这份工作，请他谅解，并给他一个月的时间寻找下一份工作。同时表示，如果公司运营情况好转，需要聘请人员，会首先想到重新聘请这些老员工。

效果：被约谈的员工得知情况后，都接受了事实，并且表示，如果公司需要他的时候随时可以通知，他会毫不犹豫地再回到公司。留用的员工听说后，觉得公司尊重员工，感到颇为欣慰，企业向心力由此增强。

【思考】为什么两次裁员的沟通效果反差这么大？

2. 人际沟通的特点

由于人是有思想、有感情的高级动物，所以人际沟通与其他形式的沟通相比，具有下述特点。

（1）沟通双方都是交流活动的积极参与者。沟通双方积极参与交流，其前提在于人际沟通的双方都有共同的动机。在人际沟通过程中，每一个参与者都是积极的主体。双方之间的沟通是一个相互作用的互动过程。

（2）人际沟通受到人际关系的影响。俗话说“酒逢知己千杯少，话不投机半句多”，人际沟通总是在一定的人际关系下进行的，人际关系的状况直接影响人际沟通的深度、广度，影响着人际沟通的方向。

（3）人际沟通会出现障碍。人际沟通过程中，沟通双方的社会文化因素和心理因素，包括沟通双方的社会地位、文化水平、风俗习惯和社会传统，以及个人的需要、动机、情绪、兴趣、价值观、个性、经验与知识结构等，都会造成人际沟通的障碍，产生信息的过滤和曲解，从而妨碍人际沟通的正常进行，这是人际沟通过程中特有的一种现象。这样的特点在中国文化背景下显得尤为突出，中国俗语所说的“逢人只说三分话，未可全抛一片心”，说的就是人际关系对人际沟通的影响。

（4）人际沟通的主要工具是语言。除了书面语言以外，人际沟通还经常通过口头语言进行。在口头沟通过程中，除了语言符号系统外，语音、语调、停顿、重音以及语速等辅助语言符号系统也会传递大量的信息和丰富的情感，同时，表情、姿态、手势等非语言符号系统在沟通过程中也起到很大的作用，因此，在口头沟通时常常出现言外之意和弦外之音。

（5）人际沟通信息传递迅速，交流形式与内容随意性较大。人际沟通是人与人之间直接的信息传递，不经过第三者，因此信息传递速度比较快，信息传递的数量也较少受限制。特别是当人际沟通只限于两人之间时，其传递效果往往是比较好的。但是人际沟通也有另一方面的特点，就是人际沟通的形式与内容随意性较大，双方可以根据具体情景对人际沟通的形式和内容进行调整和改变。如果人际沟通的链条过长，其信息传递效果呈明显下降趋势。据有关研究显示，第一个信息传播者将信息传递给第二个人时，信息量只有原来的 70%；第二个人将信息传递给第三个人时，信息量只有原来的 55%；第三个人将信息传递给第四个人时，信息量只有原来的 30%。

小案例 1-4

一次不欢而散的沟通

汪大伟正和下属李明春谈话，这是对李明春迟到和缺席的第二次警告。李明春争辩道，在同事中，他的工作做得最多。汪大伟知道李明春是一名很好的员工，但不能容忍他违反公司的制度。

汪大伟：“小李，你知道今天早上为什么叫你来？上个月我们讨论过你的问题，我认为你正设法改进。但当我检查月度报告时，我发现你迟到了 4 次，并且多病休了两天。这说明你根本没把我的谈话当回事。小李，你的业绩很好，但态度不佳。我再也不能容忍这样的行为了。”

李明春：“不错。我知道我们上个月谈过，我也努力准时上班，但是最近交通非常拥挤。工作的时候我是十分投入的，你应该多注意我的工作效率，与我们组的老王相比，我的工作量要大得多。”

江大伟：“现在不谈老王的事，而是你。”

李明春：“不，应该谈老王和其他几位同事的事。我比大多数同事做得好，而我在这儿被批评，这不公平。”

江大伟：“小李，我承认你的工作很出色，但公司的制度也很重要。你平均每月迟到 4～5 次，你不能总这样。我该怎么样处置你呢？我真不愿使用正式警告，你知道那意味着什么。”

李明春：“是的，我了解正式警告，我想我会更加注意，但我认为我比其他人工作努力，应有所回报。”

江大伟：“好的，小李。如果没有这些问题，你的出色业绩会得到回报的，如果你想挣更多的钱或被提升，你应该按时上班，遵守公司的规章制度。”

李明春：“好的，我认为你是对的，但是对于你这样的处理方式，我仍持保留态度。”

江大伟：“小李，随你选择。如果你下个月的记录仍不好，我将使用正式警告。”

李春明：“好的，但是我还是认为这不公平。”

【思考】汪大伟在人际沟通上存在什么问题？

3. 人际沟通的作用

人际沟通除信息的传递外，还包括情感、思想、知识和经验等多方面的交流，它对于改善人际关系、调整和转变人的行为都具有十分重要的意义和作用。具体说来，人际沟通的作用主要表现在下述几个方面。

（1）人际沟通有助于增长知识，开阔视野，丰富经验。在人际沟通过程中，个体可从对方那里吸取对自己工作、学习和生活有意义、有价值的知识与经验，以别人的长处弥补自己的不足，借鉴别人的优势来改变自己的劣势，学习他人的成功经验，吸取他人的失败教训，以此扩充自己的知识积累，更好地提高自己对环境的适应能力。

（2）人际沟通有助于改善人际关系。有效的人际沟通可以把沟通双方的思想、情感、信息进行充分的、全方位的交换，从而达到增加共识、增进了解、联络感情的效果，有效改善人际关系。世界上最美的东西就是人与人之间的情感联结，而人与人之间的情感联结就是通过人际沟通来实现的。沟通的过程使积极的情感体验加深，使消极的情感体验减弱，从而使人际关系不断得以改善。

（3）人际沟通有助于自我定位。唐太宗说：“以铜为镜，可正衣冠；以古为镜，可知兴替；以人为鉴，可明得失。”这句话，道出了人际沟通有助于认识自我、进行自我定位的作用和功能。因为人在与他人的沟通过程中，理解了别人的同时，也认识了别人眼中的自己。人们从他人对自己的反映、态度和评价中，发现自己的长处和短处，找到自己恰当的社会位置，为自我的设计、发展、完善创造了有利条件。离开了人际沟通，人就永远无法客观地认识他人，也无法真正地了解自己。

（4）人际沟通有助于心理健康。沟通与交往是人类最基本的社会需要之一。根据美国管理学家马斯洛的需求层次理论，每个人都有归属和社交的需要，通过彼此间的相互沟通和交往，可以诉说各人的喜怒哀乐，这样就增进了成员之间思想和情感的交流，促使其产生依恋之情。人际沟通有助于人的心理健康，正如有人所说的那样："当我们快乐时，把我们的快乐告诉朋友，会使快乐加倍；当我们痛苦时，把我们的痛苦告诉朋友，会使我们的痛苦减半。"

（5）人际沟通有助于提高团队的效率。人际沟通是组织管理的基础，离开了人际沟通，管理功能的发挥以及管理目标的实现是不可能的。良好的人际沟通能够把各人的知识、专长和经验融合在一起，使其能够更好地与他人合作，从而构建一个高效的工作团队，取得事业的成功。

小案例 1-5

通用汽车公司的"全员决策"

通用汽车公司（GM）是全球最大的汽车公司，其核心汽车业务及子公司遍及全球，共拥有 325 000 名员工。1981 年杰克·韦尔奇接任总裁后，认为公司管理得太多，而领导得太少，"工人对自己的工作比老板清楚得多，经理们最好不要横加干涉"。为此，他实行了"全员决策"制度，使那些平时没有机会互相交流的职工、中层管理人员都能出席决策讨论会。杰克·韦尔奇开展的"全员决策"，消除了公司中官僚主义的弊端，减少了烦琐程序。实行"全员决策"后，通用公司在经济不景气的情况下取得了巨大成功。杰克·韦尔奇本人被誉为全美最优秀的企业家之一。当企业的运营或管理出现了新问题，管理者与被管理者以及管理者与管理者、被管理者与被管理者之间必须通过良好有效的沟通交流，才能找准症结，通过分析、讨论、决策，及时将管理问题解决。

三、人际沟通的原则与影响因素

1. 人际沟通的基本原则

人们在社会生活中进行人际沟通和人际交往时，不仅要有良好的、正当的动机，遵循普遍的社会道德规范，而且还需要采取正确的方法并遵循一定的原则。

（1）尊重原则。人人都有自尊心，都有受人尊重的需要，都期望得到别人的认可、注意和欣赏。这种需要的满足会增强人的自信心和上进心；反之则会使人失去自信，产生自卑，甚至影响其人际交往。因此，在沟通中首先要遵循相互尊重的原则。尊重原则要求沟通者讲究言行举止的礼貌，尊重对方的人格和自尊心，尊重对方的文化背景。这里既包括要善于运用相应的礼貌用语，如称呼语、迎候语、致谢语、致歉语、告别语、介绍语等；也包括遣词造句的谦恭得体、恰如其分，如多用委婉征询的语气；还包括平易近人、亲切自然的态度。当然，对对方的尊重不仅仅表现在沟通形式上，更表现在沟通中所交流的信息和思想观念上，即要把对方放在平等的地位上，以诚相待，摒弃偏见，讲真话。

小案例 1-6

意外收获

福斯米德先生受命为公司新落成的办公楼采购 320 台空调机。他下决心要把这件事办好，一定要让领导满意。经过充分考虑，他决定在确定供货商之前，进行一次充分的调查。除了考察价格和质量外，他认为还应该考虑供货方的售后服务情况。因为售后服务在成交之前只能靠对方的承诺来判断，可是仅凭承诺不足以规避风险。他要寻找一家真正关心顾客利益的销售商。对于那些只做一锤子买卖、对顾客的利益漠不关心的销售商，坚决不与他们合作。

福斯米德先生开始走访那些空调专卖店和综合电器商场。他隐瞒了自己的身份，闭口不提购买空调机的事情。他一家一家地推开那些商家的店门，当那些满脸笑容的店员问他是否要购买空调机的时候，他就立即告诉他们说："不，我只是想为家里那台空调机配一个空调罩，不知你们是否能够卖给我一个？"

他发现在听到这句话之后，几乎所有的人都立即将脸上的笑容冷却下来，他们对这种小买卖没有丝毫的兴趣，福斯米德对他们的态度变化，早有心理准备。

后来，他只好扩大自己的走访范围。他在一家规模稍小的空调商店受到了自始至终的欢迎。那家商店的员工并没有表现出不耐烦，他们很热情地向他推荐了各种款式的空调罩，供他选择。几天之后，福斯米德把这笔巨额订单交给了那家愿意卖给他空调罩的商店，并允许商店在两个月之内把 320 台空调机分三批送到他们公司。对于那家商店，他们仅仅是因为对一位只是想购买一只空调罩的顾客热情相待，而意外地获得了一个巨额订单。

【点评】尊重每一个来访的人，是这家商店赢得福斯米德先生信任的秘诀。这是一个再简单不过的秘诀，但是世界上百分之九十的商家，却忽视了其中的道理。

尊重是不分对象的，学会善待每一个人，有时你会得到意外的收获。

（2）简洁原则。宝洁公司对简洁做了规定，交给高级经理审阅的文件每份不得超过两页。良好的人际沟通是追求简洁的，主张用最少的文字传递大量的信息。无论对谁，沟通简洁都是一个基本点。每一个人的时间和精力都是有价值的，没有人喜欢不必要的烦琐交谈、没完没了又毫无结果的会议。

（3）理解原则。理解原则就是要求沟通者要善于换位思考，要站在对方的处境上设身处地考虑，体会对方的心理状态与感受，这样才能产生与对方趋向一致的共同语言。同时还要耐心、仔细地倾听对方的意见，准确领会对方的观点、依据、意图和要求，这既可以表现出对对方的尊重和重视，也可更加深入地理解对方。

正如《圣经·箴言》中写道："掌握理解的人是幸福的/善于理解的人/卖掉的是银子/得到的是比金子还珍贵的东西/理解比宝石还要宝贵/上帝用智慧构成了大地的基础/以理解奠定天柱。"沟通不仅是信息的传递，更是对信息的理解和把握，准确地理解信息的意义才是良好的沟通。理解又是人际沟通的润滑剂，凡事一被理解就顺畅了。我们说"理解万岁"，懂得理解的人，其沟通能力一定强，并且到处受欢迎。

小案例 1-7

理解

一家电梯公司与某酒店订有维修合同。酒店经理不愿让电梯一次停运两个小时以上，因为这样会给客人造成不便，但这次维修起码需要 8 小时。电梯公司的代表给酒店总经理打了电话，不过他并没有先在时间上讨价还价，而是说："我知道你们酒店生意很好。不愿让电梯停太长时间，这样会给客人带来不方便，我理解你的忧虑，我们一定尽力使你满意。可是我们检查后发现需要大修理，否则将会带来更大的损失，那样电梯可能得停运更长时间了。我想你更不愿给客人造成几天的不便吧。"最后经理同意停运 8 小时，这比停几天更可能接受一些。正因为代表对经理方便客人的立场表示理解，才能够说服经理接受他的主张，且没有引起经理的不悦。

【思考】沟通中如何做到理解对方？

（4）宽容原则。人际沟通的双方要心胸开阔、宽宏大量，把原则性和灵活性结合起来，只要不是原则性的重大问题，应力求以谦恭容忍、豁达超然的风度来对待各种分歧、误会和矛盾，以诙谐幽默、委婉劝导等与人为善的方式，来缓解紧张气氛、消除隔阂。事实证明，沟通中心胸开阔、态度宽容、谦让得体、诱导得法，会使沟通更加顺畅并赢得对方的配合与尊重。

小案例 1-8

特殊的房子

贝聿铭是著名的华裔建筑设计师。在一次正式的宴会中，他遇到这样一件事：当时的宴会嘉宾云集，在他邻桌坐着一位美国百万富翁。在宴会中这个百万富翁一直在喋喋不休地抱怨："现在建筑师不行，都是蒙钱的，他们老骗我，根本没有水准。我要建一个正方形的房子，很简单嘛，可是他们做不出来，他们不能满足我的要求，都是骗钱的。"贝聿铭听到后，他的风度非常好，没有直接地反驳这位百万富翁，他问："那你提出的是什么要求呢？"百万富翁回答："我要求这个房子是正方形的，房子的四面墙全朝南！"贝聿铭面带微笑地说："我就是一个建筑设计师，你提出的这个要求我可以满足，但是我建出来的这个房子你一定不敢住。"这个百万富翁说："不可能，你只要能建出来，我肯定住。"贝聿铭说："好，那我告诉你我的建筑方案是，建在北极。在北极的极点上建这座房子，因为在极点上，所以各个方向都是朝南的。"

（5）准确原则。良好的人际沟通是以准确为基础的。所谓准确，是指沟通所用的符号和传递方式能被接收者正确理解。在沟通中典型的不准确信息有：数据不足，资料解释错误，对关键因素无知，存在没有意识到的偏见，以及对信息的夸张等。如果传递的信息不准确、不真实，不仅会给沟通造成极大的障碍，而且还会失去对方的信任和理解。因此，为了保证沟通的准确性，在信息收集过程中应注意选择可靠的信息来源，用准确的语言或精确的数字客观地记录原始信息；在信息加工过程中，应采用科学的方法，尽可能排除人为因素（如加工者的主观偏见、智力或技术水平的不足）对信息内容及其价值的客观性的干扰。

（6）及时原则。坚持沟通的及时性原则，就是要求在信息传递和交流过程中一定要注意信息的时效性，既要注重传递信息的主要内容，又要注意传递信息产生与发生作用的时间范围及条件，做到信息及时传递、及时反馈，这样才能使信息不因时间问题而失真。

（7）坦诚原则。日本企业之神、著名国际化电器企业松下电器公司的创始人松下幸之助有句名言："伟大的事业需要一颗真诚的心与人沟通。"松下幸之助正是凭借这种真诚的人际沟通艺术，驾轻就熟于各种职业、身份、地位的客户之中，赢得了他人的信赖、尊重和敬仰，使松下电器成为全球电器行业的巨人。

有人做过一个统计，从描述人品的词语中选出你认为最重要的几个，真诚被排在了第一位。崇尚真诚是时代的主旋律。真诚既然是人心所向，在沟通中我们就应该坚持它。沟通最基本的心理保证是安全感，没有安全感的沟通交往是难以发展的，只有抱着真诚的态度与人沟通，才会得到意想不到的效果。一个人尽管不善言辞，但有真诚就足够了，没有什么比真诚更能打动人。

小案例 1-9

女孩用真诚打动了他

在西方经济大萧条时期，有个女孩子好不容易找了份工作，在一家首饰店做销售员。一天早晨清扫时，她不小心打翻了首饰盒，6 枚戒指只找回了 5 枚。这时她发现有位男青年匆匆向门口走去，女孩凭直觉断定准是他捡走了，因为早晨商店里人很少。女孩赶上去叫住了他，很真诚地说："你知道现在工作很难找，这是我的第一份工作，家里还有母亲等我赡养。"男青年顿了一会儿，跟她握了一下手（戒指在手里），说："祝你好运！"女孩用真诚打动了他。

【思考】女孩的沟通有何独到之处？

（8）互动原则。沟通是互动的，不是一方的事，需要双方共同参与。有传递有反馈，有说有听，才有双方意见的交流，在来来回回互动中达成共识。那么，如何实现互动呢？共享说话权利是互动的前提。在与人交谈时口齿伶俐固然是件好事，但是用之过度，独自一人滔滔不绝地大发议论，可就不识趣了。谈话是不该一个人唱独角戏的，每个人都有表现的本能欲望，所以共同支配时间对沟通尤为重要。尽可能要长话短说，言简意赅。给别人时间，听听他人的高见，既是对对方的尊重，也会让你有所收获。克林顿就说过，他在倾听别人说话时能学到很多东西。还有在交流时，不可自我吹嘘，这种炫耀会影响你的形象，必要的神秘感反而会增加你的魅力。

沟通从"你"开始。不要尽谈论自己，尤其在众人聚会的场合里，最糟的莫过于将所有话题集中在自己身上。只要场合及语法恰当，尽可能用"你"作为每个句子的开头。这样会立刻抓住听者的注意力，同时能得到他人正面的回应。

要想得到对方的反馈，需要有一定策略。罗斯福的方式很简单，就是在与人接触的前一个晚上，花点时间研究一下客人的背景，于是一见面，共同的话题就源源不断，谈话自然让对方兴趣盎然。在这种氛围中，沟通就能更顺畅。

将自己的愿望变成对方的，也不失为得到对方反馈、达到双赢的好方法。

小案例 1-10

威森的策略

威森为一家画室营销服装设计草图，他经常去拜访一位著名的服装设计师，设计师从不拒绝接见，但也从来不买他的东西。威森一次次失败后，改变了思路。他把未完成的草图，带到买主的办公室。"如果您愿意，希望你帮我一个小忙，"他说，"这是一些尚未完成的草图，能否请你告诉我，我们应该如何把它们完成才能对你有所帮助？"

这位买主默默看了那些草图一会儿，然后说："把这些草图留在我这儿几天，然后再回来见我。"三天以后威森又去了，获得了他的某些建议，取了草图回到画室，按照买主的意思把它们修饰完成。结果是这些服装设计草图全部被设计师接受了。

2. 人际沟通的影响因素

人际沟通是一个连续、动态的变化过程，始终受到沟通者生理的、心理的和社会的多重因素影响。因此，正确认识这些复杂的因素及其对人际沟通产生的各种作用，对激发沟通动力、去除沟通障碍具有积极的意义。这些影响因素主要如下。

（1）移情效应。所谓移情是指沟通者从对方的角度来感受、理解和分享其情感的过程。它是人际沟通的一个最重要的影响因素，对沟通双方取得理解可发挥关键作用。实际上，站在对方角度理解对方，并及时向他们表达这种理解，既是移情的具体表现，又是有效人际沟通的基本前提，应当引起我们在沟通时的重视并加以应用。

（2）信任程度。人际沟通效果还取决于沟通双方的信任程度。在现实生活中，凡是自己信任的人所传送的信息就比其他渠道来源的信息容易被相信和认同。这种对沟通者的信任程度，主要与对方的权威性、信誉、领导才华、语言魅力以及目的一致性（即判断是否与自己的目的和价值观存在一致）等因素有关。

（3）控制能力。这是指一个人引导和确定与沟通对象某种人际关系的支配力度。它所建立的关系包括互补关系、对称关系和平等关系三种。在互补关系中，由于沟通双方地位不平等，一方常以支配方式要求另一方顺从，显然，此时支配方的控制能力最强。在对称关系中，沟通双方因地位平等，导致以竞争方式争夺控制权，结果是谁也不能控制谁，两者的控制能力呈动态平衡状。在平等关系中，沟通双方的控制能力介于上述两种关系之间，任何一方能否取得控制地位，则需机动灵活地根据当时的沟通状况来确定。

（4）自我显示。在人际沟通过程中，自我显示是沟通者有意地向他人叙述自己真实情况的一种沟通行为，它有利于双方深入沟通了解，促进和发展双方的人际关系，常以主动性、有意性、真实性和独特性等特点，来影响人际沟通的效果。

（5）沟通者状况。主要是指沟通者自身所造成的影响因素。

① 生理因素。如沟通者过度疲劳、身患疾病或聋哑、失语等，均可直接妨碍人际沟通。

② 情绪因素。由于情绪是一种具有感染力的感情因素，因而它对沟通的有效性可产生直接影响。一般轻松愉快的情绪，能增强一个人的沟通能力。而紧张忧虑的情绪，可干扰一个人传递或接收信息的本能。故护士应注意保持平和、良好的情绪，这对维系护患之间有效沟通是尤为重要的。

③ 智力因素。若沟通双方接受教育程度、知识水平、使用语言和对事物的理解等均存在明显差异，则会造成明显的沟通障碍。

④ 性格因素。通常，性格内向的人因经常独思单处、形单影只，与其他人沟通的动机薄弱，不善于人际沟通。但有时可与少数知心人建立稳定、有效的沟通渠道，从而形成深厚的情感和友谊。性格外向的人由于机敏活泼、乐于表现，与其他人沟通的动机强烈，往往善于沟通，并易获得社会信息和在公共社交场合中产生较大的影响，但其沟通程度并不一定都很深。

⑤ 感觉和态度因素。沟通时，传送者因需保密或对接收者缺乏信任而将信息删掉、更改或保留，常导致接收者对其所传信息拒收或无法理解，造成沟通困难。其次，当沟通双方因生活经验、社会阅历、价值观念、理解方式存在较大差别时，往往会对传送的信息难以形成准确、恰当的共识，进而使沟通无法继续进行。

【小贴士 1-1】

帕金森人际沟通 10 法

著名学者帕金森研究出与他人沟通最有效的10种方法，人们称之为“帕金森定律”。

（1）与人沟通永远不嫌弃。不要因为害怕对方可能的反应，以致迟迟不敢沟通，要知道，因为未能沟通而造成的真空，将很快充满谣言、误解、废话，甚至仇恨。

（2）在沟通的过程中，知识并不一定永远是智慧；仁慈不一定永远是正确；同情不一定永远是了解。

（3）负起沟通成功的全部责任。作为聆听着，你要负起全部责任，听听其他人说些什么；作为说话者，你更要负起全部责任，以确定他们能够了解你在说些什么。绝对不能用一半的心意来对待与你有关的人，一定要有百分之百的诚心。

（4）用别人的观点来分析你自己。把你想象成你的父母、你的配偶、你的孩子和你的下属。想象你走进一间办公室时，陌生人会对你产生什么印象？为什么？

（5）听取真理，说出真理。不要让那些闲言闲语使你成为受害者之一。记住，你向外沟通的都是你的意见，也都是你根据有限的资料来源得到的印象。你要不停地从可靠的来源那儿扩大你的资料库。

（6）对你听到的每件事，要以开放的心态加以验证。不要存有偏见 ，要有充分的分析能力，对真相进行研究与检验。

（7）对每个问题，都要考虑到它的积极面与消极面，追求积极的一面。

（8）检讨一下自己，看看是否能够轻易和正确地改变你扮演的“角色”：从严肃的生意人，变成彬彬有礼的朋友、父母，变成知己或老师。

（9）暂时退出你的生活圈子，考虑一下究竟是哪种人吸引你？你又要吸引什么样的人？他们是不是属于同一类型？你能否吸引胜利者？你所吸引的人是否比你更为成功？为什么？

（10）发展你神奇的“轻抚”。今天、今晚就对你心爱的人伸手轻抚；在明天、在今后的每一天，都要这样做。

四、人际沟通障碍及其克服

1. 人际沟通的障碍

人际沟通的过程也就是人与人之间的信息沟通、思想感情交流和行为互动的过程。在现代社会中，人际沟通范围的不断扩大，人际沟通的频率不断增加，人际沟通的水准不断提高，因而人际沟通的障碍因素也比以往更复杂。分析和研究人际沟通的障碍因素，对于调节人们的沟通行为，搬掉沟通过程中的“绊脚石”，克服障碍，具有重要意义。

一般来说，人际沟通障碍包含知觉障碍、个性心理障碍、文化障碍以及社会障碍等几种类型。

（1）知觉障碍。人际沟通障碍产生于人际沟通过程中。在认知对象时经常会出现不同的知觉错误即知觉障碍，它们既可以在人际交往中发挥积极的促进作用，同时也会有其消极作用，即干扰着人们的直觉，使之形成认知误差，最后形成沟通障碍，这里不再赘述。

【小故事 1-3】

孔子的慨叹

孔子被各地所聘，携众弟子讲学，但是迟迟得不到报酬。当时，孔子生活拮据，当地村民给了他们一些米粮，孔子想，这个米饭让谁来煮我才放心呢，他想到了大弟子颜回，颜回平日忠厚老实，不贪图小便宜，于是他就把煮米饭的任务交给颜回，颜回欣然接受。

过了一会儿，孔子忍受不了米饭香味的诱惑，便到厨房，刚到厨房门口，他看到了一幕：颜回正手抓着米饭，大口地在吃。孔子十分生气，自己最喜爱的好弟子，怎么会这样呢？孔子回到了书房，此时大弟子把米饭也端进了书房让师傅吃，孔子心想，我要考验他一下，看看颜回是否真的不懂尊师重道？于是，孔子就和颜回说："我们难得吃一回米饭，先祭祭祖吧！"古时，祭祖必须是干净的食物，如果食物被沾染了肮脏的东西，那就是对祖先的大不敬。当时，颜回一听要祭祖，扑通一声给师傅跪了下来，说："师傅，不能祭祖，因为这些米饭已经被我抓过了，也吃过了。"孔子当时心里暗喜，想孺子还算可教，接着颜回说了一句让孔子非常震惊的话："因为厨房年久失修，又没有清理过，当我打开锅盖时，热气使棚上的灰掉到了锅里，米饭脏了，我想扔掉太可惜了，我把这些脏的吃掉，既可以让我吃饱，也可以让师傅您吃到干净的米饭，多好啊。"当时，孔子心中深深叹息，原来我亲眼看到的也不是真的。

【思考】孔子为什么慨叹？

（2）个性心理障碍。一个人的个性心理主要指个性倾向性与个性特征，包含性格、气质、态度、情绪、兴趣等；另外也包含自卑、害羞、妒忌、孤僻等消极性心理特征。这些心理特征对人际沟通有着严重的制约作用。

① 态度。沟通的基本问题是如何把握态度，一个人的态度不对，技巧再好也是枉然。人在沟通交流的过程中，无论处于什么位置，都应根据自己的要求、兴趣去理解和分析对方的信息并做出积极反馈，调整自己的言行，达到信息交流目的。

小案例 1-11

拼地图

从前，美国有一个牧师，他在一个星期六的早晨起来，正为自己要在十分困难的情况下进行唠叨的布道而发愁。当时他的太太去买东西了，天空正下着雨，他的小儿子又吵闹不休，令人烦心。后来这位牧师在无可奈何的情况下，捡起一本旧杂志，一页一页地翻着，当翻到有一幅色彩艳丽的世界地图时，就把它撕了下来，然后将它撕成碎片，扔到地板上，对小儿子说："小约翰，你要是能将这幅地图重新拼起来，我就给你 25 美分。"

牧师以为他的儿子为此会花上大半个上午，可是不到 10 分钟，就有人敲他的房门，是他的儿子抱着拼好的地图进来了。牧师非常惊讶地看着这准确无误的世界地图，便问："孩子，你是怎么完成这幅拼图的？"小约翰说："这非常容易，在地图的另一面有一个人的照片，我就把这个人的照片拼在一起，再翻转过来，我想，如果这个人是正确的话，那么，这个世界地图就是正确的。"这个牧师终于笑了，给了儿子 25 美分，并且说："你也替我准备了明天的讲道。假如一个人是正确的，他的世界也是正确的。"如果一个人想改变他的世界，首先他应该改变自己。如果他是正确的，他的世界也是正确的。

【思考】你认为态度与沟通方式有何关系？

② 情绪。研究表明两个人的沟通 70%是情绪，30%是内容。如果沟通时情绪不对，内容就会被扭曲。情绪激动时，人们很难条理清晰地思考问题，思想也会被模糊，常会口不择言，伤人情感。而面对情绪激动的对方，大部分人都会变得怒不可遏、拒不接受，而不能平静理智地驳倒对方，乃至产生冲突。所以，沟通内容之前情绪层面一定要梳理好。

【小故事 1-4】

善于管控情绪的李世民

唐太宗李世民每次听完魏征讲话后都要出去走一走，有人不解地问唐太宗："这是为何？"他回答说："我怕我杀了他。"

其实，魏征是谏议大夫，原先是唐太宗哥哥的人，魏征不因原主子被唐太宗杀了而巴结李世民，相反，他能坚持原则照样批评李世民。但李世民知道他讲的是对的，怕情绪影响对信息的正确接收，只有选择出去散步，让情绪正常。

唐太宗管控自己情绪的能力极强，不愧为唐代最杰出的明君。

【思考】管控情绪还有哪些方法?

③ 自卑。自卑是由于对自己的知识、能力、才华过低地评估而轻视自己，是一种自我封闭心理。自卑是一种认为自己不如别人的情绪体验，主要表现为缺乏信心，妄自菲薄，对自己的能力估计过低；在成功时多归之于外部原因，遭挫或失误时则做内部归因，过分自责。自卑是严重影响人际沟通的心理障碍，直接阻碍一个人走向社会，危害个人发展和人际交往。

小案例 1-12

聪明的父亲

一个人在遭受挫折以后，如果不能正确对待自己就会产生自卑心理。有一个叫小文的女孩，在参加工作第一次单独外出接洽生意时就遭到了失败，被同事取笑后，她哭着跑回家，在父母的劝解下仍然不能释怀，觉得自己一无是处。这时她父去拿出一支笔和一张白纸，要她在白纸上画黑点，把自己认为有的不足和缺点，只要想到的就在纸上点一点，画定之后，父亲问她："你看到什么？"她说："我看到无数的黑点，无数的缺点。"父亲又说："还看到什么？"她说："除了缺点还是缺点。"

父亲一再地启发，女儿终于发现"白纸部分大于黑点部分"。父亲又启发她："将你的优点和长处盖在黑点上，还剩下多少黑点？是不是白纸更大了？这就是你的发展空间，是不是空间很大？"女儿认真地思考之后，点了点头，心情开朗了，鼓足勇气重新开始自己的事业，后来成为公司的销售经理。

父亲一次次开导，一步步启发，终于让女儿变得自信，最后当上公司的销售经理。

【思考】消除自卑心理，你还有什么好办法？

④ 自傲。自傲是自以为比别人高明而骄傲，是一种过度的自我接受倾向。它是自尊心过分膨胀的表现，主要表现为狂妄自大、目空一切、不自量力、想入非非，设想自己如何了不起，能干大事业，对身边小事不屑一顾，对身边人贬低，不愿与人沟通交往。

⑤ 羞怯。羞怯既指害羞也指胆怯。根据斯坦福大学的心理学家所做的调查，在抽样调查的一万多名成人中，约 40% 的人有不同程度的羞怯心理，且男女人数比例基本持平。羞怯心理较重的人在人际交往中常表现为话未开口脸先红，话语低沉、心乱跳，遇到困难，宁可憋在肚子里，也不好意思向他人请教。羞怯心理会影响人的正常交往。

⑥ 孤僻。孤僻是指孤寡怪癖而不合群的人格表现，常表现为独往独来、离群索居，对他人怀有厌烦和戒备的心理；与人交往时显得漫不经心、敷衍了事。有时看上去似乎也较活跃，但常给人一种做作的感觉，人们一般都不愿主动与之交往。

孤僻常在以下几种情景中表现得更为突出：自身不受别人理睬而不得不独处时，常会有失落感和自尊心受伤感，这时就会显得更加孤僻而不愿与人交往；当与别人交往而当众受到讥讽、嘲笑、侮辱和指责时，常会产生神经过敏，以为别人都瞧不起自己，这时就会闷声不响、郁郁寡欢，或者恼怒异常、撒手离去等。孤僻的人常缺乏朋友之间的欢乐与友谊，缺乏群体的支持，看不到生活的美好。

⑦ 嫉妒。嫉妒是与他人比较，发现自己在才能、名誉、地位或境遇等方面不如别人而产

生的一种由羞愧、愤怒、怨恨等组成的复杂的情绪状态。嫉妒是人类的一种普遍的情绪，有积极作用，也有消极作用。有些人嫉妒是出于不服与自惭而不甘居下，这会激励其奋发努力、力争上游。这时嫉妒就是一种积极的心理与行为。然而很多人在产生嫉妒心理之后，不能将其转化到积极的方面，而是立即将嫉妒心理转变为嫉妒行为，成为影响身心健康、学习工作和人际交往的一个重要障碍。另外，嫉妒心强的人往往事事好胜，使得别人不愿与其交往，从而感到更加孤独、寂寞。

⑧ 偏见。偏见是产生人际交往障碍的另一种个性心理障碍，它指的是不给别人以公正的考察便贸然做出判断，属于先入为主的一种交往成见。错误的判断，盲目的推理，无知的肯定和否定，都是造成偏见的因素。持有偏见的人往往拼命维护自己的偏见，即使事实证明他错了，他仍会坚持下去。持有偏见可以说是人际交往中的大忌，它一点一点地腐蚀人们的独立判断能力，在人际交往中设置了一道难以逾越的屏障。

小案例 1-13

日本公司的偏见

20世纪30年代，一家日本公司从美国进口一台工业机床。一个月后，美国厂商收到日本公司发来的电报："机床无法使用，请速派一位调试员协助调试。"

美国厂商马上派一位专家去日本帮助调试，但日本公司很快又发来一封电报："贵方派来的调试人员太年轻，请重新派遣一位有丰富经验的调试人员。"

美国厂商的回复出人意料："请贵公司放心接受该调试人员的服务，该调试人员是贵公司所购机床的发明人。"

这是日本公司的偏见，在事实面前日本公司哑口无言。

【思考】如何克服偏见？

（3）文化障碍。文化障碍是人们由于言语谈话、举止行为、风俗习惯等不同，在相互沟通时所产生的各种分歧和冲突。随着世界性市场的形成，人们在沟通中十分重视文化因素，因为正如美国的《公共关系手册》所指出的那样："对外关系的交恶，十有八九不是出于利益的冲突，而是语言文化、传统等方面的隔阂。"文化障碍包括以下几个方面。

① 语言障碍。人与人之间的信息沟通主要是借助语言来进行的（包括口头语言和书面语言），而语言只是作为交流思想的工具，它并不是思想本身，它只是用以表达思想的符号系统。由于人们的语言修养不同、表达能力不同，对同一种思想观念或事物，有的表达得很清楚，有的表达得不清楚。同样，对同一组信息，有人听后马上理解了，有人听来听去不知其所以然；有人听后做这样的解释，有人听后又做那样的解释。用语言，特别是用各种不同的语言或者文字表达思想、表达事物，往往会产生听不懂、曲解或断章取义的现象，形成语言障碍。

【小贴士 1-2】

老外为何交白卷

近期，网上流传这样一段话：

一老外来华留学4年，主攻汉语，临毕业，参加中文晋级考试，题目很少，暗喜，再仔细一看，懵了，题目如下。

请写出下面两句话的区别在哪里？

1. 冬天，能穿多少穿多少;夏天，能穿多少穿多少。

2. 剩女产生的原因有两个：一是谁都看不上；二是谁都看不上。

3. 女孩给男朋友打电话：如果你到了，我还没到，你就等着吧；如果我到了，你还没到，你就等着吧！

4. 单身的原因：原来是喜欢一个人，现在是喜欢一个人。

老外泪流满面，交白卷，回国了。

【思考】老外为什么会交白卷回国了?试题中每句话的真实含义是什么？

② 观念障碍。观念属于思想范畴，由一定的经验和知识积累演化而成，是一定社会条件下人们接受、信奉并用以指导自己行动的理论和观点。不同年龄、不同阅历、不同社会背景的人，会有不同的观念，这种观念上的差异会成为他们之间沟通的障碍。例如，青年人认为老年人保守僵化，老年人认为青年人幼稚轻浮；售货员认为自己的职业是“伺候”顾客、低人三分，顾客认为拿钱买货理应被“伺候”。

③ 习俗障碍。习俗即风俗习惯，是在一定文化历史背景下形成的具有固定特别的调整人际关系的社会因素，如礼节方式、审美传统等。习俗世代相传，是经过长期重复出现而约定俗成的习惯法，虽然不具有法律的强制力，但对人们的行为和思想有相当大的约束和影响作用，不可忽视。忽视习俗因素往往会造成误解，导致沟通失败，甚至会使沟通对象大受伤害，再也不愿往来。

小案例 1-14

海员们为何大怒

一天，6位外国海员来北京某饭店用餐。海员们胃口很好，豪饮之际，那一盘盘端上来的菜肴如风卷残云般，被一扫而空。唯有那条大黄鱼，只吃了上面的一半，下面的一半却没动。笑盈盈的服务员小姐见此情景，便热情地拿起公筷，把鱼翻了过来。想不到这几位海员勃然大怒，把筷子一摔，离席而去。这位服务员小姐一片好心，为什么反而触怒了海员呢？原来，海员长年在海上工作，最担心的是翻船，而把鱼翻个身，“翻”这个动作是他们最忌讳的。“忌讳”也是风俗习惯的一个部分。

【思考】怎样克服习俗障碍？

④ 文化程度障碍。沟通双方的受教育程度、经验水平、文化素质和文明程度差距过大，信息接收者对信息的内涵不理解或不接受，也会造成沟通障碍。

【小故事 1-5】

秀才买柴

有一个秀才去买柴，他对卖柴的人说：“荷薪者过来！”卖柴的人听不懂“荷薪者（担柴的人）”三个字，但是听得懂“过来”两个字，于是把柴担到秀才面前。秀才问他：“其价如何？”卖柴的人听不大懂这句话，但是听得懂“价”这个字，于是告诉秀才价钱。秀才接着说：“外实而内虚，烟多而焰少，请损之。（你的木柴质量不好，燃烧起来会浓烟多而火焰小，请减些价钱吧。）”卖柴的人因为听不懂秀才的话，于是就担着柴走了。

【思考】怎样克服文化程度障碍？

（4）社会障碍。社会系统方面的沟通障碍因素很多，这里主要探讨一下空间距离和组织结构，因为它们在诸多社会系统方面的交往障碍因素中是最主要的。

① 空间距离障碍。发送者与接收者空间距离过远、中间环节过多，就有可能使信息失真或被歪曲；传递工具不灵，通信设备落后，造成接收者不了解信息内容的思想观念；信息在传递过程中还会受到自然界各种物理噪声的干扰，更加重了沟通障碍。

② 组织结构障碍。组织结构障碍主要表现在以下几个方面。

- 传递层次过多造成信息失真。让我们看一个有名的故事，据说历史上某部队一次命令传递的过程是这样的：

——少校对值班军官：今晚8点左右，哈雷彗星将可能在这个地区看见，这种彗星每隔76年才能看见一次。命令所有士兵穿野战服在操场上集合，我将向他们解释这一罕见的现象。如果下雨就在礼堂集合，我会给他们放一部关于彗星的影片。

——值班军官对上尉：根据少校的命令，今晚8点，76年出现一次的哈雷彗星将在操场上空出现。如果下雨，就让士兵穿着野战服列队前往礼堂，这一罕见现象将在那里出现。

——上尉对中尉：根据少校的命令，今晚8点，非凡的哈雷彗星将身穿野战服在礼堂出现。如果操场上有雨，少校将下达另一个命令，这种命令每隔76年才出现一次。

——中尉对上士：今晚8点，少校将带着哈雷彗星在礼堂出现，这是每隔76年才有的事。如果下雨 少校将命令彗星穿上野战服到操场上去。

——上士对士兵：在今晚8点下雨的时候，著名的76岁的哈雷将军将在少校的陪同下，身着野战服 开着他那“彗星”牌汽车，经过操场前往礼堂。

经过5次传递，少校的命令已经变得面目全非，信息失真率达到90%以上。同理，如果组织结构庞杂、内部层次过多，每经过一个层次，往往就会产生差异，使信息失真或流失，积累起来，便会对沟通效果带来很大影响。

- 沟通渠道单一造成信息量不足。这种沟通中的组织障碍主要是指信息的传递基本上是单向的——上情下达。组织结构的安排不大便于从下往上提建议、商讨问题，因而送到决策层的信息量明显不足。

此外，沟通渠道不当也会造成沟通障碍。沟通渠道可以是书面形式，也可以是口头形式，其选择也会在很大程度上影响沟通的效果，在沟通的双方之间造成不同的理解。

小案例 1-15

罗尔与员工沟通的方式

威金全帝百公司是一家以英国为根据地的跨国企业，1990年在英国证券交易所发行股票，主营产品包括电子、食品、器具和信息服务。

罗尔是该公司的市场部经理。他负责3名地区主管和80名员工。

星期一早上，他和往常一样走进自己的办公室。

透过窗子，他看到员工正在激烈地讨论什么，但是当他走近他们身旁时，他们却停止了讨论。

罗尔意识到，他们可能正在讨论自己，而且是不利的消息。

他回到自己的办公室，努力思考着员工究竟在讨论什么。

总经理盖瑞敲了敲门，走进了他的办公室。

“罗尔，我不得不提醒你，上个周末，你给我们发的电子邮件对大家是一个致命的打击。现在，人心惶惶，整个工作都乱成一团。”盖瑞说。

“电子邮件？”罗尔努力回忆自己上个周末的工作，“你是说我发给大家的一封邮件，内容是关于上周会议中通过的关于我们公司财务困难以及可能裁员的邮件？”

“是的，就是它。”盖瑞回答。

“我们的会议上不是讨论过可以向所有员工通报吗？”罗尔疑惑地问。

“可是，罗尔，”盖瑞解释说，“我们的意思是，你应该直接找员工谈话，告诉他们这个坏消息，了解他们的反应，并且尽可能地解答他们心中的疑惑。如果那样做的话，就能最大限度地减少他们心中的恐惧和不安。现在，你却用电子邮件发送给他们。种种猜测漫天飞，公司几乎处于一片混乱之中。”

事实告诉罗尔：应该直接找员工谈话，而不能公开发电子邮件，那样也许工作顺利，风平浪静。

【思考】怎样克服沟通渠道障碍？

- 机构臃肿造成沟通缓慢。市场竞争要求组织迅速决策，迅速占领市场，而机构臃肿却造成组织与沟通对象沟通慢，极不适应市场经济的要求。

③ 社会角色障碍。这包括社会地位不同造成的障碍、社会角色不同造成的障碍、年龄差异造成的障碍和性别差异造成的障碍。

- 社会地位不同造成的障碍。居高位、掌实权者如果官僚主义作风严重，下属就会敬而远之，由此便阻塞了上下沟通的渠道。克服社会地位障碍的有效方法是发扬民主，干群广泛接触，经常对话，相互听取意见。
- 社会角色不同造成的障碍。在管理过程中，如果管理者不能以平等的态度对待下属和同事，总喜欢用教训人的口吻与下属和同事说话，那么他与下属和同事之间就会产生隔阂，导致管理沟通的障碍。解决的办法是管理者发扬民主作风，对下属和同事要尊重，有事一起商量，共同寻求解决问题的途径，这样才能达到有效沟通。

【小贴士 1-3】

对话

老板：这项工作到现在都还没有完成！

雇员：我一直都在想办法，只是……

老板：不要强调客观原因，耽误工作造成的损失，从你这月的薪水中扣除！

雇员：是，对不起，老板，我尽快吧。

【点评】这里老板借助他的社会地位优势在交流中貌似占据了有利地位，但实际上这次武断专横的沟通，使双方都失去了开诚布公地探讨工作中出现的问题障碍和寻求更佳解决方案的机会。老板最后以扣薪水作为威胁，从完工时效上可能会有一定的督导效果，但从人性化管理的角度看，却大大打击了雇员的积极性和忠诚度，很可能导致这项工作仓促敷衍了事，影响了工作的内在质量和实际效果。（莫文虎）

- 年龄差异造成的障碍。年龄是人的阅历的体现和反映，是时代的年轮和缩影。由于不同年龄的人所处的时代不同、环境不同，这就决定了每个年龄段的人无不带着所处时代的烙印，因此其思想观点、行为习惯甚至世界观也有所差别，这正是人们所说的“代沟”。可以说，在不同的年龄阶段，“代沟”是人际沟通的主要障碍。
- 性别差异造成的障碍。由于性别的差异，男性和女性有着不同的语言表达方式和习惯。有研究表明：男性通过交谈来强调自己的身份，而女性通过交谈来改善人际关系。也就是说，男性的说和听是一种表达独立意识的行为，而女性的说和听是一种表示亲密的行为。因此，对于许多男性而言，交谈主要是为了保持个体独立和维持社会等级秩序与身份；而对于许多女性来说，交谈则是为了亲近而进行的活动，女性通过交谈寻求认同和支持。例如，男性经常会抱怨女性一遍又一遍地谈论她们的困难，女性则批评男性没有耐心听她们说。实际情况是，当男性听到女性谈起问题和困难时，他们总是希望通过提供解决方案来表现他们的独立和对问题的控制。相反，女性则将谈论困难看做是拉近彼此距离的一种方法。女性谈到困难是为了获得支持和理解，而不是想听取男性的建议。

2. 人际沟通障碍的克服

尽管在人际沟通中会遇到各种各样的障碍，但只要人们树立正确的沟通理念，采用科学的沟通渠道和方法，就能克服沟通中的障碍，实现有效沟通。具体来说，克服人际沟通障碍的总体策略与技巧主要有以下几种。

（1）明确沟通目的。沟通双方在沟通之前必须弄清楚沟通的真正目的是什么，动机是什么，要对方理解什么。确定沟通目标，沟通内容就容易理解和规划了。

（2）保持积极的态度。态度对人的行为具有非常重要的影响。在人际沟通中要尽可能保持乐观、积极、向上的态度，避免消极、悲观的态度，在沟通中保持平和的心态，这样才能达到沟通的预期效果。

（3）尊重别人的观点和意见。在沟通中，无论自己是否同意对方的意见和观点，都要学会尊重对方，给对方说出意见的权利，同时将自己的观点更有效地与对方进行交换。

（4）坚持实事求是，以理服人。在人际沟通过程中，不仅说话办事要实事求是，言论行为还要符合社会规范，相处交往要体谅他人。与人交往发生矛盾时，最好的办法是避开对方最有力的攻击，寻找对方薄弱环节有理有力地进行反击，以理服人。如果与人交往中发现自己确实错了，切不可强词夺理，不妨主动认错，赔礼道歉，这样显得诚恳而又豁达，更易赢得别人的谅解、同情和赞许。

（5）以情动人。在人际沟通中要善于驾驭自己的感情，根据不同的人、事以及环境、气氛，恰当地、情真意切地表达自己的喜、怒、哀、乐，以打动对方。只有真正的感情才具有力量，才能够感染和打动人。

（6）正确地运用语言。在人际沟通过程中，语言是必不可少的工具。正确地运用语言，选词造句准确恰当，中心鲜明突出，逻辑思维严密，语言流畅，语气语调依人就事合理选择、恰到好处，就能够保证人际沟通获得更大的成功。

（7）保持积极健康的心态，进行换位思考。在人际交往过程中，做到“己所不欲，勿施于人”，经常进行心理换位。同时，还要保持良好的心态，积极主动与他人进行沟通，做到不卑不亢、平等真诚，这样才能避免因自卑和自负造成的沟通障碍，赢得他人的尊重。

（8）用非言语信息打动人。非言语信息往往比语言信息更能打动人。因此，如果你是发送者，你必须确保发出的非语言信息能够起到强化语言的作用。如果你是接收者，则要密切注意对方的非语言信息的提示，以便全面理解对方的意思、情感。

（9）选择恰当的时间和地点进行沟通。一定要选择对方清醒的时间传递信息，并且传递信息时有张有弛、疏密得当，让接收信息的人感到轻松愉快；在地点上，要尽量减少干扰因素，使沟通双方感到轻松自然。

（10）针对沟通对象进行沟通。发送者要根据接收者的心理特征、知识背景等状况，调整自己的谈话方式和措辞，要避免以自己的职务、地位、身份为基础去进行沟通。

小案例 1-16

一次订餐经历

小刘供职的公司计划与当地房地产中介协会合作举办“全国房地产中介发展论坛”，时间是5月10日上午9:00～11:40，地点在珠江大学科技楼讲学厅。公司计划在讲座结束后，给听讲座的人每人供应一份麦当劳套餐。小刘的工作是布置讲学厅并安排送餐。

9日下午，小刘来到珠江大学布置好讲学厅，晚饭后与协会的工作人员去采购讲座必需品。他们来到市中心百欣广场对面的沃尔玛采购，刚好隔壁就是麦当劳餐厅，她决定去这家餐厅看看。这家麦当劳餐厅不是距离学校最近的，考虑到送餐的便捷性，初始她并没有选择这家店。一进入餐厅，小刘直接找了餐厅的经理，一位年轻的漂亮女生接待了她。她身上似乎还有着学生的气息，这让小刘觉得她应该是工作很细心的人。小刘直接表示：公司要筹办一次讲座，需要提供送餐业务，时间是明天上午，大约是70人左右（讲学厅有64个座位，会议邀请了讲师和老师共20多位，但由于学生的数量不好估计，她考虑暂订餐70份）。在听过小刘的简述后这位漂亮的女经理表示送餐没问题。小刘认为送餐时间是最关键的因素，她接着就强调了要11:30送到（小刘想到送餐太早凉了不好吃，送晚了讲座已经结束会影响效果，觉得套餐应该在讲座结束前10分钟也就是11:30送到）。女经理表示时间也可以保证。小刘又说了送餐地点——珠江大学科技楼三楼讲学厅，女经理听到她说完后，表示自己已经清楚了。为了保险，小刘特意画了指示图，女经理看过表示完全明白，并表示送餐员是搭的士送餐，司机都很清楚珠江大学的位置，一定不会误事。时间和地址这两个最重要的问题明确后，女经理开始追问小刘送餐的具体数量，小刘清楚当时是没法确定数量的，表示先预订70份。最后她们约定第二天上午10:00前给电话确定最后套餐的数量。在留了电话、交付200元定金后，小刘满意地离开了。

第二天早上讲座顺利开始，因为相同的主题讲座已经办了两场，合作方的主讲人也是个很有经验的专业人士，讲座受到了珠江大学师生的欢迎，在讲座开始40分钟时就已经有91人了，还有不少学生是站着在夹道聆听的。9:55的时候，小刘照约定给麦当劳餐厅打电话，女经理接的电话，考虑到后面应该还有听众来，套餐要多预留几份，订了100份套餐。

讲座顺利进行，小刘很开心，就在这时合作方的代表告诉小刘说讲座就要结束了，问她套餐何时送来。

小刘看表才11:15，竟然比计划提早25分钟，这时小刘只能去协调了。她马上打电话到麦当劳餐厅，得到的答复是送餐的同事已经出来了，“应该最多10分钟就到了。”小刘心里计算着，又立刻进入讲学厅想法先稳住听众，和合作方的代表商议临时来个抽奖问答。有了奖品马上调动了大家的情绪，她心中想着又能应付个十来分钟了。

抽奖结束了，大家很开心，可是送餐依然没有到，这时小刘有些着急了，马上再次打电话给餐厅，得到的答复是已经出门十多分钟了。听到女经理这么说，小刘心里比较生气，昨晚她漂亮的形象也开始有点模糊了，出门打车十多分钟了怎么还会没到？小刘直接询问送餐员的电话，可是女经理说还是她自己联系，小刘感觉有些受骗，可是似乎无能为力，只是表示让她赶紧联系再回电话，相对昨晚的甜言，听了女经理的话让小刘有些不寒而栗。时间一分一秒都很难熬。好不容易让合作方的代表再和听众互动10分钟，小刘又打餐厅电话，回答是快到了，小刘感觉真不知该说些什么，女经理的形象已开始在她心中坍塌了。时钟指向11:40了，看着有几位听众要离开了，她再三挽留并表示有套餐送，可他们还是离开了。

没有办法，小刘还是给餐厅打电话想直接联系到送餐员，经理没有给她电话只是说送餐员已经到了。她追问到哪里了，女经理只是说送餐员说到了，也没说到了哪里。小刘听了十分生气，她对女经理说你不告诉我送餐员电话就叫他们联系我。女经理只是一个劲地道歉，但小刘很难再相信她的话了。她冲向科技楼下，没有看到送餐员的身影，也不知究竟到没到，学院有几个大门，也不知到了哪个门口。正在跑来跑去，电话响起，总算有了和送餐员直接的沟通。问清楚送餐员的位置，她跑到了学院西门，没时间生气训斥了，大家一起抬套餐到了讲学厅。这时已是 11:50，于是赶快给大家发餐。看着大家拿着套餐离开，小刘才松了一口气。

事情还没有结束，由于时间的延误，已经有 20 余人离开了，套餐剩余了 25 份，自己留 5 份还多余 20 份，这肯定是不能接受的，唯一的办法是退回餐厅。可是小刘也没有十分的把握，打电话给餐厅女经理，先表达了自己的意见，因为怕餐厅拒绝退餐，她表示因为送餐迟到 20 分钟导致 20 份套餐没有送出，餐厅要因为自己的送餐延误而承担这一结果。经过一番协商，15 份套餐退回，还有 10 份只能小刘和同事们自己吃了。平时也算喜爱的麦当劳汉堡此时让小刘有些讨厌了。

讲座是结束了，突发事件也处理完成，可是小刘心里还是对那位麦当劳女经理有意见，虽然事后送餐员解释是出租车司机找不到路延误了时间，可是她认为这是女经理做事不细致，协调不力导致的。而自己事先没有和讲座主讲人沟通清楚也造成了后来的仓促。沟通是可以解除很多误会的，但是沟通也是最容易让人疏忽的。（杜慕群，2009）

【思考】你认为这次订餐造成延误的主要负责人是谁？如果你是本案例的主人公，在订餐过程中会如何避免事件的发生？

第二节 礼　　仪

一、礼仪的内涵

【小故事 1-6】

酒店老板与无赖

一个人走进饭店要了酒菜，吃罢摸摸口袋发现忘了带钱，便对店老板说："店家，今日忘了带钱，改日送来。"店老板连声："不碍事，不碍事。"并恭敬地把他送出了门。

这个过程被一个无赖给看到了，他也进饭店要了酒菜，吃完后摸了一下口袋，对店老板说："店家，今日忘了带钱，改日送来。"

谁知店老板脸色一变，揪住他，非剥他衣服不可。

无赖不服，说："为什么刚才那人可以赊账，我就不行？"

店家说："人家吃菜，筷子在桌子上找齐，喝酒一盅盅地筛，斯斯文文，吃罢掏出手绢揩嘴，是个有德行的人，岂能赖我几个钱。你呢？筷子往胸前找齐，狼吞虎咽，吃上瘾来，脚踏上条凳，端起酒壶直往嘴里灌，吃罢用袖子揩嘴，分明是个居无定室、食无定餐的无赖之徒，我岂能饶你！"

一席话说得无赖哑口无言，只得留下外衣，狼狈而去。

【点评】本案例中的两位食客，从他们截然不同的礼仪表现可以看出一位是“绅士”，而另一位则显然是一个“无赖”，自然酒店老板对待他们的态度也就有了天壤之别。

礼仪是人们在社会交往过程中形成的并得到共同认可的各种行为规范，是人们以一定的程序、方式来表现的律己、敬人的完整行为。它体现了一个国家、一个民族、一个地区的道德风尚和人们的精神面貌。所以，礼仪是人类精神文明的产物。

1. 礼仪的含义

礼仪是人际交往过程中外在表现的形式与规则的总和。它作为人类历史发展中逐渐形成并积淀下来的一种文化，始终以其某种精神的约束力支配着每一个人的行为。礼仪是人类文明、进步的重要标志，是适应时代发展、促进个人进步和成功的重要途径。礼仪、法律与道德，被称为人生幸福的三位守护神。礼仪不像法律那样威严，不像道德那样肃然，它始终是一个会心的微笑、一种温和的声音、一种怡情悦心的需要。礼仪的内涵包括以下几个方面。

第一，礼仪是一种行为准则或规范。它是一种程序，有一定的套路，表现为一定的章法，只有遵守这些习俗和规范，才能适应社会发展。

第二，礼仪是一定社会关系中人们约定俗成、共同认可的行为规范。它表现为一些零散的规矩、习惯，然后才逐渐上升为大家认可的，可以用语言、文字、动作进行准确描述和规定的行为准则，并成为人们有章可循、可以自觉学习和遵守的行为规范。

第三，礼仪是一个情感互动的过程。在礼仪的实施过程中，既有施礼者的控制行为，也有受礼者的反馈行为，即礼仪是施礼者与受礼者尊重互换、情感互动的过程。

第四，礼仪的目的是实现社会交往各方的互相尊重，从而实现人与人之间关系的和谐。在现代社会，礼仪体现着一个人对他人和社会的认知水平、尊重程度，是一个人学识、修养和价值的外在表现。遵守礼仪是人获得自由的重要手段和途径之一。

【小贴士 1-4】

“礼”字的由来

从“礼”字的发展演化看，“礼”的最初含义与礼仪的起源——原始宗教祭祀活动有密切关系。“礼”字在甲骨文里写为“豊”，其下半部分的“豆”字是指古代的一种器具，上半部分的“丰丰”表示一块块整齐地摆放的玉，然后将“玉”放在盒子里。这反映了古人祭祀活动的一个侧面。后来在其基础上又繁化为“禮”左边加的这个“示”字旁，为古代的神祇，整个字为敬神之意。随着人类对自然与社会各种关系的认识逐渐加深，礼的范围和内容就从各种神事扩大到人事。

2. 礼仪的内容

随着时代的变迁、社会的进步，人们的文明程度在不断提高。当代礼仪在对我国古代礼仪扬弃的基础上，不断推陈出新，内容更完善、更合理、更加丰富多彩。

（1）礼节。礼节是人们在交际过程中逐渐形成的约定俗成和惯用的各种行为规范之总和，是社会外在文明的组成部分，具有严格的礼仪性质。它反映着一定的道德原则的内容和对人、对己的尊重，是人们心灵美的外化。在阶级社会，由于不同阶级的人在利益上的根本冲突，礼节多流于形式。在当代社会中，由于人与人之间地位平等，其礼节从形式到内容都体现出了人与人之间的相互尊重和相互关心。当代礼节主要包括介绍的、握手的、打招呼的、鞠躬的、拥抱的、亲吻的、举手的、脱帽的、致意的、作揖的、使用名片的、使用电话的、约会的、聚会的、舞会的、宴会的礼节等。当今世界是个多元化的世界，不同国家、不同民族、不同地区的人们在各自的生存环境中形成了各自不同的价值观、世界观和风俗习惯，其礼节从形式到内容都不尽相同。

（2）礼貌。礼貌是指人们在社会交往过程中的良好言谈和行为。它主要包括口头语言的礼貌、书面语言的礼貌、态度和行为举止的礼貌。礼貌是人的道德品质修养最简单、最直接的体现，也是人类文明行为的最基本要求。在现代社会，使用礼貌用语，对他人态度和蔼，举止适度，彬彬有礼，尊重他人已成为日常的行为规范。

（3）仪表。仪表指人的外表，包括仪容、服饰、体态等。它属于美的外在因素，反映人的精神状态。仪表美是一个人心灵美与外在美的和谐统一，美好纯正的仪表来自于高尚的道德品质，它和人的精神境界融为一体。端庄的仪表既是对他人的一种尊重，也是自尊、自重、自爱的一种表现。

（4）仪式。仪式指行礼的具体过程或程序，是一种比较正规、隆重的礼仪形式。人们在社会交往过程中或是组织开展各项专题活动过程中，常常要举办各种仪式，以体现出对某人或某事的重视，或是为了纪念等。常见的仪式包括成人仪式、结婚仪式、安葬仪式、凭吊仪式、告别仪式、开业或开幕仪式、闭幕仪式、欢迎仪式、升旗仪式、入场仪式、签字仪式、剪彩仪式、揭匾挂牌仪式、颁奖授勋仪式、宣誓就职仪式、交接仪式、奠基仪式、洗礼仪式、捐赠仪式等。仪式往往具有程序化的特点，这种程序有些是人为约定俗成的。在当代礼仪中，仪式中有些程序是必要的，有些则可以简化。因此，仪式也大有越来越简化的趋势。但是，有些仪式的程序是不可省略的，否则就是非礼。

【小贴士 1-5】

参加升国旗仪式时的礼仪

严格地遵守升国旗的礼仪是维护国旗尊严、增强公民国家观念的体现，所有人都要按国旗法的要求以规范、统一的礼仪参加升国旗仪式。应做到：

（1）举行升旗仪式时，起身站立，目视前方，双手下垂，神态庄严，聚精会神，面向国旗，肃立致敬；

（2）每个人要仪表规范，仪态庄重，穿着整齐，脱帽肃立；

（3）在升国旗的过程中要保持安静，不许喧哗、走动、打闹、东张西望、心不在焉；

（4）当参加升旗仪式迟到时，恰逢升国旗奏国歌要立即停止走路，严肃立正，等待升旗仪式完毕后，方可继续行走；

（5）需要唱国歌的时候要有激情，曲调准确，声音洪亮；

（6）升旗仪式结束，主持人宣布解散时方可走动。

（5）礼俗。礼俗即民俗礼仪，指各种风俗习惯，是礼仪的一种特殊形式。礼俗是由历史形成的，普及于社会和群体之中并根植于人们心理之中，是在一定的环境中重复出现的行为方式。不同国家、民族、地区在长期的社会实践中形成了各具特色的风俗习惯。“十里不同风，百里不同俗”，不但每一个民族、地区，甚至一个小小的村落都可能形成自己的风俗习惯。

【小贴士 1-6】

男左女右的由来

“男左女右”的习俗和古代人的哲学观关系非常密切。我国古代哲学家认为，宇宙中通贯事物和人事的两个对立面就是阴阳。自然界的事物有大小、长短、上下、左右等，古人将其归类为大、长、上、左为阳，小、短、下、右为阴。阳者刚强，阴者柔弱。人的性格，男子性暴刚强属于阳于左，女子性温柔和属于阴于右。“男左女右”在中医应用上也有实际的科学意义，“男左女右”在医学上是表示男女生理上的差异。在社会风俗上是划分区别的一种秩序安排。这种习俗早在两千多年前的战国时期就被广为流传。

3. 礼仪的特性

礼仪是人们在漫长的社会实践中逐步形成、演变和发展的。当代礼仪是在一番脱胎换骨之后形成的，具有文明性、共通性、多样性、变化性、规范性和传承性等特性。

（1）文明性。礼仪是人类文明的结晶，是当代文明的重要组成部分。人类从降世那天起就开始了对文明的追求，亚当、夏娃用树叶遮身便是文明之举。人类从茹毛饮血到共享狩猎成果，从盲目迷信、敬畏鬼神到崇尚科学、论证无神，从战争到和平，无不体现了人类文明进步的历程。特别是文字的发明，人类更是学会了运用语言文字来表达文明、宣传文明。文明的体现宗旨是尊重，既是对他人的尊重，也是对自己的尊重，这种尊重总是同人们的生活方式有机、自然、和谐、毫不勉强地融合在一起，成为人们日常生活、工作中的行为规范。这种行为规范包含着个人的文明素养，比如待人接物热情周到、彬彬有礼；人们彼此间互帮互助、和睦相处，体现出人们日常生活中的文明、友好；注重个人卫生，穿着适时得体，见人总是微笑着问候致意，礼貌交谈，使用文明用语。同时这也体现出人们的品行修养。总之，礼仪是人们内心文明与外在文明的综合体现。

（2）共通性。无论是交际礼仪、商务礼仪还是公关礼仪，都是人们在社会交往过程中形成并得到共同认可的行为规范。我们今天生活的世界可谓千姿百态。人们尽管分散居住于五大洲、四大洋的不同角落，但是，许多礼仪都是世界通用的。例如，问候、礼貌用语、各种庆典仪式、签字仪式等礼仪，大体上是世界通用的。虽然各国家、各地区、各民族形成了许多特有的风俗习惯，但就礼仪本身的内涵和作用来说，仍具有共通性。正是由于礼仪拥有共通性，才形成了国际交往礼仪。

（3）多样性。世界是丰富多彩的，其中礼仪也是五花八门、绚烂多姿的。世界各地的民俗礼仪千奇百怪，几乎没有人能说清楚世界上到底有多少种礼仪形式。从语言的表达礼仪到文字的使用礼仪，从举止礼仪到规范化礼仪，从服饰礼仪到仪表礼仪，从风俗礼仪到宗教礼仪等，在不同的国家、不同的场合，其表达方式也有所不同。比如，在人们常见的国际交往中，仅见面礼节就有握手礼、点头礼、亲吻礼、鞠躬礼、合十礼、拱手礼、脱帽礼、问候礼等，可谓多种多样，纷繁复杂。有些礼仪所表达的方式和内容，在甲国家或地区与乙国家或地区可能截然相反，甚至一个国家不同地区也可能有不同的含义（见表 1-4）。

表 1-4　手势在不同国家所表达的含义

手势	中国	美国	英国	法国	日本	印度	其他国家
	棒、厉害	顺利	搭车	搭车	男人、父亲	搭车	在孟加拉国意味着侮辱和挑衅
	最小的或倒数第一	打赌			女人、女孩、恋人	想去厕所	在缅甸表示想去厕所；在尼日利亚等国家表示打赌
	数字 0 或 3	征求对方意见或表示同意、赞扬、了不起		零、一钱不值	金钱	正确、不错	在韩国、缅甸表示金钱；在菲律宾表示想得到钱或没有钱；在印度尼西亚表示一无所有或一事无成；在突尼斯表示无用、傻瓜

（4）变化性。礼仪并不存在僵死不变的永恒模式。随着时间的推移，礼仪会发生巨大的变化。可以说，每一种礼仪都有其产生、形成、演变、发展的过程。礼仪在运用时也具有灵活性。一般说来，在非正式场合，有些礼仪可不必拘于约定俗成的规范，可增可减，随意性较大。在正式场合，讲究礼仪规范是十分必要的。但如果双方已非常熟悉，即使是较正式的场合，有时也不必过于讲究礼仪规范。

（5）规范性。礼仪，指的就是人们在交际场合待人接物时必须遵守的行为规范。这种规范不仅约束着人们在一切交际场合的言谈话语、行为举止，使之合乎礼仪，而且也是人们在交际场合必须采用的一种“通用语言”，是衡量他人以及判断自己是否自律、敬人的一种尺度。礼仪是约定俗成的一种自尊、敬人的形式，任何人要想在交际场合表现得彬彬有礼，都必须对礼仪无条件地加以遵守。另起炉灶，自搞一套，或是只遵守个人适应的部分，而不遵守不适应自己的部分，都难以为交往对象所接受、所理解。

【小故事 1-7】

修理抽水马桶的外国小男孩

一次在瑞士，龙永图与几个朋友去公园散步，上厕所时，听到隔壁的卫生间里“砰砰”地响，他有点纳闷。他出来之后，一个女士很着急地问他有没有看到她的孩子，她的小孩进厕所十多分钟了，还没有出来，她又不能进去找。龙永图想起了隔壁厕所间里的响声，便进去打开厕所门，看到一个七八岁的小孩正在修抽水马桶，怎么弄都抽不出水来，急得满头大汗，这个小孩觉得他上厕所不冲水是违背规范的。

（6）传承性。任何国家的礼仪都具有自己鲜明的民族特色，其当代礼仪都是在继承本国古代礼仪的基础上发展起来的。离开了对本国、本民族既往礼仪成果的传承，就不可能形成当代礼仪。这就是礼仪传承性的特定含义。作为一种文明积累，人们将交际应酬之中的习惯做法即礼仪固定、流传下来，并逐渐形成自己的民族特色，这不是一种短暂的社会现象，而且不会因为社会制度的更替而消失。对于既往的礼仪遗产，正确的态度不应当是食古不化、全盘沿用，而应当是有扬弃、有继承，更有发展。

4. 礼仪的原则

人们的各种交际活动自始至终都有一些具有普遍性、共同性、指导性的规律可循，这就是礼仪的原则。探讨这些原则，有助于交际基本礼仪的规范化，增强人们对交际礼仪的认识，进而加强交际礼仪在社会活动中的指导作用。

（1）遵守原则。礼仪规范是为维护社会生活的稳定而形成和存在的，实际上反映了人们的共同利益要求。社会上的每个成员不论身份高低、职位大小、财富多寡，都有自觉遵守、应用礼仪的义务，都要以礼仪去规范自己的一言一行、一举一动。如果违背了礼仪规范，会受到社会舆论的谴责，交际自然就难以成功。

【小故事 1-8】

赫鲁晓夫脱鞋

苏联领导人赫鲁晓夫在一次联合国会议上为了让人们安静下来，竟然脱下鞋子敲打会议桌。他的不雅举止显然违背了礼仪规范，更有损于他本人及苏联的国际形象。可见，遵守交际礼仪规范是十分重要的。

（2）敬人原则。孔子说：“礼者，敬人也。”敬人是礼仪的一个基本原则，它要求人们在交际活动中互尊互敬、友好相待，对交往对象要重视、恭敬。尊敬是“礼”的本义，是礼仪的重点和核心。在对待他人的诸多做法中最重要的一条，就是要敬人之心长存，处处不可失敬于人，不可伤害他人的个人尊严，更不能侮辱对方的人格。可以说，掌握了敬人的原则就等于掌握了礼仪的灵魂。尊敬的作用是十分巨大的。

【小故事 1-9】

士光敏夫的诀窍

日本东芝电器公司曾一度陷入困境，员工士气低落。当士光敏夫出任董事长时，他经常不带秘书，一个人深入各工厂与工人聊天，听取工人的意见，更有意思的是，士光还经常提着一瓶酒去慰劳员工，和他们共饮。他终于赢得了公司上下的支持，员工的士气也高涨了起来。在 3 年内，士光敏夫终于重振了日暮途穷的东芝公司。士光敏夫的诀窍就是关心、重视、尊重每一个员工，“敬人者，人恒敬之”，他同时也赢得了员工的信服与支持。

（3）宽容原则。一般来说，交往双方的心里总存在一定的距离，有不相容的心理状态，这种差异会在交往者之间产生思想隔膜，甚至会使关系僵化。要想缩小这种心理上的差异，使人与人之间能多一分和谐、多一分信赖，就必须抱着宽容之心。宽容就是要求人们既要严于律己，又要宽以待人，要多容忍他人、多体谅他人、多理解他人，而不能求全责备、斤斤计较、过分苛求、咄咄逼人。唯有宽容，才能排除人际交往中的各种障碍。不能宽容他人的人，往往会得理不饶人，使人际间关系恶化。共性是寓于个性之中的，人们应该维护和发展共性，以理解和宽容来增强人们之间的凝聚力。

【小故事 1-10】

六尺巷

“我家两堵墙，前后百米长。德义中间走，礼让站两旁。”除夕夜，由宿松籍著名诗人贺东久作词，桐城籍青年歌手张正扬作曲，安徽芜湖籍演员赵薇演唱的歌曲《六尺巷》亮相央视 2016 猴年春晚。歌曲《六尺巷》取材于桐城六尺巷的典故，融合了黄梅小调、京剧及流行音乐等元素，受到人们的普遍欢迎，六尺巷也受到人们的普遍关注，从 2016 年正月初一开始，六尺巷从原先的冷冷清清变得人潮涌动。

位于安徽桐城的六尺巷，其得名源于康熙朝宰辅张英对邻居“让出三尺”的故事。

据史料记载，清康熙年间，文华殿大学士、礼部尚书张英（1637—1708 年）的桐城老家人，与邻居吴家在宅基问题上发生争执，两家各不相让，将官司打到县衙。因双方都是官位显赫的名门望族，县官不敢轻易了断。

于是，张家人千里传书给在京城的张英求援。收书后，这位当朝宰辅批诗一首寄回老家，便是这首流传至今的打油诗：“一纸书来只为墙，让他三尺又何妨。长城万里今犹在，不见当年秦始皇。”

一见回信，张家人豁然开朗，将围墙退让了三尺。吴家见状深受感动，也让出三尺，形成了一个六尺宽的巷子。

从此以后，这条六尺宽的巷子就以“六尺巷”之名闻名乡里，成为民间佳话。

时至今日，虽然张吴两家的老宅都已在 300 多年的时光里走进了历史，但这条巷子却依然安静地伫立在那里，并引得人们慕名而来，领悟体会其互敬礼让、和谐包容、进退有度的文化内涵。

（4）真诚原则。交际礼仪的运用基于交际主体对他人的态度，如果能抱着诚意与对方交往，那么交际主体的行为自然而然地便显示出对对方的关切。因为无论用何种语言表达，行为是最好的证明。在通常情况下，人们可以用假话来掩饰自己的企图，但却无法用行为来掩饰自己的空虚，因为体态语是无法掩饰虚假的。因此，唯有真诚，才能使你的行为举止自然得体；与此相反，倘若仅把礼仪作为一种道具和伪装，在具体操作礼仪规范时口是心非、言行不一、弄虚作假、投机取巧，或是当面一个样，背后一个样，有求于人时一个样，被人所求时又一个样，将礼仪等同于“厚黑学”，则是违背交际礼仪的基本原则的。

小案例 1-17

日本人的诚信

日本雅虎网站里有一个拍卖网，是一个个人物品交易的虚拟空间。大家会拿家里不用的东西到上面拍卖，以增互通有无之乐。成交后按规定是买方先付款，卖方再发货。但赵女士是个急性子，往往买家的款还没到账就将东西发出去，有时甚至是人家还没划款东西就先寄到了。但是事实证明没有一家买主赖账，而且先行收到东西的人几乎都以最快的速度划款到账，以使卖者放心。这是因为日本人认为：一旦违约就会从根本上动摇一个人的信用基础，这甚至关系到个体生命的尊严。

（5）适度原则。俗话说：“礼多人不怪。”人们讲究礼仪是基于对对方的尊重，这是无可厚非的，但是，凡事过犹不及，人际交往要因人而异，要考虑时间、地点、环境等条件。施礼过度或不足，都是失礼的表现。例如，见面时握手时间过长，或是见谁都主动伸手，不讲究主次、长幼、性别；告别时一次次地握手，或是不住地感谢，都会让人觉得厌烦。礼仪的施行只是内心情感的表露，只要情感表达出来，就完成了礼仪的使命。如果一味地重复，似乎有别人不理解、不领情之嫌，画蛇添足，实无必要。

（6）平等原则。平等是人与人之间建立情感的基础，是达到最佳交际效果的诀窍，是建立和保持良好的人际关系的基础之一。心理学研究表明：人都有友爱和受人尊敬的需要，交友和受尊敬的希望都非常强烈。人们渴望自立，成为家庭和社会中真正的一员，平等地同他人进行沟通。可以说，凡是正常人，都希望得到别人的平等对待。与人交往只有以平等的姿态出现，不盛气凌人、不高人一等，给别人以充分的尊重，才能形成人与人之间的心理相容，产生愉悦、满足的心境，出现和谐的人际关系。

【小故事 1-11】

“芬克斯”酒吧谢绝基辛格

在宗教圣地耶路撒冷，有一个名叫“芬克斯”的西餐酒吧，它曾连续 3 年被美国《每周新闻》杂志选入世界最佳酒吧的前 15 名。“芬克斯”酒吧是 60 多年前由一个英国人创办的。至今，它的内部摆设，包括桌子和椅子都保持着原样。它的面积虽然只有 30 平方米左右，里面只有 1 个柜台和 5 张桌子，但由于经营有方，它成了在耶路撒冷的记者们喜欢停留的地方。

20 世纪 70 年代，为中东和平而四处奔走的基辛格，来到了耶路撒冷。听说这里的“芬克斯”酒吧名声不错，也想去造访造访。他亲自打电话到“芬克斯”预约，接电话的正好是店主罗斯恰尔斯先生。

基辛格做了自我介绍。那时，在约旦和巴勒斯坦地区，无人不知基辛格的大名，因为从某种意义上说，他掌握着约旦和巴勒斯坦的命运。然而，罗斯恰尔斯没有接受基辛格的预约，因为基辛格提出的额外要求深深刺痛了他那根职业道德的敏感神经。

基辛格这样说：“我有 10 个随从，他们将和我一起前往贵店，到时希望贵店谢绝其他顾客。”基辛格认为这个要求肯定能被接受，因为自己是有名的政治家，光顾那家酒店，会提升它的形象。不料，罗斯恰尔斯给了他一个意想不到的回答。他非常客气地说：“您能光顾本店，我感到莫大荣幸。但因此而谢绝其他客人，我实在做不到，他们都是我的老顾客，也是支撑我这个店的人，我无论如何也不会将他们拒之门外。”

听到这一回答，基辛格很不高兴地挂断了电话。

第二天傍晚，基辛格又一次打来电话。基辛格真不愧是外交家，他首先对自己头天的失礼表示道歉，接着，他告诉店主人，这一次他只带 3 个随从，只订一张桌子，店方也不必谢绝其他客人。这对基辛格来说算是最大的让步了，但结果还是让他失望。

“非常感谢您的诚意，基辛格先生，但我还是不能接受您明天的预约。”罗斯恰尔斯回答。

“为什么？”基辛格大惑不解。

“因为明天是星期六，本店的例休日。”

“但我后天就要离开此地，你不能为我破一次例吗？”

“那不行，作为犹太后裔的您也应该知道，对我们犹太人来说，星期六是一个神圣的日子，在星期六营业，是对神的亵渎。”

基辛格听后什么也没说，就挂断了电话。

这则轶闻被美国记者知道后，写成了《基辛格和芬克斯》的新闻，在美国报纸上大加炒作，这无意中提高了“芬克斯”的知名度。然而仔细想来，“芬克斯”酒吧的可贵之处，是真正把客人当“上帝”，讲求人人平等，一视同仁，宁可得罪一个要求过分的名人，也不得罪一群普通的人。这是“芬克斯”酒吧留给我们的启示之一。

二、礼仪的功能

交际礼仪是人类社会文明发展的产物，是人们社会交际活动的共同准则。加强礼仪教育，对于提高自身的修养和素质、塑造个人良好形象、扩大社会交往面、促进个人事业成功以及社会主义精神文明建设，都具有十分重要的作用。交际礼仪具有多方面的功能，主要表现在如下几个方面。

1. 弘扬礼仪传统

文明、古老的中华民族，以其聪颖的才智和勤奋的力量，创造了人类历史上最灿烂的文化。中华民族素以礼仪之邦著称于世。几千年来，各族人民都创造了一整套独具特色的礼节、仪式、风尚、习俗、节令、规章和典制等，并为广大人民所喜爱、沿袭。这些礼仪、习俗反映了我国各民族的传统美德与优良品质，勾画出了我国各民族的历史风貌。

我国古代的思想家、教育家们十分重视“礼”的教育。“礼”的内容比较全面，被定为处理、调整当时社会各种关系的准则和规范。春秋末期的孔子就曾指出：“不学礼，无以立。”孔子小时候常做练习“礼”的游戏。“入太庙，每事问”，后来还专程赴周向老子请教“礼”。他对于“礼”的研究下过不少功夫，认为周礼吸收夏、商两代的经验，并有所发展，是比较完备的，所以他说“吾从周”。孔子选取了士必须学习的礼制十七篇，编辑成《礼》，也就是流传至今的《仪礼》。孔子非常重视对学生在日常行为方面的教育，他要求学生衣冠整齐，走有走的样子，坐有坐的姿势，为人处世要彬彬有礼、温文尔雅。《史记·孔子世家》中就说：“孔子以诗、书、礼、乐教，弟子盖三千焉，身通六艺者七十有二人。”其中“六艺”指的是以“礼”为首的礼、乐、射、御、书、数。

《仪礼》《周礼》《礼记》合称为“三礼”。“三礼”是我国最早、最重要的礼仪论著。《礼记·曲礼》第一句便是“毋不敬”。文中还记载着对父母要“出告反面”，意思是出门告诉父母一声，回家要和父母打个照面问候一下；对老师应该是“遭先生于道，趋而进”“从于先生，不越路而与人言”。书中有关礼仪的内容是十分广泛、具体的。

《三字经》是我国流传时间最长、范围最广、影响最大的一本国学启蒙教材，相传为南宋学者王应麟所著，被人们誉为“古今奇书”和“袖里通鉴纲目”。《三字经》已经被翻译成英、法、俄等多种文字在国外流传，还被联合国教科文组织选作儿童道德教育丛书。书中写到：“为人子，方少时，亲师友，习礼仪。”意思是做儿女的，正当年少时，就要拜师访友，学习礼仪。清代李毓秀撰辑了一本《弟子规》，书中详细规定了学生在言谈举止方面的礼仪规范，其中有尊敬长者方面的要求“或饮食，或走坐，长者先，幼者后”；有仪表方面的要求“冠必正，钮必结，袜与履，俱紧切”；有仪态方面的要求“步从容，立端正，揖深圆，拜恭敬”；有禁酒方面的要求“年方少，勿饮酒，饮酒醉，最为丑”；有语言方面的要求“刻薄语，移污词，市井气，切戒之”。此书礼仪教育方面的内容十分丰富具体。

在我国历史上还流传着许多讲究礼仪的佳话。比如，“廉蔺交欢”（讲究礼让）、“张良纳履”（尊老敬贤）、“程门立雪”（尊敬老师）、“管鲍之交”（交友之道）、“三顾茅庐”（待人以诚），这些故事脍炙人口，妇孺皆知，对今人仍有很大的教育意义。

我国近现代历史上有许多伟大人物，在礼仪修养上堪称楷模，他们的作风、态度、处事、举手投足都成为我们的典范。如已故周恩来总理是世界公认的最有风度的领导人和外交家，他的一举一动都给人留下了深刻难忘的印象，人们用“富有魅力”“无与伦比”等优美的词语来赞美他的翩翩风度。在外事活动中周总理十分注重礼节，在他病重时，脚因为过度肿胀而穿不上原来的鞋了，只有穿拖鞋走路。工作人员心疼周总理，让他穿着拖鞋参加外事活动，认为外宾是能够理解的，但周总理不同意，他说：“这不行，要讲个礼貌嘛！”于是，他请工作人员为他特制了一双鞋，留着接见外宾时穿。周总理在外事活动中注重礼节，受到了外宾的盛赞，是我们学习的榜样。

可见，讲究礼仪、按照礼仪要求规范我们的行为，对继承我国礼仪传统、弘扬我国优良的礼仪风范，具有十分重要的作用。

【小贴士 1-7】

古代生活礼仪

（1）诞生礼。从妇女未孕时的求子到婴儿周岁，一切礼仪都围绕着长命的主题。高禖之祭即是乞子礼仪，设坛于南郊，后妃九嫔都参加。诞生礼还包括“三朝”（婴儿降生3日时接受各方面的贺礼）、“满月”（婴儿满一个月时剃胎发）、“百日”（行认舅礼，命名礼）和“周岁”（行抓周礼，以预测小儿一生命运、事业吉凶等）。

（2）成年礼。成年礼也叫冠礼，是跨入成年人行列的男子加冠礼仪。冠礼由氏族社会盛行的男女青年发育成熟时参加的成丁礼演变而来。汉代沿袭周代的冠礼制度，魏晋时开始用音乐伴奏，清代废止。

（3）飨燕饮食礼仪。飨在太庙举行，烹太牢以饮宾客，重点在礼仪往来而不在饮食；燕即宴，燕礼在寝宫举行，主宾可以开怀畅饮。燕礼对中国饮食文化的形成具有深远的影响。节日设宴在中国民间食俗上形成节日饮食礼仪。正月十五吃元宵，清明节吃冷饭寒食，五月端午的粽子和雄黄酒，中秋月饼，腊八粥，辞岁饺子等都是节日礼仪的饮食。在特定的节日吃特定的食物，这也是一种饮食礼仪。宴席上的座次，上菜的顺序，劝酒、敬酒的礼节，也都有社会往来习俗中男女、尊卑、长幼关系和祈福避讳上的要求。

（4）宾礼。主要是对客人的接待之礼。与客人往来的馈赠礼仪有等级差别。士相见，宾见主人要以雉为贽;下大夫相见，以雁为贽;上大夫相见，以羔为贽。

（5）五祀。指祭门、户、井、灶、中（中室）。周代是春祀户，夏祀灶，六月祀中，秋祀门，冬祭井。汉魏时按季节行五祀，孟冬三月“腊五祀”，总祭一次。清康熙之后，只在十二月二十三日祭灶，这与民间传说的灶王爷腊月二十四朝天言事的故事相合，国家祀典采用了民间形式。

2. 塑造良好形象

（1）讲究交际礼仪有助于提高自身修养，塑造良好的个人形象。先让我们讲一个礼仪小故事，这个曾刊登在《故事会》杂志上的“三分钟典藏故事”颇值得回味。

【小故事 1-12】

小节的象征

一位先生要雇一个没带任何介绍信的小伙子到他的办公室做事，先生的朋友挺奇怪。先生说：“其实，他带来了不止一封介绍信。你看，他在进门前先蹭掉脚上的泥土，进门后又先脱帽，随手关上了门，这说明他很懂礼貌，做事很仔细；当看到那位残疾老人时，他立即起身让座，这表明他心地善良，知道体贴别人；那本书是我故意放在地上的，所有的应试者都不屑一顾，只有他俯身捡起，放在桌上；当我和他交谈时，我发现他衣着整洁，头发梳得整整齐齐，指甲修得干干净净，谈吐温文尔雅，思维十分敏捷。怎么，难道你不认为这些小节是极好的介绍信吗？”

可见，讲究礼仪对个人的成功是至关重要的，因为它关系到个人的形象。个人形象是指一个人的相貌、身高、体型、服饰、语言、行为举止、气质风度以及文化素质等方面的综合。这其中有先天构成要素，但更多要素是需要我们通过后天不断努力来加以改善和提高的。礼仪在上述诸方面都有自己详尽的规范，因此学习礼仪，运用礼仪，无疑将有益于人们更好地、更规范地设计个人形象，维护个人形象，更好地、更充分地展示个人的良好教养与优雅的风度。

（2）讲究交际礼仪，有助于塑造组织形象。良好的形象是所有组织都刻意追求的目标，组织形象的塑造处处都需要礼仪。比如，你想和某一单位联系业务，当你拨打对方办公室电话竟无人接听或铃响五六声之后才有人接时，你会对该单位产生一种印象——工作效率不高、制度不健全、员工素质差等；反之，当你拨通电话，听到对方和蔼可亲的问候、得体的称谓、礼貌的语言、简洁干练的回答、热情的语气，你立即会有一种亲切之感。

组织形象常常是在不经意间体现并塑造出来的。整洁幽雅的环境，宽敞明亮、井然有序的办公室，独具个性、富有哲理的价值观，色彩柔和的员工服饰，彬彬有礼的员工，富有特色的广告等，都会给公众留下深刻的印象。礼仪则是通过员工的仪容仪表、言谈举止、礼貌礼节等表现出来的，它是塑造组织形象的基础工程。任何不讲究礼仪的组织，都不可能获得良好的社会形象。通过各种规范化的礼仪，组织还可以激发员工对组织的自豪感，增强组织的凝聚力、向心力。如松下公司创作了自己的“松下之歌”“松下社训”，每天早晨8点钟，遍布各地的松下企业员工一起高唱松下歌曲，使每一名员工都以自己是松下的员工而感到光荣。目前，我国的许多企业都通过统一企业标识、统一企业服装、统一色彩等，塑造组织统一的社会形象，也使组织员工自觉地维护组织形象。此外，组织还通过开业庆典、周年纪念、表彰大会等仪式，激发员工对本组织的了解、爱戴，加深感情，增强组织的凝聚力和向心力。可见，礼仪在塑造组织形象中的作用是十分巨大的。

3. 提高道德水平

道德是一个社会中调节人与人之间以及人与社会之间关系的行为规范的总和。它可分为社会公德、职业道德、伦理道德三个方面。道德以善与恶、正义与非正义、公正与偏私、诚实与伪善等概念来规范人们的各种行为，调整人们之间的关系。它通过各种形式的教育、说服、诱导，以及社会舆论的力量，使人们逐渐形成一定的信念、习惯而产生作用。社交礼仪与道德有着密切的联系，礼仪是人类社会为了维系社会的正常生活秩序而共同遵守的最起码的道德行为规范。明确社交礼仪与道德的关系、不断提高道德水平是十分重要的。

（1）讲究社会公德。社会公德，是指一个社会中全体成员都必须遵守借以维护社会正常生活秩序的各种行为规范的总和，是人们最起码的公共生活准则，也是人类生活、人际关系中的一个基本问题。同时，社会公德也是社会文明程度的重要标志，是人类世世代代调整公共生活中人与社会关系的经验的结晶，是人们通过长期的社会实践形成的、为了共同利益而代代相传和不断完善的优良传统。它最突出的特点是，在不同的国家、地区里，社会公德是相同的。它反映了人类追求文明与进步的共同要求。社会公德的内容十分丰富，它涉及人类社会生活的每一个方面。总结起来，主要包括以下三个方面：一是反映人们共同利益的道德规范，如我国的"五爱"公德，即爱祖国、爱人民、爱劳动、爱科学、爱社会主义；二是人道主义精神，如尊重国家主权、领土完整，尊重人权，保护妇女、儿童、老人、伤残人的合法权益，维护世界和平，支持人类进步事业，实行人道主义救援等；三是人类共同的行为准则，如相互尊重、礼貌待人、诚实守信、言行一致、遵守公共秩序和公共安全规则、举止文明、爱护公物、保护环境、维护公共卫生、遵纪守法、见义勇为等。

社会公德就像一个道德天平，时时刻刻都在衡量着社会中的真、善、美，假、恶、丑。美国著名社会学家·英格尔斯认为：一个国家，只有当它的人民是现代人，它的国民从心理和行为上都转变为现代的人格，它的现代政治、经济和文化管理机构中的工作人员都获得了某种与现代化发展适应的现代性，这样的国家方可真正称为现代化国家。我们在这方面亟待加强，因为种种违背社会公德的不文明行为还大量存在，如在公共场所吸烟现象屡禁不止，出口伤人、随地吐痰、乱扔杂物等现象也时有发生。礼仪不仅是社会生活的要求，也是每个人甚至一个民族文明程度的体现。人们的非礼仪之举所反映出来的是人们公民意识和公德水平的缺失。可见，公民意识和公德水平是人的现代化素质的核心内容。目前，我国社会正处于由传统向现代转变的时期，这一过程能否顺利实现，最终依赖于人的素养的现代化，所以，每个人都应该把自己的道德水平与民族利益联系起来，这样就会产生一种使命感，就会充分认识到培养、提高自身意识的意义，主动追求道德水平的提升。在此有两个"方子"可供参考：一是治本之方，提高和强化自己的公民意识；二是治标之术，从身边的小事做起，时时处处讲究礼仪。

【小贴士 1-8】

国外"一米线"面面观

美国人讲究个人隐私，所以，他们尊重"一米线"。无论那"一米线"划着还是没划着，后一个人永远离前一个人一米开外，仿佛那条线早就刻在了他们的脑子里。买东西交款，你尽可以放心拿出你的钱包，不会有双好奇的眼睛在离你20厘米的地方虎视眈眈地看着你。就连上洗手间，人们排队也是在大门口，而不是在"小单间"门口。

保持适当距离是澳大利亚人社交场合、日常交谈和茶余饭后闲聊时非常注意的细节。在银行、飞机售票处和海关出入口等处排队时一定要站在“一米线”以外，否则会被他人认为缺乏文明修养。一般来说，两个人站着谈话，相互之间要保持适当距离，否则双方都会感到不舒服。

丹麦的人口很少，除非在闹市区、大街上和公园里，否则几乎没有机会看到成群的人。在银行、邮局、面包店等地方，如果人多，彬彬有礼的丹麦人都会自觉地排队，没有插队的人，排在第二位的站在一米线外等候，充分尊重别人的隐私权。

在英国，买票排队、参观排队、上公共汽车排队，即使排队的人比较多，英国人的脾气也很温和，耐性非常好。尤其是在旅游观光的时候，不管游人多少，大家都主动排队。看室内展览比较花时间，前面参观的人步履缓慢，后面的人也会耐心地等前面的人让出位置后，再跟进去参观。

（2）遵守职业道德。每一种职业都有其特殊性，都有该职业从业者所必须了解、掌握并身体力行的各种行为规范。所谓职业道德，就是指各类职员在从事职业活动时所必须遵守的各种行为规范的总和。职业道德与社会公德息息相关，从某种意义上说，职业道德是社会公德的有机组成部分，二者在内容上有着许多相同之处。在各种职业道德中都包含着社会公德的因素。如热情周到、以礼相待、诚实待人等，既是职业道德的要求，也是社会公德的内容。职业道德是人们在长期的职业活动中逐渐总结、积累起来的，它对于协调社会组织与职员之间的关系、约束和规范职业工作者的思想观念和行为，乃至调整职业之间的关系，都起着重要作用。它也是提高社会文明程度的一个重要因素。社会的不断发展、职业范围的不断扩大，使得当今社会各行各业的工作者都有许多背离职业标准的不文明行为，尤其是发展社会主义市场经济，市场竞争日趋激烈，人们的价值观念发生了很大变化，在名誉、金钱和物欲的面前，许多人的道德天平出现了倾斜。这一方面亵渎了职业的尊严和荣誉，另一方面又丧失了自身的人格，而且还污染了社会风气。比如，医务工作者收受患者的红包，国家公务人员收受贿赂，以权谋私，教师体罚学生，运动员服用兴奋剂，商人弄虚作假、以次充好等都是违反职业道德的行为。

职业道德会因职业不同而有所差异，但其内容是相似的。无论从事何种职业，都必须忠于职守，爱岗敬业，热情服务，诚实待人，讲求信誉，尊重人权，无私奉献，不谋私利，作风端正，态度和蔼，廉洁奉公，遵纪守法，文明礼貌，互敬互助，谦虚谨慎，仪容整洁等。目前，我国各行各业都指定了相应的职业道德规范。比如，教师职业道德规范、全国职工守则、医生职业道德规范、公务员职业道德规范、科技工作者职业道德规范、商业工作者职业道德规范等。从中我们不难看出，讲究礼仪是职业道德的基本要求。只有掌握一定的礼仪规范，才能提高职业道德修养。

【小故事 1-13】

职业道德的典范——张秉贵

张秉贵 1955 年 11 月到百货大楼站柜台，30 多年的时间里接待顾客 400 万人，没有跟顾客红过一次脸、吵过一次嘴，没有怠慢过任何一个人。他把为人民服务的信念与本职工作密切联系起来，他认为“站柜台不单是经济工作，也是政治工作；不但是买与卖的关系，还是相互服务的关系。”“一个营业员服务态度不好，外地人会说你那个城市服务态度不好，外国人会说中华人民共和国不文明。我们是工作平凡，岗位光荣，责任重大！”

从为国家争光、为人民服务的政治信念出发，他练就了“一抓准”和“一口清”的过硬本领，通过眼神、语言、动作、表情、步伐、姿态等调动各个器官的功能，几乎成了那个时代商业领域的服务规范，商业服务业的简单操作，被他升华为艺术境界。

在北京，传统的“燕京八景”名扬天下，而张秉贵售货艺术被人们誉为“第九景”。张秉贵不仅技术过硬，而且注重仪表，天天服装整洁，容光焕发。他认为：“站柜台就得有个干净利落的精神劲儿，顾客见了才会高兴地买我们的东西。特别是我们卖食品的，如果不干不净，顾客就先倒了胃口，谁还会再买我们的东西啊！”他坚持每周理发，每天刮胡子、换衬衣、擦皮鞋。

张秉贵一进柜台，就像战士进入阵地。普通售货员一般早晨精神饱满，服务态度较好；下午人疲倦了，不太爱说话了，也懒得动弹，对顾客就容易冷漠。张秉贵却不然，从清晨开门接待第一个顾客，到晚上送走最后一个顾客，自始至终都能春风满面、笑容可掬。他到了退休年龄，体力明显不济，一上柜台还是表现得生龙活虎，到了下班后，他却往往步履蹒跚。同事们说他是“上班三步并作一步走，下班一步变为三步迈”。

看张秉贵工作，也成了许多人的享受。有一位拄着拐杖的老人，经常来欣赏他卖货。这位老人对他说：“我是因病休息的人，每天来看看您站柜台的精神劲儿，我的病也仿佛好了许多。”一位音乐家看他售货后说：“你的动作优美，富有节奏感，如果配上音乐，是非常动人的旋律。”

（3）恪守伦理道德。人们在长期的社会交往中，会约定俗成地遵守一套大家所公认的行为准则与规范。这些行为准则和规范就是我国传统社会的礼仪制度和礼仪内容，在漫长的社会发展进程中，有的是统治者以礼制的形式固定下来，有的则是人民群众从自身的生存和发展需要出发而逐步形成的。尽管如此，传统礼制与农业民族的文化心理、文化性格、政治信仰、宗教信仰等仍存在着千丝万缕的联系，人们的伦理道德规范和道德标准无不打上了阶级和时代的烙印。

中国传统礼制中的伦理道德主要体现在三个方面：一是提倡尊长爱幼；二是忠君孝亲、尊卑贵贱的等级制度；三是维护人伦关系。这有其消极的因素，同时也有积极进步的因素。至今，这些伦理道德观念仍然对国人有着深远的影响。例如，战国时期孟子提出：“老吾老以及人之老，幼吾幼以及人之幼。”他要求人们既要尊敬自己的长辈和爱抚自己的后人，同时，还要这样去尊敬别人的长辈、爱抚别人的后人。人们之间应相互尊重、相敬如宾、和睦相处。今天，我们在日常生活中应汲取传统伦理道德中的合理成分，提倡人人平等、尊老爱幼、弘扬家庭美德等。下面这个真实的故事就是一个有力的佐证。

小案例 1-18

“你在家里对你的父母说过谢谢吗？”

李娟大学毕业后到一个日本独资企业应聘，面试经理问：

“你在家里对你的父母说过谢谢吗？”

李娟回答：“没有”。

面试经理说：“你今天回去跟你的父母说声‘谢谢’，明天你就可以来上班了。否则，你就别再来了。”

李娟回到了家，父亲正在厨房做饭，她悄悄走进自己的房间，面对着镜子反复练习：

“爸爸，您辛苦了，谢谢您！”

其实，李娟早就想对父亲说这句话了，因为她看到了父亲是多么不容易：自己两岁母亲去世，父亲为了不使她受委屈，没有再娶妻子，小心翼翼地呵护自己长大成人。心里一直想说“谢谢”，但就是张不开嘴。李娟暗下决心：今天是个机会，必须说出来！就在此时，父亲喊道：

“娟子，吃饭啦！”

李娟坐在饭桌前低着头，脸憋得通红，半天才轻声地说出：

“爸爸，您辛苦了，谢谢您。”

李娟说完之后，爸爸没有反应，屋内一片寂静。李娟纳闷，偷偷抬眼一看，她的父亲泪流满面！这是欣喜之泪，这是慰藉之泪，这是企盼了20年的话所带给他的感动之泪。此时，李娟才意识到：自己这句话说得太迟了。

第二天，李娟高高兴兴地上班去了。经理看到李娟轻松的神情，知道她已经得到该体会的东西，没有问就把李娟带到了工作岗位上。

4. 改善人际关系

马克思说过“社会是人们交往作用的产物”。没有社交活动，人类的生活是不可想象的。人们参加社交活动，多为调节紧张的生活，建立友谊、交流感情、融洽关系、广结良友、增长见识、获取信息。现代化社会对人们的社交提出了新的要求，社会越发展，物质生活越丰富，人们社交的需要就会越显示出它的价值，而社交活动中每个人的仪表、仪态及对礼仪知识的了解也就变得越来越重要。一个人只要同其他人打交道，就不能不讲礼仪。运用礼仪，除了可以使个人在交际活动中充满自信、处变不惊之外，其最大的好处就在于，它能够帮助人们规范彼此的交际活动，更好地向交往对象表达自己的尊重、敬佩、友好与善意，增进大家彼此之间的了解与信任。

用现代人的眼光来看，礼仪与礼貌是一种信息传递，它可以以闪电般的速度把你的尊重之情准确地表达出来并传递给对方，使对方立即获得情感上的满足；与此同时，礼貌又反馈回来——对方以礼貌回敬。于是双方的热情之火被点燃了，支持与协作便开始了。假如人皆如此，长此以往，必将促进社会交往的进一步发展，帮助人们更好地取得交际成功，进而造就和谐、完善的人际关系，取得事业的成功。

5. 建设精神文明

世界各国和各民族都十分重视交往时的礼节礼貌，把它视为一个国家和民族文明程度的重要标志。正如古人所说：“礼义廉耻，国之四维。”礼仪是立国的精神要素之本。在社会主义精神文明建设中，讲究礼节礼仪、注重礼貌是最基本的要求，它对建设精神文明的大厦起着基础作用，只有基础打得扎实，大厦才能巩固。

随着我国改革开放的深入和社会主义市场经济体制的确立，我国经济发展要和国际接轨，这对我国精神文明建设提出了更高的要求。只有提高中华民族整体的文明礼貌素质，才能造就一个和谐的社会环境，吸引更多的外资和促进国际间的贸易往来，从而推动我国经济社会的发展。讲究礼仪礼节，做到文明礼貌，必将有力地促进社会主义精神文明建设。例如，在大连，说脏话、粗话，乱吐口香糖，践踏草坪等不文明行为一度直接影响了大连市的对外形象和城市的整体美感，于是大连市精神文明办等部门开展了使用文明用语活动，大力倡导讲普通话，不讲方言土语，杜绝脏话、粗话；用“家园意识”整治乱吐口香糖行为，倡议“不吐口香糖从我做起，清除口香糖大家动手”，组织市民上街清洗口香糖污渍；组织学校、居委会建立义务护绿队，教育市民爱护绿地，美化城市。市民的良好行为和文明素养使这个环境优美的城市更放异彩，精神文明之花随处盛开，2006年以来大连市连续被评为全国“文明城市”。

三、礼仪的修养

"礼敬得人，轻慢失人"，对个人而言，礼仪决定着成功。美国一些公司的行政人员和专业人士认为，职员只具备专业本领这些基本实力还是不够的，还需在交际场合应付自如，懂得适当的礼仪。比如，果断的握手，悦人的微笑，能记下初识者的姓名等，都可以帮你比寻常之辈胜出一筹。美国的许多大企业已经认识到，属下员工的礼仪会影响公司业务的拓展。

完美周到的礼仪似熏风醇酒，怡人心脾，不仅能使已有的关系得以维系和发展，还会结交更多的合作伙伴。诸种礼节礼仪，似乎全是些烦琐且微不足道的小节，不足挂齿。但若违失，却也并非"无伤大雅"，无碍大局。事实上，由于不遵守礼仪，在不知不觉中影响人际情绪，导致交往出现不愉快、不和谐甚至中断合作的事并不少见，真可谓因小失大。在一些特定的交际场合，是否行礼如仪还会反映出人格和国格的文明水准。可见，小节也不可不拘。

习礼而后谙熟此道，注意一些微小之处，会有意想不到的成效。它能唤起交际对象心理上的愉悦，赢得友谊和尊重，有助于我们更好地驾驭事理和情理，取得交际上的成功。礼仪就象是交往的通行证，懂得不同民族、不同场合、不同对象交际应酬的各种礼仪，无异于得到了这张通行证。

礼仪修养是指一个人在交际实践活动中，根据一定的交际礼仪原则和规范自觉地进行学习和训练，以使自己养成一种时时事事按礼仪要求待人接物的行为习惯的过程。

1. 礼仪修养的内容

交际礼仪的修养包括多方面的内容，概括起来主要有以下几个方面。

（1）道德品质修养。交际礼仪行为从广义上说就是一种道德行为，因此，一方面，一个人要拥有一种高尚的道德品质，就应在日常生活中遵从交际礼仪规范，并从这一最基础的层次做起；另一方面，一个时刻注意道德品质修养的人，才会把交际礼仪活动变成一种自觉的和具有道德意义的活动。可见，道德品质修养和交际礼仪行为的养成是个相辅相成的统一过程，交际礼仪处处渗透和体现着一定的道德精神，一个人要想在交际礼仪方面具有较高的造诣，离开了道德品质的修养是不可能实现的。

（2）文化知识修养。交际礼仪的内涵丰富而深刻，和许多学科都有着密切的联系，一个人只有拥有广博的文化知识，才能深刻地理解交际礼仪的原则和规范。例如，学习民俗学可以使我们更好地了解一个民族的文化传统、风土人情；学习美学可以使我们更好地懂得什么是美，什么是丑，怎样才能做到内在美与外在美的和谐统一；学习心理学可以使我们更好地理解和尊重他人的人格和情感，提高自我控制能力；学习公共关系学可以使我们懂得协调沟通、塑造组织形象和个人形象的方法等。显然，注重文化知识的学习，对交际礼仪的修养来说是不可或缺的。

（3）心理素质的修养。一个人的心理素质会直接影响到交际质量。一个具有良好心理素质的人在交际活动中遇到各种困难和情况时，都能始终保持沉着稳定的心理状态，根据所掌握的信息，迅速采取最合理的行为方式，化险为夷，争取主动；相反，一些缺乏良好心理素质的人，在参加重大交际活动前，常会出现惊慌惧怕、心神不定、坐卧不安的状况，有的在交际活动开始后，甚至会出现心跳加快、四肢颤抖、说话声调不正常的现象。这充分说明一个人是否具有良好的心理素质，是能否顺利参加交际活动、完美地运用交际礼仪形式的重要因素。因此，心理素质的修养也应成为礼仪修养中的一个重要内容。

（4）行为习惯的修养。习惯在人们生活中有着不可低估的作用，它是一个人后天养成的行为在一定情况下自动地进行某些动作的特殊倾向。交际礼仪是人们交际生活中的一种行为模式，这种行为模式只有通过一个人的长期自觉练习，变成自身的一种自动行为，形成习惯，才能在交际活动中更好地发挥作用。可以说，交际礼仪的修养，说到底就是一个人自觉的行为习惯的形成过程。检验一个人礼仪修养如何，很重要的一条标准也是看他是否已经把交际礼仪规范化，并成为自身个性中的一种稳定成分，是否能在各种交际场合自然而然地遵守交际礼仪规范。如果一个人只会矫揉造作地做几个礼仪动作，而在日常的交际活动中我行我素，违背礼仪规范，那只能说明此人的个人礼仪修养是十分失败的。

小案例 1-19

日本木村事务所

日本有一家叫木村事务所的企业想扩建厂房，他们看中了一块近郊土地意欲购买。同时也有其他几家企业也想购买这块地。为购得这块土地，木村事务所的董事长多次登门，费尽口舌，但土地的所有者——一位倔强的老太太，说什么也不卖。

一个下雪天，老太太进城购物顺便来到木村事务所，她本意是想告诉木村先生死了这份心。

老太太推门刚要进去，突然犹豫起来，原来屋内整齐干净，而自己脚下的木屐沾满雪水，肮脏不堪。正当老人欲进又退之时，一位年轻的女职员出现在老人面前：“欢迎光临！”女职员看到老太太的窘态，马上回屋想为她找一双拖鞋，不巧的是拖鞋正好没有了。女职员便毫不犹豫地把自己的拖鞋脱下来，整齐地放在老人脚前，笑着说：“很抱歉，请穿这个好吗？”老太太犹豫了：她不在乎脚冷？“别客气，请穿吧！我没有什么关系。”等老人换好鞋，女职员才问道：“女士，请问我能为您做些什么？”“哦，我要找木村先生。”老太太说。“他在楼上，我带您去。”女职员就像女儿扶母亲那样，小心翼翼地把老太太扶上楼。老人在踏进木村办公室的一瞬间改变了主意，决定把地卖给木村事务所。那位老人后来告诉木村先生说：“在我漫长的一生里，遇到的大多数人是冷漠的。我也去过其他几家想买我地的公司，他们的接待人员没有一个像你这里的职员对我这么好，你的女职员年纪这么轻，就对人这么善良、体贴，真令我感动。真的，我不缺钱花，我不是为了钱才卖地的。”就这样，一个大企业家倾其全力交涉半年也徒劳无功的事情，竟然因为一个女职员有礼而亲切的举动无意促成了，真是奇妙之极。

【思考】上述案例体现了女职员怎样的修养？本案例对你有何启示？

2. 礼仪修养的方法

礼仪的修养，不仅指对礼仪的习练，还包括将所习之礼培养成一种习性或者说是品性的过程。这非一朝一夕可就，一般说来，应着重于知、情、意、行的统一，注重运用以下方法[①]。

（1）树立学习礼仪的意识。在明确礼仪重要性的基础上，最要紧的就是必须树立长久的“习礼意识”，处处留心，时时经意。礼仪是一个社会文化沉淀的外显方式。经历了传承、变异过程，它的习得首先便是个体的“社会化”“文化化”过程。也就是说，礼仪主要是靠传统，靠有意无意的模仿，靠周围环境的影响，靠在交际实践中不断地学习、摸索，逐渐地总结经验、教训而习得的。又因为礼仪具有变异性的特点，在完成了社会化以后，人们还有一个继续“社会化”的问题。所以，习礼可谓一个萦绕终生的过程。除此之外，对于一些跨文化交

[①]何浩然．中外礼仪[M]．大连：东北财经大学出版社，2015.

往所涉及的不同民族、不同文化的礼仪，其习得则是靠着入境问俗的诚心和细心去了解和熟悉，并以此调控自己的言行。

同时，就社会方面而言，为适应现代市场经济发展的需要，开办一些礼仪学校、举行短期培训，通过电视、广播等传播媒介开办专题系列讲座，发挥大众传媒的示范作用，这些都是人们学习礼仪仪式的良好途径。这样做，无疑也有助于整个社会文明程度和组织道德水平的提高。

【小贴士 1-9】

新加坡重视礼仪教育

新加坡的国民素质极高，这是赢得了世界人民公认的。凡是到新加坡的人，都会对这个美丽的花园岛国留下深刻的印象。而这种良好的国民素质，源自于每一位国家公民都必须接受的礼仪教育，遵守礼仪规范是新加坡政府在国民中长期开展的礼仪教育。20世纪70年代后期，时任新加坡总理的李光耀先生就提出了要把新加坡建设成一个“富而有礼”的国家。在大力发展国民经济的同时，将以“礼仪”教育为中心的国民素质教育，提高到一个非常重要的位置。并且，为规定国民的行为，使其养成良好的礼仪习惯，新加坡政府甚至运用了法律手段来强化新加坡人的礼仪意识。

（2）陶冶尊重他人的情感。在礼仪教育过程中，情感是由知到行的一个桥梁。陶冶情感就是要使受教育者产生一种尊重他人的真挚感情，能够时时处处替他人着想，对人始终抱有一种热情友好的态度。我们大约都有这样的体验：在交际活动中，如果遇到一个对人热情诚恳的人，那么就能很快与其建立起一种良好的关系；相反，如果碰到的是一个冷漠无情或虚情假意的人，则难以营造融洽交流的气氛。通常，一个人可以很快就了解一些礼仪方面的知识，但若缺少对人的情感，那么他就无法把这些礼仪形式完美地表现出来，这些形式也就成了没有灵魂的、僵死的躯壳。因此，我们可以看出，情感比认识具有更大的保守性，改变情感比改变认识要困难得多，陶冶情感是礼仪教育中更为艰巨的一项任务。

【小故事 1-14】

“我不愿意在礼貌上不如任何人”

《林肯传》中有这样一件事，一天，林肯总统与一位南方绅士乘坐马车外出，途遇一老年黑人深深地向他鞠躬，林肯点头微笑并且也摘帽还礼，同行的绅士问道：“为什么你要向黑人摘帽？”林肯回答说：“因为我不愿意在礼貌上不如任何人。”可见，林肯深受美国人民的爱戴是有其原因的。1982年美国进行民意测验，要求人们在美国历届的40位总统中挑选一位“最佳总统”，名列前茅的就是林肯。

（3）锻炼履行礼仪的意志。要使礼仪规范变成自觉的行为，没有坚韧不拔的意志是办不到的。意志坚强的人，能有效地控制自己的言行，特别是在不顺利的情况下，也能不畏困难，始终如一地按照自己的信念待人处世。

所习之礼要培养成习，要有意识地摒弃不合礼仪的旧习惯，养成遵从礼仪的新习性。习性是一个人行为方式的自动化，是不需要多加思考和意志努力的行为方式，受人的性格核心层和中介层的支配与制约。一个人的行为习惯是其观念、态度的下意识表现。习性一旦形成后，具有一定的稳固性，但通过意志努力可以改变。因此，不该以“习惯成自然”为由，姑息迁就那些不合礼仪的坏习惯，而应从思想观念上重视、加强礼仪意识，牢记坚强的意志是保证实现礼仪规范的精神力量。

【小故事 1-15】

华盛顿的小本子

200 多年前，当美国第一任总统乔治·华盛顿只有 15 岁时，他有一个小本子，上面有一些针对他自己用的社交礼仪，他的建议很简单，却很实用，具有普遍意义。

比如说他告诉自己：不要批评别人；父母或老师有责任教育孩子；如果你看到一个长辈或比你重要的人从你身边走过，你应该表示尊重；如果你看到一个遭受不幸的人，即使他是你的敌人，你也要表示你的仁慈和善良；在公众场合不能大笑，过于张扬；在写信的时候或介绍自己的时候，要适当注意自己的姓名和抬头；要注意自己的名誉；宁可自己“孤家寡人”，也不要做一个不受欢迎的参与者；做一个十分有趣的、健谈的人……

后来在弗吉尼亚州，一个很有钱的英国庄园主、爵士就很看重乔治·华盛顿，他邀请乔治·华盛顿来参加家里所有的重要活动，因为华盛顿有了很完美的礼貌和社交的技巧。这种道德基础对他后来成为军队的统帅及美国总统很有帮助。他自己定的这些规矩也造就了日后良好的礼貌、道德规范以及人生价值观，等等。

（4）养成遵从礼仪的行为。礼仪教育的综合结果就在于使人们养成良好的礼仪习惯，也就是把人们在交际活动中对礼仪原则和规范的遵从变成一种习惯性的行为。衡量礼仪教育的效果如何，主要不是看受教育者了解了多少有关礼仪方面的书本知识，而是看他在交际活动中的行为是否符合礼仪规范的要求，是否能够促进交际活动的顺利进行。因此，在礼仪教育中，要认真组织和指导受教育者的行为演练，通过严格的训练使其掌握调节行为的能力，从而养成良好的行为习惯；要使受教育者从一件件具体、琐碎的小事做起，点滴养成习惯；从大处着眼，小处着手：寓礼仪于细微之中，逐渐成习。

小案例 1-20

令人尴尬的女经理

某省会城市一家三星级饭店的女总经理，衣着得体大方，语言热情适宜，正在宴请北京来的专家。席间，秘书突然过来说有急事，请她暂时离席去送外宾，可是这位女经理迟迟未起身。原来双脚不堪忍受高跟鞋束缚，出来“解放”了一会儿，突然有了情况，一时找不到“归宿”，令女经理好不难堪。造成这种情况的原因恐怕不是不懂礼仪知识，而是还没有养成良好的习惯，对礼仪规则遵守得不够造成的。所以，养成遵从礼仪的行为是十分必要的。

在礼仪教育过程中，知、情、意、行是相互联系、相互渗透、相互促进、缺一不可的。没有知，情就失去了理性指导，意和行就会是盲目的；没有情，就难以形成意，知就无法转化为行；没有意，行即缺乏巨大的力量，知和情也就无法落到实处；没有行，知、情、意都没有具体的表现，也就都变成了空谈。因此，在礼仪教育过程中，要坚持晓之以理、动之以情、炼之以意、守之以行。

【小贴士 1-10】

有教养者的十大特征

（1）守时。无论是开会、赴约，有教养的人从不迟到。他们懂得，即使是无意迟到，对其他准时到场的人来说，也是不尊重的表现。

（2）谈吐有节。注意从不随便打断别人的谈话，总是先听完对方的发言，然后再去反驳或者补充对方的看法和意见。

（3）态度和蔼。在同别人谈话的时候，总是望着对方的眼睛，保持注意力集中，而不是翻东西、看书报，心不在焉，显出一副无所谓的样子。

（4）语气中肯。避免高声喧哗，在待人接物上，心平气和，以理服人，往往能取得满意的效果。扯开嗓子说话，不但不能达到预期目的，反而会影响周围的人，甚至使人讨厌。

（5）注意交谈技巧。尊重他人的观点和看法，即使自己不能接受或明确同意，也不当着他人的面指责对方是“瞎说”“废话”“胡说八道”等，而是陈述己见，分析事物，讲清道理。

（6）不自傲。在与人交往相处时，从不强调个人特殊的一面，也不有意表现自己的优越感。

（7）信守诺言。即使遇到某种困难也不食言。自己谈出来的话，要竭尽全力去完成，身体力行是最好的诺言。

（8）关怀他人。不论何时何地，对妇女、儿童及上了年纪的老人，总是表示出关心并给予最大的照顾和方便。

（9）大度。与人相处胸襟开阔，不会为一点小事情而和朋友、同事闹意见，甚至断绝来往。

（10）富有同情心。在他人遇到某种不幸时，尽量给予同情和支持。

拓展阅读

人际沟通的层次

人际沟通是有层次的。人际沟通的能力有强弱之分，高下之分。就人际沟通能力而言可分为三个层次：沟而不通；沟而能通；不沟而通。

1. 沟而不通

沟而不通的原因很多：或者在沟通方，不主动，不善于沟通；或者在沟通的另一方无沟通意愿，比较固执听不进意见；或者沟通场合不对，条件尚不成熟等。

请看太太催着先生接电话的故事：

先生又火了

先生一进家门，太太就急着对先生说：“有三个电话，赶快去回。”先生就一肚子火，心想：“我辛苦了一天，让我休息一下不好吗？电话比我的命还重要吗？”只是一句话就不高兴了，没好气地说：“你就不会接？”于是下一次有电话也不敢跟先生讲，先生回家坐在沙发上，一看茶几上有三个号码，问太太：“这是什么？”“三个电话。”“这么重要的电话都不跟我讲，你人在家跟没在家一样？”他又火了。于是太太就觉得先生修养不好，先生觉得太太根本不像个太太，该讲的话不讲，不该讲的话拼命讲。这到底是谁的错？

太太催着先生接电话，先生发火；太太不敢对先生讲，写条子告之，先生又发火。太太左右为难，无法与先生好好沟通，结果互相指责。

再看另一对夫妻沟通方式的趣事：

用纸条沟通的夫妻

一对夫妻有天闹不和，打算各睡各的，互不讲话，有事写纸条。晚上，丈夫给妻子留了一张纸条，上写：“明天我有个会议，早上 7 点叫我”，然后放在妻子的床头边。第二天，丈夫醒来一看已经 8 点了。他非常气愤，跑去质问妻子，但是发现妻子早已经出去了。他没办法，又回到卧室，发现枕边有一张纸条，写着："死鬼，都7点了，还不起床。"

丈夫不说话用纸条沟通，妻子也不说话，也用纸条沟通，可惜误事了。这是沟而不通的典型案例之一。

2. 沟而能通

沟而能通，比沟而不通进了一步。或者沟通双方都有沟通的意思，或者沟通双方都有沟通的善意，或者双方的语言表达得体，或者双方都兼顾说话的场合等，为有效沟通创造了条件。

请看一个年轻人问路的案例：

无礼与有礼

过去，有这样一个故事：有个年轻人骑马赶路，看已近黄昏，可是前不着村，后不着店。他正在着急，忽见一位老汉从这儿路过，他便在马背上高声喊道："喂！老头儿，离客店还有多远？"老人回答："5里！"年轻人策马飞奔，急忙赶路去了。结果一气跑了十多里，仍不见人烟。他暗想，这老头儿真可恶，说谎骗人，非得回去教训他一下不可。他一边想着，一边自言自语道："5里，5里，什么5里！"猛然，他醒悟过来了，这"5里"，不是"无礼"的谐音吗？于是掉转马头往回赶。追上那位老人，急忙回身下马，亲热地叫声："老大爷！"话没说完，老人便说："客店已走过头了，如不嫌弃，可到我家一住。"

年轻人骑马赶路，对老人无礼，老人指错路；年轻人反思改过，热情称呼老大爷，老人热情款待。可见沟通礼仪多么重要。

再看一位父亲对女儿成长烦恼的指引：

父亲与女儿

一个女儿对父亲抱怨事事都那么艰难。她不知该如何应付生活，想要自暴自弃．她已厌倦抗争和奋斗，好像一个问题刚解决，新的问题就又出现了。

她的父亲是位厨师，他把她带进厨房。他先往三只锅里倒入一些水，然后把它们放在旺火上烧。不久锅里的水烧开了。他往一只锅里放些胡萝卜，第二只锅里放入鸡蛋，最后一只放入咖啡豆。他将它们浸入开水中煮，一句话也没说。

女儿咂咂嘴，不耐烦地等待着，想知道父亲在做什么。大约20分钟后，父亲把火关了，把胡萝卜捞出来放入碗中，把鸡蛋放入另一个碗内，然后又把咖啡倒在一个杯子里．做完这些后，他才转身问女儿，"亲爱的，你看见什么了？""胡萝卜，鸡蛋，咖啡。"她回答。

他让她靠近些并让她用手摸摸胡萝卜。她摸了摸，注意到它们变软了。父亲又让女儿拿起鸡蛋并打破它。将壳剥掉后，她看到的是一只煮熟的鸡蛋。最后，他让她喝那杯咖啡。品尝到香浓的咖啡，女儿笑了。她怯声问到："父亲，这意味着什么？"

他解释说，这三样东西面临同样的逆境——煮沸的开水，但其反应各不相同。胡萝卜入锅之前是强壮的，结实的，毫不示弱，但进入开水后，它变软了，变弱了。鸡蛋原来是易碎的，它薄薄的外壳保护着它呈液体的内脏，但是经开水一煮，它的内脏变硬了。而粉状咖啡豆则很独特，进入沸水后，它们倒改变了水。"哪个是你呢？"他问女儿，"当逆境找上门来时，你该如何反应？你是胡萝卜，是鸡蛋，还是咖啡豆？"

多么高明的父亲！他对女儿的指导充满哲理，女儿自然深受启发。这是沟而能通的典型案例。

3．不沟而通

不沟而通，又比沟而能通进了一层。这是一种高超的沟通技术。中国人讲究人与人之间的默契，高度的默契就是不沟而通。有时人们不需要说话，只用眼神动作就能传情达意，双方心知肚明就达到默契。

请看一位董事长为关窗开窗伤脑筋的事情：

董事长的疑虑

有一次，董事长主持会议，由于他十分重视这次会议的品质，因而对上级贵宾喜不喜欢打开窗户非常介意。打开窗户，恐怕外面的嘈杂声音会传进来，使得上级贵宾不耐烦；关闭窗户，又怕空气不够流通，影响上级贵宾的情绪。只要窗户的开启或关闭不合上级贵宾的意思，就可能会降低会议的效果。他没有办法直接请问上级贵宾要不要把窗户关起来或者让它打开着，因为问了等于白问，上级贵宾大多这样回答："随便，都可以。"上级贵宾并不是没有主见，也完全不是客气，而是一旦回答得太肯定，大家会传话出去："好官僚，一定要把窗户关上，根本不管大家的感受。人那么多还要关窗户，真不知道是怎么想的。"或者"官僚十足，董事长问他要不要关上窗户，他毫不客气地下命令：不用。打官腔打惯了，对谁都改不了，真是可怕。"无论怎么回答，对上级贵宾都很不利。

董事长只要用眼睛看着那位有良好默契的干部某甲，某甲就会自行思索："有什么事情要我做呢？"他知道此时此地不宜发问，其实也用不着开口，他看看周遭的事物，想想可能的状况，很快就体会出董事长的用意，站起来走过去把窗户关好。上级贵宾由于不是出于董事长的指示，才敢告诉某甲："不要关，开着比较好。"某甲回答："对，对，开着空气更流通。"把董事长心中的疑虑一扫而空。

董事长为开窗关窗事左右为难，用眼神示意手下干部某甲，某甲心领神会，见机行事，难题得到了圆满的解决，这就是高度的默契——不沟而通。

实践训练

1．测试：你是一个善于沟通的人吗？

你是一个善于沟通的人吗？通过下面的测试，你会对自己的沟通能力有所把握。

（1）你刚刚跳槽到一个新单位，面对陌生的环境，你会怎样做？

A．主动向新同事了解单位的情况，并很快与新同事熟悉起来

B．先观察一段时间，逐渐接近与自己性格合得来的同事

C．不在意是否被新同事接受，只在业务上下功夫

（2）你一个人随着旅游团去旅游，一路上你的表现是怎样的？

A．既不请人帮忙，也不和人搭话，自己照顾自己

B．游到兴致处才和别人交谈几句，但也只限于同性

C．和所有人说笑、谈论，也参与他们的游戏

（3）因为你在工作中的突出表现，领导想把你调到你从未接触过的岗位，而这个岗位你并不喜欢，你会怎样做？

A．表明自己的态度，然后听从领导的安排

B．认为自己做不好，拒绝

C．欣然接受，有挑战才更有意义

（4）你与爱人的性格爱好颇为不同，当产生矛盾的时候，你怎么做？

A．把问题暂且放在一边，寻找你们的共同点

B．妥协，假意服从爱人

C．非弄明白谁是谁非不可

（5）假设你是一个部门的主管，你的下属中有两人因为不合常到你面前互说坏话，你怎样处理？

A．当着一个下属的面批评另一个下属

B．列举他们各自的长处，称赞他们，并说明这正是对方说的

C．表示你不想听他们说这些，让他们回去做事

（6）你认为对于青春期的子女的教育方式应该是怎样的？

A．经常发出警告，请老师协助

B．严加看管，限制交友，监听电话

C．朋友式对待，把自己的过去讲给孩子听，让他自己判断，并找些书来给他看

（7）你有一个依赖性很强的朋友，经常打电话与你聊天，当你没有时间陪他的时候，你会怎样做？

A．问他是否有重要事，如没有，告诉他你现在正忙，回头再打给他

B．马上告诉他你很忙，不能与他聊天

C．干脆不接电话

（8）因为一次小小的失误，在同事间产生了不好的影响，你怎么办？

A．走人，不再看他们的脸色

B．保持良好心态，寻找机会挽回影响

C．自怨自艾，与同事疏远

（9）有人告诉你某某说过你坏话，你会怎样做？

A．从此处处提防他，不与他来往

B．找他理论，同时揭他的短

C．有则改之，无则加勉，如果觉得他的能力比你强，则主动与他交往

（10）看到与你同龄的人都已小有成就，而你尚未有骄人业绩，你的心态如何？

A．人的能力有限，我已做了最大努力，可以说问心无愧了

B．我没有那样的机遇，否则……

C．他们也没有什么真本领，不过是会溜须拍马

（11）你虽然只是公司的一名普通员工，但你的责任心很强，你如何把自己的意见传达给最高领导？

A．写一封匿名信给他

B．借送公文的机会，把你的建议写成报告一起送去

C．在全体员工大会上提出

（12）在同学会上，你发现只有你还是个“白丁”（平民百姓），你的情绪会是怎样的？

A．表面若无其事，实际心情不佳，兴趣全无

B．并无改变，像来时一样兴致勃勃，甚至和同学谈起自己的宏伟计划

C．一落千丈，只顾自己喝闷酒

（13）在朋友的生日宴会上，你结识了朋友的同学，当你再次看见他时你会怎样做？

A．匆匆打个招呼就过去了

B．一张口就叫出他的名字，并热情地与之交谈

C．聊了几句，并留下新的联系方式

（14）你刚被聘为某部门的主管，你知道还有几个人关注着这个职位，上班第一天，你会怎样做？

A．把问题记在心上，但立即投入工作，并开始认识每一个人

B．忽略这个问题，让它消失在时间中

C．与个别谈话，以确认关注这个职位的人

（15）你和小王一同被领导请去吃饭，回来后你会怎样做？

A．比较隐晦地和小王交流几句

B．同小王热烈谈论吃饭时的情景

C．绝口不谈，埋头工作

评分标准：

题号 选择	1	2	3	4	5	6	7	8	9	10	11	12	13	14	15
A	2	0	1	2	0	1	2	0	1	2	0	1	0	2	1
B	1	1	0	1	2	0	1	2	0	1	2	2	2	1	0
C	0	2	2	0	1	2	0	1	2	0	1	0	1	0	2

结果分析：

0～10分：在与人沟通方面你还很欠缺，你基本上是个我行我素之人，即使在强调个性的今天，这也是不可取的。你性格太内向，这使你不能很好地与人沟通。在与人沟通的过程中，内向的性格是你的一大障碍，你应该在认识到自己的不足的同时尽量改变这种性格，跳出自己的小圈子，多与人接触，凡事看看别人的做法，这样，你就有希望成为一个受欢迎的人。

11～25分：你的沟通能力比上不足比下有余，再加把劲儿，就可以游刃有余地与人交流了。你的缺点是：做事求完美，总希望问题能解决得两全其美，而实际是不可能的；不管别人，你就想这样。提高你的沟通能力的法宝是主动出击，这会使你在人际交往中赢得主动权，这样，你的沟通力自然会迈上一个新的台阶了。

26～30分：你可以大声地对别人说：与人沟通，我行。因为你知道如何表达自己的情感和思想，能够理解和支持别人，所以，无论是同事还是朋友，上级还是下级，你都能和他们保持良好的关系。但值得注意的是，你不可炫耀自己的这种沟通能力，否则会被人认为你是故意讨好别人，是虚伪的。尤其在不善于与人沟通的人面前，要隐而不要显，以真诚去打动别人，你的好人缘才会维持长久。

2．沟通技能训练

目的：体会沟通的方法。当环境及条件受到限制时，学会去改变自己，用各类沟通方法

来解决问题。

形式：将全体学员分成14～16人一组。

类型：问题解决方法及沟通。

时间：30分钟。

材料：摄像机、眼罩及小贴纸。

场地：教室。

操作程序：

（1）让每位学员戴上眼罩；

（2）给他们每人一个号，但这个号只有本人知道；

（3）让小组根据每人的号数，按从小到大的顺序排列出一条直线；

（4）全过程不能说话，只要有人说话或摘下眼罩，游戏结束；

（5）全过程录像，并在点评之前放给学员看。

思考与讨论：

（1）你是用什么方法来通知小组你的位置和号数的？

（2）沟通中都遇到了什么问题，你是怎么解决这些问题的？

（3）你觉得还有什么更好的方法？

（资料来源：惠亚爱. 沟通技巧. 北京：人民邮电出版社，2013）

3. 日常礼仪行为养成

实训目标：了解礼仪的基本知识和规范，遵循礼仪基本原则，并在日常生活、学习、工作中培养良好的礼仪习惯。

实训课时：从开学第一周到第十五周的课外时间，第十六周全班总结，2课时。

实训地点：教室、寝室、食堂、图书馆、社交生活等公共场所。

实训内容：

（1）学习礼仪修养基本知识；

（2）学习礼仪修养基本规范；

（3）从第一节课后起，每天在教室、寝室、食堂、图书馆、社交生活等公共场所，把课堂所学礼仪知识在实践中运用，进行待人接物，培养礼仪习惯。

实训要求：

（1）把礼仪修养知识与规范融入日常生活、学习、工作及社交实践中；

（2）记录你每实践其中一条原则和规范的心得体会，每人不得少于十条；

（3）第十六周每位同学上讲台向老师和同学们介绍一下你已掌握了哪些人际交往的礼貌修养基本原则和规范，哪些是你认为较困难做到的？有何感想？今后打算怎样应用这些礼貌基本原则和规范？

4. 最后教师总结

课后练习

1. 沟通的内涵是什么？沟通有哪些种类？

2. 人际沟通的内涵和特点是什么？它有哪些基本原则？

3. 你通过电子邮件联系国外的朋友，请你说出在这一沟通过程中沟通的各个要素是什么。

4. 你认为跨国企业中，沟通最大的障碍来自于哪里？为什么？

5. 在沟通遇到障碍时，人们经常提到代沟，请问代沟主要体现在哪些方面？你与家长之间有代沟吗？代沟能不能消除？

6. 举出近一个月来发现的不符合礼仪礼节的 5 个例子，并分析其问题所在及其改进办法。

7. 讨论并分析现代社交礼仪与职业道德有怎样的关系。

8. 讨论并分析大学生尤其是职业技术学院的学生掌握礼仪礼节的重要意义何在。

9. 谈谈你准备怎样加强自身的礼仪修养。

10. 让学生分成不同类别的小组，走上街头观察并收集礼仪在生活中应用的小案例。

11. 以小组为单位，走访一两位商界人士，了解他们对礼仪的看法及切身经历与体会。

12. 观看电影《公主日记》《窈窕绅士》，总结主人公从麻雀变凤凰过程中的诸多礼仪元素以及其礼仪修养方法。

13. 请指出以下人员礼仪上存在的问题。

（1）小王邋里邋遢站在总经理办公室门前，头发乱蓬蓬的，西装皱皱巴巴，刚一进门就被秘书小姐赶出了办公室。

（2）小李坐在接待室等待顾客，不耐烦地走过来走过去，还不时地翻看接待室的物品。顾客一来他就迫不及待地开始推销产品，顾客没机会插上一句话。

（3）拥挤的公共汽车上，小张因一点小事和一个乘客争吵起来。他气呼呼地赶到顾客那儿，发现顾客是刚才和自己在车上争吵过的那个人。

（4）小刘是饭店前厅的接待员，客人登记住店时。看了房价后无意中说了一句："这么高的房价？你们的房价为什么这么高呢？"小刘回答："本来还要高，看你不是经商的，这不已经给你打了折了。"客人听后极为不悦，大步离开了店堂。

（5）居民区苏小姐正在忙家务，门铃响了，她打开门，迎面而立的是一位戴墨镜的年轻男士。苏小姐问："您是……"男士没有摘下墨镜，而是从口袋里摸出一张名片："我是保险公司的。"苏小姐接过名片看了看，不错，他确是保险公司的，但这位男士的形象让她反感，便说："对不起，我们不打算买保险。"说着就要关门，而这位男士动作非常敏捷，已将一只脚迈进门内，挤了进来，一副极不礼貌的样子，在屋内打量，"你们家的房子装修得这么漂亮，真令人羡慕。可天有不测风云，万一发生个火灾什么的，损失就大了，不如现在你就买份保险……"苏小姐越听越生气，光天化日之下，竟然有人闯进门来诅咒她的房子，于是，她把年轻男子轰了出去。

14. 案例分析：

乔布斯向斯卡利"抛绣球"

到 1982 年年底，马库拉已经在苹果公司的总裁这个职位上干了差不多两年，妻子给他下了最后通

牒：马上寻找接班人。

乔布斯知道自己还没有能力管理公司，虽然他跃跃欲试。乔布斯很高傲，但他还是有自知之明的。马库拉也赞成乔布斯的想法。他告诉乔布斯，要担任苹果公司的总裁，他还稍显毛躁、不成熟。于是，他们开始在公司外寻找合适的人选。

乔布斯和马库拉找来社交广泛的企业猎头格里·罗齐（Gerry Roche），帮他们另择人选。他们决定不局限在科技高管这个圈子里。他们需要的是一位懂得广告宣传和市场研究的消费产品营销专家，得有大企业人士的风范，能在华尔街吃得开。罗齐将目光锁定在当时最红的消费产品营销奇才、百事公司百事可乐部门总裁约翰·斯卡利（John Sculley）的身上，他的"百事挑战"（Pepsi Challenge）系列推广活动在广告宣传方面曾经取得了巨大的胜利。

乔布斯告诉罗齐他很乐意见见斯卡利。

很快，斯卡利北上库比蒂诺苹果公司总部会见了史蒂夫·乔布斯。乔布斯激起了他的兴趣。"我被这位年轻的、急性子的天才征服了，我觉得更深入地了解他将会很有意思。"他回忆说。

因此，斯卡利同意在乔布斯下次来纽约的时候再次同他会面，而那天恰好是1983年1月在卡莱尔酒店举行丽萨电脑发布会的时候。一整天的记者会后，苹果公司的人惊奇地发现一位意外造访的客人。乔布斯松了松领带，向大家介绍了斯卡利，称他为百事公司的总裁和一位潜在的大公司客户。在约翰·库奇展示丽萨电脑的时候，乔布斯时不时地突然插进来补充评论，频繁地称赞丽萨在改变人机互动的本质方面具有"革命性"且"不可思议"的力量，这是他最喜欢的两个词。

接着，他们前往四季餐厅。这家餐厅由密斯·凡德罗和菲利普·约翰逊（Philip Johnson）设计，优雅与力量并存，恍若人间天堂。乔布斯一边吃着特制的素食，一边听斯卡利介绍百事公司在营销方面取得的成功。斯卡利说，"百事新一代"（Pepsi Generation）营销活动销售的不仅是一种产品，而且是一种生活方式和乐观的人生态度，"我觉得苹果公司有机会创造'苹果新一代'"。乔布斯热情地赞同了斯卡利的说法。另一方面，"百事挑战"宣传活动旨在聚焦产品，结合广告、活动和公关来造势。乔布斯说，发布一款新产品能引起举国沸腾，正是他和里吉斯·麦肯纳希望苹果公司能做到的。

当他们结束谈话的时候，已经接近午夜了。"这是我一生中最兴奋的一个夜晚，"在斯卡利陪他回到卡莱尔酒店的路上，乔布斯说道，"你不知道我有多开心。"当斯卡利最终回到康涅狄格州格林尼治的家中时，他难以入睡。跟乔布斯打交道要比跟装瓶工谈判有趣多了。"这刺激了我，唤起了我心中压抑已久的，成为一名思想建筑师的愿望。"他后来说道。第二天早晨，罗齐给斯卡利打电话说："我不知道你们昨晚都干了些什么，但是我告诉你，史蒂夫·乔布斯可高兴坏了。"

求贤之旅仍在继续，斯卡利摆出一副"你很难聘请到我，但并不是完全没有可能"的姿态。2月的一个周六，乔布斯到东部拜访斯卡利，他坐着豪华轿车来到格林尼治。他看到斯卡利新盖的房子极尽奢华，落地窗从地板一直延伸到天花板。他很欣赏那扇重达300磅的定制橡木门，安装非常讲究，平衡性也很好，手指轻轻一推就打开了。"史蒂夫对此非常着迷，因为他跟我一样，是个完美主义者。"斯卡利回忆说。斯卡利感到乔布斯身上有一种明星般迷人的特质，是他认为自身也具有的。这种迷恋的感觉不太正常。

斯卡利一般都开着一辆凯迪拉克，但是（意识到客人的品位）他借了妻子的奔驰450SL敞篷车，载着乔布斯去参观百事公司占地144英亩的奢华总部，这和苹果公司的简朴风格大相径庭。对于乔布斯来说，这彰显了充满活力的新兴科技公司和《财富》500强公司之间的差别。车子载着他们弯弯曲曲地穿过修剪整齐的田地和一座雕塑花园（这里有罗丹、摩尔、考尔德和贾科梅蒂的作品），来到一座由爱德华·达雷尔·斯通（Edward Durrell Stone）设计的混凝土玻璃建筑前。斯卡利的大办公室配有波斯地毯、9 面窗户、一个小的私人花园、一间隐匿的书房和独立卫生间。乔布斯参观公司健身中心的时候惊讶地发现，主管们有一个带按摩浴池的专用区域。“这太奇怪了。”他说。斯卡利马上表示同意，他说：“实际上，我是反对这样划分的，我有的时候也会去员工区锻炼。”

他们再一次会面是在库比蒂诺，当时斯卡利刚从夏威夷参加完百事一家装瓶公司的会议回来，途经这里。麦金塔电脑营销经理迈克·默里负责带领团队迎接斯卡利的访问，但是他并不了解这次会面的真正意图。“在未来几年里，百事公司最终可能会购买成千上万台 Mac 电脑，”他在给麦金塔团队成员的一份备忘录中欣喜地写道，“去年一年里，斯卡利先生和某位乔布斯先生成为了朋友。斯卡利先生被认为是行业中顶级的营销专家之一，因此，让我们好好招待他吧。”

乔布斯希望和斯卡利分享他对麦金塔电脑的兴奋之情。“这款产品对我来说比我做过的任何事情都重要，”乔布斯说道，“我希望你成为苹果公司以外第一个见到它的人。”他演戏般从塑料袋里拿出麦金塔的样机，并进行了演示。斯卡利觉得乔布斯和他的电脑一样，令人难以忘怀。“他看上去更像是一名演出主持人，而不是一个商人。每一步都计划好了，就好像排练过一样，恰到好处。”

乔布斯事先让赫茨菲尔德和他的手下们准备了一个电脑屏幕欢迎画面，好让斯卡利开心。“他真的很聪明，”乔布斯说，“你无法相信他有多聪明。”乔布斯解释说，斯卡利可能会为百事采购很多麦金塔电脑。“这听起来有点可疑。”赫茨菲尔德回忆说，但是他和苏珊·卡雷还是制作了一个显示画面，带有百事公司和苹果公司标志的瓶盖和罐子在屏幕上一跃而出。赫茨菲尔德十分兴奋，他甚至在演示的时候开始挥动臂膀，但是斯卡利并没有什么热情。“他问了几个问题，似乎并不是很感兴趣。”赫茨菲尔德回忆说。实际上，他从来没有对斯卡利有过什么好感。“他是个不可思议的骗子，从头到尾都在装模作样。”他后来说道，“他装作对技术很感兴趣的样子，但其实他并不感兴趣。他是个搞营销的，这就是搞营销的人的本质：靠装模作样赚钱。”

乔布斯于 3 月访问了纽约，向斯卡利发起了猛烈的攻势，事情的发展到了关键时刻。“我真的觉得你很适合，”乔布斯在和斯卡利散步穿过中央公园的时候说，“我希望你来和我一起工作。我能在你身上学到很多东西。”乔布斯曾结识过一些忘年交，知道怎样利用斯卡利的自负和不安全感。他的话奏效了。“我被他征服了，”斯卡利后来说，“史蒂夫是我所认识的最聪明的人之一。对于创新，我们都富有激情。”

斯卡利对艺术史很感兴趣，于是他带乔布斯走向大都会博物馆，他想试试乔布斯，看他是否真的愿意向别人学习。“我想看看他在自己没有涉猎过的领域里学习能力怎么样。”斯卡利回忆说。他们漫步在希腊和罗马古迹之间，斯卡利详细解释着公元前 6 世纪的早期雕塑和一个世纪后的伯里克利时代的雕塑有什么区别。乔布斯喜欢学习在大学从未学过的这些历史典故，因此他似乎沉浸其中了。“我感觉自己真的像个老师，在教一个聪颖的学生。”斯卡利回忆说。斯卡利又一次沉溺在幻想里，他认为他们俩很相像。“我在他身上看到了自己年轻时候的影子。我那时也没有耐心，固执、傲慢、冲动。我的脑子里总是充满了新鲜的想法，装不下任何其他的事情。我也不能容忍那些做事达不到我要求的人。”

他们继续着这次长时间的漫步。斯卡利透露说，他度假的时候，会带着自己的写生簿去巴黎左岸绘画；如果没做生意人的话，他会成为一名艺术家。乔布斯回答说，如果他不和计算机打交道的话，他可能会在巴黎当一名诗人。他们继续沿着百老汇街往下走，来到 49 号大街的殖民地音像店（Colony Records），乔布斯把自己喜欢的音乐介绍给斯卡利，包括鲍勃·迪伦、琼·贝兹、埃拉·菲兹杰拉德（Ella Fitzgerald）和温德姆·希尔唱片公司（Windham Hill）的爵士乐歌手的作品。然后他们又一路返回到中央公园西路和 74 号大街交汇处的圣雷莫（San Remo），乔布斯当时正计划在这里购买一幢两层的塔式顶楼公寓。

在公寓的一个露天平台上，事情终于圆满成功了。斯卡利当时紧贴着墙，因为他恐高。首先他们谈了钱的问题。“我告诉他我需要100万美元的薪水，100万美元的签约奖金，如果最后成不了，还要100万美元离职补偿。”斯卡利说。乔布斯答应了他的条件：“就算我自掏腰包，我们都得解决这些问题。因为你是我见过的最优秀的人。我知道对于苹果公司来说你是完美的，而苹果公司应该得到最好的人才。”接着，他补充说，他还从没有为自己真正钦佩的人工作过，然而他知道斯卡利教给他的东西将会是最多的。乔布斯目不转睛地看着斯卡利。他一头浓密的黑发给斯卡利留下了深刻的印象。

斯卡利最后还是有一点犹豫，他试探性地提议说也许他们应该只做朋友，他可以作为局外人给乔布斯提出建议。斯卡利后来讲述了接下来那个最为激动人心的时刻：“史蒂夫低着头，看着自己的脚。在一段沉重的、不舒服的沉默之后，他向我抛出了一个问题，让我几天都无法释怀，‘你是想卖一辈子糖水呢，还是想抓住机会来改变世界？’”

斯卡利感觉就像有人往他的肚子上狠狠揍了一拳。除了默许，他无言以对。“他有一种非凡的能力，永远都能得到自己想要的东西，能够很好地判断一个人，并知道该说些什么来赢得那个人的心。”斯卡利回忆说，“4个月来，我第一次意识到自己无法说‘不’。”冬日的太阳开始西沉，他们离开公寓，穿过公园，回到了卡莱尔酒店。

马库拉最后说服斯卡利接受了50万美元的薪水和同等数额的奖金，斯卡利1983年5月到达加利福尼亚，在苹果公司开始走马上任了。

【思考与讨论】

（1）乔布斯为了吸引斯卡利来苹果公司工作，他是怎样向斯卡利“抛绣球”的？其整个沟通过程对我们有哪些启示？

（2）当乔布斯看到斯卡利最后还是有一点犹豫，他说出了那句著名的话：“你是想卖一辈子糖水呢，还是想抓住机会来改变世界？”这收到了怎样的效果？为什么？

焦急的李经理

星期一通常是公司最繁忙的日子，当李经理走进办公室的时候，秘书早将一沓文件放在他的办公桌上。每天都要花费大量的时间处理很多这样的文件，李经理很是头疼。

李经理开始埋头处理文件的时候，电话铃响了，是技术总监打来的，他告诉李经理他准备辞职。最近一直在公司内部流传着的小道消息“公司的竞争对手在挖技术总监”的事情被证实了，李经理心中一阵恼火。技术总监了解公司最新开发产品所有的第一手资料，而这些资料是竞争对手梦寐以求的，技术总监此时投奔到对手旗下对公司是很不利的事情。既恼怒又担心的李经理在电话中没想好如何跟技术总监谈这件事，而技术总监又很快挂断了电话。

放下电话，李经理一时也想不出什么好办法，他着急地在屋子里踱步。此时，秘书推门进来，说员工们对此次裁员计划有很多不满，特别是前两天裁掉老刘这件事。老刘已在公司工作多年并接近退休，这样裁员让员工觉得公司很无情，大家也没有安全感，需要经理给出一个解释，此时被裁减的员工代表也聚集在会议室里等待经理的说法。裁员本身已经影响了公司的士气，但一想到可能要面对盛怒的离职员工的代表，李经理不由得产生一丝担忧，这可不是一般的谈话，如果处理不好，带来的后果可能是不堪设想的。

可是眼下由于技术总监的辞职电话干扰了他的注意力，他甚至猜想竞争对手是否已经掌握了新产品的技术，接下来他该怎么办？需要与竞争对手人力资源部经理联系吗？还是直接汇报上司？还是找技术总监本人谈话呢？

可是目前最紧急的问题是，他该如何面对并说服离职员工代表。由于焦急，他竟然找不到合适的说辞来向大家解释公司目前的处境。与员工代表会谈的时间就要到了，可李经理还在自己的办公室焦急地走来走去……

【思考与讨论】

（1）李经理的沟通能力如何？他应怎样解决目前面临的问题？

（2）作为一名经理应如何提高自身的沟通能力？

花3分钟感谢

一家大公司的公关部招聘一位职员，许多人参与了角逐。公司的面试和笔试十分烦琐，一轮轮淘汰下来，最后只剩下5个人。5个人都优秀，都有较好的外表条件和学识，都毕业于名牌大学。公司通知5个人，聘用谁得由经理层会议讨论通过才能决定。于是5个人安心地回家，等待公司最后的决定。

几天后，其中一个人的电子信箱里收到一封信，信是公司人事部发来的，内容是："经过公司研究决定，你落聘了，但是我们欣赏你的学识、气质，因为名额所限，实是割爱之举。公司以后若有招聘名额，必会优先通知你。你所提交的材料录入电脑存档后，不日将邮寄返还于你。另外，为感谢你对本公司的信任，还随信寄来本公司产品的优惠券一份。祝你开心！"

她在收到电子邮件的一刻知道自己落聘了，十分伤心，但又为外资公司的诚意所感动。两天后，她收到了寄给她的材料和一份优惠券，以及另加一个电子信件中没有提及的带有公司标志的小饰物。她十分感动顺手花了3分钟时间用电子邮件给那家公司发了一封简短的感谢信。

但两个星期后，她接到了那家大公司的电话，说经过经理层会议讨论，她已被正式录用为该公司职员。后来，她才明白这是公司的最后一道考题。公司给其他4个人也发了同样的电子信件，也送了优惠券和小饰物。但是回信感谢的人只有她一个。她能胜出，只不过因为多花了3分钟时间去感谢。

【思考与讨论】

（1）本案例中的"她"为什么能够被大公司录取？

（2）本案例对你有何启示？

礼仪的作用

相传，20世纪初，一位犹太传教士，每天早晨总是按时来到一条乡间的小路上散步，无论见到何人，总是热情地打一声招呼"早安！"对此，一个叫米勒的年轻农民不以为意，反应冷漠。但这并未改变传教士的热情，他每天早晨依然如故。终于有一天，这个年轻人也脱下帽子，向传教士回了一声"早安！"

几年后，纳粹党上台执政。一天，传教士与村中所有的人都被纳粹党集中起来送往集中营。在下火车列队前行时，只见一个指挥官挥动着指挥棒叫喊道"左，右。"被指向左边的是死路一条，被指向右边的则还有生还的希望。忽然，传教士的名字被点到，他浑身颤抖着走上前去。当他无望地抬起头时，不想眼睛正好与指挥官的眼睛相遇，传教士习惯地脱口而出"早安，米勒先生。"指挥官一愣，表情虽然没有过多的变化，但仍禁不住回了一句："早安。"声音低得只有他俩才能听得到。后来，传教士被指向了右边。显然，是"早安"救了传教士一命。

早安，是一句礼仪用语，礼仪的作用由此可见一斑。

【思考与讨论】

（1）传教士为何能够躲过一劫？

（2）礼仪都有哪些作用？

第二章　沟通技能

金玉良言可能简短而通俗，但它们会余音绕梁，在人们心中久久不绝。

——诺贝尔和平奖获得者特蕾莎修女

自然界赋予人一张嘴，两只耳朵，也就是让我们多听少说。

——[古希腊]苏格拉底

学习目标

了解倾听的作用；明确倾听的障碍，并善于排除这些障碍；掌握有效倾听的策略；掌握说话的原则和技巧；了解提问和回答的作用；掌握提问的原则和方法；掌握回答的原则和方式。

引导案例

夫妻沟通的两个场景

场景一

妻子：累死我了，一下午谈了三批客户，最后那个女的，挑三拣四，不懂装懂，烦死人了。

丈夫：别理她，跟那种人生气不值得。

妻子：那哪儿行啊！顾客是上帝，是我的衣食父母！

丈夫：那就换个活儿干呗，干吗非得卖房子呀？

妻子：你说得倒容易，现在找份工作多难啊！甭管怎么样，每个月我还能拿回家三千块钱。都像你的活儿，是轻松，可是每个月拿几百块钱够谁花呀？眼看涛涛就要上大学了，每年的学费就万把元吧？！

丈夫：嘿，你这个人怎么不识好歹？人家想帮帮你，怎么冲我来啦？

妻子：帮我？你要是有本事，像隔壁小萍丈夫那样，每月挣个四五千，就真的帮我了。

丈夫：看着别人好，和他过去！不就是那几个臭钱吗？有什么了不起！

场景二

妻子：累死我了，一下午谈了三批客户，最后那个女的，挑三拣四，不懂装懂，烦死人了。

丈夫：大热天的，再遇上个不懂事的顾客是够呛。快坐下喝口水吧。（把她平日爱喝的冰镇酸梅汤递过去）

妻子：唉，挣这么几个钱不容易，为了涛涛今年上大学，我还得咬牙干下去。

丈夫：是啊，你真是不容易，这些年，家里主要靠你挣钱撑着。

妻子：话不能这么说，涛涛的功课、人品，没有你下力，哪儿能有今天的模样？唉，我们都不容易。

【问题】

在场景一与场景二中，哪对夫妻进行了有效的沟通？他们是如何进行有效沟通的？

第一节 倾 听

一、倾听的作用

听是人类最基本的能力之一，是用耳朵接收声音，除了少数人听不到声音之外，我们大多都享有这种与生俱来的天赋功能。如今，国际倾听协会这样对倾听定义：倾听是接收口头及非言语信息、确定其含义和对此做出反应的过程。口语交际中，听的重要性并不被多数人认同。很多人认为听是一种被动的行为。他们很可能会感到烦闷，如果他们不参与谈话还可能会感到无精打采。这种认识显然存在着很大的误区。

古今中外很多谚语和传说表明听的重要性："听君一席话，胜读十年书。"俗话又说："会说的不如会听的。"英国谚语："沉默是金，说话是银。"传说："上帝在造人时之所以给人一张嘴巴、两只耳朵，就是因为他认为听比说更重要。"可见人们如何看重听了。

对我们大多数人来说，倾听是从我们听到别人讲话声音开始的，但倾听与听有什么区别呢？一般学者认为："听"是人体感觉器官接收到的声音；或者换句话说，"听"是人的感觉器官对声音的生理反应。只要耳朵听到谈话，我们就在听别人。想想你在听到电影中的外语对话时，你就会明白，听到并不意味着理解。"充耳不闻"就是说的这种情况。

倾听虽然以听到声音为前提，但更重要的是我们对声音必须有所反应，必须是主动参与的过程，在这个过程中，人必须思考、接收、理解，并做出必要的反馈。同时，倾听的对象不仅仅局限于声音，还包含理解别人的语言、手势和面部表情等。在此过程中，我们绝不能闭上眼睛只听别人说话的声音，而且还要注意别人的眼神及感情等表达方式。

【小故事 2-1】

"听"来的钢盔

第二次世界大战期间，一位叫亚德里安的美国将军利用战斗的间隙到战地医院探望伤员。他毫不张扬地走进病房，静静地坐在病床边，倾听每一位伤病员讲述自己"死里逃生"的经历。其中一位炊事员说，他听到炮弹呼啸而来，就不假思索地把一口锅扣在自己的头上，虽然弹片横飞，战友倒下了一大片，他却幸免一死。听到这里，亚德里安将军略有所悟地点了点头，走到这位炊事员床前同他握手 脸上露出赞赏的微笑。

后来他发布一道命令：让每个战士都带上一口"铁锅"。

于是，在人类战争史上，"钢盔"这个重要发明，就因为一位将军有耐心和雅量倾听一个炊事员的"唠叨"而诞生了。据说，这个别出心裁的"发明"，使七万余名美军在第二次世界大战中免于战死。

将军诚意的倾听，表示出了对战士生命安全的关注和高尚的人品，他满足对方倾诉并寻求尊重的愿望，而自己也在获得尊重的同时，获得了创造的灵感，从而做出重大决定。

倾听的作用表现为以下方面。

1. 倾听是获取信息开阔视野的重要途径

"听君一席话，胜读十年书"，这句俗语从倾听的角度说明了倾听是获取信息开阔视野的重要途径。有数据显示：在我们获取信息的途径，即听、说、读、写所占的时间中，听占到了53%。然而现在是网络化时代，面对面沟通被有些人忽视，由此产生的"宅男""宅女"现象越来越引起人们的担忧，这从另一个角度说明倾听的缺失对现代人造成的不良影响。与其将自己封闭在一个狭小的空间里，还不如走出家门倾听来自各界的声音，那样对你的未来才更有帮助。

2. 倾听是对别人尊重和鼓励的特殊方式

根据人性特点，我们都知道，人们往往对自己的事更感兴趣，对自己的问题更关注，更喜欢自我表现。一旦有人专心倾听我们的话，我们就会感到自己被重视。我们真诚投入地倾听他人的倾诉，恰到好处的反应，是对他人尊重和鼓励的最好方式。

3. 倾听是为自己争取主动的关键

在时机未到时选择倾听并保持沉默是一种“大智若愚”的艺术，在商业活动中多听、少说甚至不说，这样做的目的是为了获得最大的利益。少开口不做无谓的争论，对方就无法了解你的真实想法；反之，你可以探测对方动机，逐步掌握主动权。因此，“雄辩是银，倾听是金”。

【小故事 2-2】

爱迪生的沉默

爱迪生发明电报以后，西方联合公司想购买此发明。其妻建议开价 2 万元，他觉得太高了，但还是打算照妻子的建议要价。谈判在西方联合公司办公室进行。买方代表问：“对你的发明，你打算要多少钱呢？”爱迪生欲言又止陷入思索，现场一片沉默。随着时间的推移，沉默变得难熬，购方代表急躁起来，试探性地问：“我们愿意出 10 万元买下你的发明，你看怎么样？”结果双方成交。

4. 倾听可增进彼此的理解与信赖

表露内心的事，可以消除两人之间的误会、隔阂、不信任与敌对，使两人之间关系更为密切。由此来看，倾听可谓是彼此沟通的桥梁，误解与愤恨都会随着有效的倾听而化为乌有，感情也会伴着彼此的倾听更进一步。

5. 倾听有利于获得身心健康与成功

倾听可改善周围环境的气氛，有利于获得身心健康与成功。心理学家们指出，善于倾听的人容易克制冲动，控制愤怒，拥有一个较为平和的人际环境，这对于成功与健康是有百益而无一害的。

【小贴士 2-1】

倾听的“珠穆朗玛峰”七层次

倾听的“珠穆朗玛峰”七层次（见图 2-1）是指按照投入程度、倾听过程的把握以及沟通效果，依次把倾听从低到高划分为 7 个层次，而位于 7 个层次之下的是“不予理解”。“倾听的珠穆朗玛峰”意味着管理者对倾听技巧的运用越娴熟有效，其能取得的成就也会越来越高。倾听技巧的提升会使管理者及其团队变得强大并能激发创造力，使工作得以高效率、突破性地开展。

1. 最底层：不予理睬

“不予理睬”就是对别人所表达的信息置之不理甚至随意中途打断别人的谈话。组织内忽视员工的言论就会使人心涣散，丧失凝聚力。

2. 第一层：佯装倾听

“佯装倾听”是指在别人讲话时，倾听者假装对别人说的谈话很感兴趣，甚至还点头称“嗯”“是啊”“好”，或者有时候露出微笑，但其注意力并没有放在发言者身上，对于讲话者所说的话实际上一句也没有听进去。与不予理睬相比，佯装倾听多了一些伪善的成分。

3. 第二层：控制

控制性倾听的表现是：通过手势，面部表情或者声音等反馈，控制讲话者的表达内容。习惯于在任何场合都采取控制性倾听的人，往往使得对方无法自由充分地表达自己的观点，从而无法全面深入地获取信息，在一定程度上导致自己信息缺失，久而久之，就容易产生信息干涸。

4. 第三层：第一印象

“第一印象”是指先将讲话者表达的信息按照已有的印象进行过滤。第一印象表现在：将别人的话按照已有的主观臆断进行处理，加入个人色彩，使个人过去的知觉印象占据主导地位；只听符合自己的意思或口味的话语。倾听处在本层次，仍旧不能称为积极有效的倾听。

5. 第四层：尊重

“尊重”层次上的倾听需要人们“全神贯注”地聆听、对讲话者所传递的信息内容进行准确解码和客观评价，并做出积极反应，比如微笑、点头、身体前倾等。尊重使得倾听者准确把握讲话者所传递信息的同时，还获得了对方的信任和友谊，中国有句古训“敬人者，人恒敬之；爱人者，人恒爱之”，讲的也是这个道理。

6. 第五层：换位思考

“换位思考”要求人们站在对方的立场、以为对方着想的方式去思考问题并解决问题。“换位思考”也就是我们通常所说的“同理心”。在商业领域中，只要能站在客户、竞争对手以及供应商的角度思考问题，人们就更容易成功。做到“换位思考”的公司由于能够最大限度地理解消费者的需求，从而能赢得消费者并获得其忠诚度。

7. 第六层：激励

“激励”层次的倾听是指倾听者不仅通过换位思考、理解他人的需求、通过反馈很好地回应了对方的需求，而且，倾听者还通过积极的鼓励激发对方倾诉的欲望，在交流中碰撞出灵感的火花，产生针对某个问题的出色方案。激励是一种积极的富于创造力的行为，优秀的管理者在与下属沟通时，如果能达到这种倾听层次，则能取得较好的管理效果。

8. 第七层：把握别人的倾听投入程度

“把握别人的倾听程度”使得倾听者不仅善于倾听，还能够善于运用倾听理论和技巧，在自己转换到讲话者角色时，时刻关注对方的反应，把握别人对你的话语的倾听层次。管理者训练自己的演讲才能时，需要训练如何把握别人倾听的投入程度。

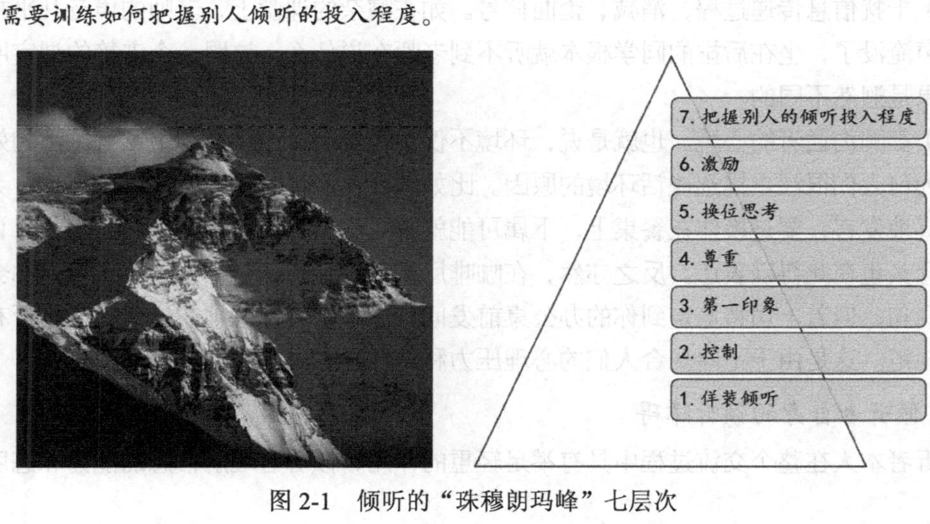

图 2-1　倾听的“珠穆朗玛峰”七层次

二、倾听的障碍

【小故事 2-3】

巴顿将军怎么了？

巴顿将军为了显示他对部下生活的关心，搞了一次参观士兵食堂的突然袭击。在食堂里，他看见两个士兵站在一个大汤锅前。

“让我尝尝这汤！”巴顿将军向士兵命令道。

“可是，将军……”士兵正准备解释。

“没什么‘可是’，给我勺子！”巴顿将军拿过勺子喝了一大口，怒斥道：“太不像话了，怎么能给战士喝这个？这简直就是刷锅水！”

“我正想告诉您这是刷锅水，没想到您已经尝出来了。”士兵答道。

【思考】是什么原因导致巴顿将军的尴尬？

一般来讲，倾听有 5 个层次：一是听而不闻。如同耳边风，“左耳进右耳出”，完全没有听进去；二是敷衍了事。“嗯”……“喔”……“哎”……“好好好”，略有反应其实是心不在焉；三是选择地听。只听合自己心意的，与自己意思相左的一概自动过滤掉；四是专注地听。有些沟通技巧的训练会强调“主动式”“回应式”的聆听，以复述对方的话表示确实听到，即使每句话或许都进入大脑，但是否都能听出说话者的本意、真意，仍值得怀疑；五是同理心的倾听。一般人聆听的目的是为了做出最贴切的反应，根本不是想了解对方。所以同理心的倾听的出发点是为了“了解”而非为了“反应”，也就是透过交流去了解别人的观念、感受。在商务沟通中应重视倾听，尽可能做到高层次的倾听，避免低层次的倾听。但事实上并不是所有倾听都能达到理想效果，因为倾听存在着各种各样的障碍，它们会直接或者间接地影响倾听的效果。

1. 来自环境的倾听障碍

环境干扰是影响倾听最常见的因素之一，交谈时的环境各种各样，时常转移人的注意力，从而影响专心倾听。有学者做过试验，一个人同时听到两个信息时，他会选择其中的一个，放弃另一个。这样的话，就很容易忽略另外一个人的信息。具体来说，环境障碍主要从两方面施加对倾听效果的影响。

（1）干扰信息传递过程，消减、歪曲信号。如在嘈杂的课堂上，老师的声音几乎被学生的吵闹声淹没了，坐在后排的同学根本就听不到老师在说什么，这跟一个安静的课室所能达到的效果是迥然不同的。

（2）影响沟通者的心境。也就是说，环境不仅从客观上，还从主观上影响倾听的效果，这正是为何人们很注重挑选谈话环境的原因。比如领导在会议厅里向下属征询建议，大家会十分认真地发言，要是换作在餐桌上，下属可能就会更随心所欲地谈谈想法，有些自认为不成熟的念头也在此得以表达。反之亦然，在咖啡厅里上司随口问问你西装的样式，你会轻松地聊上几句，但若上司特地走到你的办公桌前发问，你多半会惊恐地想这套衣服是否有违公司仪容规范。这是由于不同场合人们的心理压力和情绪都大有不同。

2. 倾听者自身的倾听障碍

倾听者本人在整个交流过程中具有举足轻重的作用，倾听者理解信息的能力和态度都直接影响倾听的效果。但由于每个人都有自己的思想和经验，难免在倾听时加上自己的感情色彩，在无形中树立了障碍，无法准确理解别人传递的信息，从而影响了沟通。来自倾听者自身的障碍表现在以下方面。

（1）注意力不集中。倾听者受到内部或外部因素的干扰而无法集中注意力，这是最常见的阻碍倾听的因素。当您疲倦时，胡思乱想时，或是对说话者所传递的信息不感兴趣时，您都很难集中注意力。

（2）打断说话者。倾听者打断说话者也是阻碍倾听的因素之一。在回应说话者之前，应该先让他把话说完。对说话者缺乏耐心甚至粗鲁地打断他们，这是对说话者本人及其信息不尊重的表现。

（3）缺乏自信。倾听者缺乏自信也是阻碍倾听的因素之一，这是因为缺乏自信会令倾听者产生紧张的情绪，而这种情绪一旦占据了他的思维，就会使他无从把握说话者所传递的信息。也正是为了掩饰这种紧张情绪，许多倾听者总是在应当倾听时擅自发言，打断说话者。

（4）过于关注细节。阻碍倾听的另外一个因素是倾听者过于关注细节。如果倾听者尝试记住所有的人名、事件和时间，那么就会觉得倾听"太辛苦"了。这种紧紧抓住信息中的细节而不抓要点的做法非常不可取，这样做就可能完全不能明白说话者的观点。

（5）排斥异议。有些人喜欢听和自己意见一致的人讲话，偏心于和自己观点相同的人。这种拒绝倾听不同意见的人，不仅拒绝了许多通过交流获得信息的机会，而且在倾听的过程中注意力就不可能集中在讲逆耳之言的人身上，也不可能和任何人都交谈得愉快。

（6）心存偏见。倾听者心存偏见会在很大程度上阻碍倾听。偏见让倾听者无法对说话者所传递的信息保持开放和接纳的心态。这是因为，偏见使人在倾听之前就已经对说话者或他所传递的信息做出了判断。

（7）太注重说话方式与个人外表。人们倾向于根据一个人的长相或讲话的方式来判断一个人，因此听不到他真正说了什么。有些人常被说话者的口音和个人外表以及行为习惯扰乱心绪，从而影响了倾听效果。

（8）厌倦。由于大脑思考的速度比说话的速度快很多，前者至少是后者的 3～5 倍（据统计，人们每分钟可说出 125 个词，理解 400～600 个词），很容易在听话时感到厌倦。因为人们可以接纳一个人说的话，但同时还有很多空余的"大脑时间"，人们很想中断倾听过程，去思考一些别的事情。"寻找"一些事做，占据大脑空闲的空间，这是一种不良的倾听习惯。

（9）臆测。臆测是指倾听者在倾听过程中凭着自己的主观臆断对说话者的话进行推测或猜想。臆测是沟通的障碍，它常常会使人产生曲解或误解。所以，倾听者要尽力避免对别人进行臆测，虽然有时候臆测也可能是正确的，但是最好尽可能避免臆测。

【小故事 2-4】

重在倾听

美国著名的主持人林克莱特在一期节目上访问了一位小朋友，问他："你长大了想当什么呀？"小朋友天真地回答："我要当飞机驾驶员！"林克莱特接着说："如果有一天你的飞机飞到太平洋上空时，飞机所有的引擎都熄火了，你会怎么办？"小朋友想了想："我先告诉飞机上所有的人绑好安全带，然后我系上降落伞，先跳下去。"

当现场的观众笑得东倒西歪时，林克莱特继续注视着孩子。没想到，孩子的两行热泪夺眶而出，于是林克莱特问他："为什么要这么做？"他的回答透露出一个孩子真挚的想法："我要去拿燃料，我还要回来！还要回来！"

三、有效地倾听

要想做到有效地倾听，必须运用以下倾听策略。

1. 创造良好的倾听环境

（1）选择合适的场所。场所合适与否直接关系到沟通双方的心理感受和外在噪音的干扰。在公众场合下，应避免在噪音比较大的地方交谈，如施工场所、十字路口。应尽量寻找安静、舒适、典雅、有格调的咖啡厅、茶室等，同时力求避免电话、手机和他人的干扰。如果是在家中聚会，有必要将电视音量关小，保证室内空气清馨、舒适，假如临近街道，可以将门、窗关紧，同时注意室内家具的摆放、颜色的搭配等细节问题。

（2）选择恰当的时间。公众场所都有自己的高峰期，像公园、商场、节假日风景区，人比较多，咖啡厅晚上人流不息，而餐馆则在中午、下午 6 点以后客人较多。选择场所时还应考虑到时间的不同对谈话双方的效果也将不同。

（3）保持一定的距离。说话者与听话者感情好，私下交谈时则相互挨得紧，恋人更是如此。但如果在正式场合，不论亲疏，都应保持一定的距离。过远，则不容易听清；过近，容易使说话者感到紧张。

2. 良好的心理准备

倾听，要求倾听者要有良好的精神状态，集中精力，随时提醒自己交谈到底要解决什么问题，听话时应保持与谈话者的眼神接触，但在时间的长短上应适当把握好，如果没有语言上的呼应，只是长时间盯着对方，会使双方都感到局促不安。另外，要努力维持大脑的警觉，保持身体警觉则有助于使大脑处于兴奋状态。

倾听时，应该保持开放的心态，这是提升倾听技巧的指导方针之一。这样做不但使您能考虑到事情的各个方面，还能减少你与说话者之间的防御意识，而这种意识会极大阻碍你们之间的良好沟通。回应说话者时，即使您不同意他的观点，也应对其信息保持积极的态度。

3. 正确的态势语言

人的身体姿势会暗示出他对谈话的态度，自然开放性的姿态，代表着接受、兴趣与信任。根据达尔文的观察，交叉双臂是日常生活中最普遍的姿势之一，一般表现出优雅富于感染力，让人看上去自信心十足。但这常常自然地转变为防卫姿势，当倾听意见的人采取这种姿势，大多是持保留的态度。向前倾的姿势是集中注意力、愿意听倾诉的表现。所以说二者是相容的。倾听时交叉双臂，翘起"二郎腿"也许是很舒服，但往往让人感觉这是种封闭性的姿势，容易让人误以为不耐烦或高傲。

4. 提升倾听的技巧

（1）对主题或说话者产生兴趣。这样做有助于倾听者以积极的态度进行倾听。倾听时，您的目标应当是从每个说话者那里获取知识，但如果您对他们不感兴趣，就很难集中注意力。因此，应当消除自己对主题或是说话者的偏见，使自己对其产生兴趣。倾听时，应该关注说话者提供的信息，而不是他们的外表、性格或是说话方式，不要因为这些因素而对他们加以定论，应该根据他们提供的论据来判断信息的价值。另外，也不要仅仅因为说话者的出色表达就立即对他们做出肯定的判断。出色的表达并不意味着说话者传递的信息有价值。因此，应该等到说话者完整地传递了信息之后，再做出判断。

（2）积极关注自己不熟悉的信息。要提升自己的倾听技巧，还应该学会积极关注自己不熟悉的信息。如果在倾听时遇到此类信息，就更需要高度集中注意力。因为如果不这样做，就有可能抓不住信息中的重点。当对方传递的是自己不熟悉的信息时，可以采取下列方法来改变自己：不要因为信息复杂而气馁；使自己对学习产生兴趣；提问以确认说话者的观点。

（3）专注于说话者的主要观点。倾听时，一定要专注于说话者的主要观点，为了全面理解讲话者的言辞中包含的内容和情感，倾听者要集中精力努力捕捉信息的精髓。这样做能避免讲话者的情感对你产生影响并且能集中精神理解讲话者所述观点中的重点。

（4）不要过早下结论。要提升自己的倾听技巧，倾听者在倾听时就不要过早下结论。当你不同意说话者的看法时，最自然的反应就是立即不再理会他所传递的信息。尽管你不需要同意说话者的所有观点，但是在下结论之前，还是应该听完他的话。只有听完了全部的信息，才可以彻底地检验并公正地评估说话者的观点、论据和论证过程。

（5）复述说话者所传递的信息。通过复述，倾听者可以确定自己是否完全理解了该信息。复述时，倾听者可以用自己的话向说话者概括信息的主要内容，这样能减少对信息的误解和错误的推测。

（6）不到必要时，不打断他人的谈话。善于听别人说话的人不会因为自己想强调一些枝微末节、想修正对方话中一些无关紧要的部分、想突然转变话题，或者想说完一句刚刚没说完的话，就随便打断对方。经常打断别人说话就表示我们不善于倾听，个性激进、礼貌不周，很难和人沟通，所以除了是在不得不说的情况下，否则是不应打断对方谈话的。

（7）尊重说话者的观点。每个人都有自己的观点，要鼓励别人说出自己的看法，而不能因为自己的主观意愿，否定自己不同意的观点，如果无法接受说话者的观点，那可能会错过很多学习的机会，而且无法和对方建立起融洽的关系。

（8）换位思考。站在对方的角度去考虑他所说的话，以客观的心态去面对说话者，用心去感受说话者的心情，感受他的喜悦或悲伤，这也是做到最高层次倾听的体现。这样做可以避免因心理定势和偏见等产生的障碍。

（9）倾听者不应该过于拘谨。倾听者在倾听时过于拘谨使倾听变成了一种被动行为，此时，倾听者绝不会表达自己的观点，他们根本不参与交流，常常只是以“很好”和“我明白你的意思”之类的话来回应说话者。倾听者在倾听时过于拘谨可能是因为害羞，也可能仅仅出于不想给说话者带来麻烦，无论是什么原因，他们的行为都会阻碍有效的沟通。要避免在倾听时过于拘谨，应当遵循以下原则：乐于表达自己的想法；通过提问参与对话；回答问题要干脆；与说话者进行眼神交流。

5. 善于运用其他形式沟通

毕竟只是用听的话，所记住的信息有限，这时候就需要借助一些其他的方式来帮助自己更好地记忆。比如做笔记，这样能更有效地记住对方所说的话。同时通过做笔记也能有选择地记下自己认为更重要的信息，从而避免因为什么都要记下而费时费力。

总之，是否经过严格科学训练，是否能够进行有效倾听的倾听者，在倾听时的表现是截然不同的，表 2-1[①]中列出了这两种倾听者在相同情境下的倾听表现。请对照自己的倾听习惯，看看自己做得怎样。

表 2-1　不同倾听者在相同情境下的不同反应

差的倾听者	好的倾听者
● 寻找自己感兴趣的领域	● 寻找对每个人有启迪的内容和信息，照顾到可能感兴趣的新主题
● 关注枯燥的主题，兴趣领域很窄，忽略传送错误	● 关注内容和含义，忽略传递问题，只对其中的信息敏感
● 不记录或记录不完整，主动回应	● 倾听过程和细节，用多种方法来记录
● 无回应或很少有语言和非语言的回应	● 经常以点头和“哦”“啊”等来回应，显示主动的身体姿态
● 传递质量差就不认真听了；由于沟通对方的个人特征而不接受；快速地做判断	● 避免快速地判断，等待，直至完成核心信息的理解
● 很容易被干扰；集中精力时间短	● 抵制各种干扰；长时间集中精力
● 避免困难的资料，不想动脑解决问题	● 用较困难的材料来刺激思想，寻求解决方案
● 遇慢速说话者时做白日梦，注意力不集中	● 利用间隙时间对信息进行总结和梳理，像关注显性的信息一样关注隐含的信息
● 打断讲话，并问一些小的问题，做一些使人分心的评述	● 澄清一些信息或要求举例，或复述其观点
● 把自己的精力放在两个或多个任务中	● 一次只做一件事情
● 经常打断对方谈话，喜欢以自我为中心，控制着谈话的话语权	● 不会打断对方的讲话，一直耐心地听对方陈述完，即使有不同意见也不会打断对方
● 容易受感情色彩强烈的话语影响，很难控制自己的情绪	● 能承受负面语言或消极语气，能够很好地控制自己的情绪

小案例 2-1

一次倾听达成的交易

在家居装饰卖场的一个店面里，一对父女在挑选地毯，销售人员迎上来，热情地问：“您好，两位想要选一款什么样的地毯呢?”

老先生并没有理会销售人员的问话，而是专心地对年轻女士讲着什么。销售人员看两位聊得出神，就暂时停住了接下来要推介产品的话，而是注意听两位讲话的内容。

销售人员从两位的谈话中获得了以下信息。

（1）年轻女士是陪父亲来挑选地毯，这个地毯的使用者和决策者是老先生。

（2）老先生的老伴去世了，女儿为了避免老先生睹物思人，准备对房子进行全新的装修，所以地毯也要换。

（3）老先生对老伴儿思念甚浓，一直在向女儿讲述她去世的妈妈如何喜欢原来的地毯，如何打理和清洗，而现在只剩他一个人，要不要都没有用了。

（4）老先生家里还有一只小狗，老先生认为不用买地毯是因为怕地毯被狗狗弄脏不好清理。

销售人员了解了这些信息之后，又观察到父女两人意见上出现了分歧，父亲不太热衷挑选，而女儿则分外积极，于是销售人员走上去，先向女儿询问家里新装的家具风格，并推荐了与之配套的地毯材质、色调。然后又以向女儿介绍的方式间接说给老先生听，建议地毯的适用位置并介绍了一些除污方法，以免除老先生的顾虑。

最后销售人员直接夸赞老先生有一位孝顺的女儿，并说老先生身体如此健康，要多享受儿女给予的天伦之乐。一方面暗地里安慰了老先生的丧偶之心，另一方面鼓舞老先生去享受新的生活。

① 程庆珊.商务沟通[M].大连：东北财经大学出版社，2012.

就这样，本来无意购买的老先生终于在女儿的坚持和销售人员的建议下，购买了该家店铺的地毯。

【思考】案例中的地毯销售人员运用了哪些沟通技巧？

第二节 说 话

说话是用语言表达意思，是常见的口头沟通，包括演说、正式的谈话、访谈及非正式的讨论、传闻或小道消息传播。说，当中有问、有答。问和答的技巧，下面要专题讨论。

一、说话的原则

语言的掌握需要多年的学习和实践。因为制定在所有场合和情况下如何选择语言的规则是不可能的，这里的讨论局限在语言选择的四个重要方面：清楚、得体、有力、传情、生动和道德。

1. 清楚

清楚是思想依靠语言的精确和简单被以能立即理解的方式表达出来的风格特色。在大多数情况下，如果你希望得到理解，就必须尽可能清楚地说话。例如，如果你在说一些非常重要的事，或者进行一次正式的演讲，或者接受媒体采访，清楚是必需的，因为你或许没有第二次机会去澄清自己的观点

（1）行话。这是一种非常专业化的语言，以至于在其他地方使用是不恰当的。例如，医生经常使用高度专业化的语言去描述病情。虽然医生们能相互沟通，但与病人沟通时就有障碍。

（2）俚语。这种语言不是每个人都能清楚的。当你与朋友非正式交谈时，可以使用俚语。然而，许多俚语具有非常广泛和模糊的含义，它们能适用于几乎所有的事物。如果你用漂亮这个词去描述某个人的 T 恤衫，又用它去描述秀美的风景，你则把每一事物变成了一般的要素。

（3）长句子。有时人们感到，如果花力气学了长而复杂的词语，就应该尽可能地使用长句子。在一个氟化物溶液的瓶子上，广告词这样写道：“把溶液在口里含一分钟后咳吐出。”在消费者不明白“咳吐出”这个词的情况下，应该使用“把它吐出”这个简单的短语。因为这条信息的目的是与消费者沟通，所以应该使用简单的词语，通俗易懂。

只有当更复杂的词语有助于使你的意思更清楚时才使用它们。例如，假设你要把车漆成红色，如果使用一个比红色更准确的描述，最终结果将会更令人满意。你喜欢哪种色度？葡萄酒红色？深红色？朱红色？随着词汇量的增加，将意图传递给听者的可能性也增大了。使用的词汇越多，表达将会越准确。这并不意味着你应该寻找长的词语，相反，熟悉的词汇通常是最好的。

语言的一个充满乐趣的地方是，它提供很多含义上的细微和敏感的差别。选择同样的词语去表达我们的全部思想就像每顿晚饭都吃一个巨无霸汉堡包一样。语言是一个为我们要表

达的丰富选择的奇妙宴席。

2. 得体

得体，是语言表达的最高原则，因为只有话语得体，才能实现交际目的，才能取得圆满效果。语言表达得体，概括地说，是话说得适当、妥帖、恰到好处，即适时、适情、适势、适机、适人，一切都适度、恰当；具体地分析，则“得”为“适合”，“体”为“语体”，即适合特定语体之意。

遵循得体原则应做到以下三点。第一，适合身份。表达者应把握准自己的身份、地位和文化修养所形成的形象和客观的要求。第二，适切对象，即适切交际对象的心理、文化水平、独特性格和特定的人际关系。第三，适应语境，即切合特定的社会文化背景、自然环境，切合特定的时间、地点、场合和语言环境[①]。

请看英国维多利亚女王深夜回家敲门的趣事。英国著名的维多利亚女王，与其丈夫相亲相爱，感情和谐。但是维多利亚女王乃是一国之王，成天忙于公务，出入于社交场合，而她的丈夫阿尔伯特却和她相反，对政治不太关心，对社交活动也没有多大的兴趣，因此两人有时也闹些别扭。有一天，维多利亚女王去参加社交活动，而阿尔伯特却没有去，已是深夜了，女王才回到寝宫，只见房门紧闭着。女王走上前去敲门。房内，阿尔伯特问：“谁？”女王回答：“我是女王。”门没有开，女王再次敲门。房内阿尔伯特问：“谁呀？”女王回答：“维多利亚。”门还是没开。女王徘徊了半晌，又上前敲门。房内的阿尔伯特仍然是问：“谁呀？”女王温柔地回答：“你的妻子。”这时，门开了，丈夫阿尔伯特伸出热情的双手把女王拉了进去。

女王第一次回答“我是女王”，这个称谓表现的是她乃一国之君的身份，这个身份属于国家，属于臣民，它是权力和威严的象征，但不属于家庭，不属于阿尔伯特，当然敲不开门了。女王第二次回答“维多利亚”，这个称谓虽比“女王”柔和些，且少了一种高高在上的感觉，但“维多利亚”只是个姓氏，它适合维多利亚整个家族，并不只属于阿尔伯特，没有体现出“一家一妇”的身份和夫妇的亲密关系，所以也没有敲开。第三次回答“你的妻子”，称谓体现了她作为一个家庭成员的身份，没有丝毫的“行政干扰”，完全符合维多利亚女王回到家中的身份，所以她敲开了门，也敲开了丈夫的心扉。

【小故事 2-5】

总统说话不得体

美国前总统里根一次在国会开会前，为了试试麦克风是否好使，张口便说：“先生们请注意，5分钟之后，我将对苏联进行轰炸。”此语一出，众皆哗然。里根只是随口开了一个玩笑。为此，苏联政府提出了强烈抗议。

另一位美国前总统卡特出访盐湖城，参加摩门教信徒颁发“本年度家庭男人”的仪式活动。他的参谋为他写了一份讲稿，特别注明“幽默”，于是助手给了他三四个笑话。他在发表讲话时全用上了。卡特和他的助手们当然没有意识到，摩门教徒一贯教育他们的孩子不要轻率地看待世事，自然在这样的场合也就不能乱说幽默的话。当时，教堂里有两千多人，卡特讲笑话时，那么多人只是瞪着他，呆若木鸡。

【思考】以上的两个案例中里根和卡特在讲话中犯了什么样的错误？你认为在严肃的场合讲话应该

[①] 李元授. 人际沟通训练[M]. 武汉：华中理工大学出版社，2014.

注意哪些方面？

3. 有力

有力的说话方式是那种直接表明观点的，即不使用含糊和限定性词语的说话方式。说话有力的人被视为更可信、更有吸引力和更有说服力的人。在大学课堂里，学生认为使用有力语言的老师更可信和有更高的身份。为了获得有力的说话方式，你应该避免一些特定的沟通行为。

（1）避免模棱两可的话和修饰性词语，比如“我猜想”和“某种……”这些表达方式，因为它们削弱你说话的威力。

（2）消除比如“啊”和“你知道”这些含糊的表达方式，这些词语也使说话者听起来不确定。

（3）避开附加提问，即以陈述开始以问题结束的表述，比如“搞一次春游会很有趣，是吗？”，附加提问使说话者显得不果断。

（4）不要使用否认自己的表白，否认自己的表白是那些辩解或请求听者原谅自己的词语或表达方式，例如“我知道你或许不同意我的观点，但是……”，以及“我今天确实没准备讲话”。

有许多人用无力的词语或表达方式削弱了自己的交谈或讲话。然而，这些表达方式的使用主要是一个习惯问题，一旦认识到了自己的习惯，就能打破它们。

除了使用有威力的语言外，还有使语言更鲜明的一些其他技巧。主要用动词，即语言的行动性词语来沟通，会造成一种紧迫的感觉。“老师指责他”和“孩子们跳上跳下”都是听起来有力的句子。当你把句子安排成主动语态而不是被动语态时，语言变得更加鲜明。“这个男孩踢进了球”要比“球被这个男孩踢进”更有力。

4. 传情

人是有感情的动物，对感情尤为敏感；而语言所负载的信息，除了理性信息之外，还有情感信息。这种情感信息的内涵十分丰富，其功能不仅诉诸人的理智，而且是要打动人的情感。在人际交往中，话语饱含情感，就会在传递信息、思想的同时产生言语魅力，产生感染作用，从而取得圆满的交际效果。

语言表达中如何传情呢？主要有以下三种途径。第一，尊重谅解。它不仅表现出说话者文明礼貌有教养，更重要的是能够缩短情感距离，贴近乃至调和双方的关系，营造出“亲如一家”的融洽氛围。第二，声中蕴情。说话者利用语音（语气、语调和节奏）的传情性来表达丰富多彩的情感。第三，话语真诚，即言语内容饱含真情实感。在语言表达中，只有真诚的心灵与情感，才能发出磁石般的吸引力，才能唤起听众的热忱，产生撼人的力量。话语真诚表现在：语词选用情感分明，内容表述情真意切[①]。

【小故事 2-6】

李准说哭常香玉

李准是 20 世纪五六十年代的著名作家，有很高的写作水平，并且他语言也有很强的感染力，他有句自负而又夺人的妙语：“没有几下绝招，难得当个作家！我的看家本事是：三句话叫人落泪，三分钟进戏，把读者的心放在我手心里揉，叫他噙着眼泪还得笑！”此话传开去，叫人不服。

[①] 李元授．人际沟通训练[M]．武汉：华中理工大学出版社，2014.

时逢"常香玉舞台生涯五十周年庆祝会"，文艺界名流齐来祝贺。专好插科打诨的电影导演谢添一把拉住李准说："李准，我想当众试试你！你说三句话，能让常香玉哭一场，我才服你！"

李准皱皱眉，看看众人，摊摊手为难地对常香玉说："香玉，你看看老谢！今天是你大喜的日子，他偏偏让你哭，这不是难为人吗？"

常香玉说："你今天能让我哭，算你真有本事！"

谢添说："或者签字认输也行！"

李准依旧为难地说："香玉，咱们能有今天，老不容易啊，论起来，你还是我的救命恩人哩！我十来岁那年，跟着逃荒的难民群到了西安，眼看人们都要饿死了，忽然有人喊：大唱家常香玉放饭了，河南人都去吃吧！哗——人们一下子都涌去了！我捧着粥，泪往心里流。想，日后见了这个救命恩人，我给她叩个头！哪想到'文化大革命'中，你被押在大卡车上游街，让你'坐飞机'！我站在一边，心里又在流泪，我真想喊一句，让我替替她吧，她是俺的救命恩人哪——"

"老李！你……别说了！"

常香玉猛然打断李准的话，捂住脸，转过身，满脸泪水滚下来，把手绢打湿了。

大厅里没有一点声息。众人望着李准，沉浸在他讲的故事里，忘记了这里在打赌，连谢添也轻轻吸了一下鼻子……

【思考】李准为什么能说哭常香玉？

5. 生动

生动是一种把思想以引起逼真想象或联想的方式来表达的风格特色。还记得自己在孩提时代听到的那些鬼怪故事吗？最好的是那些令你感到恐惧的故事，即交织着使你血液凝固的尖叫声、悲哀的呻吟声和神秘的号叫声的故事。它们通常是在黑暗的地方，只有一个忽闪忽闪的怪异的灯或一道电光，如果有味道，那肯定是潮湿和发霉的味道。

讲鬼怪故事的人通常用第一人称说话，以"当时我在场"或"发生在我身上"的角度所做的叙述都是特别生动的。为听者重造一种经验，通常能使他们感受到你所感受到的，即一种使你的语言更生动的技巧。

当我们说语言生动时，经常是指某人发现了表达原事物的新方式。孩童语言的独特性经常使我们陶醉，因为他们太小，还不懂得各种陈词滥调和过分的表达方式。孩子会把胖大海含片以他们自己的理解说成"上海大胖"，会把夜里正在向上飞的飞机说成"飞机在爬坡。"发现生动语言的一个最好的地方是诗词和歌曲，如"某年某月的某一天，就像一张破碎的脸"。虽然与其他主题相比用于描写爱情的词语更多，但很多歌词作者为我们提供了新的表达形式，因此也为我们提供了看待这种经验的新方式，他们独特的看法使一个古老的主题听起来更新颖、更激动人心。

6. 道德

道德沟通是诚实、令人满意和考虑他人权利的沟通。当沟通者讲述真相时，沟通是诚实的；当沟通者考虑听者的情感时，它是令人满意和为他人着想的。然而，有时诚实和令人满意是矛盾的。例如，当一个朋友向你展示他的新车时说："它很漂亮吧？"即便你认为它不漂亮，你也不应该告诉他。在我们的文化中，这被称为"善意的谎言"，不伤害感情。因为这不是重要的问题，从道德上讲它是能够被接受的。另一方面，当你的一个朋友每天晚上都喝得不省人事，然后问你是否觉得他是酒鬼，你的回答应该是"是的"。诚实是重要的，因为它关系到另一个人的幸福。

一个叫雷·佩恩的沟通学教授指出，“词语的选择就是对世界的选择”。他提醒我们，因为选择了错误的词语，我们可能对他人造成很大的伤害。许多可能是善意的批评，想帮助对方改正错误，但由于措辞不当，导致对方怨恨，甚至关系破裂，真是“好心没好报”。引起他人痛苦的话在道德上应该受到谴责。

小案例 2-2

肯特太太与女佣

卡耐基的一位住在纽约的朋友——艾尼丝·肯特太太，聘用了一位女佣，要求她下星期一正式上班。她则利用这段空当，打电话给那位女佣的前任雇主，询问了一些她的个人情况，结果得到的评语却是贬多于褒。

女佣到任的那一天，艾尼丝立即告诉她说：“莉莉，几天前我打电话请教了你的前任雇主，她说你为人老实可靠，而且煮得一手好菜，带孩子也很细心，唯一的缺点就是理家比较外行，老是把屋子弄得脏兮兮的。我想她的话并非完全可信，从你的穿着可以看出来，你是个很讲究整洁的人，我相信你有这种习惯，一定也会把家里整理得井井有条。我们应该可以相处得宾主皆欢才对。”

事实上他们果然是相处得很愉快，莉莉真的把家里打扫得干干净净，一尘不染，而且工作非常勤奋，宁可自动加班，也不会任工作搁着不做。肯特太太看在眼里，乐在心里。

佩恩的观点提醒我们，使用语言时要注意道德方面的选择。我们所做的许多选择不仅决定我们怎样向他人展现自己，而且也决定在未来若干年里我们相互关系的本质。因此明智和恰当地选择词语是非常重要的。黄金法则是：问一下你自己，如果别人对你说了同样的话，你会感觉怎样。

二、说话的技巧

说话的技巧包括说话方式的选择和说话的媒介——美妙的声音的获得。

（1）说话方式。首先，注意对象。说话一定要看对象，这些因素包括身份、职业、年龄、性别、知识水平、气质性格、兴趣爱好、处境心情等。要根据说话对象的不同情况来确定自己说话的方向。当你与别人说话时，要注意到你需要针对他们及时做出调整；也要熟知你正在讨论的主题，因为它也能影响你对词语的选择；要意识到你所说的内容，这种意识将增加你对他人的敏感度，也能增强你对语言的选择和使用。

【小贴士 2-2】

说话看对象

当与小孩沟通时，不要忽略了他的“纯真”；

当与少年沟通时，不要忽略了他的“冲动”；

当与青年沟通时，不要忽略了他的“自尊”；

当与男士沟通时，不要忽略了他的“面子”；

当与女士沟通时，不要忽略了她的“情绪”；

当与领导沟通时，不要忽略了他的“权威”；

当与长辈沟通时，不要忽略了他的“尊严”。

如果是一个豪爽的人，那你说话就应该豪爽一点；如果是一个内秀的人，说话就应该文明一点，这样大家才会喜欢你。所以，在张口说话前一定要注意观察人。

小案例 2-3

敬酒

一次宴请酒会上，一屋子全是河南人，只有于经理是湖北人。

李喜民主任在敬酒时，对于经理说："你既有北方人的豪爽，又有南方人的灵秀，我敬你一杯！"

其次，注意观察周围的情况。说话还要看周边的情况，说话要能够恰当地和当时的情景融合到一起，避免说出不合时宜的话来。每一个人都有自己的爱好、自己的风格，如果我们在说话的时候能够抓住对方的喜好，说别人愿意听、喜欢听的话，就能够起到很好的作用，使你备受别人喜欢。

小案例 2-4

唐伯虎祝寿

林语堂《说话的艺术》中讲了这样一个故事：有一天，5个儿子为母亲祝寿，请姑苏才子唐伯虎题诗。唐伯虎毫不推却，立刻拿起笔来，第一句写的是"对门老妪不是人"。

第二句尚未写下，主人亲朋，个个都对他怒目而视了。因为今天祝寿，大家应该十分快乐，说着吉利话才对，现在请他题诗，他竟骂起人来，这怎么会不惹人愤怒呢？因为他是有名的吴门才子，所以大家只是怒目而视，不以非礼举动对他，准备看他第二句怎样骂法，然后再来发作。但是，唐伯虎一看周围的环境，知道骂人骂下去一定没有好结果，不能不使大家的情绪缓和一下，所以第二句接下写道"西方王母转凡身"。这样一写，主人亲朋，个个面现笑容，觉得他真不愧是才子，把第一句骂人的话，也变成为不是骂人的话了。

可是唐伯虎是善于捉弄人家的，他感觉到周围的人都在啧啧称赞的时候，就把第三句的诗题为'生养五子俱做贼"。这可不对了，又使大家的情绪紧张起来了。大家觉得他先前骂人家的母亲，现在又骂到人家的儿子，把一家人都骂到了，这一腔的怒火，势必要爆发出来了。但是，大家还是暂时忍耐着，看他末一句究竟怎样题。

唐伯虎感觉到大家的怒火立刻就要爆发了，因此第四句题为"偷得蟠桃奉母亲"。这一来，又把大家的情绪缓和了下来，大家都觉得他真是一位才子，用着像一种骂人的口吻，写出了一首极好的祝寿诗。

在上面的一段故事中，唐伯虎并不是真心祝寿的，要骂一下那位老妪，倒是他的真心。可是，他看了周围的环境，知道骂了人不会有好处，所以虽然脱口骂了出来，还是立刻改变口吻，使已经骂出的话也成为不是骂人的话，因为他是才子，所以能够有这样的灵敏的手腕。

再次，礼貌为先。无论一个人在社会上扮演什么样的角色，充当什么样的身份，礼貌一直是维持人际关系不断互动的规则。有句话叫作"尊重别人就是尊重自己"。一个有礼貌的人到处都会受欢迎，受到人们的热诚接待，而一个习惯于出口不逊的人，就不会得到别人的喜欢。

礼貌就是一个人的名片，说话有礼貌的人到处都会受到人们的欢迎。礼貌不礼貌，看似小事，可有时会直接影响到大事的成败。正如有位名人说的那样："礼貌是人类共处的金钥匙""礼貌是容易做到的事，也是最珍贵的东西""礼貌周全不花钱，却比什么都值钱""礼貌经常可以替代最高的感情""生活中最重要的是有礼貌，它比最高的智慧、比一切学识都重要"。所以我们在日常交往中一定要注意礼貌待人。

小案例 2-5

没礼貌的学生

秦昆老师是一所高校有名的教授。有一天，一位外校的同学来找秦教授，要秦教授做他校外的论文评阅人。因为当时规定，论文答辩时要请一个校外的专家来指导。

这位同学一进门，见秦老师的屋里坐了好几位老师在商讨什么问题。他也搞不清哪位是秦教授，就张口问道："谁是秦昆呀？"秦老师听到这个学生直呼自己的名字，脸色微微一变，但还是有礼貌地对他说："我就是，找我有什么事吗？"那位同学大大咧咧地说："噢，你就是秦昆呀，我可早就听说过你了，我是某某教授的学生，我的论文你就给我看一下！"秦教授到底是有涵养的人，看到这个学生这么没有礼貌，只是随口说道："那你就放那里吧！"

这名学生就把自己的论文往秦老师的桌子上一扔，对秦老师说："你快点看呀！后天我们要论文答辩，你可别耽误我的事！"

秦老师这么有涵养的人也忍受不了了，火气顿时上来，他对这位同学说："这位同学请留步。请问一下是谁找谁办事呀？你的论文拿走，我没有时间给你看！"

然后，善于机变。机变，即说话者针对具体交流情境当中出现的不利因素，当场做出调整以适应事物变化的快速反应能力和应付处置各种意外情况的良好心理素质。善于机变，在沟通中可以应对很多意想不到的场面，一句妙语能帮你摆脱窘境。一个成功的说话者必然善于随机应变，那样才能掌控局面，把握机会，逢凶化吉，转难为易，达到沟通的最佳效果。当然，这种能力与说话人思维的敏捷性、情绪的自控力、知识的广博程度是分不开的。

【小故事 2-7】

马克·吐温的应变术

美国著名作家马克·吐温写了一部著名讽刺作品《镀金时代》，立刻引起轰动，在记者招待会上马克·吐温不禁脱口说道："美国国会议员中有些人是狗婊子养的"。报上连篇累牍加以报道。有些美国议员纷纷抗议，要求马克·吐温在报上公开道歉。马克·吐温答应了，于是在报上公开发文："日前，小的在宴席上信口雌黄，说美国国会议员中有些人是狗婊子养的，议员先生们对此大加问责，细细考虑，此言确有不妥，现修改如下：美国国会议员中有些人不是狗婊子养的。"

最后，幽默风趣。幽默风趣，犹如烹调中必不可少的盐一样，可以调剂人们的精神生活，松弛我们紧张的情绪，并促进人与人之间情感与心灵的交流。语言幽默不失为一种好方法，它能增强语言的表现力，化解尴尬的场面，可以有效地降低人与人之间的"摩擦系数"，化解冲突和矛盾，并能使我们从容地摆脱沟通中可能遇到的困境，同时又使人在忍俊不禁、捧腹不止中体会到深刻的哲理。

【小故事 2-8】

李抱枕的幽默

著名音乐家李抱枕，曾获得美国哥伦比亚大学音乐教育博士。他致力于国内音乐教育，贡献很大，其中《离别歌》《闻笛》等乐曲流传甚广。

李抱枕平时教导学生十分有趣。他曾告诉学生：早年教授音乐时，一些调皮的学生连 8 个主要音阶都唱不准，有人唱成“独览梅花青腊雪”。后来，有的学生搞恶作剧，竟唱成“多来米饭，少来稀粥”。引得学生们捧腹大笑，课堂气氛十分活跃，师生关系水乳交融。

一些合唱团的学生在演唱时，常犯只看谱不看指挥的毛病。李抱枕非常幽默地对同学们说：“好的合唱团员把谱记在脑袋里面，不好的合唱团员把脑袋埋在谱里。我恳求各位在唱的时候，多‘赏’我几眼，别老是‘埋头苦干’，因为在实际演出时，我们不能说话，只能彼此‘眉来眼去’。”李抱枕一席话，说得大家哈哈大笑，从此唱歌时眼睛再也不离指挥了。

（2）说话的媒介——美妙的声音。说话要以声音为载体，是我们了解外面世界的媒介，美妙的声音能带给人美的享受。所以古谚语中就有“良言一句三冬暖，恶语伤人六月寒”的说法，声音的确具有超乎寻常的魅力。所以，能说会道的人都需具备声音的魅力。要想使自己的声音具有魅力，就要提高自己的口语发送能力。

① 要发音准确，吐字清楚。读错字或发音不准，会闹出笑话，毫无魅力可言；吐字不清，含含糊糊，使对方感到吃力，也会降低其接受信息的信心。

② 要注意声调和语调。声调即单个词的调子，语调即贯穿整个句子的调子，两者决定了声音的高低抑扬。语调可分为降调和升调两种基本类型，随着句子的语气和表达者感情的变化，可以变化出多种类型。语调有区别句子语气和意义的作用。如“你干得不错”说成降调，是陈述性句式，带有肯定、鼓励的语气；说成升调，是疑问性句式，带有不信任和讽刺的意味。在谈话时应注意把握语调，以增强吸引听众的魅力。

③ 注意语言的速度节奏。人们说话时，影响速度节奏的主要原因是人们内心情绪的起伏变化。速度节奏的控制和变化一般要通过音调的轻重强弱、吐字的快慢断连、重音的各种对比，以及长短句式、整散句式、紧松句式的不同配合才能实现。人们应掌握这些规律，做到快慢适中、快而不乱、慢而不断，增强语言形象的美感。

④ 掌握好说话的语气。语气在和别人谈话中有着重要的作用，有的人说话对方容易接受、愿意接受，有的人说话对方就不容易接受、不愿接受或者很难接受。这其中的原因，大多是由于语气的不同造成的。一句同样的话，如果用不同的语气来说，就会起到不同的，甚至是相反的效果。例如，“我爱你”这三个字，如果用真挚的语气说出来，那就是满怀着对于自己爱人的一腔真情；如果用油腔滑调的语气说出来，那就是另外一种情景了，所以，一定要注意自己在说话中的语气。

说话要充分表达自己的意思和情感，但却不是靠声高来实现的，而是靠语气的得体取胜。虽然说“理直”就“气壮”，但有理也要有礼，有理不在声高。有理再加上得体的语气，才会收到“情通理达”的效果。所以，把握好说话语气的分寸，对任何人来说都是非常重要、非常必要的。

事情有轻、重、缓、急，语气有抑、扬、顿、挫。只有把握了说话语气的分寸，才能使说出的话被对方充分理解和接受，才能收到说话的预期效果。

小案例 2-6

声音的魅力

曾经看过这样一个故事：有一天上午，女主人独自在家，当听到门铃声后打开门时，眼前的一幕让她愣住了，一位彪形大汉手拿一把菜刀凶神恶煞地站在门口，妇人见此情形，很快就镇定了，面带微笑温和地说道："哟！您卖刀啊！请进吧。"进屋后，女主人请他坐下，又热情地为他倒茶，这一意外之举令本想来打劫的大汉不知所措，接着女主人又坐下来温和地与大汉谈论刀，还不时地讨价还价。整个过程，女主人始终用一种亲切的语气和这位男子说话，一切都显得如此的亲切与从容。男子紧张的心情慢慢平静下来，心中本要抢劫的念头渐渐消散了，借机把刀卖给这位女主人，就赶快跑掉了。

声音的魅力竟是如此神奇，着实让人意想不到，但女主人的确凭着那温和而亲切的声音打动了一个本打算打劫的男子，让他迷途知返。

第三节　提　　问

在社交活动中，提问往往是交谈的起点，是把话题引向深入的方式之一。因此，会不会问，该怎么问，问什么，都直接影响着交际的效果。

一、提问的作用

中医讲究的望、闻、问、切四种疗法，在人际交流过程中，同样适用。提问者必须掌握察言观色的技巧，学会根据具体的环境特点和谈话者的不同特点进行有效的提问。提问有以下三个作用。

1. 有利于把握回答者的需求

通过恰当的提问，提问者可以从回答者那里了解更充分的信息，从而对回答者的实际需求进行更准确的把握。

2. 有利于保持沟通过程中双方的良好关系

当提问者针对回答者的需求进行提问时，回答者会感到自己是对方注意的中心，他（她）会在感到受关注、被尊重的同时，更积极地参与到谈话中来。

3. 有利于掌控沟通进程

主动发出提问可以使提问者更好地控制对话沟通的进度，以及今后与回答者进行沟通的总体方向。一些经验丰富的提问者总是能够利用有针对性的提问来逐步实现自己的询问目的和沟通目标，并且还可以通过巧妙的提问来保持友好的关系。

【小贴士 2-3】

提问的方式

人际沟通的最终目标是达成一个共同的协议。要想充分了解并确认对方的需求、目的，通常要通过提问得知。常见的提问方法有两种，见表 2-2[①]。

[①] 秦杲红．职场礼仪教程[M]．北京：中国人民大学出版社，2016.

表 2-2 常见的提问方法

提问的方法	开放式问题提问	封闭式问题提问
特点	回答没有框架，可以让对方自由发挥；答案是多样的，是没有限制的	提问时给对方一个框架，让对方只能在框架里选择回答；答案是唯一的，是有限制的
举例	你午餐吃的什么？ 您什么时候有时间？ 你的订购计划是怎样的？ 你为什么喜欢这样的工作？	你吃午餐了吗？ 您是上午有时间还是下午有时间？ 你订购一套还是两套？ 你喜欢你的工作吗？
优势	收集信息全面，得到更多的反馈信息，谈话的气氛轻松	可以引导对方直接给到自己想要的结论，容易控制谈话的时间
劣势	占用一定的沟通时间，谈话内容容易跑偏，不便于控制沟通节奏	收集信息不全面，不利于了解对方的真实意思，只能是确认信息。另外，封闭式问题有时会让对方产生一些紧张或戒备的感觉
应用	时间充裕，需要收集信息，想让对方充分参与、充分主导时用开放式问题	时间有限，需要尽快得出结论，想自己控制局面时用封闭式问题

二、提问的原则

1. 提问对象的辨识

提问应因人而异，即从对方的年龄、身份、职业、性格以及不同的民族文化背景出发，选择不同的提问方式和技巧。

小案例 2-7

不会提问的实习记者

临近教师节了，一位实习记者被派往一所省级示范中学，采访在教改中做出突出贡献的张老师。这位实习记者见面就问："您是哪所大学毕业的呀？"张老师回答道："我没上过大学。如果你是来找大学学历的教师，那你找错门了。上过大学的教师，我们学校有的是！"结果这位实习记者讨了个没趣。

为了缓和气氛，他转移话题，准备从生活入手，随口问道："您孩子多大了？该上初中了吧？"张老师脸一红，很不高兴地说："我还没结婚呢……"随后说声"失陪"便抽身离去。这位实习记者十分尴尬。

2. 提问场合的敏感性

提问要注意场合，比如厕所里一般不适合高谈阔论，办公室里，当对方很忙或正在处理一些急事时，不宜提琐碎无聊的问题；当对方伤心或失意时，不宜提太复杂、太生硬或者是可能引起对方不愉快的问题。注意场合，还要考虑对方的回答，比如一位中学生很想去游泳，但他父母不让去，如果当着他父母的面，你问他："去游泳吗？"这位中学生可能因为怕他父母会给你一个虚假的回答"不去"，如果换个场合提问，其结果可能会说"去游泳"。

3. 提问目的的鲜明性

在提出疑问的时候，要带着鲜明的目的性而提出问题。或者为了寻找答案，或者为了引导对方进一步说明问题，或者作为问题的假设和可能……这些都是提问的目的。鲜明的目的，能够让提问变得有效；然而，鲜明并不等于完全地直接，在某些情况下，通过旁敲侧击或者

"曲线救国"反倒会比直接询问更有效果。此外，还应注意在旁敲侧击、"曲线救国"的时候，一定要紧扣提问的目的，不能迷失于连环的询问中，而失去根本。

4. 提问方式的多样性

在提问过程中，不要拘泥于一种提问方式，单一的提问与回答的形式会使沟通变得不自然、不活跃，会影响到回答者的思维模式。提问的方式要多样，要根据不同的沟通内容、不同的沟通目的、不同的环境，使用不同的提问方式。如提前给出问题，让回答者进行准备，有利于获得相对完整和系统的回答；在现场沟通中进行提问，则可以得到直接而相对真实的回答。连环式的提问具有引导作用；跳跃式的提问则可以开拓思维；设问式的提问可以给出以问为答；反问式的提问则具有权势的威压……

5. 提问语言的简明性

提问的语言不宜过长，要通俗、干脆、利索，不要拖泥带水、含糊其辞，但应具有启发性和诱导性。提问中的语言必须能为对方所理解，同时要注意提问中不要提一些"是不是""对不对"等不需要动脑、脱口而出的问题，因为得不到正确的或者提问者想要的答案。

6. 提问难度的量力性

提出的问题要与沟通的内容相关，不要出现风马牛不相及的"提问"，也不要出现重复的"错问"，同时，提出问题的难度要具有量力性，必须考虑到沟通对象的年龄特征、知识水平和接受能力。一般来说，低难度的问题是针对较为具体的特殊的事例，中难度的问题则可以是一些抽象的带有一般规律性的问题，高难度的问题则是以开放式为特征，考量回答者的综合素质。在对群体提问时，难度应控制在中等水平，以大多数的回答者经过思考能够回答为前提，既不要过于简单，也不要过于繁难。

7. 提问留余地的艺术

提问一定要留有余地，以免伤害别人。美国明尼苏达大学拉尔夫·尼科斯基博士对此做了四点概括：一是忌提明知对方不能或不愿作答的问题；二是用对方较适应的"交际传媒"提问，切不可故作高深，卖弄学识；三是不要随意搅扰对方的思路；四是尽量避免你的发问或问题引起对方"对抗性选择"，即要么避而不答，要么拂袖而去。

三、提问的方法

1. 直接提问法

提问者从正面直接提问，开诚布公、干脆利落、直截了当地讲明询问目的，开门见山地提出问题。

在运用正面提问法时要注意情感的铺垫，使对方心理上会舒缓一些，也能合作一些，同时防止提问过于直白的问题，以免显得过分生硬，容易造成询问对象的心理排拒，难以获得有价值的信息和材料，而且还会给人一种笨嘴拙舌的感觉。

小案例 2-8

"你是否对别人的批评很敏感？"

有人问美国华尔街40号国际公司前总裁马修·布拉："你是否对别人的批评很敏感？"他说："早

年，我对这种事情非常敏感。我急于要使公司里的每一个人都认为我非常完美。要是他们不这样想，就会使我忧虑。只要一个人对我有一些怨言，我就会想法子取悦他。可是，我做讨好这个人的事，总会让另外一个人生气。等我想要补偿这个人的时候，又会惹恼其他的人。最后我发现，我越想讨好别人，就越会使我的敌人增加。所以，我对自己说：只要超群出众，你就一定会受到批评，还是趁早习惯。这一点对我大有帮助。以后，我决定尽自己的最大能力去做，而把我那把破伞收起来，让批评我的雨水从我身上流下去，而不是滴在我的脖子里。”

2. 限定提问法

人们有一种共同的心理——认为说“不”比说“是”更容易、更安全。所以，一般在沟通过程中，提问者向回答者提问时，应尽量设法不让对方说出“不”字来。提问者在问题中给出两个或多个可供选择的答案，此时可采用限定提问法，即两个或多个的答案都是肯定的。如与别人订约会，有经验的提问者从来不会问对方：“我可以在今天下午来见您吗？”因为这种是只能在“是”或“不”中选择答案的问题。如果将提问方式改为限定型，即改问：“您看我是今天下午 2 点钟来见您还是 3 点钟来？”“3 点钟来比较好。”当他说这句话时，提问的目的就已经达到了。

小案例 2-9

提问技巧

北京远郊区有个山村的群众吃水很困难。后来，在当地政府的关怀下，村民都用上了自来水。记者采访一位老大娘时问道：“大娘，您吃上自来水了，高兴吧？”，大娘回答说：“高兴!高兴!”这次采访，记者就提了这一个问题，大娘也就连着说了两个“高兴”，心里有话却因记者的直白而没能说出来。如果问：“大娘，原先您想到过吃自来水吗？”或者“大娘，听说你们过去吃水好困难？”大娘心里的话就能痛快地说出来。

3. 迂回提问法

迂回提问是指从侧面入手，采用聊天攀谈的形式，然后逐步将问答引上正题。这种提问方式一般时间性不太强，谈话也不受特定场合与报道方式的限制。当沟通对象感到紧张拘束，或者思想有所顾虑不大愿意交谈，或者虽然愿意谈，却又一时不知该怎么谈的情况下，提问者可以采取侧面迂回的提问方式，逐渐将谈话引上正题。应当明确的是，旁敲侧击只是一种手段而不是目的。因此，聊天的内容应当是有目的、有选择的，表面上似乎和采访无关，实质上应该是有关联的。

小案例 2-10

采访郭秀莲

原山西电视台记者高丽萍，1987 年在采制专题片《重访大寨录》时，她先和郭凤莲聊天。郭凤莲一听说要采访当年大寨的模范人物，就急切地说：“采访别人我没意见，我是不愿意接受采访，我再也不想上电视上报纸了。”记者问她为什么，她说：“前几次有的记者找我，我正好有急事要办不在家，就说我拒绝采访，躲着不见，还有人说我对三中全会的政策不满，其实我根本没意见，大寨人现在不就是靠三中全会的富民政策富起来的吗？一听他们那样说我，我就生气。”

高丽萍看到对方说到这里，还是一副气鼓鼓的样子，就对她说：“我理解你的心情。可我觉得要让人们真正了解你和大寨人今天的情况，就得你们自己出面说话，大家才信。现在你又不接受我的电视采访，观众怎么能知道你是如何看待三中全会的政策呢，更不知道你的近况如何了，你说呢？”果然，这入情入理的一激很有效，郭凤莲马上就说：“那好，你就采访吧。可我从哪说起呢？”当下，记者就给她出了主意，对方也爽快地接受了采访。

4. 诱导提问法

诱导提问法就是提问者通过采用启发诱导的方式，引导或激活对方的思路，诱发对方的情感，使对方明确双方沟通的范围和内容，从而有针对性地把对方掌握的信息引导出来，这比较适合提问对象不愿意说、不大会说、不想主动说等情形。在某种情况下，诱导提问法还可以有意识地通过提问来使对方落入提问者的“圈套”，从而使其承认或否认某种言行。

【小故事 2-9】

孟子的诱导提问

孟子在劝谏魏惠王时，曾经提出一个问题：“假定有一个人向大王报告：我的臂力能举起 3000 斤的重物，却拿不起一根羽毛；我的目力能把秋天鸟的细毛看得分明，但一车柴火摆在眼前却瞧不见。你相信吗？”魏惠王说：“不，我不相信。”孟子马上接着说：“这样看来，那个力士连一根羽毛都拿不起，是不肯用力的缘故；那位明察秋毫的人，连一车柴火都瞧不见，是不肯用眼睛的缘故；如果老百姓得不到安定的生活，是不肯干，不是不能干。”孟子开始的问话就是诱导提问法。

5. 追踪提问法

所谓“追踪提问法”，是指提问者把握事物的矛盾法则，抓住重点，循着某种思路、某种逻辑，进行连珠炮式的提问。这种提问既要按照事物的内在联系，把基本情况和事实真相了解清楚，又要抓住重点，深入挖掘，达到应有的深度。一般来说，提问者对于触及事物本质的关键性材料，以及对方谈话中的疑点，或者从对方谈话中发现的有价值的新情况、新线索，往往会抓住不放，打破砂锅问到底，直至水落石出。这里可采用的提问方式如“还有什么呢？”“其他原因呢？”“您能进一步解释一下吗？”需要注意的是，追问既要问得对方开动脑筋，又要让对方越谈越有兴趣，态度、语气都要与谈话的气氛协调一致，不要把追问搞成逼问，更不要变成变相“审问”。

6. 假设提问法

假设提问法是指提问者通过假设的方式提出一些假设性的问题，是一种“试探而进”的提问方法。这种提问方法采用“如果”“假如”一类的设问方式，不但可以了解采访对象的观点、看法和见解，而且还能深入了解对方的内心世界。

假设提问法往往用来启发沟通对象的思路，引导对方谈出对某个问题、某种事情的真实想法，或者设身处地地为对方着想，积极帮助对方回忆某种情景，或者用来调节对方的情绪，促使对方谈出一些不大想说、不大好说的事情或想法，或者由提问者对人物或事物进行合乎规律的推断、预测，促使对方产生联想和想象，或者提问者已经有了一定的认识，再提出一些假设性问题，同沟通对象开展讨论，促使自己认识的深化。

7. 激将提问法

激将提问法是指以比较尖锐的问题，适当地刺激对方一下，促使对方的心态由“要我说”变为“我要说”，从而不能不说，甚至欲罢不能。运用激将提问法时，提问者要考虑自己的身份是否得当，刺激的强度是否适中，还要考虑谈话的气氛怎样。有些时候尖锐、刁钻、奇特，甚至古怪的提问，是“兵行险招”，成则大成，败则大败。例如某些西方政治家，也爱接待善于用“激将提问法”的记者，他们通过巧妙地回答记者刁钻刻薄的提问，能够在公众面前显示自己的才能。

小案例 2-11

采访

《新华日报》有一记者，根据国务院关于搞好安全生产的指示，有一次去南京某厂采访。这是一家数千人的大厂，因安全措施落实得好，连续 7 年未发生过安全事故。由于记者事先得知该厂领导有思想顾虑，不愿在报上张扬，并曾婉言谢绝过其他记者对这一题材的采访，故记者一坐下来就问：“记不清在哪里听说过了，你们厂今年二月份因安全措施没落实，曾经触电死过一人，是不是？”接待采访的一位副厂长顿感震惊和委屈：“我们厂？二月份死过人？不可能！”记者紧追不舍：“为什么不可能？”副厂长激动起来，一边示意厂办主任打开文件柜，出示安全生产记录；一边大嗓门站着讲述该厂抓安全生产的措施与经验，采访大获成功。

8. 转借提问法

转借提问法就是提问者假借他人之口向提问对象提出自己想提的问题，既可以借助第三方提出一些不宜于面对面提出或不太好直说的问题，也可以说明所提问题的客观性，增加提问的力度。例如：

一个青年教师向一位老教授这样提问：“刘教授，我听张主任说，您刚刚发表了一篇关于××问题的学术论文是吗？据说这篇论文很有影响，方便借我拜读一下吗？”借他人来说事，问中有赞，会让对方欣慰。

9. 限定提问法

限定提问法就是提问者在向提问对象提出问题时，为了避免对方在“是”与“否”的简单回答中可能给出提问者不想出现的否定性的回答，进而在提问时先给出两个或多个可供对方选择的肯定性答案，让对方回答时不自觉地选择其中的一个答案，进而实现提问的目的。例如：

你想约一个人见面。你如果这样问：“您看什么时候您有时间？”“您看周六上午可以吗？”，那么对方很可能会这样回答：“不好意思，我最近没时间。”“周六上午不行。”

而你如果这样问：“您看是周六上午还是周六下午我来见您？”对方可能这样回答：“周六下午吧，上午我还有点别的事情要办。”

提问的方法丰富多样，提问者都可以根据沟通中的具体情况，灵活地加以运用。同时，这些方法既是相对独立，又是互相联系的。它们可以单独使用，也可以交替或交叉使用。掌握了每种方法的要领，就可以在沟通的过程中运用自如，获取最佳沟通效果。

小案例 2-12

李燕杰教授发问

一天晚上，演讲大师李燕杰教授刚从夜校上完课回家，一位青年从后面跟上来，非要和他谈心。李燕杰看看眼前的青年，留着小分卷，上穿红色衬衫，下穿牛仔裤，胸前却挂着一个耶稣受难的十字架，心里便明白了眼前这个青年的思想状况。青年诚恳地要拜李燕杰为师，表示要学好文学和外语。李燕杰见他真诚，就和他谈起心。于是，李燕杰便开始了一连串的提问。下面是他们的对话：

李：你为什么要戴这个（十字架）呢？

青年：你是搞中国古典文学的，还懂这玩意儿？

李：你真把我看扁了，我要连这个问题都答不上来，今个儿我不就栽了吗？

青年人笑了。

李：你不是在学外语吗？我问你，“圣经”这个词，英语怎么说？

青年人答不上来。

李：Bible，Bible。你挂十字架，会念祈祷词吗？

青年：不就是“阿门”吗？

李：不对。（从头到尾背了一遍祈祷词）你读过圣经吗？你知道圣经都讲了什么吗？

青年：不知道，没读过。

李燕杰给青年讲解了圣经的主要内容，然后话题一转，又谈到美的含义。

李:打个比喻，有个女孩子非常漂亮，相貌好，身材好，还有一身白皙的皮肤，看上去非常美。可是有人告诉你，她就是爱在电车上干这个（做一个扒手的动作），这时候你还认为她美吗？

青年：内心与外表不一致，不美。

李：有这么一幅油画，一个修女，外表穿得非常肃穆，内心对耶稣也很真诚，胸前挂着十字架，你觉得美吗？

青年：内外和谐，对基督徒来说，当然美了。

李：那么阁下既不懂圣经又不是教徒，胸前却挂着个十字架，难道你会认为这样很美吗？

青年哑口无言。

【思考】请分析这里李燕杰教授运用了哪些提问方式？

第四节　回　　答

一、回答的作用

回答问题是沟通过程中的重要环节之一，有效的回答建立在对提问者的观察、了解的基础之上，具有以下三个作用。

1. 使提问者的疑问得到解答

当提问者提出问题时，或许期待关于沟通话题的更多内容，或许希望与回答者就某些问题展开辩论。回答者的角度就是要解答提问者的疑问，通过成功解答问题，可以增强回答者的讲话的说服力，使对方不但获得信息，而且心悦诚服。

2. 使回答者获得进一步的展示

回答者在回答问题时，更使自己继续立于讲话者的角度，他（她）拥有提问者所不具备的优势，通过回答的系统性与连贯性，使回答者自身的能力与学识获得进一步的展示，获得沟通对象的认可。

3. 有利于减少与沟通者之间的误会

在与提问者沟通的过程中，很多回答者都经常遇到误解提问者意图的境况，不管造成这种问题的原因是什么，最终都会对整个沟通进程造成非常不利的影响。因此，回答者应该根据实际情况进一步了解，弄清提问者的真正意图，然后根据具体情况采取合适的方式进行解答，以减少沟通中的误会。

【小贴士 2-4】

刘吉答青年学生问

刘吉教授是我国著名的演讲家，擅长与青年对话，下面是他任中国科技大学党委书记时与青年学生的对话。

问：您是怎样一下子成了党委书记的？

答：我是先成为共产党员，然后才成为党委书记的，不是一下子，而是两下子。

问：因为我看透了别人，所以我现在只考虑自己，您说我这样做对吗？

答：不对。就因为您只考虑自己，所以才看透了别人。

问：有人说跳迪斯科，扭屁股是颓废，您同意吗？

答：我不同意。中国新疆舞可以扭脖子，蒙古舞可以扭肩膀，为什么迪斯科不可以扭屁股呢？不都是扭身上的一部分吗？

问：您怎样看待那些以“短平快”手法赚大钱的人？

答：可以“高点强攻”，也可以“短平快”，我看只要不犯规就行。

问：现代化大生产运用的是高等知识，为什么还要我们补习初中课程呢？

答：有一个笑话说，一个人在吃第五个烧饼时饱了，他说，早知如此，何必吃前四个呢？

问：实行厂长责任制以后，在您们厂是厂长大还是书记大？

答：您最好回家问问，在您们家是您的爸爸大，还是您的妈妈大。

问：您怎样对待老大难问题？

答：老大难，老大难，老大去抓就不难。

问：您喜欢青年留什么样的发型？

答：发型要因各人的头的大小、脸型的方圆长短，以及男女性别而异，绝不可以千头一律。

问：您对您的直接顶头上司是什么态度？

答：不阿谀奉承，不溜须拍马，也不背后说他的坏话，我是“三不主义”。

问：有的青年穿着非常入时，可说话非常脏，怎么解释？

答：这叫形式与内容不统一。

【点评】刘吉的回答，运用了多种回答问题的方式和策略，有巧妙回避，有坦诚相对，有溯因解释等，针对不同的问号用了不同的表达方式，或严肃，或轻松，或精确，或模糊，或抽象，或具体，或坦率，或委婉，大都恰到好处。这是一次较为成功的答问。

二、回答的原则

正如在讲话过程中要把握住要点一样，在问答过程中要把握问答的要点同样重要。如果无法做到，说话者就会失去了说服听众、主导话题的重要机会。因此，在问答过程中，尤其是回答问题的过程中，要始终坚持三条原则，从而把握住话语的主动权。

1. 始终保持回答者的信用

确保自己在回答每个问题时都能保持严肃认真、谦虚礼貌的态度，正确的态度会带来鲜明的回答内容与性格，从而使回答者保持自信。如果回答者在提问者的心目中失去信用，那么在整个沟通的过程中都将处于被动的局面。如果在解答问题的过程中情绪失控或者对听众心存戒备，都将导致回答者的主导地位受到质疑。

2. 用回答来满足听众

面对众多的提问，回答者不必回答所有问题。不要在一个人身上花费太多时间。不过很可惜，大部分回答问题的人都希望能从所有听众那里看到满意和赞许的眼神，于是刻意地将时间花在一个问题上，从而失去了对其他人、其他问题的解答。因此，回答者在面临很多个问题的时候，要学会用一种可以平衡所有对象的方式来解决问题，眼神不要停留在一处太长时间，保持对整个会场的关注。对问题太多的人可以说："你问了一个非常有深度的问题。可是因为我们有许多听众都有需要解答的问题，我回答问题的时间又非常有限，所以可不可以把机会让给别人？"这样既不失礼貌，又能使正常的进程得以继续。

3. 力求获得其他听众的支持

尊重提问者，让提问者获得持续的尊重，而给予回答者一定的时间和耐心。如果一次被问到过多的问题，比如，"我怎样才能解决人员不足、空间不足、老板也没有给予我足够的信任的问题？"回答者可以这样回答，"你问了3个非常好的问题，可是因为还有其他的听众要提问，就让我先回答一个吧，如果我们还有时间的话再来解决剩下的问题好吗？"以这种方式，即使你只回答了其中部分问题，仍然能够使听众满意。并且，听众将会对回答者产生敬意，因为没有让一个人独占了大家有限的时间。

如果回答者被问到一个偏离主题的问题，那么回答者可以停顿一下，然后问，"在座的其他人还有类似的问题吗？"如果没有的话，就简要地回答一下这个问题，并且告诉提问者自己很愿意在讲话结束后留下来同他进一步探讨这个话题。这个办法在回答那些不怀好意的提问者时也很有效。

小案例 2-13

周杰伦妙答记者

周杰伦是许多青年朋友非常喜爱的一位华语歌手，拥有众多的"粉丝"。其实，周杰伦不但歌唱得好，他的口才也是数一数二的。

有一次，记者问到周杰伦和某女明星是否有恋爱关系时，周杰伦立即以四句改编诗歌回答道："绯闻诚可贵，八卦价更高。若为音乐故，两者皆可抛。"周杰伦幽默的话语，顿时引得现场响起一阵阵笑声和掌声。

另外，还有一次，周杰伦的国语大碟《魔杰座》全亚洲发片记者会在台北举行，记者会上，周杰伦抢先让大家欣赏了他刚刚完成最后剪辑工作的另一个新专辑主打歌曲《时光机》。演唱完后，主持人在台上问他如果时光能倒转，他最希望回到过去挽回什么?主持人期待周杰伦可以谈到是否可以挽留什么感情，聪明的周杰伦没有掉进圈套，他出其不意地回答道："我是看未来的人，即使有时光机我也不希望回到过去，我希望前往未来，看看到时候自己的音乐是否存在。"

【思考】周杰伦对记者的应答高在何处?

三、回答的方式

回答的方式技巧很多，我们介绍以下几种。

1. 针对性回答

有时问题的字面意思和问话人的本意不是一回事，我们回答时，就不仅要注意问话的表面意义是什么，更要认清提问人的动机、态度、前提是什么，使回答具有针对性。

小案例 2-14

对答

一次，某专科学校期末考试安排老师监考。有一学生违反考试纪律夹带小抄，被监考老师抓住。其班主任前来求情。于是就有了这样一段对话："他反正又没看，你高抬贵手饶他这一回吧。"监考老师回答："国家明文规定，私自拥有藏匿枪支，属于违法行为。如果有人私自藏匿枪支却并未杀人，算不算犯罪呢？"班主任哑口无言。

无独有偶。一次，英国大戏剧家萧伯纳结识了一个肥头大耳的神父。神父仔细打量着瘦骨嶙峋的剧作家，揶揄地说道："看着你的模样，真让人以为英国人都在挨饿。"萧伯纳马上接过话说道："但是，看看你的模样，人们一下子就清楚了，这苦难的根源就在你们这种人身上!"

2. 艺术性回答

这里所说的艺术性包括避答、错答、断答、诡答。

（1）避答。这种方式用于对付那些冒昧的提问者所提的问题。有时，某些问题自己不宜回答，但对方已经把问题提到面前了，保持沉默显然被动，就可以避而不答。

小案例 2-15

避答两例

（1）日本影星中野良子来到上海，有人问她："你准备什么时候结婚？"中野良子笑着说："如果我结婚，就到中国度蜜月。"中野良子的婚期是个人隐私，中野良子自然不愿吐露。她虽然没有告诉婚期，却说结婚到中国度蜜月，既遮掩过去，又表现了她对中国人民的友谊。

（2）王光英当初赴香港创办光大实业公司时，一下飞机，记者们蜂拥而至。一位女记者挤到面前，问道："先生，请问您这次到香港带了多少钱来？"王光英见对方是个女记者，急中生智，这样应答道："对女士不能问岁数，对男士不能问钱数，小姐，你说对吗？"既达到了目的，又很有幽默感。

（2）错答。这是一种机警的口语表达技巧，既可用于严肃的口语交际场合，也可以用于风趣的日常口语交际场合。它的主要特点是不正面回答问话，也不反唇相讥，而是用话岔开问话人所问的问题，做出与问话意见错位的回答。请看下面的例子。

小案例 2-16

美丽姑娘的错答

一个美丽的姑娘独自坐在酒吧间里，从她的装扮来看，她一定出身豪门。一位青年男子走过来献殷勤，“这儿有人坐吗？”他低声问。“到阿芙达旅馆去？”她大声地说。“不，不，你弄错了。我只是问这儿有其他人坐吗？”“你说今夜就去？”她尖声叫，表现得比刚才更激动。许多顾客愤慨而轻蔑地看着这位青年男子。这位青年男子被她弄得狼狈极了，红着脸到另一张桌子那儿去了。

以上例子，是很典型的错答，是用来排斥对方和躲闪真实意思的交际手段，用得很成功。运用错答的语言技巧，一是要注意对象和场合；二是使对方明白，既是回答又不是回答，潜在语是不欢迎对方的问话；三是有时要利用问话的含混意思，答话要模棱两可，似是而非，使对方也无法理解。

（3）断答。就是截断对方的问话，在他还没有说出，或者还没有说完某个意思时，即做出错答的口语交际技巧。它与错答相同之点是答与问都存在人为的错位，即答非所问。它们的不同点是，错答是在听完话之后做的回答，断答是没有听完问话抢着进行回答。为什么不等对方问清楚，就要抢先回答？有以下两种原因：一是等对方把问话全说出，就会泄露出某种秘密，难以收拾；二是待听全问话再回答，就会比较被动，不好应付。因此，考虑对方要问什么，在他的问话未说完时，就迅速按另外的思路回答，一方面可以转移其他听众注意力；另一方面可以使问者领悟，改换话题，免于因说破造成尴尬局面和其他不良后果。

小案例 2-17

女青年三次断答

一对青年男女在一起工作，男方对女方产生了爱慕之情，男方急于要向女方表白心意，女方却不愿将友情向爱情方面发展，女方认为还是不要说破，保持一种纯真的朋友情谊为好。于是，出现了下面的断答。

男青年：我想问问你，你是不是喜欢……

女青年：我喜欢你给我借的那本公关书，我都看了两遍了。

男青年：你看不出来我喜欢……

女青年：我知道你也喜欢公共关系学，以后咱们一起交换学习心得？

男青年：你有没有……

女青年：有哇!互相切磋，向你学习，我早就有这个想法。

男青年：……

这位女青年三次断答，使得男青年明白了她的想法，于是，不再问了，这比让男青年直接问出来，女青年当面予以拒绝，效果要好得多。

（4）诡答。这是与诡辩连在一起的回答。诡，怪的意思。诡答，即一种很奇怪的回答。

在特殊的情况下，不能、不宜或不必照直回答时急中生智，用诡答技巧，做出反常的回答，既增添了谈话的情趣，又应付了难题。

【小故事 2-10】

老头子

清朝乾隆年间的进士纪晓岚在宫中当侍读学士时，要伴皇帝读书。一天，天色已亮，而乾隆皇帝还没来，纪晓岚就对同僚说："老头子还没来？"恰巧乾隆皇帝跨门而入，听到他的话，就愠愠地责问："老头子三个字作何解释？"纪晓岚急中生智，跪下道："皇上万寿无疆叫做'老'；皇上乃国家元首，顶天立地叫做'头'；皇上是真龙天子，叫做'子'。"于是龙颜大悦。"老头子"本来是一种对老年人不尊敬的称呼。面对乾隆的责难，为了开脱自己的罪责，纪晓岚采用文字拆合法来偷换概念，居然把"老头子"变成了对皇帝的敬称。试想，如果纪晓岚不是运用"诡辩"来应付这样的难题，怎么能避免一场杀身之祸呢？

3. 智慧性回答

智慧性回答包括否定预设回答和认清语义诱导回答两种。

（1）否定预设回答。预设是语句中隐含着使语句可理解、有意义的先决条件。在正常情况下，这种先决条件的存在是不言而喻的，如"鲁迅先生是哪一年去世的？"这个问话包含有预设：鲁迅先生已经去世。预设有真假之别，符合实际的预设是真预设；反之就是假预设。就问话而言，其预设的真假关系到对问话的不同回答。黑格尔在《哲学史讲演录》中谈到古希腊诡辩学派时曾讲过这么一个例子。有一位诡辩学派的哲学家问梅内德谟："你是否已经停止打你的父亲了？"这位哲学家提此问题的目的是要迫使从未打过自己父亲的哲学家陷入困境，因为无论梅内德谟做出"停止了"或"没有停止"的回答，其结果都是承认自己打过父亲的虚假的预设。可见，利用虚假预设可以设置语言陷阱。有些智力测试题提问陷阱的设置也是如此。

小案例 2-18

"秦始皇为什么不爱吃胡萝卜？"

在中央电视台"天地之间"节目"乐百氏智慧迷宫"里曾有道智力测试题为："秦始皇为什么不爱吃胡萝卜？"选手们都答不上来。

此问预设了"秦朝时有胡萝卜""秦始皇吃过胡萝卜"这两点，将思考点定在"为什么不爱"。

其实秦朝时还没有胡萝卜。

应这样回答：秦朝还没有胡萝卜，秦始皇当然说不上爱吃胡萝卜了。

（2）认清语义诱导回答。人们理解语言会受到已有经验的影响，自然而然地产生某种语义联想。例如，由"春天"会想到桃红柳绿，万紫千红；由"冬天"又会想到寒风凛冽，白雪皑皑；见"晚霞"能想到色彩的绚丽；看"群山"就能想到山势的起伏……既然普遍存在着语义联想，那么就可以利用语义联想来设置陷阱，诱导目标进入思维定式的困境。例如，在一个没有星星、看不见月亮的时候，有一个盲人身着黑衣，步行在公路上。在他的后方，一辆坏了车前灯的汽车奔驰而来，奇怪的是，司机在未按喇叭的情况下，却安全地将车停在了盲人的身后。这是怎么回事呢？见到"星星"或"月亮"这些词语，我们一般都会联想到晚上。现在出现了“星星”“月亮”“黑”“灯”等字眼，我们就很容易与“黑夜”联系起来了，而这正是本题的陷阱。它通过这些词语诱导你的思维走向“黑夜”，那样的话，你就会水尽山穷，百思亦难得其解了。答案应是：这是白天，毫不奇怪。

语言诱导这种陷阱在智力测试提问中可以说随处可见，知道这种陷阱的特征，有些问题就很容易解答了。

【小故事 2-11】

顾维钧巧答美国小姐

顾维钧是中国外交界的领袖，25 岁就获美国哥伦比亚大学法学博士学位。他在担任驻美公使时，有一次参加国际舞会，与他共舞的美国小姐突然发问：“请问，你喜欢美国小姐，还是中国小姐呢？”这个问题看似简单，其实不易回答。如果说喜欢中国小姐，就得罪了美国小姐；若说喜欢美国小姐，不仅有违心意，且会导致麻烦。顾略加思索后笑道：“无论是中国小姐还是美国小姐，只要喜欢我的，我都喜欢。”

【思考】顾维钧的回答妙在何处？

4. 形象性回答

形象性回答是指当提问者提出一个带有一定“理论”色彩的问题时，如果回答者泛泛而谈地讲一些空洞的大道理往往得不到听者的认同，这时不妨用形象化的方法如讲故事、打比方等，将枯燥的道理具象化，让听者品味并深刻理解。

小案例 2-19

韩寒巧妙回答

在香港书展读者见面会上，有读者问韩寒：“你是如何看待你成长之路上遇到的种种困难挫折的？”韩寒沉思片刻后回答说：“一个农夫的驴子不小心掉进了枯井里，农夫绞尽脑汁都没法救出驴子，为免除驴子等死的痛苦，他决定将泥土铲进枯井中把驴子埋了。刚开始驴子叫得很凄惨，后来却渐渐安静了下来。农夫好奇地探头往井底一看：原来，当泥土落在驴子的背部时，驴子便将泥土抖落在一旁，然后站到铲进的泥土堆上面！就这样，驴子很快便上升到了井口！我们在成长之路上难免会陷入‘泥土’，换个角度看，它们也是一块块的垫脚石，而想要从‘枯井’脱困的秘诀就是将‘泥土’抖落掉，然后站到上面去！只要我们锲而不舍地将它们抖落掉，站上去，那么即使是掉落到最深的井，我们也能安然地脱困。”韩寒通过即兴讲述一个“驴子落枯井”的小故事，生动有趣地谈及了成长路上的“枯井”和“泥土”的现实意义，深刻地道出了自己独特的人生观——把困难化作动力，给人以智慧的启迪。

5. 借用性回答

借用性回答就是在回答提问者提出的问题时，巧妙地借用对方问话中的语气和词句等，以一种出人意料又在情理之中的借题发挥式的方法来回应对方，实现一种在特定情境下的理想应答效果。

【小故事 2-12】

基辛格的回答

1972 年，基辛格随同尼克松访问莫斯科，途中在维也纳就美苏首脑会谈问题举行了一次记者招待会。这时《纽约时报》记者提出一个所谓“程序问题”：“到时你是打算点点滴滴地宣布呢，还是来个倾盆大雨，成批地发表协定呢？”从不放过任何机会讥讽《纽约时报》的基辛格，一板一眼地说：“我明白了，这位记者先生要我们在倾盆大雨和点点滴滴之间任选一种，这很困难，无论怎样，都是很糟糕的，这样吧，我们点点滴滴地发表成批声明。”

6. 无效性回答

无效性回答是指当提问者提出的问题很难回答时，如果不予理睬或一律说“无可奉告”，既显得对对方不礼貌，又可能使自己当场受窘，所以这时可以做出绝对正确而毫无实质意义的无效回答。

小案例 2-20

王蒙的“大实话”

有一次，一位美国人问作家王蒙：“20 世纪 50 年代和 70 年代的王蒙，哪些地方相同，哪些地方不同？”王蒙答道：“50 年代我叫王蒙，70 年代我还叫王蒙，这是相同的地方；50 年代我 20 多岁，70 年代我 40 多岁，这是不同的地方。”

中国从 20 世纪 50 年代到 70 年代经历了诸多政治风云，王蒙身处其中，也有许多一言难尽的遭遇和变化，这些内容很敏感和微妙，不容易说清楚，或者王蒙也根本不想再去触及这些往事，而且也不宜或不必贸然向一个陌生的美国人谈这些。所以，王蒙机敏幽默地说了这些绝对正确的看似“切题”却什么也没说的大实话。

拓展阅读

补救失言的意义与方法

交际活动中的主体无意之间说出了错话、蠢话，得罪或伤害了交际对象这一类语言现象，叫做失言。失言会造成人际关系的恶化，形成危机。一旦发生失言要注意及时、巧妙地补救，以挽回危机，改善人际关系。

1. 补救失言的意义

失言并不可怕，可怕的是失言了自己并不知道，且没有采取补救措施，在语言交际过程中，尽管我们对可能的失言采取了预防对策，在某些特定的场合偶尔失言是难免的。失言之后，我们要及时果断地加以补救以挽回影响，绝不能听之任之。从某种意义上说，失言就是失礼，而在社会交际中是不容许失礼的。失言要补救，失礼则更要补救，这是文明交际的需要。失言之后，进行及时而真诚地补救，是所有处于语言交际状态之中的人社会责任感和高尚道德的真实体现。补救失言对改善和优化语言交际有着重要的意义，能起到维持和促进语言交际的功效和目的。

第一，补救失言能使双方之间的语言交流正常地进行下去，它可以掩饰失言，疏通言路，使在场的公众感到好像从未发生什么事情似的，不露一点痕迹，能控制交际现场的形势，不至于出现尴尬局面。

第二，补救失言能使受到伤害的公众得到及时安慰，不至于酿成交际障碍，及时的补救失言对双方的密切交往起到有百利而无一害的作用。

第三，失言补救在某种程度上是一种危机管理，处理好了可以展示在紧迫关头善于处置失误、随机应变的能力，令交际对象或现场公众刮目相看，扩大自己或自己组织在社交圈的影响，为更顺利地开展公关交际活动打下新的基础。

2. 补救失言的方法

失言补救方法很多，关键在于我们的机敏和诚心。宽宏大量只能用于律己，不能以之要求对方。我们在遇到他人失言时，要根据对方的职业特点、心理品质、文化素养、失言性质、现场状态、交际动机等采取不同的应对态度。如果自己处于主体地位，对方失言后已有道歉，则可以给予谅解并宽容不计。现在介绍几种失言的补救方法。

（1）现场改口来补救失言

在语言交际过程中，由于当今市场经济越来越发达，人们接触的事物比较多而杂，有时在现场会由于数字模糊或计算不准而开口失言，特别是在一些涉及经济的商务活动中表现得比较明显，比如在谈价格、签协议、许承诺时，稍有不慎就会给自己挖了陷阱，这时就需要补救失言来让对方能够理解和说服对方，最终能达成一致，否则让人觉得你办事不稳，而失去合作诚意。

报价失言

甲乙双方在频繁的商务谈判中，讨价还价往往是中心话题，双方都想尽最大努力，争得最大利益。由于有的人连对自己产品的价格都不熟，导致当面承诺了对方的贬抑性报价。如果自己觉察出来的，可以这样补救，说：“刚才同意的报价，我们是没有计算入关税税额的，要是在你的报价上加入这一笔税额，我们就可以成交了。”如果当时自己没有觉察出失口承诺这一问题，而伙伴已经觉察，就从旁纠正说：“经理，您承诺的报价，还要加上本产品今年前 8 个月涨价的比率，您记起来了吗？”这样一唱一和，就可以把错误换为变量，请对方重新考虑。同时，还需要向对方做一些成本上升、需要变动价格的说明，以取得对方的理解。还可以另补充说：“我们产品的价格在同类产品中，一直是偏低的，此次成交，对贵方来说，仍然是一笔赚钱的生意，这就是为什么我们的客户群不断扩大的原因了。”

（2）用错来改错进行补救

将错就错就是指一个人说了错话，在场的另外一个人则利用错误的性质说出一句相反的错话，求得前后错话的平衡而消除不良影响。

歌唱演员的失误

有一位歌唱演员到某市演出，在台上讲话，竟把某市说成了某县，引起观众嬉笑，议论。这时主持人上台来了面对观众说：“女士们，先生们，朋友们，今天我们有幸来到某省演出……”怎么一个人说‘县”一个人又说“省”？这话把观众给弄迷糊了，主持人解释说：“刚才我们的一位演员把某市说成某县，给降了一级，我现在把某市说成某省，给提了一级，这不就平啦？”他这几句话，立马引得观众哄堂大笑。

（3）切断当前话题转换进行补救

这个方法是指我们在说话时，突然感悟到某句话的剩余部分不能说出来，便急速中断下来，然后神不知鬼不觉地偷换成另外的话题，掩饰几乎要发生的失言。在多种交际场合我们都可能出现这种需要急断当前话题偷换言辞的情况，只要出现这种情况，我们应该当机立断，急断急换，以免因失言而伤人，因伤人而失和气。

万某的机智

万某在街上骑着自行车慢慢前行，不料被后面急驶而来的一辆自行车撞倒，万某爬了起来，满脸怒气张嘴就想骂："你！"抬头一看原来撞倒他的是一个熟人，于是，就一个"急刹车"，连忙改口说："你——是小张啊，看你这车技，真叫我佩服得五体投地！"万某的随机应变、改弦更张，把"你瞎了"不知不觉偷换成了"你是小张啊"，而且幽默地把"撞倒在地"改成了"五体投地"，这样一来，不仅没有失和气伤感情，还维护了双方的友谊。

（4）就势转接法

在蠢话全部说出，已经引起非议、对抗的情况下，我们可以顺着个别或者部分听众的心理反应趋势把话题转到另外一个，加以掩饰，消灭已经发生的失言后果。像这类失言可进行以下的现场补救。

① 运用相关联想，妙言突出。由于场面热烈，精神亢奋，有时也会出现带有喜剧色彩的失言，同样不可一笑了之听之任之。人们更忌讳在喜庆场合失言，所以，失言以后要立即展开联想，寻找补救语言。

② 顺水推舟，进行侧面认错。万一蠢话全部说出来了，招致公众气愤、责难，由同行的伙伴进行侧面认错，也可收到亡羊补牢的效果。

狄更斯的失言和补救

有一次，英国作家狄更斯正在钓鱼，一个陌生人走到他跟前问道："怎么，你在钓鱼？"狄更斯不假思索地说："是啊！今天真倒霉，钓了半天，一条也没钓到。可昨天也是在这个地方，就钓到 15 条鱼哩！"

陌生人说："是吗？你昨天钓得很多啊！"接着他又说："那你知道我是谁吗？我是这个地方的管理员。这段江上是禁止钓鱼的！"说着，他拿出票簿，要给狄更斯开票罚款。

狄更斯看到这情景，连忙反问："那么，你知道我是谁吗？"陌生人被这一反问搞得摸不着头脑。此时，狄更斯对他说："我是作家狄更斯，你不能罚我款，因为虚构故事是我的职业。"陌生人没有办法，只好让狄更斯大摇大摆地走了。

（5）变贬为褒的补救

怎样才能变贬为褒呢？把直言否定的贬变成模糊肯定进行搪塞，造成错答不为奇的现场心理反应，取得听众的理解和同情。再把被贬者的优点与所产生的错答联系起来，使其很顺承得以衔接，以平复尴尬从而得以迅速解脱。同时又把模糊肯定和隐含否定结合起来，让人们知道真正值得肯定的还是被贬者的优点，以免造成信息错觉。变贬为褒的方法既可以是被贬者自己用来进行力挽狂澜，也可以是自己的伙伴用来进行赞扬保护，进行双向求圆，内外掩饰等。

老企业家的尴尬

某综艺节目每期都有猜答环节，一次，在放映一段录像的时候，荧屏上出现了一个庞大的外国建筑物镜头，之后节目主持人问一位嘉宾："外面的长廊与里面的音乐厅有没有关系？"嘉宾立即说："有关系，起扩音作用。"这时节目主持人十分爽快地否定说："不对！没关系，只是一种装饰。"这被问的嘉宾本是一位很大的企业家，但此时他那种叱咤风云、充满自信的豪迈气概顿时化为乌有，随之而来的是难堪、焦急、手足无措。应当肯定，从其语言反映的真实性来看，这位节目主持人的评判无可挑剐，体现了她的直率和实事求是，然而，她的直言因其对象的特殊身份和场景的临时需要而变成了一句置人于尴尬境地的蠢话，这样回答所起到的实际效果是很不好的。当时另外一位节目主持人见状，立即采取了应急补救措施，把那位已经陷入窘境的企业家解脱出来。她说："现代的建筑构思复杂，有许多问题值得研究，这位企业家的思路广阔……"然后转向企业家，接着说："这大约就是你成功的原因吧。你勇于回答的精神真是值得佩服，让我们以热烈的掌声表示欢迎！"

（6）转移注意进行补救

现场交际活动的参与者，在某类场合因被失言刺激而精神状态呈现反常时，可以运用转移注意力的方法，救人于窘。注意转移法是由此及彼，换位思维，把当事人的心理趋势引向其他方面，扭转需求偏向，排除人的消极情绪，这种方法在其他失言的补救方法中也有配合使用的价值。

转移话题

两个青年去拜访老师，在谈话中问道："老师，听说您的夫人是教英语的，我们想请她指教，行吗？"

老师为难地沉默了片刻，说："那是我以前的爱人，前不久分手了。"

"哦？对不起，老师……"

"没什么，喝点水吧。"

"老师，您的书什么时候出版？快了吧？……"

这样转移话题，特别是提出对方很愿意谈的话题，就会使谈话很快恢复正常，气氛活跃起来。

（7）运用迂回进行致歉补救

失言就是失礼，失礼以后，应该诚恳地向有关人致歉，这是毫无疑异的，但致歉也要讲究方法。在交际活动中常常发生这样的事情，如果直接赔礼，反而可能引出新的矛盾，不如易时易地或者利用现场条件，抓住谈话的主题、气氛和有利机遇，运用类比暗示的方法，间接向有关被伤者致歉，以消除人际隔阂，改善交际，使公关活动同其他一切交际保持互爱互尊的最佳状态，这就是迂回致歉。迂回致歉有以下优点：一可以避免心理伤害重复；二可以做致歉引申，加强致歉的信度；三可以表现我们的交际能力。

孙女的致谦

一位正在某校读书的女生星期天与奶奶一同游玩，恰好迎面碰到一位穿着入时的老太太，孙女脱口便说出："人都老了，还穿这么漂亮干什么？"正好这天她的奶奶也穿得比较讲究，老人听后暗暗伤心起来，遂借口身子不适提前回家了。等孙女反应过来后连忙迂回，见奶奶又重新穿上了那套常用的旧衣服，而且神情沮丧，于是便说："奶奶，您怎么又穿上了这套旧衣服，新衣服您总舍不得穿，穿烂了有啥关系？我叫妈给您再缝一套！"稍停片刻，又加上一句："奶奶，我现在没钱孝敬您，等我日后上班拿了工资，我一定给您多做新衣服，让您天天都穿得漂亮！"孙女根本没提在公园的那件不愉快的事，回避了刚才的失言，奶奶听了这热情洋溢的话也说出了自己的内心，说："在家里穿新衣服，别人也看不出你们的孝心啊。"

（8）运用全面观照法进行补救

此法是指对这一个人或这一部分人讲话时，一定要注意自己的语言对另一个人或另一部分人的作用，避免产生语言交际的负效应，这就叫做全面观照法。全面观照法并不等于从不失言，关键问题是失言以后要立刻应急补救，使某一个人或某一部分人同现场其他公众一样保持愉悦、积极的心理状态。

主持人的失言补救

某年中央电视台春节联欢晚会后，安徽一位盲人要求见一见一位小品演员，于是，中央电视台在重播部分得奖节目的时候，便把这位盲人请到了现场，满足了他的愿望。盲人献词以后，现场节目主持人非常激动地说："亲爱的观众……"主持人为什么停下来了呢？这是因为在瞬间她已悟出了自己的失言，那么，应当怎样说才包括正站在台上的这位盲人和电视机前的许多盲人呢？片刻之后，她忽然加上"亲爱的听众……"场下顿时反应活跃，热烈鼓掌。如果只提"观众"的话，就将引起这位盲人或其他盲人尴尬、让他们难受。加了"听众"以后，所有能看能听、不能看只能听的观众和听众更都包括在内，都于亲爱之声中共度良宵。虽然节目主持人补加上去的"亲爱的听众"是一句再平常不过的话，但在那个时刻、那个场景中表达出来，就成了一句机智的妙言。

实践训练

1. 倾听技能训练

形式：集体参与。

时间：10分钟。

场地：教室。

材料：任何一则包含一些数字或确切事件的新闻。

程序：

（1）事先从报纸或文摘上选取一则200～300字的故事，注意最好是有简单情节的故事，而不是评论性文章。在课上很不经心地向学员提起，告诉他们你要为他们念一段很有意思的故事。

（2）大声朗读这则故事。

（3）结束后，你会发现学员们对这个故事毫无兴趣，露出厌倦和疲累的表情。

（4）这时拿出一个精致的礼品，说："故事念完了，现在我会就这个故事的内容提几个问题，谁能答对，我就把这个礼物送他。"

（5）然后问5～7个问题，都是一些关于故事的时间、地点、名字和简单情节的问题。

（6）尽管问题简单，你会发现还是几乎没有一个人能全部答对。

分享：

（1）既然大家都是具有一定素质的人，既然都听了这个故事，为什么却没有人能记得非常清楚？

（2）我们不去认真听的原因是什么呢？我们该怎样改进倾听技巧？

（3）如果事先把奖品拿出来，学员们的倾听效果会不会不一样？这是为什么？在没有物质刺激的情况下，我们应怎样提高自己的倾听效果？

2. 倾听能力自测

你是一个善于倾听的人吗？

（1）你喜欢听别人说话吗？（　）

A. 喜欢，我从别人的谈话中可以得到许多信息

B．我不会花太多的时间听人说话，现在很多人说话都是口是心非

C．我不大关心别人说什么

（2）为了要完整地弄清事情，你是否会广泛地听取各方意见？（　　）

A．我可没那么好的耐心

B．我会尽量多地听取意见

C．方便的话，会这样

（3）有人在跟你说话时，你会注视着对方吗？（　　）

A．会的，我会一直给对方以应有的尊重

B．如果话题不感兴趣，我会东张西望不耐烦的

C．我根本就不知道讲话时该看着对方

（4）当别人希望通过谈话来缓解压力时，你会（　　）。

A．尽量鼓励他说下去

B．忍不住地要抢话题

C．不耐烦地打断他的话

（5）无论说话者是不是你喜欢的人，你都会认真地看着对方吗？（　　）

A．会的，我觉得这是对人基本的尊重

B．对不喜欢不欣赏的人不会这样，我不会有那么好的涵养

C．只能保持一会儿这样的状态

（6）当别人的谈话不入你的耳，你会（　　）。

A．由他去，不理他

B．听他讲完后再回敬他

C．不耐烦地打断他

（7）当你觉得对方说话比较幼稚时，你会（　　）。

A．毫不客气地打断他

B．不答理他

C．告诉他比较成熟的观点

（8）当你和比你矮许多的人说话时，你会（　　）。

A．尽量地蹲下来，和对方平视

B．仍站着和他居高临下地说话

C．不理睬他，直视前方

（9）当对方说讨你喜欢的话时，你会（　　）。

A．理所当然地高兴

B．冷静地思考一下此话的真实性

C．觉得他真会哄人

（10）说话者说的话不论中不中听，你都会分析一下吗？（　　）

A．能理解就理解，不能理解就算了

B．会的，因为人们经常会说一些言不由衷的话的

C．不用，他说他的，我做我的，否则多累

（11）别人正在跟你说话时，你突然想起要打一个电话，于是你（　）。

A．告诉对方，你忽然有一个很急的电话要打，请他等会儿再说

B．把对方晾在一边，只顾自己打电话

C．打断对方，也不解释什么，拿起电话就打

（12）当对方的谈话中有一些是你听不懂的话时，你会（　）。

A．能懂就懂，不懂就算了

B．仔细地询问一下，直到弄明白

C．觉得重要的就问，不重要的就算了

（13）当对方说话有些犹豫时，你会（　）。

A．鼓励他别急，耐心地等待他说完

B．不耐烦地打断他

C．尽量忍耐

（14）当你有听不明白的话时，你是否会重复说话者说过的话，弄明白了再问问题。（　　）

A．干脆什么也不问

B．没弄明白就问问题

C．会的，这样不会造成误会

（15）当你不是很明白对方的意思时，你是不是会把你理解的意思说出来，让他证实。（　　）

A．多想想就是

B．按自己的理解方式办事就行

C．一般我会跟对方证实一下

记分规则：

题号	1	2	3	4	5	6	7	8	9	10	11	12	13	14	15	总分
A	3	1	3	3	3	2	1	3	1	2	3	1	2	1	2	
B	2	3	2	2	1	3	2	2	3	3	1	3	3	2	1	
C	1	2	1	1	2	1	3	1	2	1	2	2	1	3	3	
得分																

·15～25分　粗糙型：你是一个不善于倾听的人，这样的你只会活在自我中，却难以从别人那儿学到新的知识，得到新的信息。

·26～35分　马虎型：你是一个很马虎的听众，或者说是一个不怎么合格的听众。你不会完整地听完别人的叙述，也不会思考别人的谈话，你活在很浅的层次，难以进步。试试，尽量把别人的话听完，看看你会有什么意外的收获。

·36～45分　倾听型：你是一个优秀的听者，这会帮助你成为一个很了不起的人，一个优秀的听者随时都有修炼自己、提升自己的机会，试想，不要付学费就能学到很多东西，这种好处哪里还会有。

（资料来源：张喜春，等．人际交流．北京：清华大学出版社，北京交通大学出版社，2014.）

3. 说话训练

实训目标：掌握说话的基本技巧。

实训学时：1 学时。

实训地点：教室。

实训方法：学生自设场景，分若干小组进行。本案例的模拟演示必须强调进入情景之中，注意细节，讲究语言艺术，注意体态语，把握好表情，恰当运用说话的技巧。

参考场景：

（1）新生入学自我介绍。

（2）参加校学生会文艺部部长竞选。

（3）陪女朋友回家，首次与准岳母见面。

……

4. 问与答互动训练

（1）训练目的。通过训练认识提问技巧在口语交流中的作用，提高言语交流中提问的技巧；通过训练培养良好的倾听习惯，分析语言、词汇的功能，提高语言的理解能力。

（2）训练要求。分组进行，不要准备，随意性提问。可以涉及隐私、人身攻击等，但要控制，把握好度。问与答角色可以互换，不严格规定。

（3）训练实施。学生两人一组，一个扮演提问者，另一个扮演回答者；训练指导老师要求提问者就你想问对方的问题可以随意提问，然后回答者回答，这样一问一答进行，可以反问；训练指导老师要对提问者所提问题进行分析，一方面了解提问者的目的和期望，另一方面分析回答者对所提问题的理解情况，然后辨析所提问题能不能实现提问者的目的；训练指导老师还要分析提问者对回答者的回答是否满意，符不符合自己的要求，是答非所问还是问题理解偏差。

有条件的可以进行录音，然后对照录音与训练对象一同分析。

（4）训练考核。训练双方互评，解决这些问题：你提这个问题的目的是什么？对方的回答有没有达到提问的目的？是问题提得不好还是答非所问？

训练指导老师依据问和答的具体情况给定评价分数。

5. 角色体验

请两位学生扮演小品剧中的人物。

场景:主任办公室

人物:中年女主任　年轻女职员小玲

主任:（面对小玲）小玲，广告部经理告诉我，他让你加班写一份广告词，他说你写得不错呢！

小玲:（满心欢喜地）是啊，我很乐意做这件事。

主任:（低下头写文件）我是怕这种跨部门的事给你增加负担，你不会介意吧？

小玲:（有点不好意思）没关系，我在上夜校的广告班，正好可以用来做练习。我想……

主任:（打断她的话）哦，你的计算机好用吗？（继续低头写文件）

小玲:（轻轻地皱了一下眉头）很好。

主任:对不起。（拿起电话）小张吗？请你告诉老李，过一会儿我要和他谈谈。

主任:（转向小玲看一眼后又低下头）现在，谈谈你的想法。

小玲:我……我一直想……（看见主任正在摆弄圆珠笔，便不说了）

主任:（还在摆弄圆珠笔）你说吧，我听着呢。

小玲:（无奈地）广告班毕业后我想调到广告部去，因为……

主任:（又低头写起来）哦，这个嘛……我们正在考虑让你去学习，但不知你对什么感兴趣？或许……

小玲:（哭丧着脸）我想……

主任:（边写边说）到时候再说吧!（继续低头写）你想一想再来告诉我。

小玲:（百般无奈地搓手，竭力控制自己）……

演出后，分析和回答问题：

剧中的女主任和职员谈话时，有哪些不正确的"听"的行为？

课后练习

1. 请完成一下倾听练习

（1）以"积极倾听，构建和谐班级（校园）"为主题，组织主题班会，请同学们轮流发言，各抒己见。

（2）请总结一下你倾听时存在哪些不良习惯？

（3）为什么沟通过程中倾听占有十分重要的位置？请谈谈你的体会。

（4）两个同学为一组，每个同学准备一篇有一定信息量的约800字的文章，一位同学将文章读给另一位同学听，倾听者要注意使自己保持专注。文章宣读完毕，由倾听者陈述自己获得的信息，宣读者检查对方信息是否准确无误。然后，角色互换，再进行一轮。最后双方谈谈自己倾听中的感受。

（5）"听"的能力训练

尽管"听"是我们与生俱来的能力，但是它并不是一件容易的事情。以下练习就是最好的说明。

练习1：教师对学生说："请拿出一支铅笔，一张纸。在纸上画一条约10厘米长的垂直线。把你姓氏的第一和最后一个字母写在直线的上方和下方。"注意不要强调最后一个句子中的两个"和"字。教师会发现大多数人会把第一个字母写在线上方而最后一个字母写在线下方。

练习2：教师让学生迅速回答下列问题：

"有的月份31天，有的月份30天。那么有多少个月份有28天？"

不少学生会回答："一个。"而事实上所有的月份都有28天。

问题：

① 以上两个小练习分别说明了倾听中的什么问题？

② 从以上练习中我们应该汲取哪些倾听经验？

（6）到养老院做义工，陪老人聊聊天，注意运用有效倾听的技巧，看看效果到底如何？

2. 请完成以下交谈练习

（1）1986年10月25日，邓小平会见英国女王伊丽莎白二世和她的丈夫菲利普亲王。邓小平同志说："这几天北京的天气很好，这也是对贵宾的欢迎。当然北京的天气比较干燥，要是能借一点伦敦的雾那就更好了。我小时候就听说伦敦有雾，在巴黎时，听说登上巴黎铁塔就能看见伦敦的雾。"菲利普亲王说："伦敦的雾是工业革命的产物，现在没有了。"邓小平风趣地说："那借你们的雾就更困难了。"亲王说："可以借点雨给你们，雨比雾好，你们可以借点阳光给我们。"

请问他们在表达怎样的意思？从说话的角度分析这段谈话，看看有哪些值得借鉴的地方？

（2）假如你是一个企业的新职工，经常与工人们在一起，了解了企业的许多情况。一天，经理在和你聊天时，突然问："你是新来的，没有什么偏见，经过这一段时间，你觉得我这个人怎么样？""很好，经理。"但经理却固执地说："你一定要讲真话，我只想听听你的意见，或者从你这里听到别人对我的意见，你不必担心什么。"而这个经理确实也有一些不足和毛病，工人也有所议论。这时，你怎样与经理继续聊下去？

（3）你去拜访一位名人，进屋之后发现主人家养了一只小猫。请以此为话题，设计一段对话。

（4）一天，你逛商场时发现一位营销员好像是当年的校友，在学校时没机会交谈，她好像也觉得你面熟，你主动和她打招呼。你们会谈些什么？

（5）放暑假了，你坐车回家，周围坐着几位年龄、身份、性别不同的陌生人，为消除路途寂寞，你先和他们寒暄几句，使大家都有谈兴。你会怎样说话呢？

（6）将来，你在事业上取得了一定成就，在老同学聚会上，你怎样谈自己的成功？别人赞扬你，你怎样表现谦虚的风度？

（7）你的一位同学做错了事，你告诉了老师，这位同学因怀恨而再不搭理你，请和他说话，恢复你们的友情。

3. 请分析以下情境中"提问"的"得"或"失"

情境1：在一家经营咖啡和牛奶的茶室，刚开始营业员总是问顾客："先生，喝咖啡吗？"或者是："先生，喝牛奶吗？"其回答往往是否定的。后来，营业员经过培训换一种问法，"先生，喝咖啡还是喝牛奶？"结果其销售额大增。无独有偶。两家卖粥的小店，产品、装修、服务没什么两样，但A店总是比B店多卖一倍的鸡蛋，原因在哪？B店客人进门，服务员会问一句："要不要鸡蛋？"有一半要一半不要。而A店客人进门，听到的是："要一个鸡蛋还是两个"客人有的要一个，有的要两个，不要的很少。这样，A店的鸡蛋就总是卖得多一点。同样一句话，前后一对调或者做点不起眼的变化，就会出现不同的结局，其实质在于说话人掌握了对方思考的方向。请分析这其中的原因是什么？

情境2：一位传教士在做祷告时烟瘾犯了，问上司："我祷告时可以吸烟吗？"结果上司狠狠瞪了他一眼。另一个传教士祷告时也犯了烟瘾，问上司，结果上司给予肯定的答复。请分析第二个传教士是怎么问的？

情境3：有一对来自阿坝地区的羌族兄弟，他们演唱的是一首流传千年的大山古歌——

《羌族酒歌——唱不起了》。这是一首没有经过任何“艺术加工”、真正的原生态民歌。在无伴奏的情况下，羌族兄弟那极具特色的和声及效果引得专家连声称奇，评委给了很高的分数。只是，在素质考核环节，羌族兄弟的表现不好，得分为零。

为了缓解羌族兄弟俩的尴尬，董卿临时加入了一个小环节。她这样说道“就像这对来自深山的选手不了解外面的世界一样，我们对他们的文化也未必知道。我现场替他们给评委出一道题，我请问佩戴在兄弟俩脖子上的这个银质的小壶是干什么用的？请回答。”

顿时，场上场下气氛热烈，评委们纷纷抢答，观众们也众说纷纭。可十几秒后，仍无人答出。

考虑到整个比赛的进程，董卿适时出手，赶紧转场：“刚才是否有答对的，现在请这对选手告诉我们正确答案。”

羌族兄弟中的一个走上前来，解释道：“这个银制的小壶是进山打猎时用来装油和盐的。”

这一答案解除了评委和观众的疑惑，也缓解了选手的尴尬情绪。顿时，现场报以热烈的掌声。

4．请分析以下情境中的“回答”好在何处

情境 1：2000 年 10 月美国总统大选，当时我国的一位知名教授赴洛杉矶访问。刚下飞机，记者就过来采访他，“请问×教授，你认为美国总统大选谁会获胜？”当时是官方活动，不能信口开河，如果这位教授按照记者的思路，回答谁会获胜，一旦回答错误，就是一件很尴尬的事情。这时，就应该使用外交辞令了，“首先，我要感谢各位记者对我们的关注，此外，我相信美国人民是受过良好教育的人民。美国是强调独立自主的一个民族，所以这次美国总统大选美国人民一定会做出符合自己意愿的选择，而且我相信不管谁当选美国总统，都会促进中美关系的可持续发展。谢谢，我的话完了。”这样的回答，无论最后谁当选，这位教授都不会落入尴尬的境地。

情境 2：一次，某记者问杨澜：“你想拥有什么样的后半生？”杨澜说：“我连前半生还没过完呢，怎么就后半生了啊？”

情境 3：我国香港作家陈浩泉的长篇小说《选美前后》中，在描写“香港小姐”准决赛时，有这样一段：为了测试参赛选手谈吐应对的技巧，司仪问参赛的杨小姐：“杨小姐，请听着，假如要你在下面的两个人中选择一个作为你的终身伴侣，你会选谁呢？这两个人一个是肖邦，一个是希特勒!”回答肖邦，会落入俗套；回答希特勒，人家会说她神经有毛病。怎么可以选择一个与人民为敌的魔鬼做终身伴侣呢？可是，在这两个人中必须选一个。这样就把杨小姐逼入困境。只见杨小姐说：“我会选择希特勒的。”台下观众顿时骚动起来，追问她：“你为什么选择希特勒？”她回答可谓绝妙：“我希望自己能感化希特勒。如果我能嫁给希特勒，肯定第二次世界大战不会发生，也不会死那么多的人了。”

情境 4：1860 年，与林肯竞选总统的是当时煊赫一时的大人物——民主党派候选人道格拉斯。他依仗自己的财势，专门准备了一辆竞选列车，还在后边安装了一门礼炮，所到之处，他都要鸣礼炮 32 响。在他看来，只要用强大的气势压倒林肯这个穷小子，就能顺利地当上总统。

与对手不同的是，林肯坐着一辆耕田用的马车，所到之处，他都要亲自走到选民中间，与选民进行亲切的交流。当有人问林肯拥有多少财产时，林肯发表了一段感人至深、令人难忘的演讲："如果大家问我有多少财产，那么我告诉大家，我有一位妻子和三个女儿，都是无价之宝。此外，还有一个租来的办公室，室内有桌子一张，椅子三把，墙角还有大书架一个，架子上的书值得每一个人读，我本人既穷又瘦，脸很长，不会发福。我实在没什么依靠的，我唯一的一个依靠就是你们。"

5. 综合评述练习

下面是一些家教对话，请阅读并回答思考题。

（1）"一步二步三步，好！跌倒了别哭，自己爬起来再走，好！一二一，一二一……"父亲这样在教孩子走路，朋友们说他是"开孩子们的玩笑"。父亲却回答："老兄，这不是开玩笑，这是人生之路的第一步，将来在社会上闯世界，全靠这第一步呀！"

（2）这个父亲名叫宋嘉树。他有三女三子，分别是闻名中外的宋霭龄、宋庆龄、宋美龄三姐妹和宋子文、宋子良、宋子安三兄弟。

（3）"这是绝对不行的！你们刚刚几岁，小小年纪就挑肥拣瘦，什么都要舒舒服服，那长大以后会成什么样子呢？做人一定要先学会吃苦，才能耐劳，将来才会有出息。"

——北宋著名理学家程颢、程颐两兄弟幼小时，一次在饭桌上争抢食物，母亲制止后如此告诫。

（4）"我先借给你，一年后还我。"

——一个12岁的小男孩不小心踢碎了邻居家的玻璃，需要赔偿12.5美元。孩子找父亲拿钱赔偿时，父亲这么告诉他。从此，这位男孩每逢周末、假日便外出辛勤打工，经过半年的努力，他终于挣足了12.5美元还给了父亲。这个男孩就是后来成为美国总统的里根。

（5）"你有点口吃，正说明了你聪明爱动脑，想的比说的快些罢了。"

——儿子从小就口吃，可母亲说这算不了什么缺陷，甚至还表扬他。她要求儿子一切从自信开始，努力主宰自己的命运。这个口吃的男孩就是杰克·韦尔奇，他长大后成为美国通用电气公司董事长，被称为世界第一经理人。

（6）"孩子，我相信你能行。妈妈也曾经有这样的梦想，只是当我觉得我做一个让病人喜欢的护士更合适时我就放弃了。现在，对你来说，也许正是实现这个梦想的最好时机。"

——一个男孩15岁时告诉母亲说自己将来一定要竞选美国总统，母亲这样回答他。这个孩子就是日后成为美国总统的比尔·克林顿，他是美国最优秀、最有魅力的总统之一。

（7）"你们不了解我的孩子，他非常聪明，他不是在捣乱，而是好奇。你们不懂得教育，我来亲自教育他。"

——一个小男孩上小学时，对许多事物都好奇，看到气球能在充满气之后飞上天，就找来一些发酵粉，动员想上天的同学来吃。不幸的是，吃了发酵粉的同学疼得在地上打滚。校长知道后，非常生气："又是你这个捣蛋大王，我把你开除了！"

母亲知道后非常气愤，觉得学校不懂教育，将孩子接回家，亲自给他上课，鼓励他搞实验。这个男孩就是爱迪生。

（8）"我的孩子没有任何毛病，你们不了解，他不是发呆，而是在沉思。他将来一定是位了不起的大学教授。"

——母亲带小男孩到郊外去游玩，别的亲友家的孩子，有的爬山，有的游泳，唯独这个小男孩一人默默地坐在河边，凝视着湖面。这时，亲友们悄悄地走到他母亲的身边，不安地问道:“您的孩子为什么总是一个人对着湖面发呆？是不是神经有毛病啊？还不趁早带他去医院检查检查？”母亲如上回答亲友的疑问。这个男孩就是爱因斯坦，20世纪最伟大的科学家之一。

【思考与讨论】

（1）运用日常沟通的技巧，对这些家教对话进行剖析，思考除了技巧因素，还需要什么因素才能更好地进行人际沟通？

（2）选择其中一例，进行评述。

第二章 职场沟通

说话和事业的进展有很大的关系，是一个人力量的主要体现。

——【美】本杰明·富兰克林

如果有一天神秘莫测的天意将我从这里把我的全部天赋和能力夺走，而只给我留下选择其中一样保留的机会，我将会毫不犹豫地要求将口才留下，如此一来我将能够快速地恢复其余。

——【美】丹尼尔·韦伯斯特

学习目标

掌握与领导沟通的基本原则和方法；明确请示与汇报工作的技巧；掌握处理领导误解的沟通技巧；掌握与同事沟通的要求、方法及注意事项；明确职场“新人”与同事沟通的技巧；掌握劝慰同事的技巧；了解与下属沟通的意义；掌握与下属谈心的技巧；掌握调解下属矛盾的技巧。

引导案例

不善沟通的约翰

约翰所在的公司要进行人事调动，负责人罗伯特对约翰说：“把手下的工作放一放去销售部工作，我觉得那里更适合你，你有什么意见吗？”

约翰撇了撇嘴说：“意见？您是负责人，我敢有意见吗？”实际上他的意见大得很，因为当时销售部的状况特别糟糕。

来到销售部后，约翰的消极情绪非常严重，总是板着一副面孔，对同事爱理不理，别人主动跟他打招呼，他也只是应付地点点头，一来二去，同事们渐渐疏远了他。

一天，一个客户打来电话，请约翰转告罗伯特，让罗伯特第二天务必到客户那里参加洽谈会，有非常重要的生意要谈。约翰认为这是绝好的报复机会，就当什么事也没有发生一样，吹着口哨回家了。

第二天，罗伯特将他叫进办公室严厉地说：“约翰，客户那么重要的电话怎么不告诉我？你知道吗？要不是客户早晨打电话给我，一笔一千万美元的大生意就白白溜走了！”

罗伯特看了看约翰，一副毫不在乎的样子，根本没有承认错误的迹象，便说：“约翰，说实在的，你的工作能力还不错，但在为人处世方面还不够成熟，我本来想借此机会锻炼你一下，可你却让我大失所望。我知道你心里对我不满，可你非但不与我沟通，反而暗中给我使绊子。你知道吗，部门的前途差一点毁在你手里。你没能通过考验，所以现在我只能遗憾地宣布：你被解雇了。”

鉴于此案的教训，这家公司高管阶层专门召开了一次名为“张开你的嘴巴”的会议，强调并鼓励所有员工要与上级多多进行沟通。

问题：

约翰为什么被解雇了？本案例对你有何启示？

人在职场，必然要与领导、同事、下属等进行交往，交往的效果将直接影响个人的职业生涯乃至发展前途。因为，我们每天至少有 1/3 的时间是在职场度过的，能否从工作中获得快乐与满足，能否敬业、乐业并最终成就一番事业，领导、同事和下属均扮演着很重要的角色。讲究职场沟通艺术，不仅可以减少矛盾与冲突，还能使职场人际关系更加和谐融洽，大大提高工作效率。所以，有专家认为，一个职场人士必须具备三项基本技能，即：沟通技巧+管理才能+团队合作意识。世界上很多著名的大公司也都以此来要求员工。

职场沟通的对象主要包括上司、同事和下属等。对象不同，沟通的技巧也有所不同。但是，无论与谁沟通均应遵循以下基本原则。

一是真诚。在沟通过程中，只有坦诚相见，言必由衷，才能促进理解和信任，才能化解矛盾与隔阂。

二是自信。成功者就是那些拥有坚强信念的普通人。在沟通中，只要充满自信，就能从容不迫，应对自如，就能赢得对方的尊重与认可。

三是友善。即从他人的立场看事情，从对方的角度想问题，以友善的态度与人沟通。

四是理性。沟通一定要清醒、理智，明确沟通的目的，预知沟通的效果，采取可行的沟通方法。不信口雌黄、口无遮拦，不一时冲动、说“过头话”，不无谓争执、伤了和气，不斤斤计较、耿耿于怀。

五是尊重。沟通的主体都是平等的，只有互相尊重，平等交流，沟通才能顺利进行。在职场沟通中切记要不责备、不抱怨、不攻击、不谩骂、不说教。

六是互动。沟通是双向性的，不是洗耳恭听，默不作声；也不是口若悬河，夸夸其谈。沟通始终是两个维度之间平等、融洽的互动交流。恪守互动原则，才能在沟通中有说有听，有问有答，对等交流，实现共赢。

第一节 与领导沟通

与领导沟通，指的是团队成员通过一定的渠道和方式，与管理者或决策层所进行的信息交流。

上下级之间的有效沟通，无论对于组织还是个人，都具有十分重要的意义。仅就下级而言，通过与上级主动有效的沟通，既能准确了解信息，提高工作效能，又能及时表达自己的意愿，形成积极的双向互动。

一、与领导沟通的原则

与职场其他交际对象相比，“上级领导”这个群体往往具有如下基本特征（见图 3-1），在沟通过程中尤需注意遵循一些基本原则。

图 3-1　上级领导基本特征示意图

1. 不卑不亢

与领导沟通，要采取不卑不亢的态度，既不能唯唯诺诺，一味附和，也不能恃才而傲，盛气凌人。因为沟通只有在公平的原则下进行，才可能坦诚相见，求得共识。

在社交过程中，每个人都有一种心理期待，希望得到别人的尊重、帮助，希望自己应有的地位和荣誉得到肯定和巩固，没有人愿意在一个群体中被孤立和冷落。如果这种愿望得不到满足，就会对周围的人产生隔膜，进而拒绝合作。因此，尊重别人，是每个职场人士必备的一种修养。在工作中，尊重领导的意见，维护领导的威信，理解领导的难处和苦衷，即使提出不同的意见，也会讲究适当的时机，选择易于对方接受的方式，无论是对工作，还是对沟通双方的感情、建立融洽的心理关系，都是很有益处的。

尊重与讨好、奉承有着质的区别。前者是基于理解他人、满足他人正常心理和感情需要，而后者则往往是为了满足一己之私欲。现实生活中，确有一些人为了达到自己不可告人的目的，不惜降低人格，曲意迎合、奉承、讨好领导，不仅屏蔽了领导的耳目，降低了领导的威信，也造成了同事之间心理上的不和谐。绝大多数有主见的上司，对于那种一味奉承、随声附和的人都是比较反感的。

2. 工作为重

上下级之间的关系主要是工作关系，因此，下属在与领导沟通时，应从工作出发，以做好工作为沟通协调之要义。既要摒弃个人的恩怨和私利，又要摆脱人身依附关系，在任何时候、任何问题上都是为了工作，为了整个团队的利益；要作风正派，光明磊落。切忌对领导一味地讨好献媚，阿谀奉承，百依百顺，丧失理性和原则，甚至违法乱纪。

3. 服从至上

上级居于领导地位，掌握全盘情况，一般来说考虑问题比较周全，处理问题能从大局出发。在与上级沟通时坚持服从原则，是一切组织通行的原则，是组织获得巩固和发展的基本条件。事实证明，如果下属与上级沟通时拒不服从，那么这样的组织就无法形成统一的意志和严密的整体，组织就会像一盘散沙，不可能顺利发展。当然，服从不是盲从，下属一旦发现领导某些错误，就应抱着对工作高度负责的态度，及时向领导反映，并请求领导予以改正。

小案例 3-1

尊重领导的决定

阿成的工作很简单，就是每天收发文件。领导脾气很好，同事之间相处也很融洽，阿成很希望自己能长期在这里工作。

可是好景不长，一天领导突然找阿成谈话，他说："因为你是外地人，'三金'不好交，以我们公司目前的情况不可能给你转户口，而如果不给你交'三金'，我们就违反了国家的规定。所以……"

阿成听了也不知道该如何是好，他难过地说："我尊重您的决定，虽然我很喜欢这里。"阿成没有再说什么，出门前给领导鞠了个躬，并轻轻地把门带上。

第二天，领导找阿成谈话，他说："我专门跑到相关部门打听了，你还可以留在我们这里上班，但是你要到派出所办理个暂住证！"阿成会心地笑了。

【点评】阿成面对领导的"为难"，却非常理智，他的表态体现了对领导的尊重、理解与服从，表示不愿给领导添加麻烦，愿意接受领导的决定，这使领导的权威得到完全体现。果然，他让领导也大受感动，还专门为其排忧解难。这就是服从至上的好处。（李元授）

4. 非理想化

在与领导沟通中，下属不能用自己头脑中形成的理想化模式去要求现实中的领导，从而造成对领导的过分苛求。坚持非理想化原则，就必须全面地看待领导，既要看到其优点和长处，又要看到其缺点和短处，同时还要能够容纳领导的一般性错误和缺点，克服求全责备的思想。

二、与领导沟通的方法

1. 主动沟通

有人说："要当好管理者，要先当好被管理者"。作为下属要时刻保持主动与领导沟通的意识，因为领导工作比较繁忙，不可能经常深入员工去寻求沟通。但在实际工作中，很多下属都害怕直面自己的上司，不敢积极主动地与上司沟通交流，这是一种职场通病。我们应该消除对上司的恐惧感，上司也是人，也有情感，而人与人之间如果没有了交流和沟通，那么情感也会因此而疏离。

小案例 3-2

主动与领导沟通的小丽

小丽在一家化妆品公司做财务，一直以来，她踏实肯干，工作能力也很强。但一直没有得到提升，原因是她不善于主动与老总沟通，许多事都等着老总亲自来找她。后来由于工作上的竞争，她被同事踩到了脚底下。

小丽吸取失败的教训，辞职后以全新的面貌到另一家公司上班。一个月后她接到一份传真，说她花了两个星期争取到的一笔业务出了问题，她马上去找老总。老总正准备用电话同这位客户谈生意，她就将情况做了汇报，并提出具体的建议和意见。老总掌握这些材料后，与客户交谈时顺利地解决了这一问题。

此后，小丽经常主动向老总汇报工作，及时进行良好的沟通，并在销售和管理方面提出了一些不错的意见和建议，不断得到老总的认可。不久，她被提升为业务主管。

那么，怎样消除对上司的恐惧感呢？

首先，要抛弃"不宜与上司过多接触"的观念。合理的沟通观念应该是：和上司沟通是一个职场人士的基本职责之一，因为领导是决策者和管理者，而下属则是执行者和完成者。在决策执行和目标实现过程中，必须借助沟通了解上司意图，争取上司支持，获得上司认可。

其次，不要害怕在上司那里"碰钉子"。当上司反馈意见不理想时，要从沟通态度、方式等方面进行自我反省；同时，要仔细揣摩领导的态度和意见，并通过换位思考去寻求对领导处理方法的理解。

最后，要用改进沟通技能的方法增强自信。在沟通内容上，尽量做到观点清晰，有理有据，层次清楚。在沟通方式上，采用易被对方接受的沟通频率、语言风格和态度情绪；刚开始时最好采取面对面这种直接交流的方式，相互熟悉之后可借助电话、短信、电子邮件等方式。

小案例 3-3

少说话也有效果

方知渔老实、木讷，很少出声。所以，尽管他工作勤勤恳恳，可是在公司里总是不上不下，几年如一日地待在当初的位置上。

上司最近出差，要带几个下属一道去。在火车上，方知渔的铺位刚好在上司的旁边，两人寒暄了几句后，就陷入了沉默。

突然，方知渔瞥见上司脚上穿着一双新皮鞋，非常显眼。于是就说："头儿，你这鞋子很有品位，在哪里买的？"

原本只是没话找话，但上司一听，顿时眼睛放光说："这双鞋啊，我在香港买的，世界名牌呢！"上司的话匣子一下子打开了，滔滔不绝地讲述自己在服装搭配上的心得，还善意地指出方知渔平时在工作中着装的不足，方知渔只听不说，关键的时候才加一句。两人言谈甚欢。下车的时候，上司意味深长地说："知渔啊，看来以前对你的了解太少了，今后你好好干。

【点评】赞美对方衣饰细节的变化，能迅速拉近双方间的距离。方知渔歪打正着了。

2. 适度沟通

所谓适度，是说下属与领导的关系要保持在一个有利于工作、事业及二者正常关系的适当范围内，形成和谐的工作环境，沟通既不能"不及"，也不可"过分"。

目前，下对上的沟通存在两大弊端。一是沟通频率过高。有些下属为了博得领导的赏识和信任，有事没事经常往领导办公室跑，既给领导的正常工作造成了干扰，又会让领导认为你缺乏独立工作能力，遇事没有主见。二是沟通频率过低。有些下属以为干好本职就行了，至于是否向领导汇报思想和工作情况则无所谓，因而该请示不请示，该汇报不汇报，目无组织和领导。久而久之，既不利于开展工作，一定程度上也会影响个人和团队的发展前途。

小案例 3-4

乙主任为何里外不好做人

甲和乙是两位新上任的车间主任，业务水平都很高。不过，在与上级沟通时采取的却是截然不同的态度。甲主任认为，一定要和上级搞好关系，于是，有事没事就往厂领导那儿跑，弄得车间员工议论纷纷，都说甲主任只会拍马屁，不关心员工的实际工作。后来这话传到了厂领导耳朵里，领导感到很难堪。与此相反，乙主任则认为"打铁还要自身硬"，一天到晚只知埋头苦干，为了业务生产甚至连车间主任会都不参加。可是车间员工也不买账，他们认为这样的主任不会为员工着想；而厂领导也因为他常常不来开会，心生不满，乙主任由此弄得里外不好做人。

3. 适时沟通

上司一天到晚要考虑的事情很多，因此应根据问题的重要与否，选择恰当的沟通时机。

首先，要选择上司相对轻松的时候。与上司沟通之前，可以通过打电话、发短信等方式主动预约，或者请对方预定沟通的时间、地点，自己按时赴约。假如是个人私事，则不宜在上司埋头处理大事时去打扰，否则就会忙中添乱，适得其反。

其次，要选择上司心情良好的时候。沟通之前，与其秘书或助理取得联系，以了解对方的情绪状态。当上司情绪欠佳时，最好不要去打搅对方，特别是准备向对方提要求、摆困难或者发表不同意见的时候。

再次，要寻找适合单独交谈的机会。特别是试图改变上司的决定或意向的时候，要多利用非正式场合和没有第三者在场时的情形。这样既能给自己留下回旋余地，又有利于维护上司的尊严。

最后，不要选择上司准备去度假、度假刚回来或吃饭、休息的时间沟通。因为，这时对方容易分散精力，心不在焉，或者匆忙做出决定。

4. 灵活沟通

由于个人的素质和经历不同，不同的领导就有不同的处事风格。揣摩上司的不同风格，在交往过程中区别对待，往往会获得更好的沟通效果（见表 3-1）。

表 3-1　上司风格类型及技巧沟通

风格类型	性格特点	沟通技巧
控制型 （权力欲强）	实际，果决，求胜心切 态度强硬，要求服从 关注结果，而非过程	简明扼要，直截了当 尊重权威，执行命令 称赞成就而非个性或人品
互动型 （重人际关系）	亲切友善，善于交际 愿意聆听困难和要求 喜欢参与，主动营造融洽氛围	公开、真诚地赞美 开诚布公地发表意见 忌背后发泄不满情绪
务实型 （干事创业）	为人处事自有标准 理性思考，不喜感情用事 注重细节，探究来龙去脉	开门见山，就事论事 据实陈述 不忽略关键细节

5. 定位沟通

正确认识自己的角色、地位，真正做到出力而不“越位”，是处理好上下级关系的一项重要艺术。越位是下级在处理与上级关系过程中常发生的一种错误。主要表现在以下几个方面。

第一决策越位。决策是领导活动的基本内容，不同层次的领导决策权限也不同。如果本该上级做出的决策却由下级做出了，就是超越权限的行为。

第二表态越位。一个人对某件事的基本态度，往往与其特定的身份相联系，超越身份胡乱表态，是不负责任的表现，是无效的。

第三工作越位。本该由上级出面才合适的工作，下级却越俎代庖、抢先去做，从而造成工作越位。

第四场合越位。有些场合，如应酬客人、参加宴会等，应适当突出上级，下级却张罗过欢，风头出尽，也会造成越位。

小案例 3-5

杨瑞该怎么办

杨瑞是一个典型的北方姑娘，在她身上可以明显地感受到北方人的热情和直率，她非常坦诚，有什么说什么，总是愿意把自己的想法说出来和大家一起讨论。正是因为这个特点，她在上学期间很受老师和同学的欢迎。今年，杨瑞从西安某大学的人力资源管理专业毕业，她认为，经过 4 年的学习，自己不但掌握了扎实的人力资源管理专业知识，而且具备了较强的人际沟通技能，因此她对自己的未来期望很高。为了实现自己的梦想，她毅然只身去广州求职。

经过一个月的反复投简历和面试，在权衡了多种因素的情况下，杨瑞最终决定去东莞市的一家研究生产食品添加剂的公司。她之所以选择了这家公司，是因为该公司规模适中、发展速度很快，最重要的是该公司人力资源管理工作还处于尝试阶段。如果杨瑞加入，她将是人力资源部的第一个人，因此她认为自己施展能力的空间很大。但是到公司实习一个星期后，杨瑞就陷入了困境中。

原来该公司是一个典型的小型家族企业，企业中的关键职位基本上都是由老板的亲属担任，其中充满了各种裙带关系。尤其是管理者给杨瑞安排了他的大儿子做杨瑞的临时上级，而这个人主要负责公司的研发工作，根本没有管理理念，更不用说人力资源管理理念。在他的眼里，只有技术最重要，公司只要能赚钱，其他的一切都无所谓。但是杨瑞认为越是这样就越有自己发挥能力的空间，因此在到该公司的第五天杨瑞拿着自己的建议书走向了直接上级的办公室。

"王经理，我到公司已经快一个星期了，我有一些想法想和您谈谈，您有时间吗？"杨瑞走到经理办公桌前说。

"来来来，小杨，本来早就应该和你谈谈了，只是最近一直很忙就把这件事忘了。"

"王经理，对于一个企业尤其是处于上升阶段的企业来说，要持续企业的发展必须在管理上狠下工夫。我来公司已经快一个星期了，据我目前的了解，我认为公司主要的问题在于职责界定不清；雇员的自主权力太小，致使员工觉得公司对他们缺乏信任；员工薪酬结构和水平的制定随意性较强，缺乏科学合理的基础，因此薪酬的公平性和激励性都较低。"杨瑞按照自己事先所列的提纲开始逐条向王经理叙述。

王经理微微皱了一下眉头说："你说的这些问题我们公司也确实存在，但是你必须承认一个事实——我们公司在盈利，这就说明我们公司目前实行的体制有它的合理性。"

"可是，眼前的发展并不等于将来也可以发展，许多家族企业都是败在管理上。"

"好了，那你有具体的方案吗？"

"目前还没有，这些还只是我的一点想法而已，但是如果得到您的支持，我想方案只是时间的问题。"

"那你先回去做方案，把你的材料放这儿，我先看看然后给你答复。"说完王经理的注意力又回到了研究报告上。

杨瑞此时真切地感受到了不被认可的失落，她似乎已经预测到了自己第一次提建议的结局。

果然，杨瑞的建议书石沉大海，王经理好像完全不记得建议书的事。杨瑞陷入了困惑之中，她不知道自己是应该继续和上级沟通，还是干脆放弃这份工作，另找一个发展空间。

【思考】杨瑞沟通失败的原因是什么？杨瑞到底应该怎么办？请你帮她出出主意。

三、请示与汇报的技巧

请示，是下级向上级请求决断、指示或批示的行为；汇报，是下级向上级报告情况、提出建议的行为。二者都是职场人士经常性的工作。

小案例 3-6

哪种请示汇报方式好？

“领导，感觉最近员工的士气总是不高，您能不能给我些建议？”

“领导，我感觉最近员工的士气不高，业绩也受到了影响。这两天，我跟大家沟通了一下，感觉主要是临近春节，很多客户都忙着拜年和要账，没有精力跟我们谈广告业务，而我们的业务员也都想着回家过年，所以整个团队士气不高。我感觉春节前这段时间还是很宝贵的，我们必须提高团队的士气，我有两个方案，您看怎样？一是我们在团队内部做个竞赛，业绩排名前六的，公司帮助解决回家的火车票；二是搞个激励活动，对表现良好的，公司准备一个春节大礼包。这两个方案，花费都不会超过6 000元，而增加的收入可能是60万元，您看选择哪个比较好？”

【点评】上司只做“选择题”，不做“问答题”。对于下属而言，把“问答题”抛给上级是不明智的做法，甚至会导致上级出现错误的判断或决定。所以在请示上级时，一定要掌握请示汇报的技巧。

1. 明确程序

请示与汇报工作主要有以下几个步骤。

一是明确指令。一项工作在明确了方向和目标后，上级通常会指定专人负责此项工作。如果上级明确指示自己去完成这项工作，就一定要迅速准确地把握领导的意图和工作的重点，包括谁传达的指令（who）、做什么（what）、什么时间（when）、什么地点（where）、为什么（why），以及怎么做（how）、工作量（how much）。其中任何一点不明白，都要主动询问，并及时记录下来。最后，还要简明扼要复述一遍，以确认是否有遗漏之处或领会有误的地方。当对领导的指令理解模糊时，决不能“想当然”；在执行任务的过程中，遇到困难或疑惑之处，也要及时跟上司沟通，以避免多走弯路，贻误工作。

【小贴士 3-1】

在面对上司的指示时应询问下面几个问题

要知道上司希望做的是什么？

要知道这项任务的具体目标是什么？

要知道完成这项任务的最佳做法是什么？

要知道公司在这一项目上准备投入多少资源？

要知道怎样进行工作报告？报告中包括哪些内容？什么时候需要报告？应该向谁报告？信息要求以什么形式呈报？

二是拟定计划。在明确工作目标之后，应尽快拟定工作计划，交与领导审批。在拟定工作计划时，应详细阐述自己的行动方案和步骤，尤其是工作进度要有明确的时间表，以便领导进行监控。以制订月销售计划为例：首先，要明确下个月要达成的业绩目标；其次，要说明这些目标有多少源于老客户、多少源于新客户；最后，要说明打算通过哪些渠道，采用什么促销方案来实现这一目标，等等。这样的月销售计划交上去，既具体可行，也方便领导及时纠正。

三是适时请教。在工作进行过程中，要及时向领导汇报和请教，让领导了解工作进程和取得的阶段性成绩，并及时听取领导的意见和建议。切不可等工作全部结束后，才将工作情况和盘托出。

四是总结汇报。工作任务完成以后，应及时向领导总结汇报，总结成功的经验和不足之处，以便在今后的工作中改进提高。与上司沟通自己的工作总结，既显示出对上司的尊重，也有利于展示自己的才干，为赢得上司的赏识和器重奠定了基础。

小案例 3-7

善于汇报的销售员

一个小伙子名叫小波，是一家酒店的销售员，颇得上司的赏识。他之所以能够得到上司的青睐，一方面是因为业绩突出，另一方面就是小波每做完一笔单子，都会以书面的形式总结出这项业务成功与失败的原因。上司对此非常满意，尽管有些单子完成得不是很出色，但上司从来没有责备过小波，相反，还经常给他提出一些合理化建议。

2. 充分准备

“凡事预则立，不预则废”。无论请示还是汇报，要想达到预期目的，事先都必须认真做好准备。

首先，要做好思想准备。向领导汇报，既要消除紧张心理，又要克服无所谓的态度，调整情绪，树立信心，认真对待。

其次，要做好资料准备。“巧妇难为无米之炊”，充分占有资料是汇报成功的基础。如果情况不熟悉，或某方面的情况还不明了，就不能凭主观臆断、道听途说去汇报，搞所谓“领导要，我就报，准不准，不知道”那一套。只有通过调查了解，准确掌握情况，才能进行请示汇报。

最后，要搞好“战术想定”。如果是就某个特殊问题请求上司批示，自己心中至少要有两套以上的解决方案，并对其利弊了然于胸，必要时向领导阐述明白，并提出自己的主张，争取领导的理解和支持。如果是就某项工作加以汇报，要在明确领导意图的基础上，确定汇报主题，把握汇报重点，组织汇报材料，合理安排内容的顺序与层次；对汇报中可能出现的情况，领导可能提出的问题，要做到心中有数，决不能仓促上阵。

3. 选择时机

除了紧急事件需及时请示、汇报外，还应注意选择以下时机：当本人分管或领导交办的工作告一段落时；工作中遇到较大困难，想求得领导帮助支持时；领导决策需要某方面的信息时；领导主动询问有关情况时；领导有空余时间时，等等。汇报不仅要注意时机，还要区别场合，可以通过会议形式正式汇报的，尽量不要不分场合地临时汇报；当领导公务繁忙或工作中出现困难心情烦躁时，一般不宜冒然开口汇报。应选择领导人乐意听取汇报的时机进行汇报，以取得预期的效果。

4. 因人而异

在请示和汇报时下属应采取不同的方式，以适应不同领导者的风格特点。例如，对于严谨细致的领导者，要解释得详细一点，最好列举必要的事例和数据；对于干练果断的领导者，要注意言简意赅，提纲挈领；对于务实沉稳的领导者，注意语言朴实，少加修饰；对于活泼开朗的领导者，语言可以轻松幽默一些。总之，要针对领导的个性特点，有针对性地搞好请示和汇报。

小案例 3-8

冯涛的汇报技巧

市建材公司的冯涛从一个用户那里考察回来后，敲了经理办公室的门。“情况怎样？”经理劈头就朝冯涛问道。冯涛坐定后，并不急于回答经理的问话，而是显得有些心事重重的样子。因为他十分了解经理的脾气，如果直接将不利的情况汇报给他，经理肯定会不高兴，搞不好还会认为自己没尽力去办。经理见冯涛的样子，已经猜出了肯定是对公司不利的情况，于是改用了另一种方式问道：

“情况糟到什么程度，有没有挽救的可能？”

“有！”这回冯涛回答得倒是十分干脆。

“那谈谈你的看法吧！”

冯涛这才把他考察到的情况汇报给经理：“我这次下去了解到，这个客户之所以不用我们厂的产品，主要是因为他们已经答应从另一个乡镇建材厂进货。”

“竟有这样的事！那你怎么看呢？”

“我想是这样的，我们公司的产品应该比乡镇企业的产品有优势，我们的产品不但质量好而且价格还很公道，在该省已经具有一定的知名度……”

【点评】向上级请示汇报一定要掌握技巧，对不同类型的领导采用不同的汇报方式，特别是汇报时涉及坏消息，如果处理不好，可能会引火上身，冯涛的汇报技巧就是根据经理的性格特点，先给经理打预防针，然后再顺势而行。

5. 斟酌语言

向领导汇报工作，一定要抓住重点，简短明快，而不能东拉西扯，词不达意，这样的汇报既浪费领导宝贵的时间，又令人生厌。因此，下级向领导做汇报，一定要有提纲或打好腹稿，使用精辟的语言归纳整理所要汇报的内容，做到思路清晰，观点精练，语言流畅，逻辑性强，谴词用语朴实、准确。关键语句要认真推敲；评价工作要把握好分寸，切忌说过头话；列举数字一定要准确无误，尽量避免“大概”“估计”“可能”之类的模糊词语。如果语言啰嗦，拖泥带水，再好的内容也汇报不出应有的效果。

6. 遵守礼仪

一是准时赴约。要按照事先约定的时间到达。过早到达或迟迟不到，都是严重失礼的行为。二是举止得体。做到站有站相，坐有坐相，文雅大方，彬彬有礼。三是控制好时间。一般情况下，领导总是想先了解事情的结果，所以在汇报工作时要先说结果，再谈过程和程序。这样，汇报工作时就能简明扼要，有效节省时间。四是注意场合。切忌在路上、饭桌、家里汇报工作，更不能在公开场合与领导耳语汇报工作。

此外，请示与汇报还应注意：要按照下级服从上级的原则，坚持逐级请示、报告；要避免多头请示、报告，坚持谁交办向谁请示、报告，以减少不必要的矛盾，提高办事质量和工作效率；要尊重而不依赖，主动而不擅权。请示、汇报要根据工作需要，不能仰仗、依附于领导，时时、事事都去请教或求助。要在深刻领会领导工作思路前提下，积极主动、大胆负责地开展工作。

四、妥善处理领导误解

在实际工作中，由于某些特殊的原因，下级可能会无意间得罪领导，遭到领导误解，尤其是在多个领导属下工作、单位人际关系复杂微妙的环境中。遇到这种情形，就必须设法消除误解，否则，就会影响工作甚至个人的发展前途。

小案例 3-9

和好如初

李杰是三年前从基层调到宣传部的，因为宣传部的方部长是一个求贤若渴的人，见李杰在报纸上发表的文章文笔不错，就多方跑动，终于将这个人才网罗到自己麾下。几年后，由于李杰精明能干，厂里调他到办公室工作，厂办主任也很喜欢他。

过了不久，李杰忽然觉得方部长似乎对自己有点看法，关系好像渐渐疏远了。经了解才知道，原来方部长和厂办主任之间有隔阂。方部长认为，李杰已经是厂办主任的人了，有点忘恩负义。误解的形成很简单：一次下雨，中层干部开会，李杰拿着雨伞去接上司，只发现雨中的厂办主任，却没有看见站在门口躲雨的方部长，这样雨中送伞就送出麻烦了。

盛怒之下，方部长对信得过的人说，都怪他当初看错人了，没想到李杰是个见利忘义的人。时间不长，此话便传到李杰的耳朵里了，他这才意识到自己已经被误解，问题严重了。怎么办呢？李杰真的有些为难了，他经过反复思考是这样处理的。

每当有人当面说起自己与方部长的关系时，他总是矢口否认两个人之间有矛盾。这样做一方面可以向方部长表明自己的人品；另一方面可以制止误解继续扩大，便于缓和与方部长的关系。

李杰和方部长在工作中经常打交道。他总是先向部长问好，不管对方理与不理，脸上总是笑呵呵的。逢到工作上一起宴请客人时，李杰总是斟满酒杯，当着客人的面向方部长敬酒，并公开说明正是由于方部长的培养和提拔，自己才有了今天的长进。李杰的感激和态度，不仅是对客人的介绍，更重要的还是一种心灵道白，表示自己并非忘恩负义的小人，最后，方部长终于和李杰和好如初。

宇宙万物，无时无刻不处于矛盾之中。在与领导共事的过程中，磕磕碰碰是在所难免的。其实，矛盾并不可怕，最重要的是我们能够勇敢地正视它，并运用自己的智慧和技巧化解它。上下级之间最常见的矛盾就是彼此之间存在着误解与隔阂。如果处理不当或掉以轻心，误解就会变成成见，隔阂更会扩展成鸿沟，这无疑对下属是极为不利的。

误解缘何而生？这是一个非常复杂的问题，它涉及人的心理活动的复杂性。嫉妒、多疑、防范、自负甚至偏爱，都可能诱发领导心中对别人的不信任感，导致各种误解。这里，我们想要探讨的是产生误解的一般性原因或者说客观性原因，这就是上下级之间存在着信息不完全或沟通不充分。由于缺乏足够的沟通与交流，彼此对对方的情况没有清晰的认识，在判断事情上难免加入更多的主观色彩和心理因素，导致对对方的不客观认识和推测。

小案例 3-10

职场生存——除了沟通还是沟通

小芸已在公司做了三年秘书，敬业精神有口皆碑。最近她新换了上司，是负责研发的公司副总经理。这位上司让小芸心烦不已，不是因为他不苟言笑、难以“伺候”，而是因为他特别喜欢加班。即使没有应酬，也不会在晚上七点半之前离开办公室。

小芸的家离公司比较远，每天下班回家要倒两次公交车和一次地铁，路上至少得花两个小时。另外，每周要上一次夜校，还要与男朋友约会。最初一个月，小芸还能坚持在上司离开办公室之后再下班，慢慢地就感到坚持不下去了。

作为职业秘书，小芸一开始就严格要求自己，三年来都是在上司下班后自己才下班，现在这位新上司的工作习惯却让她犯了难。经过一个多月的观察她发现，新上司也不是每天都有什么重要的事，有一次竟然是在网上玩游戏。

小芸希望上司能了解自己的苦衷，却不知道怎么开口。直接告诉上司自己家离公司很远，不能每天都加班到七点半？那就是说自己要比上司先下班，这有违她对自己的职业要求，她不能这么做。即使这么说了，上司也不一定会同意，那今后两人就更难相处了。要么“提醒”上司没事就早点下班？这更不行，这种“提醒”是变相的指责，更有违秘书的道德准则。

怎么办？思来想去，小芸最后决定辞职，尽管她舍不得这份轻车熟路的工作还有办公室里的同事。在小芸办完所有离职手续最后与上司告别时，上司问她为什么干得好好的要辞职，是不是他这个上司有什么地方做得不好，这时小芸才把心里的苦水倒了出来。

上司这才恍然大悟，但他告诉小芸，自己之所以每天七点半以后才离开办公室，是因为回家的路上有一段在建立交桥，每天上下班时都堵车，所以他总是挨到车流高峰过后才开车回家。

“原来是这么大的误会！这种事你怎么不早说？”上司问小芸。

小芸无言以对……

对待领导的误解，下属最明智的态度就是及时、主动地去消除它，不要让它变成成见与隔阂。怎样消除领导的误解？要从以下几个方面着手。

（1）掩盖矛盾

在其他同事或领导面前，极力掩盖彼此之间的矛盾，以防事态进一步扩大。

（2）尊重对方

即使领导误解了自己，仍要尊重对方，见面主动打招呼，不管对方反应如何都面带微笑；当误解自己的领导遇到困难的时候，要挺身而出，及时“救驾”，用实际行动去感动对方。

（3）背后褒扬

一方面可以通过他人之口替自己表白心迹；另一方面能够很好地取悦对方，毕竟，第三者的话总是比较真实、可信的。

（4）主动沟通

经过以上多种努力，彼此之间的矛盾会有所缓和，在此基础上，下级要寻找合适机会，以请教的口吻让领导说出产生误会的原因。此时，可以做必要的解释，但一定要注意措辞，适可而止，否则就会显得缺乏诚意，引起对方逆反心理。

（5）加强交流

误解消除后，要经常与领导进行思想交流和情感沟通，不断增进彼此之间的了解和友谊，以免误解再次发生。

第二节　与同事沟通

处理好同事关系对每一位职场人士来说都很重要。所谓同事关系，是指同一组织内部处于同一层次的员工之间存在的一种横向人际关系。同事之间既是天然的合作者，又是潜在的竞争者（见图 3-2），这是一种微妙的人际关系，必然会产生既渴望“合作”，又警觉“竞争”的复杂心理。因此，职场人士在与同事相处时，应特别注意沟通艺术。

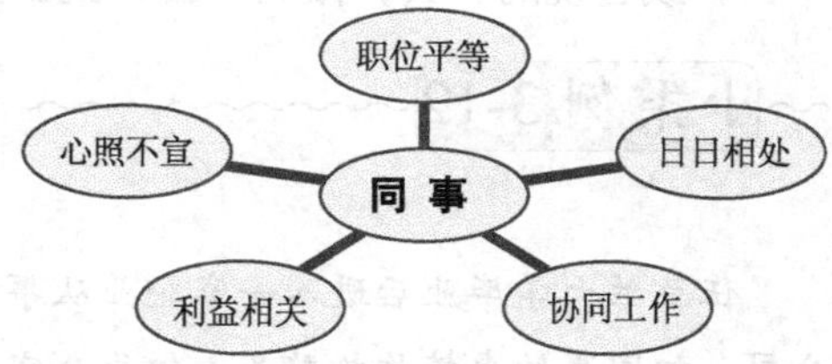

图 3-2　同事基本特征示意图

【小故事 3-1】

荀攸的智慧

三国时的荀攸智慧超群，谋略过人。他辅佐曹操征张绣、擒吕布、战袁绍、定乌桓，为曹操统一北方建功立业，做出了自己的贡献。在朝二十余年，他能够从容自如地处理政治旋涡中上下左右的复杂关系，在极其残酷的同僚斗争中，始终地位稳定，立于不败之地，原因就在于他能谨以安身，以忍为安，很好地处理同僚关系。他平时特别注意周围的环境，对同僚从不刻意去争高下，总是表现得十分谦卑、文弱、愚钝和怯懦。他对于自己的功勋讳莫如深。这样，他就和其他的同僚和平共处，并且深受曹操宠信，也从来没有人到曹操处进谗言加害于他，朝中朝外口碑极佳。

一、与同事沟通的要求

与同事沟通的要求有以下几个方面。

1. 互相尊重

尊重是人的需要，也是沟通的前提。职场人士的尊重需要包括团队成员给予的重视、威望、承认、名誉、地位和赏识，等等。每个成员都希望获得其他成员的承认，要求给予较高的评价，希望自己受到礼遇，获得较高的名誉和地位。因此，高明的领导者都十分重视尊重员工。尊重是相互的。古人语：敬人者人恒敬之。因此，职场中要想得到同事的尊重，就必须首先尊重同事的人格，尊重同事的工作和劳动，尊重同事在整个团队中的地位和作用。

小案例 3-11

小陈为何不受欢迎

小陈是毕业于北京某重点大学的研究生，在单位工作几年后，由于业务能力突出被提拔为车间主任。这对他来说是一个施展才华的大舞台。但他在与别的车间主任交流时，总是流露出对这些工人出身的主任的不屑，开口闭口总是我们研究生如何、你们工人怎样，很快就把自己陷入与其他车间主任格格不入的境地，成为一个不受欢迎的人。最终不得不调换工作岗位。

2. 真诚待人

常言道：“精诚所至，金石为开”。同事之间要互相沟通，就必须消除不必要的戒备心理，摒弃“逢人只说三句话，不可全抛一片心”的处事原则，襟怀坦荡，以诚相见。唯有真诚，才能打开同事心灵的窗口，才能激起思想和情感上的共鸣。反之，如果当面一套，背后一套，或者说的一套，做的一套，就会失信于人，引起人们的反感。

小案例 3-12

互相帮助

伍兰兰大学毕业后进入一家企业从事销售工作。她是一个勤劳善良的女孩，每天都提前到达公司，把同事的桌椅收拾整齐，把办公室打扫干净，尤其是帮同事江龙收拾好桌椅，由于江龙常常加班，桌上堆满书本，显得十分凌乱。江龙对此非常感激，主动要求带伍兰兰出去洽谈业务。在“师傅”的指引下，伍兰兰的能力提高很快。半年后，伍兰兰自认为已经能够胜任业务工作，私自决定替江龙撰写一份策划方案，并交给了客户。

没想到由于疏忽大意，一组数据被弄错了，客户因此否决了伍兰兰的方案，并且拒绝与他们合作。江龙得知后非常生气。伍兰兰诚恳地承认了错误，并在以后的工作中更加努力，将洽谈好的业务都算在江龙的头上，以此弥补自己的过失。

后来有一天，江龙生病住进医院，伍兰兰主动去医院精心照顾，而且没有放松工作，甚至连江龙的工作也一起处理了。

伍兰兰的一言一行都被同事们看在眼里，渐渐地，她的人缘越来越好，有什么事情大家都愿意真诚地帮助她。

【点评】伍兰兰之所以受到同事欢迎，是因为她在用一颗真诚的心去沟通。其实她与同事交往的方法并不复杂。真诚是做人的基石，也是与人相处的根本。（李元授）

3. 互谅互让

职场人士都希望有一个平和的、令人心情舒畅的工作环境。但是，同事之间由于思想认识、性格修养、观点立场等方面的差异，看问题的角度会有所不同，处理问题的思路与方法也不尽一致。面对这种差异和分歧，首先，不要过度争论，以免激化矛盾，影响彼此之间的关系；其次，要通过换位思考充分理解对方，并本着从工作出发、为全局着想的原则，求同存异，互相谦让。

4. 分享成绩

同在职场中，成绩的取得与分享、利益的分配，都是大家十分关注的焦点。对于成绩，如果你在工作上有特别的表现，受到嘉奖时，千万别独享成功的荣耀。因为成绩的取得，不是哪一个人能够独自完成的，需要同事明里暗里地协助，所谓“一个篱笆三个桩，一个好汉三个帮”，这是大家共同努力的结果。无论是有人与你争功，还是无人与你争功，你都要抱着分享、感恩的心态，才能赢得同事的好感与支持。

小案例 3-13

功劳是大家的

在某单位的一次公开竞聘中，左某战胜了其他几位竞争对手，当上了经理。许多同事对他表示祝贺，更有人当众夸他能力非凡。左某却坦诚地说："其实几位候选人各有长处。论管理我不如老刘，论经营我不如老叶，论公关我不如小王。"后来左某不但以诚意挽留了这几位竞争者，而且还根据他们各自的特长做出了相应的安排。宽厚的气度使他赢得了大家的尊重，也使他在工作中取得显著成就。他上任没多久，单位就取得了很大的业绩。

【点评】左某之所以能得到同事的支持，妙诀就是不把功劳揽在自己一个人怀里，一句"功劳是大家的"，温暖的是人心，赢得的是尊重。

5. 大局为重

同事之间由于工作关系而走在一起，就形成了一个利益共同体。其中的每一分子，都要有集体意识和大局意识。因此，在与上司、同事交往时，要尽量保持同等距离，即使和某些同事情趣相投、关系密切，也不要在工作场合显现出来，以免让别的同事产生猜疑心理；在与本单位以外的人员接触时，更要形成荣辱与共的"团队形象"观念，多补台少拆台，不要为自身小利而损害集体大利；不可外扬"家丑"，对自己的同事品头论足甚至恶意攻击，影响同事的外在形象。

二、与同事沟通的方法

1. 重视团队合作

荀子说过："人力不若牛，走不若马，而牛马为之用，何也？曰：人能群，彼不能群也。"这段话道出了团队合作的重要性。随着社会分工的越来越细，现代企业越来越强调员工之间的沟通协调。作为企业个体，无论自己处于什么职位，在保持自己个性特点的同时，都必须很好地融入集体。比尔·盖茨认为："大成功靠团队，小成功靠个人。"因此，在工作中同事要同心协力、互相支持、共同合作；需要大家共同完成的，要预先商定，配合中要守时、守信、守约；自己分内的事要认真完成，出现问题或差错时要主动承担责任，不拖延，不推诿；确需他人协助完成的，要使用请求的态度和商量性语气，不能居高临下、颐指气使。

【小故事 3-2】

天堂和地狱的故事

说有一个人请求上帝带他参观一下天堂和地狱，希望通过比较选择自己的归宿。上帝答应了，先带他参观了由魔鬼掌管的地狱。进去之后，只见一群人，围着一个盛满了肉汤的大锅，但这些人看起来都愁眉苦脸、无精打采，一副营养不良、绝望又饥饿的样子。仔细一看，原来，每个人都拿着一只可以够到锅子的汤匙，但汤匙的柄比他们的手臂长，所以没法把东西送进嘴里。他们看起来非常悲苦。

紧接着，上帝带他进入另一个地方。这个地方和先前的地方完全一样：一锅汤、一群人、一样的长柄汤匙。但每个人都很快乐，吃得也很愉快。上帝告诉他，这就是天堂。

这位参观者很迷惑：为什么情况相同的两个地方，结果却大不相同？最后，经过仔细观察，他终于看到了答案，原来，在地狱里的每个人都想着自己舀肉汤；而在天堂里的每一个人都在用汤匙喂对面的另一个人。结果，在地狱里的人都挨饿而且可怜，而在天堂的人却吃得很好，非常快乐。

【点评】团队合作多么重要，在和谐的团队里人们在帮助别人的同时也得到别人的帮助，在相互帮助中，我们体会到了和谐人际关系的幸福快乐。

2. 懂得相互欣赏

人是具有能动思维的主体。人所具有的这种特性，表现在工作中就是有一定的价值目标，即追求理想和信念的成功，也就是成就感。人的成就感包括职业感和事业感两方面。职业感体现为个人对本职工作的态度，事业感则体现为个人追求被群体和社会承认的较高层次的成就。因此，职场人士都有得到赞许的欲望，都希望自己的职业和工作受到别人的重视，得到恰如其分的评价和鼓励。懂得这些，我们就会在长期共事的过程中，善于发现同事的优点、长处及工作中取得的成绩和进步，并加以及时的肯定和赞美。欣赏是人际关系的润滑剂。一句由衷的赞美，既可以表达对同事的尊重，又会赢得对方的好感，进而融洽彼此之间的关系。

3. 主动交流沟通

人际关系是在“互动”中发生联系和变化的。人际关系要密切，注重彼此的交往是前提。因此，在紧张的工作之余不妨主动找同事谈谈心、聊聊天或请教一些问题等，以便加深印象、增进了解。在主动沟通中应把握以下几点：一是选择合适的时间、场合及易引起对方兴趣的话题；二是保持诚恳、谦虚的态度；三是善于体察对方的心理变化，因势利导，随机应变；四是讲究语言艺术，选择“商量式”“安慰式”“互酬式”等语言并注意分寸。

4. 保持适当距离

“过密则狎，过疏则间。”同事之间保持适当距离，对人处事才可能客观、公正。每个人都有自己的私人空间，搞好职场人际关系并不等于无话不谈、亲密无间。有时同事之间摩擦不断、矛盾重重，恰恰是由于交往太过密切、随意，侵犯了别人的隐私。所以，当自己的个人生活出现危机时，不要在办公室随意倾诉；要尊重同事的权利和隐私，不打探同事的秘密，不私自翻阅同事的文件、信件，不查看对方的电脑；对同事不过多地品头论足，更不要做搬弄是非的饶舌者。

小案例 3-14

焦先生的后悔

焦先生刚刚调入某局一个月，一个月来由于他处处小心做事，每每笑脸相迎，所以同事们对他的态度也颇为友善，竟不曾遇到他所担心的任何麻烦。一天，全科室的人决定一块儿去餐厅聚餐以度周末，也邀请了焦先生。席间大家有说有笑，无所不谈，其中有一名同事与焦先生最谈得来，几乎把局里的种种问题，以及科里每位同事的性格、缺点都尽诉无遗。焦先生一时受宠若惊，加之对局里的人事一无所知，很珍惜这样一位“知无不言，言无不尽”的同事，彼此显得相当投机，于是开始放松自己的防卫，便将一个月来看到的不顺眼、不服气的人和事通通向这位同事倾诉而后快，甚至还批评了科里一两个同事的不是之处，借以发泄心中的闷气。

不料这位同事竟是个翻云覆雨之人，不出几日便将这些“恶言”转达给了其他同事，这令焦先生狼狈至极，也孤立至极，几乎在科里没了立足之地。这时焦先生才如梦初醒，悔不该一时激动没管好自己的嘴巴，忘记了“来说是非者，必是是非人”这样一个浅显的道理。

【点评】初到新环境中，必须学会与同事保持一段距离，凡事中道而行，适可而止。在大家面前不要轻易显露行动及言行，学习做个聆听者，“人不犯我，我不犯人”，公平对待每一位同事，避免建立任何小圈子，对谣言一笑置之，深藏不露，如此才能尽快适应新环境，打开新局面，成为办公室中的生存者，而非受害者。（谢红霞）

三、与同事沟通的禁忌

同在一单位，甚至同处一个办公室，每天都要见面谈话，谈话的内容可能无所不包，涉及工作内外的方方面面。因此，在日常沟通中如何把握分寸，就成了不可忽视的一个环节。

1. 不谈论私事

办公室不是互诉心事的场所，虽然这样的交谈富有人情味，能使彼此之间变得亲切、友善。据调查，只有不到 1%的人能够严守别人的秘密。因此，当自己的生活出现危机，如失恋、婚变等，不宜在办公室里倾诉；当自己的工作出现危机，如工作不顺利，对老板、同事有意见，更不应该在办公室里向人袒露。我们不能把同事的“友善”和朋友的“友谊”混为一谈，以免影响正常的工作秩序和自身的形象。

2. 不好争喜辩

同事之间在某些问题上发生分歧很正常，尤其是在座谈、讨论等场合。当别人提出不同意见时，要尊重对方，认真倾听，不随意打断，不急于反驳，在清楚了解对方观点及其理由的前提下，语气平和地陈述自己的观点，并提供支持的理由。切不可抱着“胜过对方”或“证明自己是对的，对方是错的”的心态一味地争执下去，否则就会影响彼此关系，伤害别人自尊。

3. 不传播“耳语”

所谓“耳语”，即小道消息，是指非经正式途径传播的消息，往往传闻失实，并不可靠。在一个单位里，各方面的“耳语”都可能有，事关上司的“耳语”可能更多。这些耳语如同噪声一般，影响着人们的工作情绪。对此，应该做到“三不”：不打听，不评论，不传播。

4. 不过分表现

表现自己并不错。在现代社会，充分发挥自己潜能，表现出自己的才能和优势，是适应挑战的必然选择。但是，表现自己要分场合、分方式，美国戏剧评论家成廉·温特尔说过：“自我表现是人类天性中最主要的因素。”人类喜欢表现自己就像孔雀喜欢炫耀美丽羽毛一样正常，但刻意的自我表现就会使热忱变得虚伪，自然变得做作，最终的效果还不如不表现。

小案例 3-15

小马的表现

小马是一家大公司的高级职员，平时工作积极主动，表现很好，待人也热情大方。但一天，一个小小的动作却使他的形象在同事眼中一落千丈。那是在会议室里，当时好多人都等着开会，其中一位同事发现地板有些脏，便主动拖起地来。而小马似乎有些身体不舒服，一直站在窗台边往楼下看。突然，他走过来，一定要拿过那位同事手中的拖把。本来地差不多已拖完了，不再需要他的帮忙。可小马却执意要求，那位同事只好把拖把给了他。

刚过半分钟，总经理推门而入。他正拿着拖把勤勤恳恳、一丝不苟地拖着。这一切似乎不言而喻了。从此，大家再看小马时，顿觉他假了许多。以前的良好形象被这一个小动作一扫而光。

【点评】在工作中，往往有许多人掌握不好热忱和刻意表现之间的界限。不少人总把一腔热忱的行为演绎得看上去是故意装出来的，也就是说，这些人学会的是表现自己，而不是真正的热忱。热忱绝不等于刻意表现。在需要关心的时候关心他人，在应当拼搏的时候努力付出，真诚自然，谁都会赞许。而不失时机甚至抓住一切机会刻意表现出自己“与群众打成一片”“关心别人”“是领导的好下属”，则会让人觉得虚假而不愿与之接近。

5. 不当众炫耀

在人际交往中，任何人都希望得到别人的肯定评价，都在不自觉地维护着自己的形象和尊严。如果当众炫耀自己的才能、长相、财富、地位等，处处显出高人一等的优越感，那么无形之中就是对他人自尊与自信的挑战与轻视，会引起别人的排斥心理乃至敌对情绪。因此，在与同事相处过程中，应该谨小慎微，认真做事，低调做人，即使自己的专业技术很过硬，深得老板赏识和器重，也不能过于张扬。

小案例 3-16

爱吹嘘的多娜小姐

多娜小姐刚到公司的时候，最喜欢吹嘘自己以前在工作方面的成绩，以及自己每一个成功的地方。同事们对她的自我吹嘘非常讨厌，尽管她说的都是千真万确的事实。她与同事们的关系因此弄得很僵，为此，多娜小姐很烦恼，甚至无法在公司里继续工作了。

她不得不向职业专家请教。专家在听了她的讲述之后，认真地说：“唯一的解决方法就是隐藏你自己的聪明以及所有优越的地方。他们之所以不喜欢你，仅仅是因为你比他们更聪明，或者说你常常将自己的聪明向他们展示。在他们的眼中，你的行为就是故意炫耀，他们的心里难以接受。”多娜小姐顿时恍然大悟。她回去后严格按照专家的话要求自己。从此，她总是先请对方滔滔不绝地把他们的成绩讲出来，与她分享，而只是在对方问她的时候，才谦虚地说一下自己的成绩。很快，公司同事们就改变了对她的态度，慢慢地，她成了公司最有人缘的人。

【点评】可见，炫耀让人讨厌，谦虚赢得信赖。你尊重别人，别人才会尊重你，才能与同事建立良好的关系。

6. 不直来直去

我们常常认为心直口快是一种难得的品质，有话就说，直来直去，给人以光明磊落、酣畅淋漓之感。其实，不分场合、不看对象的直率，往往也会成为沟通的障碍，特别是当我们有求于对方或者发表不同见解的时候，更不能颐指气使，直截了当。

7. 不随便纠正或补充同事的话

日常交流过程中，可以对某个问题发表自己的见解，但不要随意纠正或补充同事的话，除非工作需要或对方主动请教。否则，会有自以为是、故作聪明之嫌，也会无意损伤对方的自尊心。

小案例 3-17

怎样与同事沟通

小张本是个心直口快的人，说话向来不会含蓄婉转，所以经常得罪同事。一次，饮水机没水了，他对同事小刘说："帮个忙换桶水吧，就你闲着。"小刘一听不高兴了："什么就我闲着？我在考虑我的策划方案呢。"小张碰了一鼻子灰。

小张跑到销售部："吴经理，你给我把这月的市场调查小结写一下吧。"吴经理头也没抬，冷冷地说："刚当上管理员，说话就是不一样。"显然吴经理生气了。小张想，我也没说什么呀。他顺手拿起打印机旁的一份"客户拜访表"问："这是谁制的表？"吴经理的助理夺过表格："你什么意思？"

当天，几个同事在一起谈话，让小张说说对公司管理的看法，小张竹筒倒豆子一吐为快："我认为目前我们公司的管理非常混乱，有令不行，有禁不止，简直一个乡下企业。"大家不爱听了，认为他话里有话。

一会儿同事小王问小张，某某事情可不可以拖一天，因为手头有更重要的事情在做。"有这么做事情的吗？你别找理由了，这可是你分内的事，反正又不是给我做，你看着办!"小张声色俱厉地说。小王也不甘示弱，说："喂，请注意你的言辞。你以为你是谁呀？我就是没时间。"小张气得发抖："我怎么了？本来就是这回事嘛，我不过是实话实说。"

【思考】小张的同事关系何以如此紧张？你若是小张，你将怎样改善同事关系？

四、劝慰同事的技巧

俗话说：患难见真情。当同事在工作中遇到了麻烦，本人或者家中遭遇了不幸，我们理应伸出援助之手，努力为对方排忧解难，给同事以安慰和鼓励，这是人之常情，也是一种为人处世的美德。但是，要使劝慰真正收到实效，必须掌握劝慰的艺术。

小案例 3-18

口舌拙笨的小王

小王被分配到机关工作，这本是件令人开心的事，但是上班几个月以来，小王却感到很郁闷，由于自己口舌拙笨，总是让同事不高兴。一次，奔丧回来的老李来到办公室，小王马上站起来安慰他说："听说你岳母大人被车撞死了，我们都很难过，希望你节哀顺变。"老李面色阴沉地走出办公室。

1. 劝慰同事的基本要求

第一，同情而非怜悯。当一个人遭到挫折和不幸的时候，十分需要别人的同情。真正的同情，是站在完全平等的地位上交流思想感情，给对方以精神和道义上的支持，并分担对方的感情痛苦，使不幸者痛苦、懊丧的消极情绪得以宣泄，并逐渐消除其心理上的孤独感，不断增强其战胜困难的信心。怜悯则是对不幸者的感情施舍，其结果，要么是刺伤不幸者的自尊心，使其从心理上拒绝接受；要么使不幸者更加心灰意冷，无法振作精神重新站起来。

第二，鼓励而非埋怨。遭遇挫折和不幸的人，由于一时无法摆脱感情上的羁绊，往往会垂头丧气，消极悲观。此时，最重要的是通过积极鼓励，给予其信心和勇气，让他在困难的时候看到前途和希望。一味埋怨只会使不幸者更加悲观，个别情感脆弱的甚至会走上极端。

第三，安抚而非教训。当一个人遭到挫折，精神处于迷惘状态时，特别需要有人给他及时安抚和真诚开导，针对他此时此刻的心理，循循善诱，积极开导，帮助对方解除忧愁，驱散烦恼。如果以教训人的口吻讲大而空的道理，只能使对方更加不安，甚至产生破罐子破摔的情绪。

第四，选择恰当时机。劝慰效果的好坏，很大程度上取决于能否选择恰当的时机。对生老病死等突发事件要注意及时安慰；当一个人情绪处于失控的情况下，任何劝慰都听不进去，就要等他冷静下来后再去交谈。

2. 劝慰同事的技巧

第一，劝慰事业受挫者。对于胸怀大志而又在事业上屡遭挫折和失败的同事，最重要的是对其事业的充分理解和支持。在劝慰过程中，应注意理解多于抚慰，鼓励多于同情。最好的安慰是帮助其总结经验教训，分析面临的诸多有利和不利条件，克服其灰心丧气的情绪，帮助其树立必胜的信心。

第二，劝慰患病者。一般来说，生病的人都会感到心情烦躁，有些病人还会顾虑重重，因病住院者更常常感到寂寞、孤单和愁闷。在探望生病同事时，要视其具体情况思考谈话内容。对于身患重症、绝症的同事，即便友情再深，也不能在其面前流露哀伤情绪，以免给病人造成精神上的压力和负担，而应选择较为愉快的事情进行交谈，并多讲些安慰、鼓励的话。

第三，劝慰丧亲者。亲人去世，同事的悲伤心情可想而知。安慰这些同事，专注的倾听尤其重要，要倾听对方的回忆和哭诉，让其悲痛的心情得以宣泄和释放，这样有利于对方恢复心理平衡。此外，还应与同事多谈死者生前的优点、贡献以及后人对他的敬仰怀念，因为，对死者的评价越高，其亲属就越感到宽慰，进而也能尽快解脱丧亲的沉重与悲痛。

第四，劝慰受轻视者。在现实生活中，那些因能力平平或其他原因而被上司和同事轻视的人，往往都存在一个共同的心理缺陷——自卑。因此，劝慰时应多讲些成功人士的典型事例，鼓励对方不要向现实屈服；同时，要善于挖掘对方身上不易觉察的优点和长处，从而唤醒他的自尊心和自信心，使其坚信只要充分发挥自己的主观能动性，就一定能够取得成功，赢得别人的尊重与信赖。

此外，劝慰应注意：避开对方的痛处和能够引起对方伤感的相关讯息；认同对方的感受，以示理解和同情；引导对方把注意力集中到如何解决问题上；控制好自己的情绪；真诚地关心对方，经常关怀对方的生活与工作。

第三节　与下属沟通

一、与下属沟通的意义

小案例 3-19

与下属沟通不当

美容师小张和小李都是新来的员工，小张热情大方能说会道，吸引顾客来开卡消费的数量比小李多，因此受到店长赵姐的认可，在员工会议上赵姐多次对小张提出了表扬。而小李却寡言少语，只听说她很踏实。眼看 2 个月试用期快到了，小李开卡落单的数量还不足小张的一半，赵姐就特别找她沟通了好几次，每次都希望她向小张多多学习口才，但每次她都发现小李听后都一脸郁闷，欲言又止。不久后，小李便辞职走人了。接下来，赵姐却发现小张的开卡数量在小李走后，居然没有增加一单，反而流失了好多客户。

此时，老员工周姐向她说了些情况后，赵姐才知道原来能言善道的小张技术不佳，大部分她说服做疗程的客户都是在经过技术能力合格的小李护理后，才决定留下办卡。此时的赵姐才猛然醒悟，由于自己跟下属的沟通不当，严重伤害了对方的工作热情，最终丢失了一个忠诚的核心员工。

身为管理者，一定要注意做好与下属的沟通，才能知人善用，发挥人才的最大价值。在进行沟通时，也要注意运用良好方式和技巧，才能达到沟通的目的。

【点评】作为管理者，与下属的沟通，绝对不是聊天和谈工作这么简单，因为与下属沟通最大的目的，就是要通过沟通，充分调动下属的积极性，使他们的潜力得以最大限度发挥。如果沟通的此目的不能达到，你和下属的对话要么属于寒暄，要么可能成为对方离开的导火索。

管理者不仅要把工作设计成为生产产出过程，更应该设计成为人和人交流、协作、沟通，实现员工深层交往需要以及个性、心理满足的过程。管理者必须了解员工的观点、态度和价值，努力帮助员工在工作中实现其价值。实现这一目标的根本途径即是面对面的语言沟通。没有沟通，就没有了解；没有了解，就没有全面、整体、有效及平衡的管理过程。

在现实生活中，上下级出现沟通问题屡见不鲜。管理者在处理人与人之间的各种矛盾时谴责、贬斥、误解，或是以一种“我是领导我怕谁”的态度对待别人，都会把事情搞糟。即使在世界上著名的大公司，类似的事件也屡见不鲜。

小案例 3-20

总裁史蒂芬·盖瑟的转变

美国银行前总裁史蒂芬·盖瑟曾经亲身体会到作为领导者与下级沟通的重要性。20 世纪 80 年代末期，大学刚毕业的他就在一家大规模的投资公司任业务主管。他在洛杉矶西区拥有住宅，开着一辆奔驰，时年不过 25 岁。此时他自认为是神童，可以呼风唤雨，无所不能，而且在他人面前也毫不掩饰这种自大的态度。

20 世纪 90 年代以后，美国经济开始萎缩，裁员的风暴无情袭来。起初他不以为意。可没想到有一天，老板对他说：“史蒂芬，你的能力没话讲，可是问题出在你的态度上，公司里没有人愿意与你配合，我恐怕必须请你离开公司。”

这真是晴天霹雳，像他这样的人才居然被开除了！此后，经过几个月求职的挫折，他以前那种自大的态度已荡然无存。他终于意识到应该与他人有效沟通，并帮助那些处境不如自己的人。他换了一种态度去待人，变得更有人情味、更可爱、更能共事了。之后周围的人也开始关心他，三年后，他又回到高级主管职位，只不过这一次周围的同事都是他的朋友了。

身为领导，不管工作多么繁忙，都要保留与下属沟通的时间。美国前总统里根被称为“伟大的沟通者”，在漫长的政治生涯中，他深切体会到与自己的服务对象沟通的重要性。即使在总统任期内，他也保持着阅读来信的习惯。他请白宫秘书每天下午交给他一些信件，再利用晚上时间在家里亲自回复。美国前总统克林顿也常常利用传媒与人们面对面交流，借此了解他们的想法，表达对他们的关切。即使无法解决所有人提出的问题，但总统亲自到场聆听人们的意见，表达自己的想法，这本身就具有沟通的意义。

真正有效的沟通并不妨碍工作，比如开会、讨论、走廊里的短暂同行、共进午餐的时机，等等，都是进行沟通的机会。要成功地与下属沟通，关键点有三：一是怀有真诚的态度，不走形式；二是保持开放的心态，不搞“一言堂”；三是主动创造沟通的良好氛围，不咄咄逼人。

【小贴士 3-2】

上司喜欢下属的品质

爱岗敬业，忠诚可靠。

独当一面，开拓创新。

自觉主动，服从第一。

乐观向上，勇担责任。

善于沟通，乐于合作。

二、与下属谈心的技巧

有这样一则寓言：一把坚实的锁挂在铁门上，一根铁杆费了九牛二虎之力还是无法将它撬开。钥匙来了，它瘦小的身子钻进锁孔，只轻轻一转，那大锁就“啪”一声开了。铁杆奇怪地问：“为什么我费了那么大气力也撬不开，而你却轻而易举地就把它打开了呢？”钥匙说：“因为我最了解它的心。”

领导的才能不是表现在告诉员工如何完成工作，而是使得员工发挥能力去完成它。因此，身为领导，必须注意通过语言沟通，了解本单位、本部门每个员工有形的和无形的需求，并设法满足其正当需求，如此，员工才会更忠诚、更有凝聚力。而在实际管理工作中，领导者往往重视自身的带头示范作用，却忽视了跟员工的沟通，尤其是上、下级之间的真诚谈心。

1. 贴近下属，寻求沟通

下级对上级，往往存在各种各样的心态：试探、戒备、恐惧、对立、轻视、佩服、无所谓，等等。有的员工在上级面前唯唯诺诺，不敢妄言，在同事面前则落落大方，侃侃而谈。因此，身为领导应该避免使用命令、训斥的口吻讲话，要放下架子，以平易近人、亲切和蔼的姿态去寻求沟通，如经常深入基层和员工之中，通过召开座谈会、个别访谈、即时聊天等形式，了解员工关心的焦点问题，征求员工的意见和建议，关心员工的工作和生活。只有这样，下级才会敞开心扉，畅所欲言。

小案例 3-21

善沟通的奥田

奥田是丰田公司第一位非丰田家族成员的总裁，在长期的职业生涯中，奥田赢得了公司内部许多人士的深深爱戴。他有 1/3 的时间在丰田城里度过，常常和公司里的多名工程师聊天，聊最近的工作，聊生活上的困难。另有 1/3 的时间用来走访 5 000 名经销商，和他们聊业务，听取他们的意见。

2．仔细倾听，适时提问

沟通艺术的核心在于仔细倾听和适时提问。一个优秀的领导人应该具备“作为一个听者所拥有的非凡技能”和一针见血地提出问题的能力。通过聆听，充分体味下属的心境，了解信息的全部内容；通过提问，促进沟通的深化，探究信息的深层内涵。二者均可为准确分析反馈信息、调整管理方式提供客观依据。因此，在谈心过程中，领导者要尽量少说多听，不随意插话，不轻易反驳；提问要言语简洁，要等对方说完或者说话告一段落时再发言。

3．设身处地，换位思考

站在他人立场上分析问题，能给人以善解人意、体察入微的印象。这种投其所好的技巧常常具有极强的说服力。要做到这一点，知己知彼十分重要，唯有知彼，方能从对方立场上考虑问题。这就需要领导者经常深入基层开展调研，及时了解和掌握下属的思想动态和关心的利益所在。在谈心时，要善于联系对方的身份、职位和目前的工作、生活境况去揣摩对方心理，做到想对方之所想，急对方之所急，以真正理解对方的思想观点。

小案例 3-22

关心

财务部陈经理结算了一下上个月部门的招待费，发现有一千多元钱没有用完。按照惯例他会用这笔钱请手下员工吃一顿，于是他走到休息室叫员工小马通知其他人晚上吃饭。

快到休息室时，陈经理听到休息室里有人在交谈，他从门缝看过去，原来是小马和销售部员工小李两人在里面。

“呃”小李对小马说，“你们部陈经理对你们很关心嘛，我看见他经常用招待费请你们吃饭。”

“得了吧”小马不屑地说道，“他就这么点本事来笼络人心，碰到我们真正需要他关心、帮助的事情，他没一件办成的。拿上次公司办培训班的事来说吧，谁都知道假如能上这个培训班，工作能力会得到很大提高，升职的机会也会大大增加。我们部几个人都很想去，但陈经理却一点都没察觉到，也没积极为我们争取，结果让别的部门抢了先。我真的怀疑他有没有真正关心过我们。”

“别不兴奋了，”小李说，“走，吃饭去吧。”

陈经理只好满腹委屈地躲进自己的办公室。

【思考】本案例中，陈经理与部下在沟通上存在什么问题？假如你是陈经理，你会怎么做？

4．拉近距离，平等交流

谈心伊始，要特别重视开场白的作用。可以先扯几句家常，开一些善意的玩笑，以消除对方的拘束感，拉近双方心理上的距离，然后再慢慢引出正题。在阐述自己观点时，要有平等的姿态，晓之以理，动之以情，不以势压人，不训斥命令；音量适中，语气平和，语调自然，态度和蔼；手势或动作幅度不宜过大；多采用商量性的口吻，如“你觉得我的话有道理吗？”“你同意我的意见吗？”等。

【小故事 3-3】

艾森豪威尔与士兵

艾森豪威尔是第二次世界大战时的盟军统帅。有一次，他看见一个士兵从早到晚一直挖壕沟，就走过去跟他说：“大兵，现在日子过得还好吧？”士兵一看是将军，敬了个礼后说：“这哪是人过的日子哦！我在这边没日没夜地挖。”艾森豪威尔说：“我想也是，你上来，我们走一走。”艾森豪威尔就带他在那个营区里面绕了一圈，告诉他当一个将军的痛苦和肩膀上挂了几颗星以后，还被参谋长骂的那种难受，打仗前一天晚上睡不着觉的那种压力，以及对未来前途的那种迷惘。

最后，艾森豪威尔对士兵说：“我们两个一样，不要看你在坑里面，我在帐篷里面，其实谁的痛苦大还不知道呢，也许你还没死的时候，我就活活地被压力给压死了。”这样绕了一圈以后，又绕到那个坑的附近，那个士兵说：“将军，我看我还是挖我的壕沟吧！”

三、调解下属矛盾的方法

只要有人的地方，就必然会有矛盾与冲突发生，而矛盾与冲突的结果，不仅会破坏人与人之间的和谐关系，而且会削弱一个集体的凝聚力和战斗力，降低整个团队的声誉和绩效。因此，领导者的日常管理活动之一就是处理下属之间的矛盾冲突。

小案例 3-23

握手言欢

张某、刘某二人同是某单位一科室的副科长。起初，二人关系融洽，工作上配合十分默契。但在一次中层领导干部竞聘中，张某经过竞聘被提拔为科长，此后张、刘二人的关系就急剧恶化，身为副职的刘某非但不配合张某的工作，反而经常拆台搞内哄。不仅如此，他还不时背后诋毁张科长，说“张某任科长一职是花钱买来的”之类的话。张科长知道后也暗恨刘某，后来发展到见面不打招呼、二人无话可说的地步。

局领导对此十分重视，局长亲自召集全局领导班子开会研究调停冲突方案。会上，决定先由分管该科的林副局长出面做调停工作。林副局长接到任务后，便分别找张、刘二人单独谈话。谈话内容各有侧重，对刘某主要是让他说说对组织提拔张某有什么看法，如果组织上真有违反干部任用条例之处也希望他提出来，如属实，组织坚决公正决断，但不能无根据地瞎编乱谈。此外，还向他指出班子闹不团结的危害性，不但影响工作，而且影响个人前途，通过谈话使之认识到自己的错误。对于张科长则要求他作为一科之长要以大局为重，要有宽大的胸怀，善于求同存异，虚心听取各种不同的意见和建议，以宽容对待冲突，以礼貌谦让对待冷嘲热讽，不要总是对一些细枝末节斤斤计较，更不能对一些陈年旧账念念不忘。在大是大非面前要冷静头脑，要善于团结下属，共同把工作搞好。

经过第一次谈话后，局领导又按计划安排对张、刘的第二次谈话。这次谈话由局主要领导出面，以邀请张、刘二位科长共进晚餐的方式进行，谈话地点选在原先两位科长关系好时常去的某饭店进行。大家都按时到位后，先由局长谈话。局长说：两位科长能不计前嫌，迈过门坎，走在一起共进晚餐不容易，局领导感到很高兴，这是科长们以大局为重的一种表现。局长对他们的诚意表示感谢。然后，由两位科长先后发言，谈话间，各表衷心、互赔不是，以求得对方谅解，场面甚是感人。最后便是大家端起团结的酒杯，握手言欢，共祝工作如意！

那么，怎样正确处理下级之间的矛盾，营造和谐、积极的工作氛围呢？

1. 事前有预案

识别冲突，调解争执，是管理者最重要的能力之一。当发现下属间发生冲突时，如果盲目调和，往往收效甚微，搞不好还会火上浇油，弄巧成拙。因此，要对冲突的原因、过程及程度等做详尽的了解后，研究制定出可行的调和方案，并按方案进行调和。

2. 大局为重

现代社会的一个重要特点就是分工严密，这样可以提高工作效率，但同时也带来了一个不可避免的缺陷，这就是彼此之间缺乏相互了解。在诸多的矛盾冲突中，虽然双方在各自的利益上产生纷争，但共同的目标还是一致的，因此管理者应让冲突双方清醒地意识到，单纯地指责对方是无济于事的，只有相互配合、密切协助才能解决纷争，才能实现团队的共同目标。事实上，当双方均以单位的整体利益为重时，心中的怒气就会化为乌有。

3. 换位思考

在局部利益冲突中，双方所犯的错误多半是只考虑自己，以自己为中心，而不能体谅对方。让他们互相了解、体谅对方的最好办法，莫过于让他们各自站在对方的立场上去考虑问题。当双方确实做到这一点后，可能就会握手言和、心平气和地协商一种积极性的解决冲突的方法。孔子说："己所不欲，勿施于人。"这正是其设身处地、从对方角度看问题而得出的结论。

4. 折中调和

领导是下属之间矛盾的最终仲裁者。仲裁者要保持权威，就必须坚持公平、公正的原则。如果偏袒一方，就会使另一方产生不满和对立情绪，进而加剧矛盾，甚至将矛盾转化为上下级之间的矛盾，使矛盾性质发生变化。所以，冷静公允，不偏不倚，是处理下属矛盾时最起码的原则，尤其是在调节利益冲突时。此外，很多情况下冲突双方均各有道理，但又各执一词，很难判断谁是谁非。这时候，折中协调、息事宁人是最好的解决办法。

5. 创造轻松气氛

发生冲突双方均抱有成见和敌意，所以在进行调解时缓和气氛很重要。调解不一定在会议上、办公室里进行，有时在餐桌上、咖啡厅、领导家里效果反而会更好。

总之，下属之间的矛盾冲突是多样的，调和的办法不能千篇一律，要在实际工作中根据不同的冲突对象、起因及程度采用灵活的技巧来加以调解。

【电影赏析】

从《杜拉拉升职记》学职场沟通

《杜拉拉升职记》改编自李可的同名小说，中国电影集团出品。该片是由徐静蕾执导，黄立行、吴佩慈、莫文蔚等出演的都市爱情片。

影片讲述了职场女性杜拉拉在外企经历 8 年，从一个职场菜鸟，到见识各种职场变迁及职场磨炼，最终成长为一个专业干练的 HR 经理，同时收获爱情的故事。定位准确是电影《杜拉拉升职记》成功的一大关键，在中国白领人群可按千万来计，庞大的受众群体，职场加爱情的剧情，再加上全面宣传，使得《杜拉拉升职记》大火，上映 13 天即宣告票房破亿。

影片中有很多经典对白，被很多职场人奉为经典，比如以下几个例子。

（1）EQ 在斗争中成长得最快。

（2）You deserve it! ——名至实归和罪有应得。

（3）升职前，拉拉打心眼儿里觉得自己坐经理位子绝对胜任，到她真正坐到这个位子才发现，原来这个位子上的很多活，是自己以前不了解的。

（4）经理以下级别叫“小资”，就是“穷人”的意思，一般情况下利用公共交通上下班，不然就会影响还房贷。

（5）经理级别算“中产阶级”，阶级特征是他们买的第一个房子不需要贷款，典型的一线经理私家车是“宝来”。

（6）总监级别是“高产阶级”，“高产”们有不止一处住房，房子得是在好地段的优质房产或者“别墅”，可以自愿享受公司提供的商务车，或同等价格的补贴，自己买车，和车相关的所有费用完全由公司负担。

（7）VP 和 president 是“富人”，家里有管家和门房，公司给配着专门的司机，出差坐头等舱。

（8）爱情不是用来考验的，而是用来珍惜的，对女孩而言，青春苦短，守着一份变数太大的爱情是最大的危险。

（9）当痛苦有了一个时限，当事人就有了一个熬出头的指望，每过一天，你都知道你正在离痛苦更远。

（10）多参加集体活动，能增加良性进程。

（11）商业行为准则，就是公司用正式的书面形式，告诉员工什么可以做、什么不可以做，如果非做会受到什么样的处罚等，公司通过这套准则让员工明白，这里的企业文化认为什么是道德的什么是不道德的。

（12）忠诚源于满足。入职培训的忠诚教育，这不仅源于洗脑者的需要，也源于被洗脑者的需要。这和婚姻没有什么两样，人们越满意自己的配偶，越为自己的配偶骄傲和自豪，就越愿意忠诚于自己的配偶。

（13）真正的外企，富高科技含量的 500 强跨国企业，不需要背《陋室铭》，更不会有性骚扰，而且老板肯定很忙，没有兴趣让我伺候他吹牛两小时，就算老板吹牛吧，一定也吹得非常有魅力。

【电影欣赏】《杜拉拉升职记》

拓展阅读

职场“新人”的沟通

这里所说的“新人”是指刚刚参加工作或者新进一个单位的人。良好的沟通是一切二作得以顺利开展的基础。现代企业在招聘员工时，几乎无一例外地将“善于沟通”作为必不可少的条件之一。大多数老板宁愿招一个专业技术平平、但沟通能力出色的员工，也不愿要一个整日独来独往、我行我素的所谓英才。能否与同事、上司及客户顺畅地沟通，越来越成为企业招聘时注重的核心技能。因此，来到一个新的工作环境，能否尽快融入团队、争取大家认可，对于每一个新进人员，特别是刚刚走上工作岗位的年轻人来说，就显得极为重要。

小案例 3-24

小曹的“发泄日记”

小曹是长沙某大学大三的学生，有一天，她来到了王女士所在的报社实习。适逢暑假实习高峰期，小曹成为王女士第 4 个实习生。实习第 1 天，老师和她没有过多的交流，就是叫她看报纸。

和所有初入社会的人一样，小曹对自己走入职场的演习充满着憧憬。可她没想到，王女士工作很忙，对她关注较少，也很少带她出去实地采访。在王女士看来，实习生应该多找线索多出门，单独完成采访更加锻炼人。而小曹认为，老师就应该多言传身教。在这样的观念分歧下，实习了20天的小曹感觉"再也憋不住了"，于是在QQ空间里写下了1篇日志来发泄："每天37℃高温，至少4个小时的车程，实习1个月，作品任务还没完成；实习老师不和我交流，也不带我出去采访，我真的什么都做不好吗？每年都实习，花很多钱不说，还找不到工作……"

据调查，在初涉职场3年左右的都市白领中，很多人都反映与单位的"前辈"相处存在问题，从工作思路到生活细节，分歧无处不在。其实，职场新、老人之间的矛盾，最根本的问题还是沟通不畅。

1. 职场新人沟通的原则

第一，摆正心态。职场新人要充分意识到自己是团队中的后来者，也是资历最浅的新手，所有的领导和同事都是自己在职场上的前辈。在这种情况下，新人在表达自己的想法时，应该尽量采用低调、迂回的方式。特别是当自己的观点与其他同事有冲突时，要充分考虑对方的权威性，充分尊重他人的意见。同时，表达自己的观点时也不要过于强调自我，应该更多地站在对方的立场考虑问题。

第二，顺应风格。不同的企业文化，不同的管理制度，不同的业务部门，沟通风格都会有所不同。一家欧美的IT公司，跟生产重型机械的日本企业员工的沟通风格肯定大相径庭；人力资源部门的沟通方式与工程现场的沟通方式也会不同。新人要注意观察团队中同事间的沟通风格，注意留心大家表达观点的方式。假如大家都是开诚布公，自己也不妨有话直说；倘若大家都喜欢含蓄委婉，自己也要注意一下说话的方式。总之，要尽量采取大家习惯和认可的方式，避免特立独行，招来非议。

第三，及时沟通。不管性格内向还是外向，是否喜欢与他人分享，在工作中，时常注意沟通总比不沟通要好得多。虽然不同文化的公司在沟通上的风格可能有所不同，但性格外向、善于与他人交流的员工总是更受欢迎。新人要利用一切机会与领导、同事交流，在合适的时机说出自己的观点和想法。

2. 职场新人沟通误区

沟通是把双刃剑，对象选择欠妥，表达方式有误，时机场合失当，都会影响一个人的沟通的效果。新人在沟通中常见的误区有以下几个。

第一，把"不会"当成拒绝的理由。当领导安排工作时，某些新人会面带愁容，以"不会"或者"不了解情况"作为推辞。也许确实是不会或不了解工作所需的背景情况，但这不能成为拒绝的理由。不会或者不了解情况，就应该主动向领导和同事们请教。

第二，仅凭个人"想当然"来处理问题。有些新人因为性格比较内向，与同事不熟，或是碍于面子，在工作中遇到难以解决的问题或是不明白领导下达的指令时，不是去找领导或同事商量，而是仅凭自己个人的主观意愿来处理，最后出现问题时往往以"我以为……""我觉得……"为自己开脱责任。

第三，迫不及待地表现自己。刚刚参加工作的新人，总是迫不及待地想把自己的创新想法说出来，希望得到大家的认可，正所谓"初生牛犊不怕虎"。实际上，一个人的想法可能存在疏漏或不切实际之处，应主动征求并虚心接受同事的意见或建议。

3. 职场新人沟通应注意的事项

第一，多听少说。初来乍到，一切都是陌生的，只有多观察、多思考、少说话，才是尽快了解和适应新的工作环境的明智之举。

第二，礼貌周全。对待身份、职位清楚的同事，可用“姓+职务”的方式称呼，如“张经理”“王主任”等；对待暂时还不甚熟悉的同事，可一律尊称为“老师”，因为一个人只有学会了谦虚，在需要帮助的时候才会容易得到别人的支持。

第三，中道而行。在新的工作环境中，必须学会与同事保持一定距离，凡事采取中道而行、适可而止的办法，公平地对待每一个同事。对于喜欢“拉帮结派”、搞小团体的人，要敬而远之，远离是非。

第四，尊重老员工。老员工由于资格老、贡献大、经验丰富、忠诚度高，在职工中常常拥有较高的声望，因而是新进人员不得不重视的一个群体。在与老员工沟通过程中，首先，要有积极主动的态度，遇事多虚心请教；其次，要以礼相待，尽量使用“您”或“您老”等敬辞及“请”“麻烦”“谢谢”等礼貌用语；最后，要充分尊重对方的意见或建议，即使双方存在分歧，也要把敬意和肯定放在前面，用谦虚、委婉的方式表明自己的观点。

（资料来源：王芳. 新编实用口才能力训练[M]. 西安：西安电子科技大学出版社，2015.）

实践训练

1. 模拟职场沟通训练

实训目标：培养学生了解沟通的过程和基本技能；培养语言表达能力和沟通能力；通过活动，锻炼提高学生的团队协作意识等其他综合能力。

实训学时：2 学时。

实训地点：教室或实训室。

实训准备：

（1）分组，每组 4～6 人，设 1 人为组长；

（2）以小组为单位，自主选择一种职场沟通形式；

（3）根据要求各组分配人员角色，讨论设计故事情节，并进行认真准备。

实训方法：

（1）按小组顺序进行模拟演练，演练之前，每组派 1 人说明本组模拟的职场沟通形式及所要表达的主题；

（2）在模拟过程中，各组成员要认真严肃，尽力扮演好自己的角色，言谈举止符合角色要求；

（3）每组演练后，指导教师与学生共同点评。

2. 组织一次主题班会

实训目标：掌握沟通的基本技巧，增进师生及同学之间的了解。

实训学时：1 学时。

实训地点：教室。

实训方法：组织一次由全班学生和系领导、任课教师代表参加的主题班会，针对当前教师与学生、干部与同学、同学与同学之间存在的实际问题进行现场沟通。在沟通过程中，要求学生讲究沟通技巧和语言艺术，注意倾听、提问、应答、说服等各个环节，并留心从老师与学生的沟通中体会如何与领导、同事及下属交流。可由班干部或学生主持。

班会参考议题：

（1）大学老师上课该不该点名?

（2）大学生还有统一上早操的必要吗?

（3）大一学生做兼职会影响学习吗?

……

3. 职场沟通能力测试

你的职场沟通能力如何？请回答下列问题测试一下自己的沟通能力。

（1）在说明自己的重要观点时，别人却不想听你说，你会：(　　)。

A．马上气愤地走开

B．不说了，但你可能会很生气

C．等等看还有没有说的机会

D．仔细分析对方不听的原因，找机会换一个方式去说

（2）去与一个重要的客人见面，你会：(　　)。

A．像平时一样随便穿着

B．只要穿得不太糟就可以了

C．换一件自己认为很合适的衣服

D．精心打扮一下

（3）与不同身份的人讲话，你会：(　　)。

A．对身份低的人，你总是漫不经心地说

B．对身份高的人说话，你总是有点紧张

C．在不同的场合，你会用不同的态度与之讲话

D．不管什么场合，你都是以一样的态度与之讲话

（4）在与人沟通前，你认为比较重要的是应该了解对方的：(　　)。

A．经济状况、社会地位

B．个人修养、能力水平

C．个人习惯、家庭背景

D．价值观念、心理特征

（5）去参加老同学的婚礼回来，你很高兴，而你的朋友对婚礼的情况很感兴趣，这时你会告诉她（他）：(　　)。

A．详细述说从你进门到离开时所看到和感觉到的以及相关细节

B．说些自己认为重要的

C．朋友问什么就答什么

D．感觉很累了，没什么好说的

（6）你正在主持一个重要的会议，而你的一个下属却在玩弄他的手机并有声音干扰会议现场，这时你会：（　　）。

A．幽默地劝告下属不要玩手机

B．严厉地叫下属不要玩手机

C．装着没看见，任其发展

D．给那位下属难堪，让其下不了台

（7）你正在跟老板汇报工作时，你的助理急匆匆跑过来说有你一个重要客户的长途电话，这时你会：（　　）。

A．说你在开会，稍后再回电话过去

B．向老板请示后，去接电话

C．说你不在，叫助理问对方有什么事

D．不向老板请示，直接跑去接电话

（8）你的一位下属已经连续两天下午请了事假，第三天上午快下班的时候，他又拿着请假条过来说下午要请事假，这时你会：（　　）。

A．详细询问对方因何要请假，视原因而定

B．告诉他今天下午有一个重要的会议，不能请假

C．你很生气，什么都没说就批准了他的请假

D．你很生气，不理会他，不批假

（9）你刚应聘到一家公司就任部门经理，上班不久，你了解到本来公司中就有几个同事想就任你的职位，老板不同意，才招了你。对这几位同事你会：（　　）。

A．主动认识他们，了解他们的长处，争取成为朋友

B．不理会这个问题，努力做好自己的工作

C．暗中打听他们，了解他们是否具有与你进行竞争的实力

D．暗中打听他们，并找机会为难他们

（10）你在听别人讲话时，你总是会：（　　）。

A．对别人的讲话表示兴趣，记住所讲的要点

B．请对方说出问题的重点

C．对方老是讲些没必要的话时，你会立即打断他

D．对方不知所云时，你就很烦躁，就去想或做别的事

评分方法

1—4题，选A得1分、B得2分、C得3分、D得4分；其余各题，选A得4分、B得3分、C得2分、D得1分；将10道测验题的得分加起来，就是你的总分。

得分指导

总分在20分以下，说明你的职场沟通能力较差，必须加强这方面的学习。但是，只要学会控制自己的情绪，改掉一些不良习惯，你仍能获得他人的理解和支持。

总分为21—30分，说明你的职场沟通能力一般，你懂得尊重他人，有一定的自控能力和表达能力，并能实现一定的沟通效果，但是缺乏高超的沟通技巧和积极的主动性。因此，你仍需要继续学习和锻炼，不断提高自己。

总分为31—40分，说明你的职场沟通能力很强,稳重，能很好控制自己情绪，能从容明

白地表达自己，有很高的沟通技巧和人际交往能力。

课后练习

1. 作为大学生，应为走向社会做好准备。从你的暑期打工经历或周围朋友那里收获一些工作中与上级、下属和同事之间沟通的经验，在课堂上讲给同学们听听。

2. 从老师与学生、同事、领导的沟通中体会：（1）领导如何与下属沟通；（2）同事之间如何沟通；（3）下属如何与上级沟通。

3. 设想自己实习或大学毕业来到一个新的工作环境，面对初次见面的领导和同事，应该说的话和说话的技巧。

4. 阅读下面这段文字，然后回答问题

小王是一个大学毕业参加工作不久的“新人”。她做事认真细致，和同事、下属关系都很融洽，可是她不愿意和上司主动交流。她说其实挺欣赏自己上司的，认为他敬业、有才华、对下属负责，但她不知为什么一见上司就底气不足，对于和上司沟通的事能躲就躲。有一次，因为没有听清楚上司的意思，导致上司交给她的工作被耽搁了，上司事后问她：“为什么你不过来再问我一声？”她说：“怕您太忙。”上司很生气地说：“我忙我的，你怕什么？”时间长了，小王一和上司沟通就紧张，出现脸红、心跳、说话不利索的状态。大家都认为王小姐怕上司，她自己也这么认为。上司看见她这样，也就很少和她单独沟通。一次，晋升的机会来临了，小王很想把握住这个机会，但她又犹豫了，因为升职后的工作会面临比较复杂的关系，需要经常和上司保持沟通。她觉得自己天生怕领导，因此就错失了良机。

假定你是小王，会采取怎样的措施挽回这种被动的局面？

5. 案例分析

消除上司误解

凯丽是某销售公司的文员。春节前经理交给她一大堆名片和一些精心挑选的明信片，要她按照名片逐一打印寄出。凯丽曾提醒经理将已经发生改变或业务上已没有往来的客户挑出来，但经理不耐烦地说：“你别管，把所有名片都寄出去就是了！”

两天后，当凯丽把打印好的明信片交给经理过目时，经理却大声指责她将一些已经不在中国的客户错误地打印在“最精美”的明信片上。凯丽觉得很委屈，想说出来又担心被经理安个“顶撞上司”的罪名开除，便认了下来。回去后她大哭一场，可心里还是觉得别扭，以致影响了工作。后来凯丽利用休息时间去拜访经理，坦诚地说出内心的想法。结果出乎意料，高高在上的经理竟然向她承认了错误。从此，他们二人在工作上配合相当默契，为公司创造了显著的业绩。

【思考与讨论】

请问凯丽是如何对待和消除上司的误解的？

汇报

佩佩年轻干练、活泼开朗，入行不几年，职位“噌噌”地往上升，很快成为单位里的主力干将。几天前，新老板走马上任，下车伊始，就把佩佩叫了过去：“佩佩，你经验丰富，能力又强，这里有个新项目，你就多费心盯一盯吧！”

受到新老板的重用，佩佩欢欣鼓舞。恰好这天要去上海某周边城市谈判，佩佩一合计，一行好几个人，坐公交车不方便，人也受累，会影响谈判效果；打车吧，一辆坐不下，两辆费用又太高；还是包一辆车好，经济又实惠。

主意定了，佩佩却没有直接去办理。几年的职场生涯让她懂得，遇事向老板汇报一声是绝对必要的。于是，佩佩来到老板跟前。

“老板，您看，我们今天要出去，”佩佩把几种方案的利弊分析了一番，接着说：“所以呢，我决定包一辆车去！”汇报完毕，佩佩发现老板的脸不知道什么时候黑了下来。他生硬地说：“是吗？可是我认为这个方案不太好，你们还是买票坐长途车去吧！”佩佩愣住了，她万万没想到，一个如此合情合理的建议竟然被打了“回票”。

“没道理呀，傻瓜都能看出来我的方案是最佳的？”佩佩大感不解。

【思考与讨论】

请问佩佩哪里做得不对？她应该怎样向老板“汇报”呢？

请假

下面是下属向上司请假的两个结果相反的案例。

职员：今天我有点急事，不来了。

经理：今天公司有好多重要业务要处理。

职员：但是我今天确实是有急事啊！

经理：那你昨天怎么不事先打招呼呢？不然，我会事先安排别人顶替你的业务。

职员：不是急事嘛，我又不是神仙，怎么能未卜先知？

职员：谁家里能没点急事？

经理：当然。那你就以家为重吧。（重重地扔上电话。）

职员：经理，您好！非常抱歉，今天家里有点急事，实在没办法，只能向您请假了。

经理：可是，今天公司有一项非常重要的业务要你处理啊！

职员：经理，这个我知道。不过经理啊，我的情况您也知道，不是万不得已，我是从不在紧要关头向您开口请假的。您一向都非常关照我，我也不忍心在紧要关头给您添麻烦。

经理（犹豫了一下）：那这样吧，你给小王打个电话，将你准备好的材料发给她，我再跟她打个招呼，让她辛苦点，今天替你挡一阵。

职员：经理，您真是体贴下属的好领导！太感谢您了！改天请您吃饭！

经理（愉快地轻笑一声）：别拍马屁了。那就这样吧，拜拜！（轻轻地挂上电话。）

【思考与讨论】

（1）两个下属在向上司请假时的沟通方式有何不同？各自产生了什么效果？为什么？

（2）本案例对你有哪些启示？

第四章 个人礼仪

凡人之所以为人者，礼义也。礼义之始，在于正容体、齐颜色、顺辞令。容体正、颜色齐、辞令顺、而后礼义备。

——《礼记·冠义》

这是一个两分钟的世界，你只有一分钟展示给人们你是谁，另一分钟让他们喜欢你。

——【英】罗伯特·庞德

学习目标

结合自身特点修饰、美化自己的仪容；结合自身特点选择适合的发型；科学地护肤；熟练地进行得体的化妆；能够进行手部修饰；根据自身特点以及交际场合等的不同，有针对性地选择合适的服饰；男士正确地进行西装的穿着，并能够熟练地打领带；女士正确地进行西装套裙的穿着；服装穿着注重和谐、色彩搭配合理；表现出良好的仪态，符合站姿、坐姿、走姿、蹲姿标准要求；在交际中能够恰当有效地使用眼神和微笑；熟练运用各种规范的手势；举止文明，表现出良好的气质风度。

引导案例

交往的一天

张帆，男，25岁，身材瘦长，脸色较苍白，是王总经理的私人秘书。王总，男，46岁，身材偏矮偏胖，肤色较黑。

一个晴朗的春日，张帆随同王总接待梅总经理。

梅总，女，36岁，体型较丰满，圆脸型，脸色红润。梅总的陪同人员是秘书白云。白云，22岁，身材苗条，瓜子脸型，肤色偏黑。

双方约好中午12点一块吃午饭，下午3点去打保龄球，晚上8点一起去参加一个酒会。

中午12点，当张帆和王总西装革履地出现在餐厅时，引来不少人好奇的目光，梅总和白云也有点忍俊不禁。原来，张帆穿了一套黑色竖条纹的西装，整个显得又细又长；内穿一件白色硬领衬衫，系条带花纹的领带，但衬衫第一个纽扣没扣上。王总穿的是一套纯白的西服，显得整个人更富态。

见面时，王总热情地用两只手紧紧握住梅总的手，梅总颇不自在，并一眼就看到了王总衣袖上的金利来商标。张帆一见到白云就觉得她很像自己中学时一个同学，于是死死盯住她看了好一会儿，弄得白云颇有几分别扭。

席间，他们交谈得还算愉快，在轻松的氛围中，白云委婉地指出了两位男士着装中的问题。

午饭后，梅总和白云回宾馆休息，王总和张帆则利用这个机会迅速回去各换了另一套西装，并按白云的意见认真穿好。他们信心倍增地开车前往保龄球馆。见面时，他们很诧异地发现梅总和白云一改中午的装扮，换了一身休闲服装。梅总和白云见到他们这副装扮颇感意外。坐了一会儿，王总和张帆起身打球，这才发现活动起来不太方便，只好看着两位女士玩，弄得两位女士也觉得不尽兴，只好提早结束活动，多留出点时间为赴晚上的酒会做些更细致的准备。

晚上酒会上的见面总算给王总和张帆赢回了些面子，他们终于得体地出现在酒会上，而梅总和白云也因为高雅的气度、得体的装扮和妆容而成为酒会上令人瞩目的人。双方在愉快的氛围中又谈成了一笔生意。经过这次经历，王总回去后专门让张帆请来了一位礼仪老师给员工们上课，他自己也在百忙中抽时间去听课。

问题：

（1）王总和张帆与两位女士刚见面时的表现有何不妥之处，请替他们指出来。

（2）如果你是白云，你会在席间对王总和张帆委婉地提出哪些建议？

（3）梅总和白云在保龄球馆见到两位男士时，觉得意外的原因是什么？

（4）如请你做梅总和白云的形象设计师，你会如何设计她们的酒会形象？包括发型、化妆、服饰等。

个人礼仪是一个人在人际交往中，在面部表情、梳妆打扮、着装修饰、举止投足等方面应遵循的行为规范。个人形象礼仪是个人道德品质、文化修养、教养良知等精神内涵的外在表现。它包括个人的仪容、仪表和仪态，是人们在日常生活中必须时刻注意的。

在人际交往中，个人礼仪不但可以树立良好的个人形象，表现出一个人的精神风貌和内在修养，形成良好的第一印象，而且还决定交往的人群类别，个人的形象礼仪无疑是一个指向标，指向了每个人的外观所标志的特定人群。

个人礼仪应遵循的原则是：第一，整体和谐。当美的仪容、美的仪表、美的仪态浑然融为一体时，人将会散发出绚丽的美之光华。第二，自然大方。不修边幅、扭捏作态、浓妆艳抹，会让他人产生反感，唯有自然大方的举止、得体的装扮才会让人赏心悦目。第三，扬长避短。人无完人，每个人的外观也许有不尽如人意的地方，但我们可以扬长避短，寻求完善，追求完美。

上述案例中的王总、张帆等人就是因忽视了个人形象礼仪应遵循的上述原则而给自身形象带来了不利的影响。

第一节 仪 容

在社交中，交往对象对自己发自内心的好恶亲疏，往往都是根据其在见面之初对于自己仪容的基本印象“有感而发”的，这种对他人仪容的观感除了先入为主之外，在一般情况下还往往一成不变，其作用可谓大矣。日本松下电器产业株式会社创始人松下幸之助一次到银座的一家理发厅去理发，理发师对他说：“你毫不重视自己的容貌修饰，就好像把产品弄脏一样，你作为公司代表都如此，产品还会有销路吗？”一席话说得他无言以对，以后他接受了理发师的建议，十分注意自己的仪表并不惜破费到东京理发。可见仪容仪表的巨大作用是不可忽视的。

【小故事 4-1】

尼克松因何败北

1960 年 9 月，尼克松（Nixon）和肯尼迪（Kennedy）在全美的电视观众面前，举行他们竞选总统的第一次辩论。当时，这两个人的名望和才能大体上相当，棋逢对手，但大多数评论员预料，尼克松素以经验丰富的“电视演员”著称，可以击败比他缺乏电视演讲经验的肯尼迪。但事实并非如此，为什么呢？肯尼迪事先进行了练习和彩排，还专门跑到海滩晒太阳，养精蓄锐。结果，他在屏幕上出现时，精神焕发，满面红光，挥洒自如。而尼克松没听从电视导演的规劝，加之那一阵十分劳累，更失策的是面部化妆用了深色的粉，因而在屏幕上显得精神疲惫，表情痛苦，声嘶力竭。正如一位历史学家所形容：“他让全世界看来，好像是一个不爱刮胡子和出汗过多的人带着忧郁感等待着电视广告告诉他怎么不要失礼。”正是仪容仪表上的差异和对比，帮助肯尼迪取胜，使竞选的结果出人意料。

一个人的仪容，大体上受两大因素的左右。其一，是本人的先天条件。一个人相貌如何，通常主要受制于血缘遗传。不管一个人是“天生丽质难自弃”，还是长得丑陋不堪，实际上一降生到人世便已“命中注定如此”，其后的发展变化往往不会与之相去甚远。其二，是本人的修饰维护。每个人的先天条件固然头等重要，然而这并非意味着一个在仪容方面先天条件优越的人，便可以过分地自恃其长，而不去进行任何后天的修饰或维护。事实上，修饰与维护，对于仪容的优劣而言往往起着一定的作用。在任何情况下，一个正常人倘若不注意对本人的仪容进行合乎常规的修饰与维护，往往在他人的心目中也难有良好的个人形象可言。所以，我们在平时必须时刻不忘对自己的仪容进行必要的修饰和整理，做到“内正其心，外正其容”。

一、讲究仪容卫生

个人卫生可以反映社会的文明程度，体现社会风尚。讲究仪容卫生，要求做到干净整洁，这是对现代人仪容的基本要求。那么，如何做到仪容干净整洁呢？最重要的是需要长年累月、坚持不懈、不厌其烦地进行以下仪容细节的修饰工作。

1. 坚持洗澡、洗脸

洗澡可以除去身上的尘土、油垢和汗味，并且使人精神焕发。有条件的话要常洗澡，至少也要坚持每星期洗一次。在参加重大礼仪活动之前还要加洗一次。若脸上常有灰尘、污垢、泪痕或汤渍，难免会让人觉得此人又懒又脏。所以，除了早上起床后、晚上睡觉前洗脸之外，只要有必要、有可能，随时随地都要抽出一点时间洗脸净面。

【小贴士 4-1】

正确的洗脸方法

取适量洁面乳分别点在下巴、鼻尖、额头、脸的两颊，用中指和无名指轻轻地从下巴开始洗:从下巴至耳根-从嘴角至耳中-从鼻翼至太阳穴-从眉心至太阳穴-从眉心至鼻尖-从眼睛沿眉到眉尾再到眼角打圈-在嘴周围打括号，这样毛孔才能完全打开，把里面的脏东西清洗干净，洗完以后用接近体温的水冲洗干净。

2. 保持手部卫生

在每个人的身上，手是与外界直接接触最多的一个部位，它最容易沾染脏东西，所以，必须勤洗手，除饭前、便后外，还要在一切有必要讲究一下卫生的时候洗手。此外，还要常剪手指甲，绝不要留长指甲，因为它不但不符合礼仪人员的身份，还会藏污纳垢，给人不讲卫生的印象。手指甲的长度以不长过手指指尖为宜。

3. 注意口腔卫生

坚持每天刷牙，消除口腔异味，维护口腔卫生，是非常必要的。刷牙应坚持“三三原则”，即每天 3 餐后刷 3 次牙，每次刷唇颊面、舌面、咬合面 3 个面，每次刷 3 分钟。切勿用饮水漱口和咀嚼口香糖一类无效的方法来替代刷牙。此外，还要养成平日不吃生蒜、生葱和韭菜一类带刺激性气味的食物的良好习惯，免得在工作中担心自己说话“带味道”，或是使接近自己的人感到不快。

4. 保持发部整洁

头发是人体的制高点，颇受他人的关注。首先要清洗头发。只有经常洗头，方可确保头发不粘连、不板结，无发屑、无汗馊气味。一般认为，每周至少应当清洗头发两到三次。其次要修剪头发。与清洗头发一样，修剪头发同样需要定期进行，并且持之以恒。在正常情况下，通常应当每半个月左右修剪一次头发，至少也要确保每个月修剪头发一次。否则，头发便难有“秩序”可言。最后是梳理头发。梳理头发是每天必做之事，而且往往应当不止一次。按照常规，在下述情况下皆应自觉梳理头发：一是出门上班前；二是换装上岗前；三是摘下帽子时；四是下班回家时；五是其他必要时。在梳理头发时，还有三点应予注意。一是梳理头发不宜当众进行。作为私人事务，梳理头发时应当避开他人。二是梳理头发不宜直接下手，最好随身携带一把发梳，以便必要时梳理头发之用。不到万不得已，千万不要用手指代替发梳。三是断发头屑不宜随手乱扔。梳理头发时，难免会产生少许断发、头屑等，信手乱扔，是缺乏教养的表现。

5. 保持脚部清洁

脚作为支撑人体的重要部位，每天要进行运动。它会分泌出大量汗液，恶化脚底环境，为真菌繁衍提供温床，如不及时改善，就会导致各种脚部疾病，如脱皮、脚癣、脚部溃烂等。所以，平时要注意洗脚部，让其通气，擦些护脚霜，还要加以适当保健按摩，美化脚部肌肤。

6. 保持衣裳整洁

要勤换内衣，外衣也要定期清洗、消毒。要勤换鞋袜，保持鞋袜舒适干净，不要在集会或看演出等公众场合脱鞋。

此外，要使用自己的毛巾、口杯、脸盆、牙刷和香皂，养成良好的卫生习惯。

二、注重规范妆容

规范的妆容要从以下方面入手。

1. 护肤得法

正常健康的人的皮肤具有光泽，且柔软、细腻洁净、富有弹性；而当人处于病态或衰老的时候，其皮肤就会失去光泽、弹性，出现皱纹或色斑。对皮肤进行经常性的护理和保养，有助于保持皮肤的青春活力。

（1）分类型保养。皮肤一般分为干性皮肤、中性皮肤、油性皮肤、混合性皮肤和敏感性皮肤。对于不同类型的皮肤，需用不同的方法加以护理和保养。

干性皮肤红白细嫩，油脂分泌较少，经不起风吹日晒，对外界的刺激十分敏感，极易出现色素沉着和皱纹。有些干性皮肤的人苦于自己的皮肤少了一份“亮光”，使劲往脸上涂抹“增亮”的油脂。殊不知，此举减少了皮肤的透气性。其实对于这种皮肤，每天在洗脸的时候，可以在水中加入少许蜂蜜，湿润整个面部，用手拍干。坚持一段时间，就能改善面部肌肤，使其光滑细腻。保养的要点是补充油脂和保湿。

中性皮肤比较润泽细嫩，对外界的刺激不太敏感。这种皮肤比较易于护理，可以在晚上用水洗脸后，再用热水捂脸片刻，然后轻轻抹干。保养要点是维持水油平衡。

油性皮肤肤色较深，毛孔粗大，油光满面，易生痤疮等皮脂性皮肤病，但适应性强，不易显皱。洗脸时可在热水中加入少许白醋，以便有效地去除皮肤上过多的皮脂、皮屑和尘埃，使皮肤富有光泽和弹性。保养要点是控制油脂分泌和保湿。

混合性皮肤看起来很健康且质地光滑，但 T 型区（额头、鼻子、下巴的区域）有些油腻，而两颊及脸部的外缘有一些干燥的迹象。混合性皮肤在护肤时可考虑分区护肤的法则，对于干燥的部位除了更多地补水保养外，可以适当选择一些营养成分较丰富的护肤品，而偏油部分可以使用清爽护肤品。保养要点是控制 T 型区的油脂分泌，消除两颊的干燥现象并保湿。

敏感性皮肤的表皮较薄，毛细血管明显，使用保养品时很容易过敏，出现发炎、泛红、起斑疹、瘙痒等症状。保养要点是适度清洁，不过度去角质，不频繁更换保养品，不使用含有致敏成分的化妆品。

【小贴士 4-2】

确定皮肤类型的简单方法

在早晨起床前，准备三张干纸片，分别贴在额头、鼻子、面颊上，两分钟后揭下，放在亮处观察，就可判断自己的皮肤类型。如果满纸油迹即为油性皮肤，极少油迹即为干性皮肤；如果额头、鼻子有油迹，脸颊上几乎没有即为中性皮肤；额头、鼻子有较多油迹，脸颊上没有则为混合性皮肤。

（2）合理的饮食。合理的饮食是美容保健的根本。人体需要多种养分，有了养分，皮肤才有自然健康的美。因此，我们在日常生活中应注意饮食上的多种多样，多吃富含维生素的食物，少吃刺激性食物，保持吸收、消化系统的畅通。一项研究表明：美好容颜的养成，内在营养占 80%，外在营养占 20%。

（3）保持乐观情绪。乐观的情绪是最好的“润肤剂”。俗话说“笑一笑，十年少”，笑是一种化学刺激的反应，它激发人体各器官，尤其是激发头脑、内分泌系统的活动。笑的时候，脸部肌肉舒展，使面部皮肤新陈代谢加快，促进血液循环，增强皮肤弹性，起到美容作用。经常笑能使面色红润，容光焕发，给人年轻健康的美感。放松是保持乐观情绪的一剂良药，每天平躺在床上，使脚高于头，什么也不想，可以听轻音乐，10 分钟后，即可增加面部的供血量，收到护肤的功效。

（4）保证良好的睡眠。保持卧室的良好环境，卧室的温度、床垫和枕头的软硬，都要适合自己入睡的要求。如有可能，特别是北方的冬季，可在室内装置加湿器，防止皮肤干裂。良好的睡眠使皮肤可以获得更多的氧气，满足代谢的需要。

（5）保持皮肤适度的水分。皮肤的弹性和光泽是由含水量决定的，要使皮肤滋润，每天要保证喝水 2000 毫升。每天晚上临睡前饮一杯凉开水，睡眠时，水分会融入细胞，为细胞所吸收。早晨起床后，也要饮一杯凉开水，使肠胃畅通，使水随血液循环分布全身，滋润皮肤。皮肤角质层水分也可以从体外吸收，保持环境湿度，在化妆品中配合上保湿剂，是保持皮肤水分的好方法。坚持每天用冷水浸脸一次，约 2 分钟，坚持必有成效。

（6）避免不良刺激。紫外线对皮肤有破坏作用，过度暴晒会使皮肤变黑、粗糙并出现皱纹，因此阳光太强的天气，要注意防晒。应化淡妆，不要浓妆艳抹，以减轻对皮肤的刺激。不要使用伪劣化妆品。

（7）按摩皮肤。具体方法是：两手掌相互摩擦发热，然后两手掌由前额顺着脸的两旁轻轻向下擦，擦至下巴时，再上擦至前额，如此一上一下将脸的各处均擦到，上下共 36 次，每天早晚洗脸后进行。在按摩时手法要轻柔，不可过分用力。

总之，只有自觉地、习惯地在日常生活和工作中保养皮肤，坚持皮肤“锻炼”，才能使皮肤细腻、光泽、柔嫩、红润，富有弹性，青春永驻。

【小贴士 4-3】

世界卫生组织的十项健康标准

- 精力充沛，能从容不迫地应付日常生活和工作；
- 处事乐观，态度积极，乐于承担责任；
- 善于休息，睡眠良好；
- 应变能力强，能适应外界环境的各种变化；
- 能抵抗一般性疾病，如感冒等；
- 保持标准体重，身材匀称，站立时头、肩、臂位置协调；
- 反应敏捷、眼睛明亮，不发炎；
- 牙齿完整，整洁、无龋齿、不疼痛，牙龈颜色正常，无出血现象；
- 头发有光泽，无头皮屑；
- 骨骼健康，肌肉丰满，皮肤有弹性，走路轻松。

2. 化妆适度

小案例 4-1

百变公主

小李是一名刚刚走上工作岗位的大学毕业生，对新的职场生活充满了憧憬与期待。为了尽快地融入职场，她在家人的支持下添置了不少行头，有职业装、化妆品、配饰等，可以说是应有尽有。可是每天早上上班前的化妆是她最痛苦的事情，一是花费时间多，二是她根本不知道自己适合化什么样的妆，每次都弄得很花，有时自己感觉很尴尬。有一次她还被一名男同事笑话是百变公主。还有一次她使用了咖啡色的眼影，吓坏了同事们。她自己也很苦恼，本来想用深色眼影让自己的脸看起来立体感强一些，为什么却适得其反了呢？

（1）化妆的原则。美容化妆必须坚持的三个原则。

第一，美化原则。每一个化妆的人都希望化妆能使自己变得更美丽，这是无疑的，但事实上，这些人以为把各种色彩涂抹在脸的相应部位就自然美了，这是错误的。我们看到许多幼儿园的孩子被阿姨化妆化得脸上一团红、眼睛一团黑，变得又凶又老气，孩子的天真可爱荡然无存，这样的化妆不是美了，而是丑了。因此，美化的原则是从效果上来说的。要使化妆达到美的效果，首先必须了解自己的脸的各部位特点，孰优孰劣要心中有数；还要清楚怎样化妆和矫正才能扬长避短，变拙陋为俏丽，使容貌更迷人。这些，要在把握脸部个性特征和正确的审美观的指导下进行。

小案例 4-2

李霞，你过得好吗？

今天是李霞的大学同学毕业20周年聚会的日子。李霞在毕业后就没有见过任何一位同学。对于今天的同学聚会，李霞非常激动。平时不怎么化妆的她觉得应该把自己好好地打扮打扮。于是她涂上厚厚的白粉，抹上深紫色的口红和深蓝色的眼影，兴高采烈地来到聚会地点。当她出现在同学面前时，同学们都大吃一惊，有的同学还走过来关切地问她是否过得不如意，说她看起来脸色不好，充满了沧桑感，她的心情一下就降到了冰点，她纳闷同学们莫名的惊讶与关心，她觉得自己过得很好。

第二，自然原则。自然是化妆的生命，它能使化妆后的脸看起来真实而生动，而不是一张呆板生硬的面具。化妆失去了自然的效果，那就是假，假的东西就无生命力和美了。自然的化妆要依赖于正确的化妆技巧、合适的化妆品；要一丝不苟，井井有条；要讲究过渡、体现层次；要点面到位、浓淡相宜。总之，要使化妆说其有，看似无，就像被化妆的人确确实实长了这样一张美丽的面容，像真的一样。化妆时不讲艺术技法手段，胡来一气，敷衍了事，片面追求速度，都有可能使妆面失真。

【小贴士 4-4】

生命的化妆

作家林清玄在《生命的化妆》这篇文章里引用一位专业化妆师的评述："最高明的化妆术，是经过非常考究的化妆，让人家看起来好像没有化过妆一样，并且这化出来的妆与主人的身份匹配，能自然表现那个人的个性与气质。次级的化妆是把人凸显出来，让她醒目，引起众人的注意。拙劣的化妆是一站出来别人就发现她化了很浓的妆，而这层妆是为了掩盖自己的缺点或年龄的。最坏的一种化妆，是化过妆以后扭曲了自己的个性，又失去了五官的协调，例如小眼睛的人竟化了浓眉，大脸蛋的人竟化了白脸，阔嘴的人竟化了红唇……"

【点评】自然的修饰使人的面目真实生动，更显精神；反之，不当的妆容则会使人显得虚假而呆板，缺少生命力，让人生厌。

第三，协调原则。这包括：①妆面协调，是指化妆部位色彩搭配、浓淡协调，所化的妆针对脸部个性特点，整体设计协调。②全身协调，指脸部化妆还必须注意与发型、服装、饰物协调，如穿大红色的衣服或配了大红色的饰物时，口红可以采用大红色的。它力求取得完美的整体效果。③身份协调，指礼仪人员化妆时要考虑到自己的职业特点和身份，采用不同的化妆手段和化妆品。作为职业人士，应注意化妆后体现端庄稳重的气质；作为专门从事各种关系建立和协调的从业人员出头露面的机会多，与有身份、有地位、有权力的人打交道频繁，要表现出一定的人际吸引魅力，化妆就不能太艳俗或太单调，而应浓淡相宜，青春妩媚，适合人们共同的爱美之心。④场合协调，是指化妆要与所去的场合气氛要求一致。日常办公，妆可以化淡一些；出入宴会、舞会等场合，妆可以化浓一些，尤其是舞会，妆可以亮丽一些；参加追悼会，素衣淡妆，忌使用鲜艳的红色化妆。不同的场合不同的化妆，相得益彰，不仅会使化妆者内心保持平衡，也会使周围的人心理融洽。

【小贴士 4-5】

常用化妆造型的特点

（1）端庄型稳重、大方、清秀双额、双唇在脸上形成倒三角形。

（2）文秀型文静、娇柔，强调柔和、透明、粉嫩的装扮，一般选择松散、多卷的发型，不强调脸上的某一部分，以清纯秀气为主。

（3）自然型自然、随意、洒脱，不刻意修饰，但应强调眉毛、眼睛及发型的洒脱、浪漫、新潮。

（4）华丽型典雅、高贵，强调眼睛和嘴唇的颜色艳丽华贵、多变幻。

（2）化妆的方法。化妆时要认真掌握化妆的方法。化妆大体上应分为打粉底、画眼线、施眼影、描眉形、上腮红、涂唇彩、喷香水等步骤。每个步骤均有一定之法，必须认真遵守，讲求化妆的技巧。化妆的操作程序与要求如表 4-1 所示。

表 4-1　化妆的操作程序与要求

步骤	目的	操作要点	注意事项
1. 打粉底	调整面部肤色，使之柔和美丽	① 选择粉底霜； ② 用海棉取适量粉底，涂抹细致均匀	① 粉底霜与肤色反差不宜过大； ② 切记在脖颈部打粉底，以免面部与颈部“泾渭分明”
2. 画眼线	使眼神生动有神，并且更富有光泽	① 笔法先粗后细，由浓而淡； ② 上眼线从内眼角向外眼角画； ③ 下眼线从外眼角向内眼角画	① 一气呵成，生动而不呆板； ② 上下眼线不可在外眼角处交会
3. 施眼影	强化面部立体感，使双眼明亮传神	① 选择与个人肤色适合的眼影； ② 由浅而深，施出眼影的层次感	① 眼影色彩不宜过分鲜艳； ② 工作妆应选用浅咖啡色眼影
4. 描眉形	突出或改善个人眉形以烘托容貌	① 修眉，拔除杂毛无序的眉毛； ② 具体描眉形	① 使眉形具有立体感； ② 注意两头淡、中间浓，上边浅、下边深
5. 上腮红	使面颊更加红润，轮廓更加优美，显示健康活力	① 选择适宜的腮红； ② 延展晕染腮红； ③ 扑粉定妆	① 注意腮红与唇膏或眼影属于同一色系； ② 注意腮红与面部肤色过渡自然
6. 涂唇彩	改变不理想的唇形，使双唇更加娇媚	① 以唇线笔描好唇线； ② 涂好唇膏； ③ 用纸巾吸去多余的唇膏	① 先描上唇，后描下唇，从左右两侧沿唇部轮廓向中间画； ② 描完后检查一下牙齿上有无唇膏的痕迹
7. 喷香水	掩盖不雅体味，使之清香怡人	① 选择适宜的香水类型； ② 喷涂于腕部、耳后、颌下、膝后等适当之处	① 香水切勿使用过量； ② 香水气味应淡雅清新

【小贴士 4-6】

化妆水介绍

化妆水是爽肤水、紧肤水、调理水、柔肤水和洁肤水的统称。

（1）爽肤水。涂抹的感觉比较清爽，能补充肌肤的水分。

（2）紧肤水，也称收敛水。其最大的功效在于细致毛孔，有效平衡油脂分泌。特别针对需要收敛毛孔的油性皮肤或缓和性肌肤的 T 形部位设计，其他肌肤并不适合使用，因为它通常含有酒精成分。

（3）调理水。其作用是调整肌肤的酸碱值，肌肤在正常状态下呈弱酸性，洗完脸后，用调理爽肤水将肌肤恢复到弱酸性。

（4）柔肤水。比较起来，它比较滋润，给予肌肤细致的呵护，可以软化角质层，增强肌肤吸收滋润护肤品的能力。

（5）洁肤水。除了洗脸可以清洁肌肤之外，有一些“水”，还能再次清洁脸部的残余污垢，等于是洁肤的保障。

购买的时候可以这样区分：油性皮肤使用紧肤水，健康皮肤使用爽肤水，干性皮肤使用柔肤水。对于混合皮肤来说，T 形部位使用紧肤水，其他部位使用柔肤水和爽肤水皆可。敏感皮肤则可以选用敏感水或修复水，而要想美白的话就可以选用美白化妆水。

完成上述化妆过程后要进行妆后检查。一是检查左右是否对称。眼、眉、腮、唇、鼻侧等，两边形状、长短、大小、弧度是否对称，色彩浓淡是否一致。二是检查过渡是否自然。脸与脖子、鼻梁与鼻侧、腮红与脸色、眼影、阴影层次等过渡是否自然。三是检查整体与局部是否协调。各局部是否缺漏、碰坏，要符合整体要求，该浓该淡是否达到了应有的效果，整个妆面是否协调统一。四是检查整体是否完美。化妆要忌“手镜效果”，即把镜子贴近脸部检查。虽然这样会看清细小的部分，但一般人是在一米之外的距离与你面谈或打招呼。所以要在镜前 50 厘米处审视自己，对脸部整体的平衡做出正确的判断。

【小贴士 4-7】

如何卸妆

（1）卸除睫毛膏。首先将假睫毛取下，如果你戴了假睫毛或隐形眼镜，一定要先将其取下。将化妆棉用眼部专用卸妆液沾湿后对折，闭上双眼，两手各用两根手指将化妆棉上下压住眼睫毛，夹紧包住，注意，睫毛根处也不要忽略。等待 3～5 秒后，让化妆棉上的眼部专用卸妆液将睫毛上的睫毛膏完全溶解，然后轻轻将化妆棉往前拉出，以便顺势将溶解的睫毛膏拭去。通常睫毛膏无法一次完全去除，你可以更新化妆棉将上面的步骤再重复一次，直至完全清除为止。

（2）卸除眼影及眼线。取一片化妆棉，同样以眼部专用卸妆液将其沾湿。闭上眼，将化妆棉用食指、中指与无名指夹紧，覆盖于眼皮上两三秒。然后将化妆棉轻轻地往眼尾拉走，以顺势拭去眼皮上的眼影。如果因为使用了防水眼线而没有去除干净，可再重复一次。

（3）卸除不沾杯唇膏。用面纸按压嘴唇，吸掉唇膏里的油分。将两片蘸满卸妆液的棉片叠在一起轻敷嘴唇，微笑使唇纹舒展。由外围向唇部中心垂直卸除，不要来回搓。打开嘴角，将棉片对折，清理容易遗落的残妆。

（4）卸除面部妆容。将卸妆产品适量涂抹于脸上，用指腹轻轻按摩脸部，让卸妆产品将脸上的彩妆充分溶解。注意细小的地方，如鼻梁两侧、嘴角、发际等处也要彻底卸除。用面纸将脸上所有的东西拭去，如果一次不干净，同样的步骤可再来一次。

（3）化妆的禁忌。主要包括以下几个方面。①切忌在公共场合化妆。在众目睽睽之下化妆是非常失礼的，这样做有碍于别人，也不尊重自己。②女士不能当着男士化妆。如何让自己更加妩媚应是女性的私人问题，即便是丈夫或男朋友，这点距离也是要有的，从某种意义上来说，“距离”就是美。③不能非议他人的化妆。由于个人文化修养、皮肤及种族的差异，每个人对化妆的要求及审美观是不一样的。不要总认为只有自己的化妆才是最好的。在和他人交往的过程中，即便是好朋友，也不要主动去为别人化妆、改妆及修饰，这样做就是强人所难和热情过度。④不要借用别人的化妆品。如确实忘了带化妆盒而又需要化妆，在这种情况下除非别人主动给你提供方便，否则千万不要用人家的化妆品，因为这是极不卫生的，也是很不礼貌的。⑤男士使用化妆品不宜过多。目前，男士化妆品越来越多，但男女有别。男士不能使用过多的化妆品，否则会给人带来不良的印象，不要让人感到你化妆后有“男扮女装”的感觉。

【小贴士 4-8】

妆型分析

关洁在其《个人形象设计》(中国戏剧出版社，2011 年版)中就妆型分析如下。

1. 生活妆

生活妆是应用最广泛的妆型，是人们日常生活、休闲娱乐、居家、旅游时应用的妆型，适合不同年龄、类型人群。

(1)妆型特点。妆面干净、自然，尽量隐藏化妆的痕迹，不过分强调轮廓，用色明亮、清淡、线条柔和，适当地修饰掩盖一些缺点，强调优点，调整面部凹凸结构，看上去使人自然、清新、淡雅，与整体形象和谐。

(2)色彩。用色柔和，粉底与原有的肤色接近，不要采用与肤色相距甚远的色彩，加强眼影色彩变化效果，采用与肤色、服饰相协调的色彩，唇色可以适当采用亮丽的色彩。

2. 职业妆

职业妆是应用较广泛的妆型，是人们日常工作时应用的妆型，适合不同职业、年龄、类型的人群。

(1)特点。五官轮廓勾画清晰，用色沉稳，给人以干练、信任的印象。

(2)色彩。化妆基本程序类同生活妆，用色沉稳，眼影以对比色系为主。

3. 晚宴妆

随着人们社会活动的增加，参加各种社交活动、晚宴的机会也逐渐增多，优雅华丽的环境、恰到好处的化妆成为人们展示自我个性风采的方式。

(1)特点。由于晚间社交活动一般都在灯光下进行，且灯光多柔和、朦胧，不易暴露出化妆痕迹，因此，晚妆应化得浓艳些，眼影色彩尽可能丰富漂亮，眉毛、眼形、唇形也可做些适当的矫正，使其更显得光彩迷人。化晚宴妆时可在不超越所允许的范围内，充分发挥自己的想象力，把自己打扮得更加漂亮，更具魅力，更引人注目。

(2)色彩。晚宴妆应化得浓艳些，妆面要比白天清晰、明亮些，否则就达不到化妆效果。

4. 时尚化妆

具有较强的时代感和自由性，表现效果强烈，具有时尚的风格，是青年人喜欢的风格。

(1)特点。强调前卫的时尚的特点，造型夸张不脱离美感，表现风格自由，富有个性，总体结构符合自然规律。

(2)色彩。用色具有超前的流行性，在美的基础上大胆用色，色调多为引人注目的色彩，显示流行与活力，具有个性特色色调。

此外，妆型还有电视化妆、电影角色妆、舞台演艺妆、传统戏曲剧妆等。

3. 不同脸形的化妆

脸部化妆一方面要突出面部五官最美的部分，使其更加美丽；另一方面要掩盖或矫正缺陷或不足的部分。经过化妆品修饰的美有两种：一种是趋于自然的美，一种是艳丽的美。前者是通过恰当的淡妆来实现的，它给人以大方、悦目、清新的感觉，最适合在家或平时上班时使用。后者是通过浓妆来实现的，它给人以庄重、高贵的印象，可用在晚宴、演出等特殊的社交场合。无论是淡妆还是浓妆，都要利用各种技术恰当使用化妆品，通过一定的艺术处理，才能达到美化形象的目的。

（1）椭圆形脸化妆。椭圆形脸可谓公认的理想脸形，化妆时宜注意保持其自然形状，突出其可爱之处，不必通过化妆去改变脸形。

涂胭脂时，应涂在颊部颧骨的最高处，再向上向外揉化开去。

涂唇膏时，除嘴唇唇形有缺陷外，尽量按自然唇形涂抹。

修眉毛时，可顺着眼睛的轮廓修成弧形，眉头应与内眼角齐，眉尾可稍长于外眼角。

正因为椭圆形脸勿需太多修饰，所以化妆时一定要找出脸部最动人、最美丽的部位予以突出，以免给人平平淡淡、毫无特点的印象。

（2）长形脸化妆。长形脸的人在化妆时力求达到的效果应是增加面部的宽度。

涂胭脂时，应注意离鼻子稍远些，在视觉上拉宽面部。涂抹时，可沿颧骨的最高处与太阳穴下方所构成的曲线部位，向外、向上揉开去。

涂唇膏时，依自己的唇样涂成最自然的样子，修改不宜过大。

施粉底时，若双颊下陷或者额部窄小，应在双颊和额部涂以浅色调的粉底，造成光影，使之变得丰满一些。

修眉毛时，应令其成弧形，切不可有棱有角的。眉毛的位置不宜太高，眉毛尾部切忌高翘。

（3）圆形脸化妆。圆形脸予人可爱、玲珑之感，若要修正为椭圆形并不十分困难。

涂胭脂时，可从颧骨起始涂至下颌部，注意不能简单地在颧骨突出部位涂成圆形。

涂唇膏时，可在上嘴唇涂成浅浅的弓形，不能涂成圆形的小嘴状，以免有圆上加圆之感。

施粉底时，可用来在两颊造阴影，使圆形脸瘦一点。选用暗色调粉底，沿额头靠近发际处起向下窄窄地涂抹，至颧骨部位下可加宽涂抹的面积，造成脸部亮度自颧骨以下逐步集中于鼻子、嘴唇、下巴附近部位。

修眉毛，可修成自然的弧形，可作少许弯曲，不可太平直或有棱角，也不可过于弯曲。

（4）方形脸化妆。方形脸的人以双颊骨突出为特点，因而在化妆时要设法加以掩蔽，增加柔和感。

涂胭脂时，宜涂抹得与眼部平行，切忌涂在颧骨最突出处。可抹在颧骨稍下处并往外揉开。

涂唇膏时，可涂丰满一些，强调柔和感。

施粉底时，可用暗色调在颧骨最宽处造成阴影，令其方正感减弱。下颚部宜用大面积的暗色调粉底造阴影，以改变面部轮廓。

修眉毛时，应修得稍宽一些，眉形可稍带弯曲，不宜有角。

（5）三角形脸化妆。三角形脸的特点是额部较窄而两腮较阔，整个脸部呈上小下宽状。化妆时应将下部宽角“削”去，把脸形变为椭圆状。

涂胭脂时，可由外眼角处起始，向下抹涂，令脸部上半部分拉宽一些。

涂唇膏时，注意使唇角稍向上翘，唇形可适当外阔。

施粉底时，可用较深色调的粉底在两腮部位涂抹、掩饰。

修眉毛时，宜保持自然状态，不可太平直或太弯曲。

（6）三角形脸化妆。倒三角形脸的特点是额部较宽大而两腮较窄小，呈上阔下窄状。人们常说的“瓜子脸”“心形脸”即指这种脸形。化妆时，掌握的诀窍与三角形脸相似，需要修饰部分则正好相反。

涂胭脂时，应涂在颧骨最突出处，而后向上、向外揉开。

涂唇膏时，宜用稍亮些的唇膏以加强柔和感，唇形宜稍宽厚些。

施粉底时，可用较深色调的粉底涂在过宽的额头两侧，而用较浅的粉底涂抹在两腮及下巴处，造成掩饰上部、突出下部的效果。

修眉毛时，应顺着眼部轮廓修成自然的眉形，眉尾不可上翘，描时从眉心到眉尾宜由深渐浅。

【小贴士 4-9】

女性化妆十不宜

1. 不宜面部搽香水

搽了香水的部位，经太阳光线照射会引起化学变化，产生红肿刺痛，严重的还会发展成为皮炎。皮肤科专家介绍，正常皮肤有一层皮脂腺覆盖，涂上一层厚厚的脂粉后，容易堵塞毛孔，影响汗腺及皮脂腺的分泌与排泄，还影响皮肤的呼吸。

2. 不宜化妆拔眉毛

化妆拔眉毛会给人一种光秃的造型感，从医学观点看，拔眉不仅会损害生理功能，而且会因破坏了毛囊和化妆涂料的刺激导致局部感染。

3. 不宜多用口红

口红中的油脂能渗入人体皮肤，而且有吸附空气中飞扬的尘埃、各种金属分子和病原微生物等副作用。通过唾液的分解，各种有害的病菌就可乘机进入口腔，容易引起“口唇过敏症”。

4. 不宜用一种粉底

粉底的颜色比脸部的肤色过深或过浅，都会破坏你的容貌，因此，应该多备几种粉底，随四季肤色的改变而不断调整。

5. 不宜重涂眼影粉

尤其是热天汗水多，汗水会将眼影冲入眼内，损害视觉器官，如再用手揉，更易将细菌带入眼内，染上沙眼或红眼病。

6. 不宜把面膜涂在眉毛和睫毛上

撕拉式的面膜粘在眉毛和睫毛上，除去时容易将眉毛和睫毛一起拔掉。

7. 不宜将脸抹得白里透青

若脸上使用油脂化妆品，再搽上一层香粉，使之白里透青，阳光中的紫外线就无法被吸收，影响体内维生素 D 的产生。

8. 不宜用他人化妆品

化妆品可能成为疾病传染媒介，因此，不要乱用他人化妆品化妆，也不要将自己用过的化妆品随意借给别人。

9. 磨面时手指用力不宜过大

天热时人体毛孔放大，表皮较嫩，磨面用力过大，面皮被磨面膏中的“沙子”损伤，再经风吹日晒，反而变得粗糙。

10. 不宜不断补粉

如果终日不断地在脸上补粉，胭脂之上敷胭脂，脸上就会出现很不雅观的斑底，首先鼻子就会因不断的油粉混合而发黑。

三、掌握饰发要领

小案例 4-3

气质魅力从头开始

丰盛集团公司的卫董事长有一次要接受电视台的采访。为了郑重起见，事前卫董事长特意向公司为自己特聘的个人形象顾问咨询，有无特别需要注意的事项。对方专程赶来之后，仅仅向卫董事长提了一项建议：换一个较为儒雅而精神的发型，并且一定要剃去鬓角。对方的理由是：发型对一个人的上镜效果至关重要。果然，改换了发型之后的卫董事长在电视上亮相时，形象焕然一新。他的发型使他显得精明强干，他的谈吐使他显得深刻稳健，两者相辅相成，令电视观众们纷纷为之倾倒。

发型是构成仪容美的重要内容。美观的发型能给人一种整洁、庄重、洒脱、文雅、活泼的感觉。发型的选择要与性别、发质、服装、身材、脸型等相匹配，还要与自己的气质、职业、身份相吻合，这样才能扬长避短、和谐统一，显现出真正的美。

1. 发型与性别

对于男士来讲，头发的具体长度，有着规定的上限和下限。所谓上限，是指头发最长的极限。按照常规，一般不允许男子在工作时长发披肩，或者梳起辫子，在修饰头发时要做到：前发不覆额，侧发不掩耳。男士头发长度的下限是不允许剃光头。

对于女士来讲，在工作岗位上头发的长度的上限是：不宜长于肩部，不宜挡住眼睛。长发过肩的女子在上岗之前，可以采取一定的措施，如将超长的头发盘起来、束起来、编起来，不可以披头散发。女士头发长度的下限也是不允许剃光头。

【小贴士 4-10】

男士发型长度

男士的发型一般是以头发顶部至发际线处的长度为依据，分为短发型、中长发型、长发型、超长发型。短发型一般留发较短，发式轮廓线在两鬓角处，给人精干年轻、充满活力的印象。中长发型一般留发适中，发式轮廓线在耳轮以上，是大多数男性，特别是中年男性喜爱的发长。留长发型的男性较少，大都受一些从事艺术类工作的男士偏爱，其发式轮廓线在后发际线上下，颇有艺术家的风采。但打理不好，容易有不修边幅的感觉。超长发型的男性更少，留发很长，发式轮廓线超过发际线，是追逐时尚、标新立异一族喜爱的发式。男士发型长度确定的方法如下。

（1）左右梳理确定法。左右梳理确定法是将头顶区的头发先梳到一侧，按侧区标准长度修剪。然后再将头顶区的头发梳至另一侧，按另一侧区长度标准修剪，最后再将顶区中心的头发垂直提起，将多余的长发剪去即可。这种方法适合于发丝后梳流向与旋转流向的男士发型长度定位。

（2）中心点定位设定法。中心点定位设定法是以中心点至肩尾的长度为基准建立设计线，按要求修剪顶区层次。这种方式适合一般按常规修剪的男士发型长度定位。

（3）分梳设定法。分梳设定法是以自然分界线为准，将头发自然梳至两个侧区，按侧区的标准长度进行修剪。此方法适合喜爱顶部留发较长或顶部头发较少的男士发型长度定位。

2. 发型与发质、服装

一般来说，直而硬的头发容易修剪得整齐，故设计发型时应尽量避免花样复杂，应以修剪技巧为主，做成简单而又高雅大方的发型。比如梳理成披肩长发，会给人一种飘逸秀美的悬垂美感；用大号发卷梳理成略带波浪的发型或梳成发髻等，会给人一种雍容、典雅的高贵气质。

细而柔软的头发，比较伏贴、容易打理成形，可塑性强，适合做小卷曲的波浪式发型，显得蓬松自然；也可以梳成俏丽的短发，能充分体现你的个性美。

在现代美容中，一个人的发式与服装有着十分密切的关系。什么样的服装应当有什么样的发式相配，这样才显得协调大方。假如一个高贵典雅的发髻配上一套牛仔服系列就显得不伦不类。因此，只有和谐统一才能真正体现美。

【小贴士 4-11】

发型与季节的配合

一年四季，由于气候的变化，人们的着装随之变化，发型设计也应随着季节的变化而变化。

（1）春季草木复苏，生机盎然，气候适宜。发型设计可根据自己的喜好加以选择，色彩可以丰富多彩，表现出积极进取、精力充沛的一面，长短、薄厚均可，不受限制。但发型一定要展示美的风范：流畅的线条，优美的造型。

（2）夏季由于气候炎热，人们的穿着也很简单，一般的服装都是开领、短袖，并露出颈部。发型设计多用短发或超短发，给人以凉爽、整洁、利落的感觉;长发可以盘起或编起，尽量露出脖颈，也可采取束发措施。发式外轮廓呈圆形，前高后低，额前呈花瓣形，两侧及顶部头发呈直线状比较时尚。

（3）秋季天气凉爽，草木枯黄，给人以萧条的感觉，人们着装也较随意。在发型上可以采用稳重、典雅的造型，也可以做出时尚前卫的造型。因为秋天也是个硕果累累、色彩斑斓的季节，因此色彩尽可以任意发挥。

（4）冬季气候寒冷，穿着笨重，头上常常戴围巾、帽子，发型很难保持长久。所以，发型处理应尽量简洁、易梳理。发型设计要偏长、偏厚和蓬松些，给人以温暖的感觉。留发宜长但发式可以是大波浪、中波浪，也可以是长直发，发色偏暖为宜。

3. 发型与身材

发型设计不应只是简单增加或减少身高的作用。发型、脸形和身材应该是和谐一致的。有时单看某一款发型很漂亮，与脸形和肤色都配合得很好，可是站起来一看就感到了美中不足，原来是发型太短或太长，导致头长和身高比例失衡，或头宽与身宽比例不相宜。根据人体美学测量学的研究，头长和身高的比例应该为 1:7.5～1:8。只有遵循形式美法则才能使发型设计具有增加体型美或修补体型缺陷的效果。

发型与体型的配合大致有下列几种情况。

（1）身材矮小者的发型。身材娇小、脸形圆润会给人小巧玲珑之感，发型设计不宜破坏这种感觉。发型应以秀气、精致为主，避免粗犷、蓬松，否则会使头部与整个形体的比例失调，给人产生大头小身体的感觉。烫发时应将花式做得小巧、精致一些，或者选用偏分的短发或中长发，短发显得轻快活泼，富有青春魅力。身材矮小者也不适宜留长发，因为长发会使头显得大，破坏人体比例的协调性。留中长发时，可将发梢自然向里弯曲，任秀发自然飘逸。高耸的盘发可以增加身高错觉，但要视脸形或头长而定。

（2）身材矮胖者的发型。矮胖体型的人给人一种丰满健康、充满活力之感。发型要协调这种健康的美感，造成一种有生气的健康美，譬如选择运动式发型。此外应考虑弥补缺陷，胖人脖子短，不宜留披肩长发，不宜烫卷发，不宜让头发过于蓬松或过宽，尽可能让头发向高度发展，显露脖子以增加身体高度感。也可以盘头，或选择让头发向上蓬松发展的发型（也要看头长与身长比例而定）。

（3）身材高瘦者的发型。高瘦体型的人细长而单薄，头部显小。若要弥补这些不足，发型就要求生动饱满，避免将头发梳得紧贴头皮，或将头发搞得过分蓬松，造成头重脚轻的印象。一般来说，高瘦身材的人比较适宜留长发和直发。应避免将头发削剪得太短薄，或高盘于头顶上。头发长至下巴与锁骨之间较理想，且要使头发显得厚实、有分量。也可将长发盘起，梳理成高雅的发髻，优雅而别致。发型的轮廓宜保持圆形或烫出有波浪的卷曲状并层次分明，也可将头发后梳显露丰满的面庞。

（4）身材高胖者的发型。男人的高大是一种魁梧，给人一种力量美，但高大对女子来说就会缺少苗条、纤细的美感。除了以服饰及化妆设计予以矫正外，发型设计也有一定的美化效果。为适当减弱这种高大感，发式上应以大方、简洁为好。高大妇女的发型一般以直发为主，以长发或中长发、大波浪卷发为好，即使做卷发也应伏贴、紧凑，也可以做盘发或简单的短发，发型应简洁明快，线条流畅、大方、奔放、洒脱，不要追求繁杂的花样，头发不要太蓬松。总的原则是简洁、明快，线条流畅。

另外，如果你的上身比下身长，或上下身等长，则发式可选择长发以遮盖其上身；如肩宽臀窄，就应选择披肩发或下部头发蓬松的发式，以发盖肩，分散肩部宽大的视角；若颈部细长，可选择长发的发式，不适宜采用短发式，以免使脖颈显得更长；若颈部短粗，则适宜选择中长发式或短发式，以分散颈粗的感觉。

总之，进行发式选择时，必须根据自己的身材，选择一个与之相称的发型。

【小贴士 4-12】

发型与职业

根据职业的需要，设计一个很理想的发型对每个人都非常重要。以下是几种常见职业。

1. 教师或机关人员的发型选择

发型要简洁、大方、朴素、明快，最好是剪成短发或烫后稍加修理。若是留成中长发，则可在自然蓬松的基础上以适宜的发卡装饰，给人以淡雅、端庄的感觉。

2. 公务人员或秘书的发型选择

由于社会活动较多，头发最好留得长一些，以便能经常变换发型。一般可以将头发烫成波浪或剪成披肩直发，这些发型稍加修饰或变动，即可适应多种场合。

3. 运动员或学生的发型选择

根据这类人员的职业特点，发型可以做成轻松活泼的短发，若留长发则扎成马尾状，看起来十分可爱、阳光，又易于梳理。

由于社会分工的不同，因而出现了各种不同的职业，所以设计出能衬托整体又能表现个性的发型，才能和谐统一。

4. 发型与脸型

【小贴士 4-13】

各种头形的特征

（1）长形头的顶部一般较尖，脸形较长，额骨突出。

（2）圆形头的骨骼生长较均匀，肌肉丰满，头形的前后左右圆润饱满。

（3）扁形头额骨不突出，枕骨部平坦，后脑勺扁平，没有立体感。

发型与脸型的配合要点主要是突出优点和遮盖缺点，达到美化面容的目的。人的脸型根据几何图形来分，大致可分为椭圆、圆形、方形、长形、三角形、逆三角形、菱形 7 种，以椭圆形脸为标准脸型。

（1）椭圆形脸的发型。椭圆形脸通常被认为是标准脸形，俗称“鸭蛋脸”，尤其是女性，更能给人以高贵典雅的感觉。此脸形适合于各种发型，但发式不宜过分复杂，原则上以自然简单的发型为主，以免弄巧成拙，影响脸形的美丽。

（2）圆形脸的发型。圆形脸面部肌肉丰满、轮廓圆润，一般额部发际线生得低，下颔不长，给人以活泼年轻的印象，俗称“娃娃脸”。所以若留短发，发型应该顶部高，两侧略收紧，向椭圆形方向发展；若留长发，应利用直线条的发型削弱两侧的宽度，颈部不妨多留一些，可以改变脸形过圆的印象。圆脸形最好将额头露出，这样可以使脸形看起来比较椭圆。

（3）方形脸的发型。方形脸的特征是额部高而开阔，两腮突出，下颌较宽，面部方正，给人以刚毅顽强的阳刚美感。其缺点是脸部线条太生硬，脸形方而缺少柔和的感觉。发型要求自然，才能中和生硬的线条，显现女性的柔美。应使顶部头发高而蓬松，两鬓收紧呈弧形，遮去方形额角，尽力减少方的感觉，造就圆润之感。

（4）长形脸的发型。长形脸的骨骼特点是上下宽度较窄，脸形过长，前额发际线生长较高，脸部肌肉不发达，下颌较宽较长，给人以朴实的印象。发型设计时应将顶部头发压低，脸部两侧多留一些头发，尽量以稍微弯曲的刘海、头花遮住过高的额部，这样可以缩短脸部比例。两侧发蓬松自然略带波浪形，使脸形轮廓有椭圆感。脸形较大时，可将长发卷曲成大波浪，把两侧面颊略微遮掩。

适合的发型是在脸的两侧部位加宽加厚发量。例如，头发较长的可以采用烫发蓬松处理，但顶部不要加高，以展示出女人优雅迷人的气质。

【小贴士 4-14】

发型与额头、颧骨的配合

（1）低额头多见于圆形脸，应把前额的头发稍稍上梳，露出前额，拉长脸形。

（2）高额角可利用刘海或使头发呈现波浪状，让头发遮住一部分前额，发梢应向下梳。

（3）宽额头可在太阳穴两侧做发卷或波浪，额前发梳高；也可以将发梢从两边向中间梳，用发卷、波浪遮盖住一部分额角；或者留刘海，把前额的发丝从中间分向两边，以自然的波浪线条遮盖宽大的额头。

（4）窄额头应把头发沿两鬓向后梳，尽量露出两太阳穴以增加额宽。如果做了刘海或波浪绝对不要让它延伸到太阳穴前边。

（5）高颧骨。高颧骨的脸形不要梳中分式，两鬓的头发可向前梳，超过耳线，盖住颧骨，刘海可略长些。

（5）三角形脸的发型。三角形脸有额窄腮宽、上小下大的特点，给人以持重、稳健的印象。其发型应顶部收紧、圆润，略遮过窄的额部；两侧放松，线条柔和，遮住过宽的腮部，尽量修正上小下大的三角形形象。

（6）逆三角形脸的发型。逆三角形脸与正三角形脸相反，特点是上额宽、两腮狭窄、轮廓呈倒置三角形，给人以瘦小灵敏的感觉。其发型若配上短发，会显得单薄，所以刚好过肩的长度较适合。若两颊太宽，可将两侧发自然下垂，使过宽的两颊不至于太明显。顶部头发应略高而收紧，额前中分式，略遮两额角，两侧头发略松，减少上大下小的倒三角形感觉。

（7）菱形脸的发型。菱形脸又称枣核形脸。骨骼特点是上额部和下颌部都狭小，两颧骨部位较宽，呈菱形，给人以灵巧的感觉。其发型应放宽两头，收缩中间，顶部圆润，不能太高，耳上部两侧头发应当蓬松一些，将发量放在颧骨之上，以起到平衡、柔化颧骨部位的作用，底部发也应该与整体丰盈度相适应，两侧弧形发线遮过额角，使轮廓带有椭圆形感。适合的发型是略显凌乱的较为浪漫的发型。

【小贴士 4-15】

用发型矫正面部缺陷的方法

（1）遮盖法。以头发组成适当的线条来改变脸形不足，主要是在视觉上把原来比较突出而不够完美的部分遮盖掉，冲淡突出的部分。

（2）衬托法。主要将顶部和两侧的部分头发梳得蓬松或紧贴，以增加或减少某部分的块面，改变其轮廓。如圆形脸顶发向上梳得高而挺，下颌两侧紧缩些，脸形即有拉长感。脸形平扁时，发型的起伏要大，以增加脸形的立体感等。

（3）填补法。利用头发或饰物来填补不足的部位。例如，头部有瘪塌部分，可用结扎蝴蝶结、戴发夹、戴插花或衬假发填补。

（4）增美法。脸形肤色都很美时，则要求发型不能破坏自然美，而应该衬托或者增加自然美。

5. 美发的方法

小案例 4-4

毁了生意的“鸡窝头”

一个周五的晚上，几个好朋友为了给曹蒙庆祝生日，特意拉着他到理发店烫了个时髦的“鸡窝头”，然后又拉着他去一家知名的摇滚酒吧吃喝玩乐，直到凌晨四点，这帮朋友才各自回家睡觉。

早上八点的时候，电话响了，一接，是单位经理的电话，因为经理临时有事，让曹蒙代他去和一个重要客户签合同，时间安排在上午九点。从曹蒙家到客户那里至少要四十分钟的路程，要是堵车的话就可能迟到。曹蒙不敢怠慢，赶紧起床，拿起一套西装穿上就出了门。

果然，曹蒙在去的路上遇上了堵车，还好他在最后几分钟顺利赶到了客户那里。一见到曹蒙，客户的眼里闪过耐人寻味的神色，先让曹蒙坐下，客户就去了隔壁房间。过了一会儿，客户对曹蒙说：“我看今天这个合同就暂时别签了，咱们以后再约时间，好吧？这样，麻烦你跑了一趟，还请你先回去吧！”

曹蒙觉得莫名其妙，却又不便深问，只得怏怏地回去了。随后，曹蒙接到了经理的电话，问他，搞什么鬼，顶着一个鸡窝头就去了，客户还以为他是个小混混了，把客户吓了一跳，合同的事情也就暂缓了。

爱美之心人皆有之。礼仪专家金正昆认为现代职业女性可采用以下四种方法来美发，使自己的发式亦庄亦雅、不落俗套。

（1）烫发。现代人运用物理的方法或化学的方法，将头发做成各式各样的符合个人要求的形状的方法叫做烫发。现在各种五花八门的烫发术语确实使人眼花缭乱，所以我们在烫发前，首先要将本人的年龄、职业、脸型、发质等因素做综合的分析判断后，再做出是否烫发和烫何种式样的发型的选择，切勿盲从。

（2）做发。人们用发油、发乳、发胶、摩丝等美发用品，将头发塑造成各种形状，以达到显示个性化的目的的方法称为做发。现代职业女性发型不宜做得太夸张，应注重塑造端庄、稳重的良好职业形象。

（3）染发。现代人比较崇尚潮流，往往通过染发将自己的头发染成各种色彩，以突出个人的兴趣爱好和个性特点。现代职业女性染黑发无可厚非，除此之外，一般不适宜将头发染得太夸张。如年轻的职业女性有需要一定要染其他色彩的头发的话，可选择栗色、酒红色、咖啡色等颜色，这样，既可显示活泼和有个性，又不失大方高雅的气质。

（4）假发。如果头发有先天的或者后天缺陷的人，可选择戴假发来弥补缺陷。选择假发也要考虑个人的年龄、职业、身材、肤色等因素，既不能过分夸张，也不要过分俗气。使用假发要注意选择仿真度较高的、质量较好的，切不可为了贪图便宜而使用那些太假、太俗气的假发。

总之，人的脑袋是一个人的制高点，是人们产生第一印象的第一道风景线，我们只有“从头做起”，才能真正地通过发型向他人传递性格爱好、文化修养等信息，也才能使自己的职业形象从头开始达到自然、和谐。

【小贴士 4-16】

青年的发型设计

青年的发型设计要新颖、活泼和时尚，有时代感，表现出青年的朝气蓬勃、美丽动人和活泼向上的个性特点。采用直发、卷发、束发、盘发几种形式均可。

青年人适合的发型比较多，如飘逸大方的直长发或层次分明的短发，显得充满青春活力；麦穗、编发、浪板等发型也不错，能表达时尚的气息。

（1）直发。直发指没有经过卷烫，只通过修剪成形的直发样式，基本上保持头发的自然状态。直发有普通直发、短碎发、中碎发、长碎发几种。直发具有清新自然、容易护理、流畅爽快、富有活力的特点，倘若用直板烫烫平服，更具有纯净、淑女味道，很受年轻女孩的青睐。

（2）卷发。卷发指经过卷烫形成卷曲状态的发型。有柔美、温和、委婉的情调，现代青年女性流行将头发卷曲后自然下垂，显得飘逸、活泼、成熟大方。卷发适合二十几岁至三十几岁的成熟女性。

四、注重手部修饰

现代社交中要经常与人握手，要做各种手势，所以健康美观的双手和手上的指甲都是不可忽视的部分。

1. 护理指甲

与保持身体其他部分的健康一样，指甲也必须从护理和营养着手，才可保持其健康。指甲是身体最先表露紧张、疾病或不良饮食习惯症状的部分，如果它们的健康被忽视，便会出现干燥、起薄片和脆裂的现象，因此必须注意日常的营养和定期护理。定期修剪指甲，将其修剪成椭圆形不仅使之变得美观，而且可保持它们的健康。手指简单的按摩运动，可促进指尖血液循环，有利于营养和氧气输送至指甲。另外，女性可根据不同情况的需要，涂上不同颜色的指甲油，以美化指甲。涂指甲油的步骤如下。

（1）先用沾满洗甲水的棉花，彻底抹去原来所有的指甲油。

（2）将指尖浸在肥皂水中几分钟，会有舒缓作用。

（3）抹开双手，涂点表层去除剂在每个指甲根部，两分钟后，用指甲签轻轻地将指甲根部的表皮向后推，直至显现指甲根部的半弯月位。

（4）涂上底层护甲油，以使指甲油更加持久，而且可防止深色指甲油渗到指甲的缝隙中。

（5）涂指甲油时，每只指甲只需涂三下便足够，先是指甲中央，接着是两旁；待第一层指甲油干透后，可再涂第二层。

（6）涂上表层护甲油，可在甲尖底部也涂护甲油，这样有助于防止折断崩裂。

2. 滋润双手

拥有一双美丽的纤纤玉手对女性来说是非常重要的。在端茶给对方时，在签字仪式上众目注视时，如果自己的手非常漂亮，不但可展现出自己的魅力，同时也会让他人觉得非常舒服。因此，平时就要多多注意手部的保养。

手部肌肤的油脂腺较少，较身体的其他部位更易变得干燥，但又经常需要暴露于空气中。因此，细心呵护双手要注意以下几点。

（1）每晚用滋润的润手霜按摩双手。

（2）经常除去手上的死皮。

（3）做家务或粗活时戴上手套。

（4）经常运动，使之保持柔软。

（5）偶尔可敷上一些现成或自制的护手膜。

【小贴士 4-17】

标准的手

从美学的角度看，手掌有宽窄之分，手指有长短之别，其标准指数如下。

手宽（厘米）×100÷手长（厘米）=手掌宽窄指数

指数小于 42.9 为狭窄型，大于 48 为宽大型，在 43～47.9 为中间型。

手指长（厘米）×100÷手掌长（厘米）=手指长度指数

手指长度指数小于 95 者为手指偏短，大于 105 者为手指偏长，在 95～105 者为正常。

第二节　着　　装

着装，它是一种无声的语言，它能透露出一个人的个性、身份、涵养、经济状况、审美水平及其心理状态等多种信息。在人际交往中，着装直接影响到别人对你的第一印象，关系到对你个人形象的评价，因此，所谓三秒定乾坤的说法也不无道理。得体规范的服饰，可以更好地表现出对交际对象的尊重，它反映了自身良好的素质和修养，进而展示出企业良好的精神面貌和管理水平。

小案例 4-5

你代表不了公司

一个炎热的下午，一位销售钢材的专业推销员走进了一家制造公司的总经理办公室。这个推销员身上穿着一件有泥点的衬衫和一条皱巴巴的裤子。他嘴角叼着雪茄，含糊不清地说："早上好，先生，我代表森筑钢铁公司。"

"你也早上好！你代表什么？"这位总经理问，"你代表森筑公司？听着，年轻人，我认识森筑公司的高层领导，你不能代表他们——你的形象和外貌代表不了他们。"

【思考】本案例对你有何启示？

一、着装的个性协调

所谓穿着的个性协调，是指一个人的穿着要与他的年龄、体形、职业和所处的场合等吻合，表现出一种和谐，这种和谐能给人以美感。具体地说有以下几点。

1. 穿着要和年龄相协调

在穿着上要注意你的年龄，与年龄相协调，不管是青年人还是老年人，都有权利打扮自己，但是在打扮时要注意，不同年龄的人有不同的穿着要求。年轻人的穿着应鲜艳、活泼、随意一些，这样可以充分体现出青年人的朝气和蓬勃向上的青春之美。而中、老年人的着装则要注意庄重、雅致、整洁，体现出成熟和稳重，透出那种年轻人所没有的成熟美。因此，无论你是青年、中年、还是老年，只要你的穿着与年龄相协调，那么都会使你显现出独特的美来。

【小贴士 4-18】

服装款式与年龄

少女应尽量避免穿着过于艳丽豪华的衣服，如闪光面料制作的、豪华或开放的款式，或缀有很多装饰物的衣裙。过分的衣着装扮常常掩盖她们天然的清纯气质，青春少女的服装款式应以突出自然美为主。世上没有什么事物比人体更美的了，那是一种完全和谐的自然美，而人们的一切形象设计都在于修饰或装扮人体的自然美，并努力突出和赋予其更旺盛的生命活力和蓬勃朝气，渲染年轻人特有的热情和个性气质。少女的服装款式若选择短裙、素雅的上衣及运动装、休闲装，并在颜色上体现少女纯真浪漫、活泼可爱的个性的色彩，就会起到很好的效果。

二十五六岁的黄金时代，正是"兰幽趣雅痴寻梦，梅馥枝横淡淡霜"的年龄，风华正茂的她们刚刚摆脱少男少女的稚气，走向生命的全盛时期，一切正在开始。这个时期的形象是最美好的，她们穿任何衣服，都会显得美丽或时尚、或典雅、或张扬、或含蓄，一切尽在一念之中。

三四十岁的女性，从身体到个性都已趋于成熟，她们中大多数都是职业女性，她们更追求自身的成熟魅力，以及端庄秀丽和恬静大方的风格。此年龄段的着装范围的灵活性比较大，但若选择整体性呈静态而不流动的套装，也许更宜于她们展示自己成熟端庄的魅力和高雅气质。

中老年女性更希望通过自己的服饰体现出雍容、华贵、高雅、深沉的气质，除在服装色彩上加以选择推敲外，在款式上也应该注意，一般以简洁端庄为佳，而不要追求线条复杂的式样。由于体态的改变，体形已不如年轻时婀娜美妙，因此不要选择紧箍在身上的服装，要求有适当的宽松度，当然不宜选过于肥大的款式，应趋向于含蓄、高雅、比较挺括的式样。

2. 穿着要与体形相协调

关于人体美的标准，古今中外众说纷纭。有关专家综合我国人口的健美标准，提出两性不同的体形标准。女性的标准体形是：骨骼匀称、适度。其具体表现为：站立时头颈、躯干和脚的纵轴在同一垂直线上。肩稍宽，头、躯干、四肢的比例以及头、颈、胸的连接适度。以肚脐为界，上下身的比例符合“黄金分割”的 1.618∶1，也可用近乎 8∶5 来表示。若身高 160 厘米，则其较为理想的体重是 50～55 千克，肩宽是 36～38 厘米，胸围是 84～86 厘米，腰围是 60～62 厘米，臀围是 86～88 厘米。男性的标准体形应基本遵循两臂侧平举等于身高的原则，若身高 167～170 厘米，则其较为理想的体重是 68～70 千克，胸围是 95～98 厘米，腰围是 75～78 厘米，颈围是 30～40 厘米，上臂围是 32～33 厘米，大腿围是 55～56 厘米，小腿围是 37～38 厘米。然而，在现实生活中，并非每个人的体形都十分理想，人们或多或少地存在着形体上的不完美或欠缺，或高或矮，或胖或瘦。若能根据自己的体形挑选合适的服装，扬长避短，则能实现服装美和人体美的和谐、统一。

俗话说：“三分长相、七分打扮”，把握自己的体形特点，扬长避短，会让服饰弥补缺憾。具体应注意以下几点。

（1）体型较胖的人，应该用冷色调的、小花型的、质地较软的面料。因为粗呢、厚毛料、宽条绒等会造成增加面积的效果。使胖人看起来更胖，给人一种笨重感。大花型面料有扩张效果，暖色、明亮的颜色也有扩张感，这都是体形较胖者所不宜选取的。

（2）身材矮小的人，宜穿一色服装，最好鞋袜也同色。如爱穿花布，可选择清雅小型花纹为宜，衣领式样可取方领、V 字领。裤子宜选用式样简单的传统式西裤，令腿显长。女士穿高跟鞋与颜色略深的丝袜，也能使双腿看上去较长，但不宜穿下摆有花纹的裙子。

（3）腰粗的人，可选择剪裁自然、曲线不明显的款式，或选肩部较宽的衣服。不宜穿紧腰式的裤子，或是把上衣掖在里面，避免使人特别注意你的腰部。不要穿松紧带裙子，以免看起来更胖。

（4）腿型不佳的人，可选择裙装与宽松的裤子。腿胖的女士可选有蓬松感的裙子和宽大的裤子，不宜穿对褶裙，以免更显腿粗；腿短的女士，穿裙装时选高腰设计加宽腰带，长裤则与上装同色。O 形腿的人，应避免紧身裤，可穿质地优良的长裤或八分裤。裙长保持膝盖以下。

3. 穿着要和职业相协调

穿着除了要和身材、体形协调之外，还要与你的职业相协调。这一点非常重要，不同的职业有不同的穿着要求。例如，教师、干部一般要穿得庄重一些，不要打扮得过于妖艳，衣着款式也不要过于怪异，这样可以给人留下一个良好的印象；医生穿着要力求显得稳重和富有经验，一般不宜穿着过于时髦给人以轻浮的感觉，这样不利于对病人进行治疗；青少年学生穿着要朴实、大方、整洁，不要过于成人化；而演员、艺术家则可以根据他们的职业特点，穿得时尚一些。

此外，穿着还要和环境、场合相协调。这在后面我们还要详述。

二、着装的色彩搭配

色彩，是服装留给人们记忆最深的印象之一，而且在很大程度上也是服装穿着成败的关键所在。色彩对他人的刺激最快速、最强烈、最深刻，所以被称为“服装之第一可视物’。一般来讲，不同色彩的服饰在不同场合所产生的效果是不同的，为此，我们需要对色彩的象征性有一定的了解。

【小贴士 4-19】

颜色的象征意义

黑色，象征神秘、悲哀、静寂、死亡，或者刚强、坚定、冷峻。

白色，象征纯洁、明亮、朴素、神圣、高雅、恬淡，或者空虚、无望。

黄色，象征炽热、光明、庄严、明丽、希望、高贵、权威。

大红，象征活力、热烈、激情、奔放、喜庆、福禄、爱情、革命。

粉红，象征柔和、温馨、温情。

紫色，象征谦和、平静、沉稳、亲切。

绿色，象征生命、新鲜、青春、新生、自然、朝气。

浅蓝，象征纯洁、清爽、文静、梦幻。

深蓝，象征自信、沉静、平静、深邃。

灰色，是中间色，象征中立、和气、文雅。

人们在穿着服装时，在色彩的选择上既要考虑个性、爱好、季节，又要兼顾他人的观感和所处的场合。所以明代卫泳在《缘饰》中说春服宜清，夏服宜爽，秋服宜雅，冬服宜艳；见客宜重装；远行宜淡服；花下宜素服；对雪宜丽服。古人对服饰的讲究的确值得我们借鉴。对一般人而言，在服装的色彩上要想获得成功，最重要的是掌握色彩的特性、搭配，以及正装色彩的选择这三个方面。

1. 色彩的特性

色彩具有冷暖、轻重、缩扩等特性。

（1）色彩的冷暖。使人产生温暖、热烈、兴奋之感的色彩为暖色，如红色、黄色；使人有寒冷、抑制、平静之感的色彩叫冷色，如蓝色、黑色、绿色。

（2）色彩的轻重。色彩的明暗变化程度称为明度。不同明度的色彩往往给人以轻重不同的感觉。色彩越浅，明度越强，它使人有上升之感、轻感。色彩越深，明度越弱，它使人有下垂之感、重感。人们平日的着装，通常讲究上浅下深。

（3）色彩的缩扩。不同色彩的波长给人收缩或扩张的感觉也有所不同。一般来讲，冷色、深色属收缩色，暖色、浅色则为扩张色。运用到服装上，前者使人苗条，后者使人丰满，二者皆可使人在形体方面避短扬长，运用不当则会在形体上出丑露怯。

2. 色彩的搭配方法

着装色彩美的配套组合，设计专家关洁总结有以下几种具体方法。

（1）统一法。统一在一种色调中的着装色彩，有时会出现意想不到的效果。具体操作有两个做法。

其一，可以由色量大者（面积色）着手，然后以此为基调色，依照顺序，由大至小一一配色。如先决定服装色的基调，再决定采用帽色、鞋色、袜色、提包色等。

其二，可以从局部色、色量小的色着手，然后以其为基础色，再研究整体的大量色的色搭配。这种从局部入手的搭配，一定要有整体统一的观念。着装色彩设计中的统一法，对小面积的饰物色彩也极为重视。表面上看饰物色彩本是"身外之物"，与着装无直接关系，但由于是日常"随身之物"，故与着装形象可构成统一的服饰艺术形象整体。像雨伞、背包、发饰、手帕等饰物，似乎可有可无，但当单独摆在那里，即脱离开着装以后，也可以有独立的形象价值。如果是高水平的穿着创作，整体考虑服饰与饰物组合后的色彩统一性，必会出现预想不到的整体美。

（2）衬托法。衬托法，在着装色彩设计中，主要是要达到主题突出、宾主分明、层次丰富的艺术效果。具体而言，它有点、线、面的衬托，长短、大小的衬托，结构分割的衬托，冷暖、明暗的衬托，边缘主次的衬托，动与静的衬托，简与繁的衬托，内衣浅、外衣深的衬托，上身浅、下身深的衬托，等等。例如，以上衣为有色纹饰、下装为单色，或下装为有色纹饰、上装为单色的衬托运用，会在艳丽、繁复与素雅、单纯的对比组合之中显示出秩序与节奏，从而起到以色彩的衬托来美化着装形象的作用。

（3）呼应法。呼应法，也是着装色彩设计配套中能起到较好艺术效果的一种方法。着装色彩中有上下呼应，也有内外呼应。任何色彩在整体着装设计上最好不要孤立出现，需要有同种色或同类色块与其呼应。例如，服饰为玫红色，发结也可选用此色，以一点与一片呼应；裙子确定为藏蓝色，项链坠和耳饰可以用蓝宝石，以数点与一片呼应；项链、手表、戒指、腰带卡和鞋饰都用金色，可形成数点之间彼此呼应；领带与西服外衣都是深灰色的，以小面与大面形成呼应。总之使对比各方面在呼应后，得以紧密结合成统一的整体。

（4）点缀法。着装色彩设计中的色彩点缀至关重要，往往起着画龙点睛的作用。如在素净的冷色调中，点缀暖色调，使色彩显得高雅而有生机。穿蓝底黑花上衣和裙子，深蓝色内衣，配上蓝色帽子，帽边镶黑色，仅以金色项链和朱红鸡心宝石来点缀，显得格外高雅大方。一般来说，点缀之色，面积不大，但与大面积色调往往是对比之色，起到一种强调与点睛之笔的效果。

（5）协调法。这种方法可以使对比的或强烈的色彩柔和、协调起来，起着微妙的联结作用。如穿红衣裙和红皮鞋，套上白色抽纱外衣，外面配上白色绢花，戴上白色耳环，手提白色皮包，以白色来缓冲红色，使红色因淡化而柔和一些，显得艳而不俗、动中有静、典雅大方。在色彩对比与和谐关系上，色彩与色彩之间缓冲过渡与衔接非常重要。七色顺序排列衔接，既鲜明生动又和谐。如果上衣大红色，裙子是绿色，就有不协调、不衔接之感，但若要腰上扎上一条黑色宽腰带、肩上背个黑书包，就会使强烈的红绿对比协调起来。

【小贴士 4-20】

上装和下装色相的和谐搭配

服装色彩主要由上装和下装的色相搭配而成。其搭配原则可有以下几种方式。

（1）服装同一色相搭配。服装同一色相搭配即是指上、下装采用同一色相配色。其特点是不但使服色显得柔和优雅，而且使人产生心理平稳感，服装也具有活力，是服色中最常见的搭配方式。一般用于职业装、宴会装、套装、套裙等。

（2）类似色搭配。类似色相配色和同一色相的搭配有殊途同归的效果。但因其色相略有变化，除具备同一色相配色的优点外，还兼有调和和愉快的感觉，此类搭配方式一般在休闲服装类比较多见。

（3）同一色调搭配。同一色调中有活泼色调、浅灰色调、灰色调、浅色调和深色调等。一般说来，活泼色调的上、下装会使人充满青春气息，显得绚丽夺目，尤为广大青春少女所喜爱；精干简洁的灰色调搭配具有淡雅祥和的特点；浅色调搭配具有高雅、清爽的特点；深色调则显得庄重得体。这几种色调的搭配均是中老年职业女性最常见的搭配方法，可以根据个人兴趣爱好及穿着场合具体确定。

（4）类似色调的配色。服装类似色调的配色较多，可有活泼色调或暗色调与灰色调或浅色调的搭配，活泼色调与暗色调的搭配，亮色调和活泼色调的搭配，纯色调和暗色调的搭配，灰色调和纯色调的搭配等；另外，还有活泼、暗和灰三色调的搭配等。由于活泼色调具有活泼、欢快、热情、蓬勃的特征，因此一年四季均为广大青春少女所喜爱。色调的标准搭配常其有优雅、纯真、活泼、欢畅的特点，也是服色搭配中最常见的方式。

（5）对比色调的配色。由于对比色调都具有强烈的、令人难忘的视觉冲击力，所以生活中不很常见，多用于舞台装、宴会装的色彩搭配。

3. 正装的色彩

非正式场合所穿的便装，色彩上要求不高，往往可以听任自便，而正式场合穿的服装，其色彩却要多加注意。总体上要求正装色彩应当以少为宜，最好将其控制在三种色彩之内。这样有助于保持正装保守的总体风格，显得简洁、和谐。正装若超过三种色彩则给人以繁杂、低俗之感。正装色彩，一般应为单色、深色并且无图案。最标准的正装色彩是蓝色、灰色、棕色、黑色。衬衣的色彩最佳为白色，皮鞋、袜子、公文包的色彩宜为深色（黑色最为常见）。

此外，肤色也关系到着装的色彩，浅黄色皮肤者，也就是我们所说的皮肤白净的人，对颜色的选择性不那么强，穿什么颜色的衣服都合适，尤其是穿不加配色的黑色衣裤，会显得更加动人。暗黄或浅褐色皮肤（也就是皮肤较黑）的人，要尽量避免穿深色服装，特别是深褐色、黑紫色的服装。一般来说，这类肤色的人选择红色、黄色的服装比较合适。肤色呈病黄或苍白的人，最好不要穿紫红色的服装，以免使其脸色呈现出黄绿色，加重病态感；皮肤黑中透红的人，则应避免穿红、浅绿等颜色的服装，而应穿浅黄、白等颜色的服装。

【小贴士 4-21】

性格色彩学

“性格色彩学”是中国心理专家乐嘉创立的一门心理学科，它将人的性格分成红、蓝、黄、绿四种颜色。

红色——快乐的带动者。做任何事情的动机很大程度上是为了快乐，快乐是这些人的最大驱动力。他们积极、乐观，天赋超凡魅力，随性而又善于交际。

蓝色——最佳的执行者。持久深入的关系是他们这类人所刻意建立和维系的。他们具有可贵的品质，对待朋友忠诚而诚挚，并在思想上深层次地关心和交流。

黄色——有力的指挥者。这类人深层次的驱动力来自对目标的实现和完成。他们一般都具有前瞻性和领导能力，通常都有很强的责任感、决策力和自信心。

绿色——和平的促进者。他们的核心本质是对和谐与稳定的追求，缺乏锋芒与棱角。他们宽容透明，通常都非常埠，适应性强，是很好的倾听者。

三、着装的场合要求

穿着打扮在不同环境、不同的场合应有所不同。办公室是一个认真严肃的地方，因此在穿着上应整齐庄重些。外出旅游，着装力求宽松舒适，方便运动，以轻装为宜。平日居家可以穿着随便一些，有客来访应立即更衣，穿内衣内裤接待客人，那就显得失礼。在下列场合还有些特殊要求。

1. 喜庆场合

喜庆场合主要是指结婚庆典、生日欢宴、欢庆舞会、朋友聚会、联欢晚会、假日游园等场合。在这些场合一般气氛比较热烈，为了与气氛相协调，参加者在穿着上应注意以下两个方面。

（1）色彩要合适。在结婚庆典、生日欢宴、欢庆舞会等正式喜庆场合，着装要求比较讲究，男性服装以深色为宜，单色、条纹、暗小格均可；女性穿浅色连衣裙或裙套装为宜。一般来说，主人穿着不宜太华丽或太暴露，色彩不要太艳，以免给人不庄重的印象，穿着得略为素雅一些，去招呼客人也会感到舒服自然。假如自己是客人，则可以穿得欢快、喜气、鲜艳一些；不过，在参加朋友的婚礼时，应该特别注意不要打扮得过于出众，以免他人误认为自己是新郎或新娘。另一类是比较随便的喜庆场合，如朋友聚会、假日游园等。在这类场合，不妨选择色彩明快的服装，色调搭配上也可以有一些变化，如男性着西装可以上下一色，也可以上下分色。

（2）款式要得当。在喜庆场合，特别是正式的喜庆场合，对男士的服装款式要求比较严格，应着中山装、西装或自己民族的服装。其他喜庆场合可穿得宽松潇洒一些，如可以穿两用衫、夹克衫、牛仔服等各式便装，但要穿得整齐、干净。女士服装款式相对来说，选择的余地要大得多，喜庆场合实际上为女士提供了一个展示各自时装的机会。女士可根据季节和自身的特点，选择自己的款式，但是也应该注意在比较正式的喜庆场合不要过于怪异。

2. 庄重场合

庄重场合主要是指正式宴请、庆典仪式、会见外宾等正式场合。在这种场合，着装上有比较严格的要求，马虎不得。

（1）要按规定着装。重大的宴会、庆典及会见，组织者在所发请柬上有时会注明着装规定，参加者也应该根据规定着装。如果没有具体的着装规定，参加者也应该穿比较严肃正式的服装，男士可穿中山装、西装或民族服装，女士可穿各式套装、晚礼服或旗袍、长裙等。服装的色彩和款式要衬托出庄重、高雅的气质，表现出风度和教养。在庄重的场合，参加者不宜着便装和两用衫、夹克衫、T恤衫、牛仔服等，更不能穿短裤、背心或超短裙。

（2）要按规范着装。着正式服装有一定的规范。出席重大宴会，参加庆典和会见，一定要按照这些规范进行着装。例如，穿西装，一定要穿衬衣，系领带。领带上还配上领带夹，领带的长度应适当。衬衣的袖子一般要比西装外装的袖子长一些，如果天气较冷，西装里衬衣外要穿毛衣或背心，应将领带的下半部分压在毛衣的领口里面。此外，穿西装时脚上还应配上皮鞋。如果穿中山装，一定要扣好衣扣、领扣、裤扣，不要把衬衣领翻出领口，皮带不要垂露在外。穿长袖衬衣，要将前后下摆塞入裤内，袖口、裤腿不能卷起。女士着裙装、套装，主要配以皮鞋或皮凉鞋。

3. 悲伤场合

悲伤场合是指向遗体告别、亲友送葬或吊唁活动等场合。这种场合气氛肃穆，参加者的心情沉重、悲伤。为了表示对死者的哀悼，着装应严整，要与肃穆、悲哀的气氛相协调，这既体现对亡人的尊重，同时也表现出对死者亲属的慰问。另外，在举行追悼仪式时，参加者应脱帽致哀。参加者均应穿素色服装，最好是黑色服装，切忌穿大红大绿。鞋子应是暗色，佩戴饰物也应为素色。

小案例 4-6

银行职员如何着装

礼仪专家英格丽·张曾讲过这样一个案例：英国阿比银行实行了全周休闲服制。开始时，人们感到突然地解放了，再也不用每日熨衬衣、打领带、擦皮鞋了，职员们开始穿着自己舒适的衣服上班。一天，当实在找不出得体的搭配，印度职员纳师就穿着黑色牛仔裤来上班。

部门经理把他叫到办公室："我们公司虽然实行休闲服制度，但并不意味着什么都可以穿到公司。前几天，你穿着民族特色的衬衣，考虑到你的民族文化，我没有干涉。但是，牛仔裤是不利于我们公司形象的服装，公司明文规定不能穿牛仔裤上班。请不要让我再看到你穿着它上班。"纳师听从了经理的告诫，从此把牛仔裤留到了周末。

几天之后，纳师穿着短袖保罗 T 恤衫上班，他又被叫到了经理室："我希望你在着装上注意，T 恤衫和露出肌肤的衣服不符合我们公司的穿衣原则，请你不要再穿着它上班了。"纳师百般不解地抱怨道："什么才是真正的休闲服？休闲服不是为了解放我们的压力，让我们自由地选择吗？现在，休闲服制度带给我这么多的'不允许'，让我并不休闲！这么多禁忌，我真不知道还会触犯哪条规定！穿西服的日子远比现在的所谓休闲服的日子好过得多。现在，每天晚上，我不得不为第二天的穿着而伤脑筋。"

四、男士西装的穿着

西装是男士最常见的办公服装，也是现代社交中男子最得体的着装。国外很多机构，包括一些大企业，规定工作人员不能穿休闲短裤、运动服上班，要求男士必须穿西服打领带。一些剧院也规定了观看者必须西装革履，为了塑造良好的个人形象，男士必须学会穿西装。

1. 男士西装的选择

（1）选择合适的款式。西装的款式可以分为英国、美国、欧洲三大流派。尽管西装在款式上有流派之分，但是各流派之间的差异并不大，只是在后开叉的部位、扣子单排还是双排、领子的宽窄等方面有所不同。不过，在胸围、腰围的胖瘦，肩的宽窄上还是有所变化的。因此，我们在选择西装时，要充分考虑到自己的身高、体形，如身材较胖的人最好不要选择瘦型短西装；身材较矮者也最好不要穿上衣较长、肩较宽的双排扣西装。

（2）选择合适的面料和颜色。西装的面料要挺括一些。正式礼服的西装可采用深色（如黑色、深蓝、深灰等）的全毛面料制作。日常穿的西装颜色可以有所变化，面料也可以不必讲究，但必须熨烫挺括。如果穿着皱巴巴的西装，是会损坏自己的交际形象的。

（3）要选择合适的衬衣。穿着西装时，一定要穿带领的衬衣。花衬衣配单色的西装效果比较好，单色的衬衣配条纹或带格的西装比较合适；方格衬衣不应配条纹西装，条纹衬衣也不要配方格西装。

（4）选择合适的领带。在交际场合穿西装时必须要打领带，领带的颜色、花纹和款式要与所穿的西装相协调。领带的面料以真丝为最优。在领带颜色的选择上，杂色西装应配单色领带，而单色西装则应配花纹领带；驼色西装应配金茶色领带，褐色西装则需配黑色领带等。

【小贴士 4-22】

世界十大西装品牌

1. ARMANI（意大利）——意大利绅士
2. BURBERRY（英国）——起源于防水布的纯正英伦品牌
3. CALVIN KLEIN（美国）——极简休闲美国风
4. CERRUTI（意大利）——战后意大利男装典范
5. GUCCI（意大利）——身份与财富的象征
6. DOLCE&GABBANA（意大利）——南地中海式的热情浪漫
7. GIVENCHY（法国）——崇尚优雅
8. HUGOBOSS（德国）——严谨、阳刚的德意志男人
9. RALPH LAUREN（美国）——自然、舒适、朴素
10. VERSACE（意大利）——华丽鲜艳

2. 男士西装的搭配

（1）合体的上衣与衬衣。合体西装的上衣应长过臀部，四周下垂平衡，手臂伸直时上衣的袖子恰好过腕部，领子应紧贴后颈部。

穿西装必须要穿长袖衬衣，衬衣最好不要过旧，领子一定要硬扎、挺括，外露的部分一定要平整干净。衬衣下摆要掖在裤子里，领子不要翻在西装外，衬衣袖子长于西装袖子 2 厘米左右。

（2）注意内衣不可过多。穿西装时切忌穿过多内衣。衬衣内除了背心之外，最好不要再穿其他内衣，如果确实需要穿内衣的话，内衣的领圈和袖口也一定不要露出来。如果天气较冷，衬衣外面还可以穿上一件毛衣或毛背心，但毛衣一定要紧身，不要过于宽松，以免穿上显得过于臃肿，影响穿西装的效果。

（3）打好领带。正式场合的领带以深色为宜，非正式场合的领带以浅色、艳丽为好。领带的颜色一般不宜与服装颜色完全一样（参加凭吊活动穿黑西装系黑领带除外），以免给人以呆板的感觉。具体做法：一是领带底色可与西装同色系或邻近色，但二者色彩的深浅明暗不同，如米色西装配咖啡色领带；二是领带与西装同是暗色，但色彩形成对比，如黑西装配暗红色领带；三是一色的西装配花领带，花领带上的一种颜色尽可能与西装的颜色相呼应。

【小贴士 4-23】

领带的来历

领带起源于英国男子衣领下的专供男子擦嘴的布。工业革命前，英国也是个落后国家，吃肉用手抓，然后大块大块地捧到嘴边去啃，成年男子又流行络腮胡子，大块肉一啃就把胡子弄油腻了，男人们就用袖子去擦。为了对付男人这不爱干净的行为，妇女们在男人的衣领下挂了一块布专供他们擦嘴，久而久之，衣领下面的这块布就成了英国男式上衣传统的附属物。工业革命后，英国发展成为一个发达的资本主义国家，人们对衣食住行都很讲究，挂在衣领下的布化成了领带。

领带的打法主要有 5 种，如图 4-2～图 4-6 所示。

① 平结。平结为男士最多选用的领结打法之一，几乎适用于各种材质的领带。要诀：领结下方所形成的凹洞，需让两边均匀且对称。

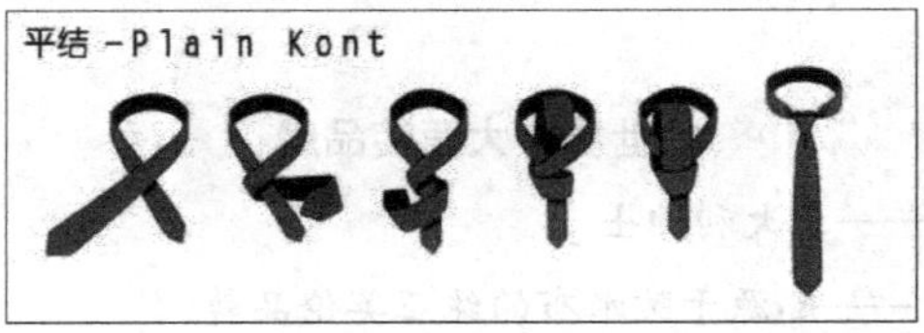

图 4-2 平结

② 交叉结。这是适合单色素雅、质料较薄的领带选用的领结。对于喜欢展现流行感的男士不妨多加使用。

图 4-3 交叉结

③ 双环结。双环结能营造时尚感，适合年轻的上班族选用。完成的特色就是第一圈稍露出第二圈之外，可别刻意给盖住了。

图 4-4 双环结

④ 温莎结。温莎结适用于宽领的衬衫，该领结应多往横向发展，应避免材质过厚，领结也勿打得过大。

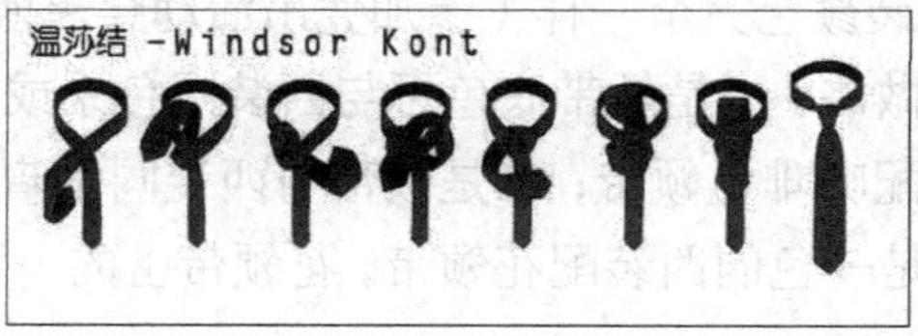

图 4-5 温莎结

⑤ 双交叉结。这样的领结很容易让人有种高雅且隆重的感觉，适合正式活动场合选用。应多运用在素色且丝质领带上，若搭配大翻领的衬衫，不但适合，而且有种尊贵感。

图 4-6 双交叉结

领带结需靠在衣领上，但不能勒住脖子，也不能太往下，显得松松垮垮，不精神。领带系好后，垂下的长度应触及腰带，超过腰带或不及腰带都不符合要求。领带用领带夹固定。

西装上衣左胸部的装饰袋，有时用来插放绢饰，但不可用来放钢笔之类的其他东西，钢笔应放在衣服内袋中。

小案例 4-7

领带的问题

某家大型企业面向北京各高校发出了招聘业务员的启事，希望能招到具有专业知识的有志青年，充实企业的第一线。根据收到的求职材料，企业招聘人员约见了一位经济管理专业的男生面试。这位男生身材微胖，个头不高。面试时，他面容修饰一新，衣着也十分正式，穿西装，系领带，但可能是为了舒服，他的领带松松垮垮地挂在脖子上，衣领最上面一粒扣子也解开着。正是因为这一形象使他没有通过面试。一位人事总监说："我认为你不可能仅仅由于系了一条领带而得到一个职位，但是我可以肯定系错了领带会使你失去一个职位。"

（4）裤子合体。西装的裤子要合体，要有裤线，裤长要及脚面 1～2 厘米。西服套装要配穿皮鞋，式样要稍保守，颜色与衣服相协调。西装裤兜内不宜放沉的东西。

（5）鞋袜整齐。穿西装时一定要穿皮鞋，而不能穿布鞋或旅游鞋。皮鞋的颜色要与西装相配套。皮鞋还应擦亮，不要蒙满灰尘。穿皮鞋时还要配上合适的袜子，袜子的颜色要比西装稍深一些，使它在皮鞋与西装之间起到过渡的作用。

（6）扣好扣子。西装上衣可以敞开穿，但双排扣西装上衣一般不要敞开穿。在扣西装扣子时，如果穿的是两个扣子的西装，不要把两个扣子都扣上，一般只扣上面一个。如果是三个扣子只扣中间一个。

【小贴士 4-24】

西装的纽扣系法

如果穿单排一粒扣西装，扣与不扣均可。如果是单排两粒扣西装，扣子全部不扣表示随意、轻松；扣上面一粒，表示庄重，而全扣就不合适了。如果是单排三粒扣西装，扣子全部不扣表示随意、轻松；只扣中间一粒表示正统；扣上面两粒，表示庄重，全扣也是不对的。如果是双排扣西装，可全部扣，亦可只扣上面一粒，表示轻松、时髦，但不可不扣。如果穿三件套西装，则应扣好马甲上所有的扣子，外套的扣子不扣。

关于男士西装扣子的扣法还有"站时系扣，坐时解扣"的说法。男士在站立的时候，把西装扣好，这样您在讲话、比手势的时候，西装才不会随着您的肢体乱跑，整体线条看起来更显干净利落。在坐的时候，男士必须解开西装扣，如此西装才能随着身体的弧度，自然伏贴地顺势而下，线条看起来比较流畅，也不会有束缚的感觉，才能舒适自在地坐在位子上。

在日常工作及非正式场合的社交活动中，男士可穿西服便装。西服便装的上下装不要求严格配套一致。颜色可上浅下深，面料也可以上柔下挺。可以衬衫、领带配西裤，也可以不扎领带、不穿衬衫，而穿套头衫或毛衣。

此外，男士参加社交活动时也可穿中山装、民族服装或夹克。尤其是在国内参加活动时，如出席庆典仪式（包括吊唁活动）、正式宴会、领导人会见国宾等隆重活动，可穿中山装与民族服装。穿中山装应选择上下同色同质的深色毛料中山装，一般配以黑色皮鞋。中山装衣服要平整、挺括，裤子要有裤线。穿着时要扣好领扣、领钩、裤扣。

在非正式社交场合中，男士也可穿夹克衫等便装，但同样应注意服装的清洁与整齐。

男士外出还可准备一件大衣或风衣，但在正式场合一般不宜穿风衣或大衣。如在需要室外活动的场合，大衣或风衣既可保暖挡风，又可增添不少潇洒的风采。

【小贴士 4-25】

男士穿衣的 20 条黄金法则

（1）黑色是庄重、富有乃至豪华的象征，所以，男士的第一套西服应该是黑色素面的。

（2）男士的第二套西服应为深灰色素面，然后是深蓝色素面、深灰色细条纹、深蓝色细条纹、深灰色方格。

（3）细条纹或者方格越不明显越好，选择那种只有细看才能看得出图案的面料。

（4）欧式对排扣西服由于纽扣位置较低，有一种上半身显长的感觉，所以身材较矮的男士应该慎重穿着。

（5）衣领带纽扣的衬衫不能搭配双排扣西服。

（6）如果拥有一件大衣，那么应该是灰色的，第二件大衣应该是黑色的，第三件是咖啡色的，第四件是藏青色的。

（7）皮鞋应该是纤尘不染、光亮可鉴的，所以任何时候都不要让它显得风尘仆仆。

（8）300 元的皮鞋的寿命不及 600 元皮鞋的一半，而 1200 元的皮鞋也许能穿一世。

（9）即使是 1200 元的皮鞋也不要连续穿着 N 天以上。

（10）如果你还不能理直气壮地使用香水，那么一定要选择气味清爽的香皂。

（11）有些纯棉衬衫特别便宜，别忘了它们的寿命也特别短，经不起熨烫。

（12）如果不系领带，那么不要扣紧衬衫的领。

（13）对于一位要求体面的成熟男士来说，领带上的图案如果是卡通人物或动物、人像，那么绝对无法搭配西服。

（14）领带尖不应低于皮带头，但也不要高于它。

（15）腰带和鞋在质料和颜色方面都要一致。

（16）绅士风度始于足下，正式西服只能以传统、庄重的系带式皮鞋相配。

（17）不要在正式、隆重的场合穿着非黑色皮鞋，即使它被擦拭得十分体面，也会显得你本人不懂体面。

（18）千万不要买所有成分都是人造纤维的袜子，最好是羊毛、丝毛或毛棉混纺、纯棉袜子。

（19）年过 24 岁，应该摒弃白色袜子，它会使你显得像一个学生。

（20）不论年龄几何，花袜子总是不适合男性的。

五、女士套裙的穿着

小案例 4-8

女王的着装

英国女王伊丽莎白二世（ElizabethII）访问中国期间，走出机舱门第一次亮相，穿的是正黄色西服套裙，戴正黄色帽子。这位女王本人喜欢红色和天蓝色，很少穿黄衣服。但在中国，几千年的历史中黄色是皇帝的专用色。女王来中国访问穿正黄色，既表示尊重中国的传统习俗，又显示了她作为一国君主的高贵身份。

正规场合女士要穿西服套裙，应讲究配套，款式较简洁，色彩较单纯，以充分表现出女士的精明强干、落落大方。

1. 选择合适的套裙

面料：最好是纯天然质地、质量上乘的面料。上衣、裙子及背心等应选用同一种面料。在外观上，套裙所用的面料讲究的是匀称、平整、滑润、光洁，不仅有弹性、手感好，而且应当不起皱、不起毛、不起球。

（1）色彩：应当以冷色调为主，借以体现出着装者的典雅、端庄与稳重。一套套裙的全部色彩不要超过两种，不然就会显得杂乱无章。

（2）图案：按照常规，商界女士在正式场合穿着的套裙不带任何图案。

（3）点缀：不宜添加过多的点缀。一般而言，以贴布、绣花、花边、金线、彩条、亮片、珍珠、皮革等点缀或装饰的套裙都不适宜商界女士穿着。

（4）尺寸：上衣不宜过长，下裙不宜过短。裙子下摆恰好达小腿最丰满处，是最标准、最理想的裙长。此外，紧身式上衣显得较为正统，松身式上衣则看起来更加时髦一些。

（5）造型："H"形上衣较为宽松，裙子多为筒式，这种款式显得优雅、含蓄，可以为身材肥胖者避短；"X"形上衣多为紧身式，裙子大多为喇叭式，这种款式可以突出着装者腰部的纤细，看上去婀娜多姿，魅力无穷；"A"形上衣为紧身式，裙子则为宽松式，这种款式可以适当地遮掩下半身的缺陷，适合上身苗条但臀部大或腿粗的女士；"Y"形上衣为松身式，裙子多为紧身式，并以筒式为主，这种款式可以遮掩上半身的缺陷，使上半身肥胖而下半身苗条的着装者看上去亭亭玉立，端庄大方。

（6）款式：套裙款式的变化主要体现在上衣和裙子方面。上衣的变化主要体现在衣领方面，除常见的平驳领、驳领、一字领、圆状领之外，青果领、披肩领、燕翼领等也并不罕见。常见的裙子式样包括西装裙、一步裙、筒式裙等，款式端庄、线条优美；百褶裙、旗袍裙、"A"字裙等，飘逸洒脱、高雅漂亮。

2. 选择和套裙配套的衬衫

与套裙配套穿着的衬衫有不少讲究。从面料上讲，主要要求轻薄而柔软，比如真丝、麻纱、府绸、罗布、涤棉，等等，都可以用作其面料。从色彩上讲，则要求雅致而端庄，不失女性的妩媚。除了作为"基本型"的白色外，其他各式各样的色彩，包括流行的在内，只要不是过于鲜艳，并且与所穿套裙的色彩不相互排斥（要么外深内浅，要么外浅内深，形成两者的深浅对比），均可选用。不过，还是以单色为最佳之选。

3. 选择和套裙配套的内衣

一套内衣往往由胸罩、内裤以及腹带、吊袜带、连体衣等构成。它应当柔软贴身，并且起着支撑和烘托女性线条的作用。有鉴于此，选择内衣时，最关键的是要使之大小适当。

内衣所用的面料，以纯棉、真丝等为佳。它的色彩可以是常规的白色、肉色，也可以是粉色、红色、紫色、棕色、蓝色、黑色。不过，一套内衣最好为同一色，而且其各个组成部分亦最好为单色。就图案而论，着装者完全可以根据个人爱好加以选择。

内衣的具体款式甚多，在进行选择时，特别应当关注的是穿上内衣之后，不应当使它的轮廓一目了然地在套裙之外展现出来。

4. 选择合适的鞋袜

选择鞋袜时，首先要注意面料。女士所穿的与套裙配套的鞋子，宜为皮鞋，且以牛皮鞋为上品；所穿的袜子，可以是尼龙丝袜或羊毛袜。

对于鞋袜的色彩，则有许多特殊的要求。与套裙配套的皮鞋，以黑色最为正统。此外，与套裙色彩一致的皮鞋亦可选择，但是鲜红、明黄、艳绿、浅紫的鞋子，最好莫试。穿套裙时所穿的袜子，常规选择有肉色、黑色、浅灰、浅棕等，只是它们宜为单色。多色袜、彩色袜，以及白色、红色、蓝色、绿色、紫色等色彩的袜子，都是不适宜的。

鞋袜在与套裙搭配穿着时，要注意其款式。与套裙配套的鞋子，宜为高跟、半高跟的船式皮鞋或盖式皮鞋。系带式皮鞋、丁字式皮鞋、皮靴、皮凉鞋等，都不宜采用。高筒袜与连裤袜，是套裙的标准搭配。中筒袜、低筒袜，绝对不宜与套裙同时穿着。

【小贴士 4-26】

特殊体形女性的服饰选择

有些职业女性身体的某一部分达不到理想的比例，这可以通过服饰错觉效应来制造新的效果。

（1）肩宽。肩宽的女性宜选择大 V 形领或 U 形领的服装款式，这是因为穿着大 V 形领服装，借由 V 形领的视线延伸，可巧妙地隐藏住肩宽的缺点，而同样，深 U 形领的服装也能“缩肩”，由于 U 形领使颈部露出一片“开阔地带”，颈部修长了，肩部自然也就变窄了；深色系上衣同样具有神奇的“缩肩”效果，因此在上衣色彩的选择上，最好考虑深色系；还有一种就是选用下垂性比较好的面料做衣服，这样肩膀看起来也会窄一些。

（2）胸部小。胸部小的女性可尝试下面的选择。

- 穿一件胸前带有口袋或特别花样的上衣，这样可以增加发散的效果。或者穿一件胸前有荷叶边、波浪边或绑带的上衣会让胸部看起来比较丰满。
- 对于上衣的面料而言，选择有纹路的布料会让胸部看起来更加丰腴些。还有一点就是，布料亮度比较高的衣服，也能使胸部看起来更丰满些。
- 泳装的款式不妨选择胸线有褶边或褶皱的。
- 对于衣服的款式而言，有垫肩设计的外套会使胸部看起来比较挺。
- 较宽版的连身长裙，里头搭配衬衫或针织衫也是小胸女性的选择。
- 人们在宽松的造型以及层叠的效果中，会忽略对胸部的关注，这样也可以掩饰胸部过小的缺陷。
- 二件式和多层次的穿法可造成视觉上的错觉，制造出丰满的效果。
- 舒适而贴身的衣服会显露胸型，在外面搭配背心或小外套，胸部看起来就会显得比较丰满。

（3）胸围过大。胸围过大的女性可选择背心式或围裙式的长洋装，这是因为可以搭配不同颜色的上衣而适时造成前胸围的视觉切割，使得胸围看起来顺畅。但有一点要注意：选择此类洋装时，布料尽可能以平织布为主。此外，一套双排纽扣中长套装同样也可以把过于丰满的胸部掩饰起来。

（4）背肥。背肥的女性忌露背装，其次就是背心了，因为会给人虎背熊腰的感觉，可以穿深色短袖上衣，会起到一定效果。款式以简单为主，如果嫌单调的话可以把细节留在下身发挥，以转移别人的注意力，这样看上去就会瘦一些。

（5）腰粗。腰粗的女性忌讳放太多细节在腰间处以引人注意。有一个改善的办法就是穿质地柔软的连身裙。因为连身裙通常在胸部以下就开始散开，它会令人看不见腰的真正位置，可以掩饰腰粗的缺陷；也可以穿 A 字裙，使腰部细点，同时增加肩部装饰，使视线移到上身。

（6）臀部过大。臀部过大的女性不宜穿紧身裤，可以选择略为宽松些的深色布料的裤子，不会引人注目，起到转移视线的作用。首先，女性服装可以在上衣的腰背部加上腰带，通过腰带同裤子的调整，使臀部得到一定的掩盖；其次，还可以将细节放在颈项上（如佩戴耳环、项链、胸花等），从而把别人视觉的注意力集中到身体上部；另外，有这类缺陷的人，她们的身体重心往往过低，并且还会有运动不太灵便之感，这种现象势必加剧形象上的缺陷，为此，适当加高皮鞋鞋跟的高度和培养良好的举止，也是改变形象所不能忽视的。

（7）腿粗。腿粗的女性不太适合穿紧身的裤子，而且穿短裤时，不要在膝盖位置翻边；上身避免穿双排扣，可以穿单排扣；同样不可以穿太短的裙子，为了掩饰缺陷，最好穿筒裙、长裙或是喇叭裤；可以穿粗高跟鞋使腿看起来细长些。

（8）腿细。腿细的女性不太适合穿紧身裙，却比较适合造型修长、挺拔的裤子。因为这样看起来会比较漂亮，比如用全毛面料制作的长裤。另外，腿细的女性在色彩的选择上以偏向明亮、淡雅的色调为宜。

（9）腿短。腿短还可以分好几种。腿短并且腰比较细、臀围比较宽的人最适合穿裙子或者穿可盖住臀围线，稍微长些的上衣，而且是不收腰身的，这样可以扬长避短。但是这类人不适合穿直筒裤，如果能顺其自然地穿萝卜裤，不失为因势利导的一种穿着。专家建议：如果想让腿部变得修长一点，最好穿一些窄身的直脚裤或者及膝裙，还要加一对尖头凉鞋或高跟鞋。

（10）小腹突出。突出的小腹，永远是一个美丽女性的缺陷，也是穿衣时的一大难题。如果处理不当，便会破坏了一件漂亮服装的所有美感。对于这样的情况，就必须学会选择服装来掩盖。可以运用如下方法。

- 上身佩戴美丽的首饰，以转移视线。
- 适合穿那种比较长的上衣，利用它的长度遮住微突的小腹。不过，穿着此类上衣时，要注意将露在裙或裤外的衣服下摆均匀整理好。
- 最好选择有伸缩效果的面料。
- 复古的花衬衫或 T 恤，配上背心或外套，用服装的这种花纹来转移别人的视线。
- A 字形的窄裙也有很好的修饰效果。但有一点要尽量避免：把衬衫扎到裙或裤腰内，或是穿腹部剪接的打褶时装，这样会使腹部显得更加醒目。
- 避免系腰带，这样只会使腹部更突出。
- 避免穿发亮的面料。

（11）手臂太粗或太细。手臂太粗或太细就会显得比例不协调，因此，在穿衣服的时候要特别注意，用美丽的服装来掩饰这个缺陷。具体包括以下几条。

- 手臂太细的人在选择服装的时候应该选用长袖衣衫，而袖长以盖住腕关节为好，或可选用打皱褶的袖子以及喇叭袖，通过这种皱褶的装饰来转移别人的注意力。
- 手臂细的人如果不得不穿那种无袖的衣服，则衣服必须能盖住肩膀。
- 手臂太粗的人在选择服装的时候最好选用那种面料略微贴身的、穿起来不太紧的衣服。
- 手臂粗的人应选择宽袖口的衣服，如果是短袖的话，长度应为上臂的 3/4。
- 以织花或绵绸的长披肩遮住肩膀和手臂，通过这种方式来掩饰手臂太粗的缺陷。

六、饰物的得体佩戴

饰物的佩戴古已有之，早在原始社会，我们的祖先以打猎为生，以打得多、打的野兽大为荣，故当时的装饰品是兽皮。后来配饰慢慢变到如今就种类繁多了。佩戴饰物对打造良好的个人形象至关重要。例如，英国前女首相撒切尔夫人，不但是英国第一位女首相，也是二十世纪英国任期最长的首相，她的一举一动、穿戴一件珠宝，都会受到人们的关注。穿戴对于男性政治家，也许不算什么，但对于女政治家，佩饰也成为人们关注的焦点、热议的话题。初为首相的撒切尔夫人，其穿戴、佩饰，一度不被人们认可，很快，撒切尔夫人以其高效的方式，找到了适合自己，又不被人们所讥讽的珠宝佩饰风格：珍珠加蓝色。撒切尔夫人的衣服以蓝色调为主，这个颜色很鲜亮，又是保守党的颜色，跟她的头发和肤色都很搭调。而洁白的珍珠，则不受年龄和场合的限制，也是百搭珠宝，高雅而低调。撒切尔夫人曾经明确表示：珍珠是她的最爱，即使平凡的衣服，只要有珍珠搭配，都会显得优雅超群、气度不凡。因此，撒切尔夫人的颈间总有一到多串的珍珠项链缠绕。耳饰中的珍珠，也非常多见。此外，珍珠胸针在撒切尔夫人的衣服上也时常出现。她的珠宝 style 是高雅精致，值得借鉴的。那么，究竟怎样得体地佩戴饰物呢？

1. 饰物的分类

（1）服饰。服饰是指服装上的装饰。服饰种类繁多，主要包括刺绣、系带、金属装饰品、珠宝等。不同时期、不同民族、不同国家的服饰既相似又不同。例如，我国唐代袍衫的纹样一般以暗花为多，武则天当朝后规定，在不同职别官员的袍服上，绣上各种不同的禽兽纹样，以区别等级；又如，我国少数民族中的白族，妇女的头饰上有一缕长长的穗，随着妇女年龄的增长或已婚否，这缕长穗慢慢地被剪短，直至完全没有。再如，我国布依族已婚妇女要用竹皮或笋壳与青布做成“假壳”戴在头上，向后横翘尺余。

（2）挂件。项链、玉佩、包挂、腰带等都属于挂件。在众多品种的挂件中，最流行和被人们广泛佩戴的是用贵金属、玉石、玛瑙、水晶、象牙、木雕、石雕等材料制成的各种人们心目中的吉祥物挂件。例如，保佑平安、祈祷发财、保佑健康的吉祥物。挂件制品在制作原料、工艺及饰物造型上，男女有别。除项链外，其余挂件一般不用贵金属材料制作。

（3）佩件。戒指、耳环、手镯、臂镯、丝巾扣等都属于配件。传说戒指源于 3000 年前的古埃及，戒指是环形的，它没有开始，也没有结束，象征着爱情的浪漫与永恒。佩件一般用贵金属和珠宝制成。现代社会出现了很多能取代贵金属和珠宝的人造贵金属和人造珠宝材质，用这些材料制作出的戒指、耳环、手镯、臂镯、丝巾扣等也同样非常漂亮，光彩照人。

（4）手袋。手袋，特别是女士用的小型手袋是女士出席各种社交活动的重要饰物。手袋的面料很多，可用皮革、金属、塑料、串珠、刺绣等材料制成。

（5）帽子。帽子是现代女士的主要饰物。无论是质料、色彩，还是款式都是多种多样的。

（6）腰带及眼镜。腰带及眼镜是男女皆用的最常见的饰物，属于应用及装饰为一体的饰物。特别是眼镜，随着现代人装饰意识和审美情趣的变化，眼镜已成为一种修饰五官脸部的饰物了。

（7）香水。香水是一种无形的服饰。香水在个人形象的塑造上扮演着重要的角色，是否能够正确地使用香水，是显示一个人审美情趣的标准之一。

（8）发饰。我国历代衣冠服饰制中对“冠”（即发饰）都有严格规定。在奴隶制度和封建制度时期，发饰是用来区分等级的一种饰品。例如，商代对冠巾、发簪等发饰的佩戴就有明确的要求。不同民族、不同地区的发饰在样式、佩戴方式等方面是有区别的，在某种意义上说发饰具有民族和区域特性。例如，傣族、白族等一些民族的妇女是已婚还是未婚，可通过其发式及发饰来判别。随着社会的发展，发饰等级制度已经消亡；随着民族之间、地区之间交往的日益紧密，不同民族、不同地区的发饰在逐步融合，使现代发饰呈现出了丰富、多彩、繁荣的局面。

2. 饰物的佩戴原则

（1）锦上添花的原则。在选择饰物的种类及选择佩戴方法时，首先要做到恰到好处，然后再考虑锦上添花，绝不可画蛇添足。例如，在黑色羊毛衫上面佩戴一枚闪光的彩色胸花，是很别致的。但如果再配上一条项链的话，就显得烦琐。

（2）与全身保持一致的原则。饰物的佩戴要与自身的体型、发型、脸型、肤色及所穿服装的款式、面料、颜色保持协调一致。例如，夏天，穿一身飘逸的连衣裙，背一个精巧的浅色双肩小包的女孩看上去就很协调；如果挎一个黑色皮包就不搭调。

（3）饰物质地与身份及环境相称的原则。现代饰物品种繁多，各种质地的饰品琳琅满目，在选择时首先要考虑自身所处的环境及身份，绝不可乱戴。例如，上班时，闪闪发光的手链、奇形怪状的戒指与身处的工作环境会很不相配。有一定身份的人，绝不可只图好看而选戴劣质饰品。

（4）饰物色彩、款式与季节相应的原则。饰物的色彩、款式要与季节相配，这一点多用于在皮包、眼镜、领带的选择上。例如，夏季和春季，女士应选择色彩亮、体积小的皮包。男士应选戴以浅色为主的领带；冬季，着装比较厚，皮包相应要大一点才能与穿着协调。

3. 常见饰物的选择与佩戴

（1）帽子。帽子是由头巾演变来的。中国古代人成年时要行“冠礼”“冠”就是帽子。在当代生活中，帽子不仅有御寒遮阳的作用，还具有装饰功能。在男女衣着中，帽子也占据着举足轻重的地位。戴帽子时，一定要注意帽子的式样、颜色与自身装束、年龄、工作、脸型、肤色相和谐。一般来说，圆脸适合戴宽边顶高的帽子，窄脸适合戴窄边的帽子。女士的帽子，种类繁多，不同季节造型和花色不同。例如，在冬天，女士可戴手工制的绒线帽；地位较高的女士可选择小呢帽；年轻姑娘可选择小运动帽。戴帽子的方法也很多，例如，帽子戴得端端正正显得很正派，稍往前倾一些显得很时髦。另外，戴眼镜的女士不适宜戴有花饰的帽子；身材矮小者，应戴顶稍高的帽子。

戴帽子应注意的一般礼仪是：戴法要规范，该正的不能歪，该偏前的不能偏后；男性在社交场合可以采用脱帽方式向对方表示致意；在庄重和悲伤的场合，除军人行注目礼外，其余的人应一律脱帽。

（2）围巾。围巾的花色品种很多，与帽子一样，起御寒保暖和美观的作用。巧妙地选戴围巾，效果远远超过不断地更新衣服。围巾的面料有纯毛、纯棉、人造毛织物、真丝绸、涤丝绸等。围巾的色彩及图案也名目繁多。男士一般应选用纯毛、人造毛织物制作的围巾，色彩应选用灰色、棕色、深酱色或海军蓝，不能选用丝绸类的围巾。女士对围巾的选择范围极大，可选用丝绸类及色彩多样的三角巾、长巾及方巾等。除可用来围在脖子上取暖外，还可以将围巾扎在头发上、围在腰上做装饰品。如果配上丝巾扣，围巾围、戴，变化就更多了。对女士来说，不论怎样选戴围巾，都要与年龄、身份和环境相协调，与所穿衣服的面料、款式、颜色及使用者的肤色相配。

（3）眼镜。对于现代人来说，眼镜常被用来做饰品或时装的搭配物，但在眼镜的选择上要多加注意。首先，眼镜要与自身的发型、脸型、肤色相协调；佩戴装饰性眼镜时要考虑与自己的身份相符。无论是在室内还是室外，只要是正式场合都应将装饰性的眼镜摘下。用来做装饰的深色变色镜或墨镜，戴前一定要先将商标摘下。

（4）戒指。在西方，戒指是无声的语言。一般来说，将戒指戴左手各手指上有不同含义：在食指上表示未婚或求婚；戴在中指上表示正在热恋中；戴在无名指上，表示已订婚或结婚；戴在小指上则表明"我是独身者"。右手戴戒指纯粹是一种装饰，没什么特别的意义。中国人也戴戒指，但一定不能乱戴。一般情况下，一只手上只戴一枚戒指，戴两枚或两枚以上的戒指是不适宜的。参加较正规的外事活动，最好佩戴古典式样的戒指。

小案例 4-9

"请代我向你的先生问好"

李丽中专毕业被分配到某公司做文秘工作不久，一次在接待客户时，领导让她照顾一位华侨女士。临分别时，那位华侨女士对小李的热情和周到的服务非常满意，留下名片，并认真地说："谢谢！欢迎你到我公司来做客，请代我向你的先生问好。"小李愣住了，因为她根本没有男朋友。可是，那位华侨女士也没有错，她之所以这么说，是因为看见小李的左手无名指上戴有一枚戒指。

（5）项链。项链的粗细应与脖子的粗细成正比，与脖子的长短成反比。从长度上分，项链可分为四种：短项链约 40cm，适合搭配低领上衣；中长项链约 50cm，可广泛使用；长项链约 60cm，适合在社交场合使用；特长项链约 70cm，适合用于隆重的社交场合。

（6）耳环。耳环可分为耳环、耳坠、耳链，在一般情况下为女性所用，并且讲究成对使用。戴耳环时应兼顾脸型，不要选择与脸型相似的形状，以防同型相斥，使脸型方面的短处被强调夸大。

（7）皮包。皮包具有使用及装饰作用，在现代服饰中起着画龙点睛的作用。皮包的种类千变万化，种类也不断更新，有肩挂式、手提式、手拿式及双肩背式等。在选购时要考虑它的适用范围。正式场合应选用质地较好、做工精细、外观华丽，体积不宜大，横长形的皮包；平时上班和日常外出使用的皮包不必太华丽，以实用性和耐用性为主；使用皮包要考虑其颜色与季节和着装是否相一致。皮包与使用人的体型也有很大关系，例如，体型小巧的人不能选用太大的皮包；体型矮胖的人不要选用太秀气的皮包；瘦高的人虽有较大的选择余地，但也不能选用太大或太小的皮包。在参加公务活动时应携带公文包。

（8）胸花。胸花是为女性特别设计的，专门用于装饰女性的胸、肩、腰、头、领口等部位。胸花有鲜花和人造花两种。相比之下，鲜花佩戴起来更显高雅，但不能持久。选择胸花时，一定要考虑服装的类型、颜色、面料，要考虑所出席的社交活动的层次，要考虑自身的体型和脸型条件。例如，个子矮小的女士适合小一点的胸花，佩戴时部位可稍高一些；个子高大的女士可选择大一点的胸花，佩戴时位置可低一些。胸花要注意别的部位，穿西服应别在左侧领上，穿无领上衣时应别在左侧胸前。发型偏左时胸针花应当居右，发型偏右时胸花应当偏左，其高度应从上往下数第一粒、第二粒纽扣之间。

小案例 4-10

一枚胸花，毁了一桩生意

方小姐作为一家公司的英文翻译，经常需要和经理去见客户。方小姐本人对穿衣戴帽也很在行，她知道见什么样的客户该穿什么样的衣服。

一次，方小姐和经理去跟一个外商谈业务。方小姐选择了一件浅白色的碎花短旗袍，下面搭配了一双白色高跟皮鞋，中国情调十足。正好前段时间方小姐过生日，好友赠送了一个夸张的骷髅头胸针，款式十分别致，方小姐特别喜欢，这段时间天天都戴着。这次的旗袍打扮，方小姐也没忘记别上这枚骷髅头胸针。方小姐和经理此次前去拜访的外商是英国人，他们刚一见面，方小姐的衣着就引起了英国商人注意。他刚想夸方小姐会穿衣服时，却一眼看到了那枚夸张的骷髅头胸针，欲言又止，原本欣喜的神色顿时黯淡下来。

在接下来的谈判中，那位英国商人的情绪不高，多少显得有些敷衍。最后，双方未能达成协议。经理大为不解：原来还谈得好好的，英国商人兴趣很高，怎么这次见面他的态度这么冷淡？

事后经理从那位英国商人的中国翻译那儿得知，原来那位英国商人极其注重服装礼仪，那天方小姐在极具中国风情的旗袍上点缀了那么夸张的一个骷髅头胸针，显得十分突兀，甚至有些不伦不类，十分碍眼，当时就让英国商人倒了胃口，失去了谈判的兴致。方小姐怎么也想不到，她的一枚胸针，毁了一桩生意。

（9）丝袜。丝袜，在服装整体搭配中起着举足轻重的作用。在国外，正式场合中如果女性不穿丝袜，就如同不穿内衣一样十分不雅。丝袜不仅能保护腿、足部的皮肤，掩盖皮肤上的瑕疵，还能与衣服相搭配，使女性更添魅力。

在商务场合穿着裙装及皮鞋时，一定要穿丝袜，而且必须是连裤丝袜。这样可以避免丝袜因质量问题掉落，也不会将袜口露在外面。有的人因为怕热而穿中长袜或短丝袜是不职业的做法。而平时在穿连衣裙及凉鞋时，就不要再穿丝袜了。因为凉鞋本来就是为了凉快的，再穿袜子就显得多此一举了。不过现在有一种前后包脚的凉鞋，是属于较为正式的款式，就必须穿袜子了。穿凉鞋时，要注意脚趾和脚后跟的洁净，不要把黑乎乎的指甲缝和老茧丛生的脚后跟露在外面，平时应注意保养。

丝袜的选穿不能敷衍了事，但要跟据自身特点和着装风格做到合理选穿，亦不是件容易的事，你最好知道选穿袜子的窍门，以下是一些供你参考的经验：对于日常忙于上班的职业女性，不妨选一些净色的丝袜，只要记住深色服装配深色丝袜，浅色服装配浅色丝袜这一基本方法就可以了。丝袜和鞋的颜色一定要相衬，而且丝袜的颜色应略浅于皮鞋的颜色（白皮鞋除外）。颜色或款式很出位的袜子对腿型要求很高，对自己腿型没有自信的女孩不可轻易尝试。品质良好的裤袜要比长筒丝袜令你更有安全感，能够避免袜头松落。白丝袜很容易令人看上去又胖又矮，应该避免。上班族更不要穿着彩色丝袜，它会令人感到轻浮，缺乏稳重之感。参加盛会穿晚装时，配一双背部起骨的丝袜使高雅大方的格调分外突出。但穿此类丝袜时，切记注意别将背骨线扭歪，否则极其失仪。

（10）香水。如前所述香水是一种无形的服饰。这里我们着重谈谈香水的使用技巧与方法。

① 香水的使用技巧。香水浓度越低，涂抹的范围越广。一般来说，浓香水应以点搽式或小范围喷洒式用于脉搏跳动处，如耳后、手腕内侧、膝后。香水、香露、古龙水、淡香水因

为香精浓度不是很高，不会破坏衣服纤维，所以可以自由地喷洒及使用。例如，脉搏跳动处、衣服内里、头发上或空气中。

【小贴士 4-27】

香水的类别

类　别	香精浓度	酒精含量	保持时间
浓香水（Parfum）	15%~30%	30%	5~7 小时
香水（Eau de Parfum）	10%~15%	20%~30%	5 小时
香露（Eau de Toilette）	5%~10%	10%~20%	3 小时
古龙水（Eau de Cologne）	2%~5%	10%以下	1~2 小时
淡香水（Eau Fraiche）	2%以下	无酒精	1 小时

在体温高的部位涂抹香水的效果比较好。要注意身体内侧比外侧的体温高。另外，香气向上升，涂抹在下半身比涂抹在上半身更能获得理想的效果。

不要在阳光照射到的地方涂抹香水，因为酒精在阳光的暴晒下会在肌肤上留下斑点。此外，紫外线也会使香水中的有机成分发生化学反应，引起皮肤过敏。

香水可以喷洒在干净或刚洗完的头发上。若头发上有尘垢或者油脂，则会令香水变质。同时也不应喷洒在干枯和脆弱的头发上，避免对发质造成伤害。

香料为有机成分，易与金、银、珍珠反应使之褪色、受损，因此香水不能直接喷洒于首饰上，可先喷洒香水后戴首饰。

切忌不要将香水喷洒在皮毛上，这样不但损害皮毛，也会使皮毛的颜色发生改变。香水喷洒在羊毛、尼龙的衣料上不容易留下斑点，不过香味留在纯毛衣料上会较难消散。

小案例 4-11

香水的使用

冯磊现在只有一个想法：见了同事吴云就躲开，因为吴云身上的味道实在让他忍受不了。你要问吴云身上有什么味儿，让冯磊这样排斥？冯磊会告诉你“怪味儿！我曾经用另一种方式问过她：‘吴云，你怎么能让自己身上的味道这么持久呢？’她很兴奋地告诉我：‘我用了香水呀。我现在越来越迷恋香水了，每天都在研究。有时候一天会换几种不同的香味试试，而且为了香味持久，我随身带着。你看！’然后我便看到她的包里有 4 个香水瓶子。我当时真是不知道该说什么了。她，现在身上并不是香水的香味，而是一种让人无法忍受的怪味儿！”

② 香水的使用方法。香水的使用主要有涂抹和喷洒两种方法。

涂抹，即将香水涂抹在手腕、颈部、耳后、臂弯里等有脉搏跳动的部位，这样香味可随着脉搏跳动、肢体转动而飘溢散发；也可将香水涂抹于腰部、髋关节，这是为了让余香更持久；脚踝处也可涂抹香水，这样可使香味飘散得更自然。

【小贴士 4-28】

香水使用“七点法”

首先将香水分别喷于左右手腕静脉处，双手中指及无名指轻触对应手腕静脉处，随后轻触双耳后侧、后颈部；轻拢头发，并于发尾处停留稍久；双手手腕轻触相对应的手肘内侧；使用喷雾器将香水

喷于腰部左右两侧；左右手指分别轻触腰部喷香处，然后用蘸有香水的手指轻触左右腿膝盖内侧、脚踝内侧，“七点法”到此结束。注意过程中所有轻触动作都不应有摩擦，否则香料中的有机成分可能发生化学反应，破坏香水的原味。

喷洒，即将香水喷洒在衣服上，一般多是喷洒于内衣、外衣内侧、裙下摆以及衣领后面；还可以把香水向空中轻轻喷洒几下，在头顶形成一片香雾，随后立于香雾中，让香气轻轻撒落在身上，散发出怡人的气息。

第三节　仪　　态

仪态，又称“体态”，是指人的身体姿态和风度。姿态是身体所表现的样子，风度则是内在气质的外在表现。人的一举手、一投足、一弯腰乃至一颦一笑，并非偶然的、随意的，这些行为举止自成体系，像有声语言那样具有一定的规律，并具有传情达意的功能。人们可以通过自己的仪态向他人传递个人的学识与修养，并能够以其交流思想、表达感情。英国哲学家培根说：“在美的方面，相貌的美高于色泽的美，而秀雅合适的动作又高于相貌的美。”在社交中，仪态是极其重要、有效的交际工具，它用一种无声的语言向人们展示出一个人的道德品质、人品学识、文化品位等方面的素质和能力，用优良的仪态礼仪表情达意，往往比语言更让人感到真实、生动。所以，我们在社交中必须举止优雅，做到仪态美。

一、体姿

1. 站姿

俗话说　“站如松”，站姿是人类的一种象征。男子的站姿如“劲松”之美，具有男子汉刚毅英武、稳重有力的阳刚之美；女子的站姿如“静松”之美，具有女性轻盈典雅、亭亭玉立的阴柔之美。正确的站姿是自信心的表现，会给人留下美好的印象。

（1）标准的站姿。站姿的要领是：一要平，即头平正、双肩平、两眼平视；二是直，即腰直、腿直，后脑勺、背、臀、脚后跟成一条直线；三是高，即重心上拔，看起来显得高。具体标准如下。

① 头正。两眼平视前方，脖颈挺直，下颌微收，嘴角上扬，表情自然，面带微笑。

② 肩平。肩部微微放松，稍向后下沉，自然呼吸，两肩平齐、舒展。

③ 臂垂。两臂自然下垂于体侧，虎口向前，手指自然弯曲。

④ 躯挺。后背正直，挺胸收腹，提臀，立腰。

⑤ 腿并。双腿膝盖夹紧，大腿内侧收紧。

⑥ 脚稳。站正步，脚跟靠拢，脚尖并拢，身体重心落在两脚中间。

（2）不同场合的站姿。在升国旗、奏国歌、接受奖品、接受接见、致悼词等庄严的仪式场合，应采取严格的标准站姿，而且神情要严肃。在发表演说、新闻发言、做报告宣传时，为了减少身体对腿的压力，减轻由于较长时间站立双腿的疲倦，可以用双手支撑在讲台上，两腿轮流放松。主持文艺活动、联欢会时，可以将双腿并拢站立，女士甚至站成“丁”字步，让站立姿势更加优美。站“丁”字步时，上体前倾，腰背挺直，臀微翘，双腿叠合，王立于众人间，富于女性魅力。门迎等服务人员往往站的时间很长，双腿可以平分站立，双腿分开不宜超过肩。双手可以前握垂放于腹前；也可以背后交叉，右手放到左手的掌心上，但要注意收腹。礼仪小姐的站立，要比门迎等服务人员更趋于艺术化，一般可采取立正的姿势或“丁”字步。如双手端执物品时，上手臂应靠近身体两侧，但不必夹紧，下颌微收，面含微笑，给人以优美亲切的感觉。

【小贴士 4-29】

从站姿看性格和心理

问题

你平时的站姿是以下哪种？

A. 背脊挺直、胸部挺起、双目平视　　B. 弯腰曲背、略现佝偻状

C. 两手叉腰而立　　D. 两腿交叉而立

E. 将双手插入口袋而立　　F. 靠墙壁而立

G. 背手站立

答案分析

选择 A：说明有充分的自信，给人以气宇轩昂、心情乐观愉快的印象，属开放型。

选择 B：属封闭型，表现出自我防卫、闭锁、消沉的倾向，同时，也表明精神上处于劣势，有惶惑不安或自我抑制的心情。

选择 C：是具有自信心和精神上优势的表现，属于开放型动作。对面临的事物没有充分心理准备时绝不会采用这个动作。

选择 D：表示一种保留态度或轻微拒绝的意思，也是感到拘束和缺乏自信心的表示。

选择 E：具有不袒露心思、暗中策划、盘算的倾向；若同时配合有弯腰曲背的姿势，则是心情沮丧或苦恼的反映。

选择 F：有这种习惯者多是失意者，通常比较坦白，容易接纳别人。

选择 G：多半是自信力很强的人，喜欢把握局势，控制一切。一个人若采用这种姿势处于人面前，说明他怀有居高临下的心理。

（3）不良的站姿。不良的站姿主要有以下几类。

① 身躯歪斜。古人对站姿曾经指出过“立如松”的基本要求，它说明站立姿势以身躯直正为美。在站立时，若是身躯出现明显的歪斜，将直接破坏人体的线条美，而且还会给人颓废消沉、萎靡不振、自由放纵的直观感觉。

② 弯腰驼背。弯腰驼背其实是身躯歪斜的一种特殊表现。除腰部弯曲、背部弓起之外，它大都会伴有颈部弯缩、胸部凹陷、腹部挺出、臀部撅起等其他不雅体态。凡此种种，都会显得一个人健康欠佳，无精打采。

③ 趴伏倚靠。在工作岗位上，要确保自己“站有站相”。站立时，随随便便地趴在一个地方，伏在某处左顾右盼，倚着墙壁、货架而立，靠在台桌边，或者前趴后靠、自由散漫，都是极不雅观的。

④ 腿位不雅。腿位不雅即双腿大叉。应切记：自己双腿在站立时分开的幅度，在一般情况下越小越好；在可能之时，双腿并拢最好；即使是分开，也要注意不可使二者之间的距离超过本人的肩宽。另外，还有双腿扭在一起、双腿弯曲等姿势也应避免。

⑤ 脚位欠妥。在正常情况下，双脚站立时呈现出“V”字式、“Y”字式（丁字形）、平行式等脚位。但是，采用“人”字式、蹬踏式和独脚式，则是不允许的。所谓“人”形脚位，指的是站立时两脚脚尖靠在一起，而脚后跟却大幅度地分开，这一脚位又叫“内八字”。所谓蹬踏式，是指站立时为了舒服，在一只脚站在地上的同时，将另一只脚踩在鞋帮上，或踏在椅面上，或蹬在窗台上，或跨在桌面上等。独脚式即把一脚抬起，另一只脚落地。

⑥ 手位失当。站立时，不当的手位主要有：一是将手插在衣服的口袋内；二是将双手抱在胸前；三是将两手抱在脑后；四是将双手支于某处；五是将两手托住下巴；六是手持私人物品。

⑦ 半坐半立。在工作岗位上，必须严守岗位规范，该站就站，该坐就坐，绝对不允许在需要站立时，为了贪图安逸而擅自采取半坐半立之姿。当一个人半坐半立时，既不像站，也不像坐，只能让别人觉得过分随便且缺乏教养。

⑧ 全身乱动。站立乃是一种相对静止的体态，因此不宜在站立时频繁地变动体位，甚至浑身不住地上下乱动。手臂挥来挥去、身躯扭曲、腿脚抖来抖去，都会使站姿变得十分难看。

⑨ 摆弄物件。站立时，不要下意识地做些小动作，如摆弄打火机、香烟盒，玩弄衣带、发辫，咬手指甲等，这些动作不但显得拘谨，给人以缺乏自信和教养的感觉，还有失仪表的庄重。

（4）站姿的训练。站姿的训练可采用以下方法。

① 对镜练习。在他人的帮助下，或自己对着镜子进行训练，便于纠正不良姿势；在找准标准站姿的感觉后，再坚持每次 20 分钟左右的训练。

② 靠墙站立练习。要求脚后跟、小腿、臀部、双肩、后脑勺都要紧贴墙壁。每次训练控制在 20～30 分钟。

③ 头顶书练习。要求把书放在头顶中心，为使书不掉下来，头、躯挺直，自然保持平衡，这种训练方法可以纠正低头、仰脸、晃头及左顾右盼等不良习惯。每次训练控制在 20～30 分钟。

④ 背靠背练习。两人一组，背靠背站立，将两人的后脑、双肩、臀部、小腿肚、脚后跟紧靠在一起。可以在两人的肩部、小腿部相靠的地方，各夹放一张卡片，训练不能让其滑落或掉下。

2. 坐姿

坐姿是一种基本的静态体位，是指人在就座以后身体所保持的一种姿势。正确而优雅的坐姿是一种文明行为，它既能体现一个人的形态美，又能体现其行为美。端庄优美的坐姿会给人以文雅、稳重、大方的美感，给人留下良好的印象。所谓“坐如钟”，就是指坐姿要像钟一样端庄沉稳、镇定安详。

（1）标准的坐姿。坐姿包括入座、落座和离座三个过程，每个过程又有其相应的基本要求。

① 入座。入座要求保持轻、稳、缓。入座有以下两种方式。

第一种：侧身走近座椅，从座椅的左侧轻轻落座。一般坐满椅面三分之二的位置，不要坐满或只坐很少一部分。

第二种：面向座椅，直接走到座位前，转身后站稳，右脚向后撤半步，用小腿确定座椅的位置，轻稳地坐下，收回左脚与右脚并拢。如果女士着裙装，落座前，应先用手将裙装下摆收拢一下，不可以落座后再整理衣裙。

② 落座。落座时同站姿一样，上体总体要求正直、舒展，下体依据不同场合的要求形成不同姿态。具体要求如下。

- 两眼平视前方，嘴唇微闭，微收下颌。
- 两肩平正放松，立腰、挺胸，上身自然挺直。
- 双脚并拢，左右大腿大致平行，膝弯曲大致呈直角，双脚平放在地面上，手轻放在大腿上。男士可在此基础上，膝盖稍分开一拳的距离，双脚分开。

③ 离座。离座前，先以语言或动作向周围的人示意或暗示，请他们做好心理上的准备；右脚向后收半步，轻稳站起，站稳后从座椅左侧离座。

【小贴士 4-30】

我国古人的坐姿

中国古人对坐姿很有讲究。席地而坐时，古代人们的坐姿主要有三种：①“趺坐”，即双足交迭，盘腿而坐，类似佛教中修禅者，所以又称“跏趺坐”；②“箕踞”，即两腿前伸，全身像簸箕形状；③“跽”，即跪坐，臀部压在后曲的小腿和脚上。

在没有宾客时，坐姿可以随便一些，好像上文的前两种，但是如果和尊者，长者，朋友交谈，或在议事，宴会和招待客人时，就要采用礼貌的姿式——“跽”了，而且讲究“正襟危坐”，坐时腰身端正。

（2）不同场合的坐姿。

谈判、会谈时，场合一般比较严肃，适合正襟危坐，但不要过于僵硬。要求上体正直，端坐于椅子中部，注意不要使全身的重量只落于臀部，双手放在桌上、腿上均可。双脚为标准坐姿的摆放。倾听他人教导、知识传授指点时，对方若是长者、尊者、贵客，坐姿除了要端正外，还应坐在座椅、沙发的前半部或边缘，身体稍向前倾，表现出一种谦虚、迎合、重视对方的态度。在比较轻松、随便的非正式场合，可以坐得轻松、自然一些，全身肌肉可适当放松，还可不时变换坐姿，以休息。

【小贴士 4-31】

坐姿与性格

心理学专家认为：将椅子转过去骑着坐的人显得自信好胜，但内心的防御性多半很强，不太爱与人交心；

喜欢抖腿的人多数聪明，反应快，接受能力强，但不是很有耐心，内心有浮躁或焦虑的一面，有时给人不够稳重的感觉；

端坐在椅子前半部分的人一般性格内向，谦虚有礼，善于倾听、体谅别人，他们多半个性成熟、亲和力强，容易受人信赖；

双腿张开，伸得很长的人一般性格外向、开朗、不拘小节，但有时比较傲慢、霸道、支配性强，容易发脾气、耍性子，不愿退让；

前胸紧靠桌子，双腿并拢的坐姿显得内向、拘谨、有些害羞，不够自信，这样的人多半不太果断，缺乏灵活性；

跷“二郎腿”的人通常自在随性，有时有些自大，喜欢挑剔，喜欢对别人的事指手画脚，爱给人提建议；

双腿自然分开，手放腿上的坐姿是古代男性的标准坐姿，体现出闲适、儒雅的气度。这种人通常稳重，值得信赖；

喜欢靠着椅背的人可能性格慵懒、散漫，做事拖沓，对自己要求不高，但对别人也比较宽容。

了解这些由无声语言“坐姿”所传递出的不同信息，将给我们带来不同的影响。

（3）不雅的坐姿。要避免以下不雅的坐姿。

① 动作幅度过大、过急。在入座过程中，节奏太快，动作不轻稳，易给人造成做事潦草、忙乱的不良印象；离座时出现急、快的情况，易刮倒座椅、发出声响等问题，也会影响个人形象。

② 坐姿不端正。上身放松，半坐半躺在座椅上，或者完全瘫坐在椅子上；上身在坐立的过程中不停地晃动、左右歪斜、前仰后合等，以上坐姿均是素质低、没有修养的表现。

③ 手臂位置不恰当。双臂应根据脚位摆放在合适的位置上，以表现优雅的姿态。以下是不恰当的手臂位置：手夹在两腿之间、双手抱在腿上、手插在衣袋中、手摆弄物件等。

④ 双腿姿态不规范。两腿叉开很大距离，两脚并拢，而两膝距离较大，两腿向前伸度太大，两腿不停抖动，双腿交叉时没有收紧，两膝之间有距离，双腿重叠式，一条腿跷起（俗称‘二郎腿”）。在日常工作和生活中应尽量避免以上不规范的坐姿。

⑤ 脚位不雅观。双脚没有平放在地面上，脚尖翘起；以脚蹬踏别的物体。这种姿态会给人造成轻浮、粗俗的印象。

（4）坐姿的训练。坐姿的常用方式较多，在基本坐姿训练的基础上，可以利用具体情境进行训练，同时加强入座和离座的训练，使整体就座过程连续、流畅，更富感染力。

① 重视基本坐姿训练。在明确坐姿的基本要求和进行站姿训练基础上，可以进行坐姿训练。在训练过程中，可以采用对镜规范训练、工具辅助训练（如头顶书籍）等方式。初级练习，每次的训练时间应保持在 20～30 分钟；以后可随技能的掌握水平，逐渐减少连续练习时间。

② 运用具体情境练习。为提高学习者的兴趣，调动其学习积极性，可模拟具体情境进行训练，如招聘会、见面会、校友会等，把坐姿与情境相结合，由学习者自行设计并保持姿态，达到强化的目的。每次训练控制在 10～15 分钟，可分多次进行。

③ 加强入座和离座训练。在坐姿训练时，往往较重视姿态训练，忽略过程训练，因此学习者会表现出动作过程不完整或缺失的现象。入座和离座应分别进行单一动作训练，每次训练控制在 5～10 分钟，单一训练后再合成动作，保持动作的连贯性和准确性，达到体现优雅、庄重坐姿的目的。

3. 走姿

走姿也称步态，是指一个人在行走过程中的姿势。它以人的站姿为基础，是站姿的延续，始终处于运动中。走姿体现的是一种动态美，能直接反映出一个人的精神面貌，表现一个人的风度、风采和韵味，对个人社会性的塑造起着重要的作用。有良好走姿的人会显得年轻有活力。所谓“行如风”，就是指行走动作连贯，从容稳健。步幅、步速要以出行的目的、环境和身份等因素而定。协调和韵律感是步态的最基本要求。

女士走姿要轻盈飘逸，似“淑女”般窈窕婀娜；男士走姿要潇洒阳刚，似“绅士”般庄重稳健。

（1）标准的走姿。走姿训练是在站姿训练基础上进行的，上体要求与站姿相近，重点要加强动态中下体和手臂的训练。有人编了走路的动作口诀，体现了走姿的要领：双眼平视臂放松，以胸领动肩轴摆，提髋提膝小腿迈，跟落掌接趾推送。

① 上体。后背正直，挺胸，双肩平齐、舒展；收腹，提臀，立腰；两眼平视前方，嘴角上扬，面带微笑。

② 两臂。两臂以肩为轴，大臂带动小臂，前后自然摆动，似柳叶摆动，前后摆臂不超过30°，手自然半握拳，两手手心相对。

③ 腿部。大腿带动小腿，脚跟迅速过渡到全脚落地，落地轻盈（提气落地），两脚交替踏在一条竖线上，重心略向前脚移送。

④ 步幅。步幅指前后脚的距离。在行走时，男士步幅约 25 厘米，女士步幅约 20 厘米。一般，前脚的脚跟距离后脚的脚尖应为一脚长。步幅同时要根据服饰做适当调整，如女士穿裙装时，步幅可以适当缩小。

⑤ 步速。步速指人体行进时的速度。在行走时，步速要均匀、稳定，一般每分钟 100～120 步较适宜，不宜太快或太慢，特殊情况除外。

⑥ 步态。走路的姿态应有韵律感，同时具有较好的柔韧性。上体正直挺拔，步伐有力而富有弹性，双臂摆动轻松自如。

【小贴士 4-32】

以走姿促健美

良好的走姿能起到健美的作用。曾两度荣获奥斯卡最佳女主角奖的美国著名好莱坞影星简·方达，非常注重研究形体健美。她的健美形体曾一度成为人们羡慕和效仿的标准。她以自己的亲身体验和心得总结，撰写了《简·方达健美操》一书，这本书一经面世就备受推崇，风靡世界。她在日常生活中加强锻炼，始终保持着健美的形体。她有一套走路健身法，对形体健美颇为有效。其方法可以概括为如下几点。

（1）活泼轻松地走。为了获得走路的有氧锻炼效果，简·方达摸索出理想的步速是 6.9～8 公里/每小时，即 120 米/分钟左右。

（2）中心向前倾。走路时，脚掌的用力方向应是向后蹬，而不是向下扣。

（3）步伐不要过小，稍微拉大一些走，可以加快速度，并使步子富有节奏感，使腿和臀部处于充分活动的状态。

（4）提高重心。走路时，要挺胸收腹，背要直，头要抬。颈部和腰部都要有挺起感。身体要保持正直，但不要紧张、僵直，要放松。

（5）两手臂的摆动要自然有力。甩臂要像吊钟的钟摆一样，幅度要大而有力，但始终要保持轻松自如。

（2）不同环境的走姿。不同环境的走姿是有所不同的。

① 在拥挤的环境中行走。在比较拥挤的环境中，要精神饱满，步态轻盈，行走的步幅、速度要适中，手臂的摆幅不宜过大，路遇来宾要让路，躲闪要灵敏、有礼貌。

② 在要求保持安静的地方行走。在要求保持安静的地方行走时要避免发出大的响声，走路要轻盈；若穿皮鞋或高跟鞋在没有地毯的地方行走，要把脚后跟提起，尽量用脚掌着地行走，以免发出响声。

③ 在楼道、楼梯等环境里行走。由于楼道、楼梯等环境中过道狭窄，行走时要靠右行，途中如遇来宾走来，要提早侧身让路，并微笑点头致意，表示尊重。

① 进出电梯时的行走。进出电梯应遵循“先出后进”的原则。进出时，应侧身而行，以免碰撞、踩踏他人，进入电梯后，应尽量靠里边站。

【小贴士 4-33】

着不同服装的走姿

（1）穿西装的走姿要求。西服以直线为主，应当走出穿着者挺拔、幽雅的风度。穿西装时，后背保持平正，两脚立直，行走的步幅可略大些，手臂放松伸直摆动，手势简洁大方。行走时男士不要晃动，女士不要左右摆髋。

（2）穿西服套裙走姿要求。西服套裙多以半长筒裙与西装上衣搭配，所以着装时应该尽量表现出这套职业装的干练、洒脱的风格特点。这套服装要求步履轻盈、敏捷、活泼，步幅不宜过大，可用稍快的步速节奏来调和，以使走姿活泼灵巧。

（3）穿旗袍的走姿要求。旗袍作为东方晚礼服的杰出代表，在世人眼里拥有着经久不衰的美丽。所以，很多服务行业通常将其作为迎宾、引位或者中式宴会厅的职业服装。着这款服装，最重要的是要表现出东方女性温柔、含蓄的柔美风韵，以及身体的曲线美。所以，穿中式旗袍要求身体挺拔，胸微含，下颌微收；塌腰撅臀是着旗袍的大忌。旗袍必须搭配高跟或中跟皮鞋才能走出这款服装的韵味。行走时，走交叉步直线，步幅适中，步子要稳，双手自然摆动，髋部可随着身体重心的转移稍加摆动，但上身绝不可跟着晃动。总之，穿旗袍应尽力表现出一种柔和、妩媚、含蓄、典雅的东方女性美。

（4）穿高跟鞋的走姿要求。女士在正式场合应穿着黑色高跟鞋，行走时要保持身体平衡。具体做法是：直膝立腰、收腹收臀、挺胸抬头。为避免膝关节前屈导致臀部向后撅的不雅姿态，行走时一定要把踝关节、膝关节、髋关节挺直，只有这样才能保持挺拔向上的形体。行走时步幅不宜过大，每一步要走实、走稳，这样走姿才会有弹性并富有美感。

（4）易出现的不良走姿。以下不良走姿要注意克服。

① 上体姿势不正。上体的不正确姿态主要有：在行走时上身左右摇晃，重心上下起伏；上体不挺拔，缩脖端肩，含胸驼背等。

② 手臂摆动幅度过大。手臂在行进过程中起辅助作用，前后摆动幅度要适中，不能过大。大幅度的摆臂动作会使人感觉不稳重。

③ 走路方法不正确。这包括以下几种。A. 踢着走：走路时身体前倾，只有脚尖踢到地面，然后膝盖弯曲，脚跟往上提，腰部很少出力，使整条腿变胖。B. 压脚走：走的时候身体重量压在脚尖上，然后再抬起来。双脚着地的时间比踢脚走的人长，使腿肚的肌肉愈来愈发达，出现“萝卜”腿现象。C. 内八字走法：双脚落地时，脚尖向里扣呈内八字走法，长久下来会造成 O 形腿。D. 外八字走法：双脚落地时，脚尖过分向外分呈外八字走法，外八字走法会使膝盖向外，使腿部动作变形，也会导致 O 形腿的产生。

④ 步态不规范。在行走时，还会出现以下问题：步速太快或太慢、步幅过大或过小、精神状态不饱满、动作僵硬、神情颓丧等。

（5）走姿的训练。行走姿态必须经过科学训练，进行一定量的练习，才可以形成良好的走姿。

① 分步骤基本练习。初级训练阶段应采用分解式练习，把走姿分成三个过程训练，即提、迈、落。“提”指行进腿大腿向上提 45°，形成膝盖上提，脚尖向下；“迈”指行进腿以膝盖为轴，大腿保持不动，小腿向前伸长，脚尖稍离地；“落”指行进腿落地，后脚推前脚，重心前移。练习时，先分解练习，再整合动作。节奏可以由三拍过渡至两拍，速度由慢到快。

② 工具辅助练习。为保持走姿的平稳性，可使用“书籍”作为工具辅助练习。要求在行进中将一本厚度适中的书放在头顶中心，头、躯干挺直，自然保持平衡。这种训练方法可以纠正身体出现的不良习惯，如身体左右摇摆、头部晃动等。每次训练控制在20分钟左右。

③ 音乐体验练习。当行走姿态基本正确后，可以配合音乐进行练习。音乐可采用慢速和中速节奏。这种训练方法不仅可以起到调节学习情绪的作用，同时可培养动作的韵律感和表现力，陶冶学习者的艺术素养。

4. 蹲姿

俗话说“蹲要雅”，蹲姿是人的身体在低处取物、拾物、整理物品、整理鞋袜时所呈现的姿势，它是人体静态美与动态美的综合。蹲姿要动作美观，姿势优雅。

（1）标准的蹲姿。标准的蹲姿有以下要求：首先要讲究方位，当需要拣拾低处或地面上的物品时，可走到物品的左侧；当面对他人下蹲时，要侧身相向；当需要整理鞋袜或于低处整理物品时可面朝前方，两脚一前一后，一般情况是左脚在前，右脚在后，目视物品，直腰下蹲。直腰下蹲后方可弯腰捡低处或地面上的物品，以及整理鞋袜或在低处工作。取物或工作完毕后，先直起腰部，使头部、上身、腰部在一条直线上，再稳稳站起。

（2）易出现的不雅蹲姿。以下不雅蹲姿要注意克服。

① 位不准确。应根据具体的场合和需要选择蹲姿，注意方位的准确运用，如对人下蹲时，如果采用正面下蹲，就是很不礼貌的行为。

② 蹲速不当。在下蹲时速度不能过快，要轻稳，同时速度适中。特别是女性穿旗袍等服饰时，更要注意。

③ 不注意动作的隐蔽性。蹲姿因重心过低，因此要十分注重腿部动作的控制。要收紧腿部动作，两腿之间不能有缝隙，特别是穿裙装时，更要注意下蹲动作的隐蔽性。

④ 随意滥用。不要在工作中随意采用蹲姿，也不可蹲在椅子上或蹲在地上休息。

（3）蹲姿的训练。要有意识地、主动经常地进行标准蹲姿训练，形成良好习惯。可以运用压腿、踢腿、活动关节等方式加强腿部膝关节、踝关节的力量和柔韧性训练，这是优美蹲姿的基础。

平时在进行蹲姿训练时可以配上优美的音乐，放松心情，减轻单调、疲劳之感。

二、表情

美国心理学家登布（Temple）在其《推销员如何了解顾客心理》一文中说：“假如顾客的眼睛朝下看，脸转向一边，表示你被拒绝了；假如他的嘴唇放松，笑容自然，下颚向前，则可能会考虑你的提议；假如他对你的眼睛注视几秒钟，嘴角以至鼻翼部位都显出微笑，笑得很轻松，而且很热情，这项买卖就做成了。”由此可见，面部表情在传情达意方面有着重要的作用。面部表情是丰富且复杂的体态语的一个重要方面，它包括脸色的变化、肌肉的收展以及眉、鼻、嘴等的动作。这里，我们重点介绍一下眼神和微笑。

1. 眼神

俗话说：“眼睛是心灵的窗户”。它是人体传递信息最有效的器官，而且能表达最细微、最精妙的差异，显示出人类最明显、最准确的交际信号。正如著名印度诗人泰戈尔所说：“在眼睛里，思想敞开或是关闭，放出光芒或是没入黑暗，静悬着如同落月，或者像忽闪的电光照亮了广阔的天空。那些自有生以来除了嘴唇的颤动之外没有语言的人，学会了眼睛的语言，这在表情上是无穷无尽的，像海一般的深沉、天空一般的清澈，黎明和黄昏，光明与阴影，都在自由嬉戏。”据研究，在人的视觉、听觉、味觉、嗅觉和触觉感受中，唯独视觉感受最为敏感. 人由视觉感受的信息占总信息的 83%。在汉语中用来描述眉目表情的成语就有几十个，如“眉飞色舞”“眉目传情”“愁眉不展”“暗送秋波”“眉开眼笑”“瞠目结舌”“怒目而视”……这些成语都是通过眼语来反映人们的喜、怒、哀、乐等情感的，人的七情六欲都能通过眼睛这个神秘的器官显现出来。

小案例 4-12

老师的眼神

有一则这样的报道：一所重点中学举行百年校庆时，恰逢德高望重的老教师八十寿辰。这位老教师极富传奇色彩，他所教过的学生中，许多已成为蜚声海内外的教授、学者及活跃在时代前沿的 IT 精英。是什么原因使这位老教师桃李满天下呢？学校决定在百年校庆之际，把这个谜底揭开。于是，记者便对从该校毕业的各位成功人士，即这位老教师的学生做了一个调查，请他们谈一谈老教师的哪方面对他们的人生影响最大。结果，答案令记者等人很吃惊，他们出奇一致地认为，是老师的眼神给了他们前进的动力。因为这位老教师的眼神中时刻都流动着鼓励、肯定与信任，这是一笔不可估量的财富，也给了他们无穷的动力。

（1）眼神的构成。眼神主要由注视的时间、视线的位置和瞳孔的变化三个方面组成。

① 注视的时间。据有人调查研究，人们在交谈时，视线接触对方脸部的时间约占全部谈话时间的 30%~60%，超过这一平均值，可认为对谈话者本人比谈话内容更感兴趣；低于这一平均值，则表示对谈话内容和谈话者本人都不怎么感兴趣。不难想象，如果谈话时心不在焉、东张西望，或者是由于紧张、羞怯不敢正视对方，目光注视的时间不到谈话的 1/3，这样的谈话，必然难以被人接受和信任。当然，必须考虑到文化背景，如南欧人注视对方可能会造成冒犯。

② 视线的位置。人们在社会交往中，不同的场合和对象，目光所及之处也是有差别的。有的人在与比较陌生的人打交道时，往往因为不知把目光怎样安置而窘迫不安；已被人注视而将视线移开的人，大多怀有相形见绌之感；仰视对方，一般体现“尊敬、信任”的语义；频繁而又急速地转眼，是一种反常的举动，常被用作掩饰的一种手段。当然，如果死死地盯着对方或者东张西望，不仅极不礼貌，而且也显得漫不经心。

③ 瞳孔的变化。瞳孔的变化即视觉接触时瞳孔的放大或缩小。心理学家往往用瞳孔变化大小的规律，来测定一个人对不同的事物的兴趣、爱好、动机等。兴奋时，人的瞳孔会扩张到平常的 4 倍大；相反，生气或悲哀时，消极的心情会使瞳孔收缩到很小，眼神必然无光。所谓“脉脉含情”“怒目而视”等都与瞳孔的变化有关。据说，古时候的珠宝商人已注意到这种现象，他们能通过顾客的瞳孔变化而猜测对方是否对珠宝感兴趣，从而决定是抬高价钱还是跌价。

（2）眼神的运用。在社交过程中，与朋友会面或被介绍认识时，可凝视对方稍久一些，这既表示自信，也表示对对方的尊重。双方交谈时，应注视对方的眼鼻之间，表示重视对方及对其发言感兴趣。当双方缄默不语时，就不要再看着对方，以免加剧因无话题本来就显得冷漠、不安的尴尬局面。当别人说了错话或显拘谨时，务请马上转移视线，以免对方把自己的眼光误认为是对其的嘲笑和讽刺。如果你希望在争辩中获胜，那就千万不要移开目光，直到对方眼神转移为止。送客时，要等客人走出一段路，不再回头张望时，才能转移目送客人的视线，以示尊重。

在谈判中也很讲究眼神的运用。一方让眼镜滑落到鼻尖上，眼睛从眼镜上面的缝隙中窥探，就是对对方鄙视和不敬的情感表露。一方在不停地转眼珠，就要提防其在打什么新主意。双目生辉、炯炯有神，是心情愉快、充满信心的反映，在谈判中持这种眼神有助于取得对方的信任和合作。相反，双眉紧锁、目光无神或不敢正视对方，都会被对方认为无能，可能导致对自己的不利结果。

眼神还可传递其他信息，已被人注视而将视线移开的人，大多怀着相形见绌之感，有很强的自卑感。无法将视线集中在对方身上或很快收回视线的人，多半属于内向型性格。仰视对方，表示怀有尊敬、信任之意；俯视对方，表示有意保持自己的尊严。频繁而急速地转眼，是一种反常的举动，常被用作掩饰的一种手段，或内疚，或恐惧，或撒谎，需分清以做出判断。视线活动多且有规则，表明其在用心思考。听别人讲话，一面点头，一面却不将视线集中在谈话人身上，表明其对此话题不感兴趣。说话时，对方将视线集中在你身上的人，表明他渴望得到你的理解和支持。游离不定的目光传递出来的信息是心神不宁或心不在焉。

眼神可以表达出异常丰富的信息，但微妙的眼神有时只可意会，难以言传，只能靠我们在社会实践中用心体察、积累经验、努力把握，方能在社交中灵活运用。

【小贴士 4-34】

目光运用的差异性

- 日本人在闲谈时喜欢看着对方的脖子，他们认为直截了当地盯着对方的脸是不礼貌的举动。
- 英国人在谈话时很少对视。
- 瑞典人在交谈时，对视为佳，看着对方的眼睛说话说明你诚实。
- 在巴基斯坦，凝视是很平常的事，不要认为是粗鲁或是威胁。
- 不准久久凝视别人，这是希腊人一项不成文的规矩。
- 阿拉伯人认为，对谈话人凝眸而视，是起码的待人礼节。与人对话而目光旁落，意味着对其不尊重。
- 南美洲维图托族和鲍罗族的印第安人互相攀谈时，眼睛务必东张西望，到处打量。如果某人对三个以上的听众讲话，他必须背对着听众，目视远方侃侃而谈。

（3）眼神的训练。训练前，每人准备一面小镜子、音乐播放器材、音乐歌曲 CD、磁带、优秀影视剧中的演员和节目主持人通过眼神表达内心情感的影像资料等。具体训练方法如下。

① 睁大眼睛训练：有意识地练习睁大眼睛的次数，增强眼部周围肌肉的力量。

② 转动眼球训练：头部保持稳定，眼球尽最大的努力向四周做顺时针和逆时针的 360° 转动，增强眼球的灵活性。

③ 视点集中训练：点上一支蜡烛，视点集中在蜡烛火苗上，并随其摆动，坚持训练可使目光集中、有神，眼球转动灵活。

④ 目光集中训练：眼睛盯住距离 3 米左右的某一物体，先看外形，逐步缩小范围到物体的某一部分，再到某一点，再到局部，再到整体。这样可以提高眼睛的明亮度，使眼睛十分有神。

⑤ 影视观察训练：观看录像资料，注意观察和体会优秀影视剧中的演员和节目主持人是如何通过眼神表达内心情感的。

⑥ 训练时可以配上优美的音乐，放松心情，以减轻单调、疲劳之感。

以上方法若坚持不间断地天天训练定会使目光明亮有神。

2. 微笑

著名画家达·芬奇的杰作《蒙娜丽莎》是文艺复兴时期最出色的肖像作品之一。画中女士的微笑给人以美的享受，使人们充满对真、善、美的渴望，让人回味无穷。微笑，是一种特殊的语言——“情绪语言”。它可以和有声语言及行动相配合，起“互补”作用，沟通人们的心灵，架起友谊的桥梁，给人以美好的享受。工作、生活中离不开微笑，社交中更需要微笑。

（1）微笑的作用

微笑是世界通用的体态语，它超越了各种民族和文化的差异。微笑是人人都喜爱的体态语，正因为如此，无论是个人还是组织，都充分重视微笑及其作用。

小案例 4-13

希尔顿的微笑服务

“旅馆大王”康拉德·希尔顿就是善于利用微笑来获得成功的典型。“旅馆大王”希尔顿于 1919 年才把父亲留给他的 1.2 万美元连同自己挣来的几千元投资出去，开始了他雄心勃勃的经营旅馆生涯。当他的资产奇迹般地增值到几千万美元的时候，他欣喜而自豪地把这一成就告诉了母亲。想不到，母亲却淡然地说：“依我看，你跟以前根本没有什么两样……事实上你必须把握比 5100 万美元更值钱的东西，那就是除了对顾客诚实之外，还要想办法使来希尔顿旅馆的人住过了还想再来住，你要想出简单、容易、不花本钱而行之久远的办法去吸引顾客。这样你的旅馆才有前途。”母亲的忠告使希尔顿陷入迷惘：究竟什么办法才具备母亲指出的“简单、容易、不花本钱而行之久远”这四大条件呢？他冥思苦想，不得其解。于是他逛商店、串旅店，以自己作为一个顾客的亲身感受，得出了准确的答案：“微笑服务。”

由此开始，“微笑服务”成了希尔顿的经营策略。每天不管多累多忙，他都会微笑地提醒员工们：“你微笑了没有？顾客感受到你的微笑没有？”他把微笑服务定为制度，要求每位员工不论什么时候都要对顾客报以微笑、哪怕顾客在挑剔地提意见，哪怕受到了误解和委屈。即使是酒店最不景气的时候，他也经常要求员工们：“我们要面带微笑，不要把心里的愁云摆在脸上，顾客走来是接受我们的服务的，不是来听我们的委屈的。因此，无论酒店本身遇到多大的困难，希尔顿旅馆每位员工的脸上永远挂着微笑。”

近年来，日本许多公司的员工都在业余时间参加“笑”的培训，他们认为这样可以增强企业内部凝聚力，改善对外服务，提高企业效益。根据日本的传统，无论男人和女人，遇到高兴、悲伤或愤怒时，都必须学会控制情绪，以保持集体和睦。因为，日本人认为藏而不露是一种美德。但自从日本经济进入衰退期后，生意越来越难做，商家竞争日趋激烈。于是乎，为招揽顾客，日本商家，特别是零售业和服务业新招叠出，其中之一就是让员工笑脸迎客。在今日的日本，数以百计的“微笑学校”应运而生。日本一些公司的员工一般在下班后去学校接受培训，时间为 90 分钟，连续受训一个星期。据称，经过微笑培训，日本不少公司的销售额“直线上升”。日本许多公司招工时，都把会不会“自然地微笑”作为一个重要条件。

【小贴士 4-35】

微笑的 10 大好处

世界著名的保险业精英，被称为“推销之神”的日本的原一平对微笑有非常深刻的认识，他积累自己 50 年的经验，总结了微笑的 10 大好处。

（1）笑把你的友善和关怀有效地传达给准客户。

（2）笑能拆除你与准客户之间的“篱笆”，敞开双方的心扉。

（3）笑使你的外表更迷人。

（4）笑可以消除双方的戒心与不安，以打开僵局。

（5）笑能消除自卑感。

（6）你的笑能感染对方也笑，创造出和谐的交谈基础。

（7）笑能建立准客户对你的信赖感。

（8）笑能除去自己的哀伤，迅速地重建自信。

（9）笑是表达爱意的捷径。

（10）笑会增进活力，有益健康。

原一平经常苦练微笑，经过刻苦训练，他的笑达到了炉火纯青的地步，被誉为“价值百万美金的笑容”，因为他的年薪就是 100 万美金。他的笑能散发出无比诱人的魅力。

（2）微笑的规范

① 口眼结合。要口到、眼到、神色到，笑眼传神，微笑才能扣人心弦。

② 笑与神、情、气质相结合。这里所讲的“神”，就是要笑得有情入神，笑出自己的神情、神色、神态，做到情绪饱满，神采奕奕；“情”，就是要笑出感情，笑得亲切、甜美，反映美好的心灵；“气质”就是要笑出谦逊、稳重、大方、得体的良好气质。

③ 笑与语言相结合。语言和微笑都是传播信息的重要符号，只有注意微笑与美好语言相结合，声情并茂、相得益彰，微笑方能发挥出它应有的特殊功能。

④ 笑与仪表、举止相结合。以笑助姿、以笑促姿，形成完整、统一、和谐的美。

尽管微笑有其独特的魅力和作用，但若不是发自内心的真诚的微笑，那将是对微笑语的亵渎。有礼貌的微笑应是自然的坦诚、内心真实情感的表露。否则，强颜欢笑、假意奉承的“微笑”则可能演变为“皮笑肉不笑”“苦笑”。比如，拉起嘴角一端微笑，使人感到虚伪；吸着鼻子冷笑，使人感到阴沉；捂着嘴笑，给人以不自然之感。这些都是失礼之举。

小案例 4-14

日本高铁用软件检测员工微笑

为提高服务质量，日本京滨急行电铁的员工近日有了一个与众不同的老板——“微笑警察”。这个“老板”将每天对员工的面部进行扫描。“微笑警察”是一款由日本欧姆龙公司开发的“微笑检测”软件，能根据面部特征、嘴唇弧线以及眼部运动引起的皱纹给出包罗万象的微笑分析。在扫描面部之后，这套装置就会估算出一个人最大的微笑程度，分成 0~100 等级。如果检测到一个低于标准的微笑，一系列的微笑提示信息就会出现在计算机屏幕上，例如“你看起来还是太严肃了”“提起你的嘴角”等。公司要求 500 多名员工使用这套软件系统，每天开始工作前检测自己的笑脸，并将笑脸打印出来，用这张微笑照片提醒自己一整天都要保持良好的微笑状态。

（3）微笑的训练

训练前，每人准备一面小镜子、音乐播放器材、音乐歌曲 CD、磁带、优秀影视剧中的演员和节目主持人微笑的影像资料等。具体方法如下。

① 情绪记忆法，即将自己生活中最高兴的情绪储存在记忆中，当需要微笑时，可以想起那件最使你兴奋的事件，自然而然流露出笑容。注意练微笑时，要使双颊肌肉用力向上抬，嘴里念“一”音，用力抬高口角两端，注意下唇不要过分用力。普通话中的“茄子”“田七”“前”等的发音也可以辅助微笑口型的训练。

② 对着镜子练习微笑，调整自己的嘴形，注意与面部其他部位和眼神的协调，做使自己最满意的微笑表情，直到离开镜子时也不要改变它。

③ 练习微笑之前要忘掉自我和一切烦恼，让心中充满爱意。

④ 训练时可以配上优美的音乐，放松心情，以减轻单调、疲劳之感。

【小贴士 4-36】

正式场合笑的禁忌

在正式场合笑的时候，应力戒以下几种“笑”。

（1）假笑，即笑得虚假，皮笑肉不笑。

（2）冷笑，是含有怒意、讽刺、不满、无可奈何、不屑于、不以为然等意味的笑。这种笑，非常容易使人产生敌意。

（3）怪笑，即笑得怪里怪气，令人心里发麻。它多含有恐吓、嘲讽之意，令人十分反感。

（4）媚笑，即有意讨好别人的笑。它亦非发自内心，而来自一定的功利性目的。

（5）怯笑，即害羞或怯场的笑。例如，笑的时候，以手掌遮掩口部，不敢与他人交流视线。

（6）窃笑，即偷偷地笑。多表示洋洋自得、幸灾乐祸或看他人的笑话。

（7）狞笑，即笑时面容凶恶。多表示愤怒、惊恐、吓唬他人。此种笑容毫无丝毫的美感可言。

三、手势

手是人体上最富灵性的器官。如果说“眼睛是心灵的窗户”，那么手就是心灵的触角，是人的第二双眼睛。手势在传递信息、表达意图和情感方面发挥着重要作用。

【小贴士 4-37】

丰富的手势语

据语言专家统计，表示手势的动词有近二百个。“双手紧绞在一起”，显示的意义是精神紧张。用手指或笔敲打桌面，或在纸上涂画，显示不耐烦、无兴趣。搓手常表示人们对某事结局的急切期待心理。在经济谈判中这种手势可以告诉对手或对手告诉你在期待着什么。伸出并敞开双掌给人以言行一致、诚恳的感觉。掌心向下的手势表示控制、压制，带有强制性，易产生抵触情绪。谈话时掌心向上的手势表示谦虚、诚实，不带有任何威胁性。双臂交叉于胸前暗示一种敌意和防御的态度。塔尖式手势，把十指端相触，撑起呈塔尖式表示，若再伴之以身体后仰，则显得高傲。用手支着头，显示的意义是不耐烦、厌倦。用手托摸下巴，说明老练、机智。用手不停地磕烟灰，表明内心有冲突和不安。突然用手把没吸完的烟掐灭，表明紧张地思考问题，等等。又如招手致意、挥手告别、握手友好、摆手回绝、合手祈祷、拍手称快、拱手答谢（相让）、抚手示爱、指手示怒、颤手示怕、捧手示敬、举手赞同、垂手听命，等等。

丰富的手势语在人们交往间是不可缺少的。在社会交往中，手势有着不可低估的作用，生动形象的有声语言再配合准确的手势动作，必然能使交往更富有感染力、说服力和影响力。

1. 手势的区域

手势活动的范围，有上、中、下三个区域。此外，还有内区和外区之分。肩部以上称为上区，多用来表示理想、希望、宏大、激昂等情感，表达积极肯定的意思；肩部至腰部称为中区，多表示比较平静的思想，一般不带有浓厚的感情色彩；腰部以下称为下区，多表示不屑、厌烦、反对、失望等，表达消极否定的意思。

2. 手势的类型

人的手势一般可分为以下四种。

（1）情意性手势。情意性手势主要用于带有强烈感情色彩的内容，其表现方式极为丰富，感染力极强。比如说“我非常爱她”时，用双手捧胸，以表示真诚之情。

（2）象征性手势。象征性手势主要用来表示一些比较复杂的感情和抽象的概念，从而引起对方的思考和联想。例如，把大军乘胜追击的场面，用右手五指并齐并手臂前伸这个手势来形容，象征着奋勇进发的大军，从而引起听众的联想。

（3）指示性手势。指示性手势主要用于指示具体事物或数量，其特点是动作简单，表达专一，一般不带感情色彩。例如，当讲到自己时，用手指向自己；当谈到对方时，用手指向对方。

（4）形象性手势。形象性手势的主要作用是模拟事物的形状，以引起对方的联想，给人一种具体明确的印象。例如，说到高山，手向上伸；讲到大海，手平伸外展。

3. 手势的原则

手势语能反映出复杂的内心世界，但运用不当，便会适得其反，因此在运用手势时要注意以下几个原则。

（1）简约明快。手势的使用不可过于繁多，以免喧宾夺主。

（2）文雅自然。拘束低劣的手势会有损于交际者的形象，因此必须做到文雅自然。

（3）协调一致。即手势与全身协调、手势与情感协调、手势与口语协调。

（4）因人而异。手势使用不可能要求每个人都做几个统一的手势动作。

4. 常见的手势

（1）引领的手势。在各种交际场合都离不开引领动作。例如，请客人进门、请客人坐下、为客人开门等，都需要运用手与臂的协调动作。同时，由于这是一种礼仪，还必须注入真情实感，调动全身活力，使心与形体形成高度统一，才能做出色彩和美感。引领动作主要有以下几个表现形式。

① 横摆式。以右手为例：将五指伸直并拢，手心不要凹陷，手与地面呈 45° 角，手心向斜上方。腕关节微屈，腕关节要低于肘关节。动作时，手从腹前抬起，至横膈膜处，然后，以肘关节为轴向右摆动，到身体右侧稍前的地方停住。同时，双脚形成右丁字步，左手下垂，目视来宾，面带微笑。这是在门的入口处常用的姿势。

② 曲臂式。当一只手拿着东西，扶着电梯门或房门，同时要做出“请”的手势时，可采用曲臂手势。以右手为例：五指伸直并拢，从身体的侧前方向上抬起，至上臂离开身体的高度，然后以肘关节为轴，手臂由体侧向体前摆动，摆到手与身体相距 20 厘米处停止，面向右侧，目视来宾。

③ 斜下式。请来宾入坐时，手势要斜向下方。首先，用双手将椅子向后拉开，然后，一只手由臂由前抬起，再以肘关节为轴，前臂由上向下摆动，使手臂向下成一斜线，并微笑点头示意来宾。

（2）招呼他人的手势。手放于体侧，手臂伸直在一条直线上，向前向上抬起，手掌向下，屈伸手指做搔痒状或晃动手腕。这种手势在中国、欧洲的大部分地区以及拉丁美洲的许多国家都比较适用。但在美国、日本等国却与此相反，他们用掌心向上，手指向内屈伸，手指做搔痒状或晃动手腕招呼别人，而在中国、南斯拉夫和马来西亚等国这种手势却是用来召唤动物的。

（3）挥手道别的手势。身体要站直，不晃动，目视对方，手臂伸直，呈一条直线，手放在体侧，向前向上抬至与肩同高或略高于肩，手臂不可弯曲，掌心朝向对方，指尖朝向上方，五指并拢，手腕晃动。

（4）指引方向的手势。当有人询问去处时，要先行站直，不可尚未站稳或在行走中指引方向。手臂伸直在一条直线上，五指并拢，手掌翻转到掌心朝上，与肩平齐，直指准确方向。目光要随着手势走，指到哪里看到哪里，否则易使对方迷惑。指引方向后，手臂不可马上放下，要保持手势顺势送出几步，以体现对他人的关怀和尊敬。

（5）展示物品的手势。应使物品在身体的一侧展示，不要挡住本人的头部。展示的位置不同表明物品的意义不同：当手持物品高于双眼之处时，适用于被人围观时采用；当手持物品位于眼睛下方、胸部上方，双臂横伸时，自肩至肘部以内时，给人以放心、稳定感；当手持物品位于眼睛下方、胸部上方，双臂伸直在肘部以外时，给人以清楚感，通常在这个位置展示想让对方看清楚的物品；当手持物品位于胸部以下，给人以漠视感，通常用于展示不太重要的物品。

（6）接物品的手势。递送、接取物品，不方便用双手时，可用右手，但绝不可单用左手。双方距离比较远时，应起身站立，主动走近对方递送或接取物品。递送时最好直接递至对方手中并且要方便对方接取。递送有文字、图案、正反面的物品时，要正面向上且朝向对方；接取物品时，要缓而且稳，不要急欲抢取。递送带尖、带刃或其他易于伤人的物品时，应使其朝向自己或朝向他处，切不可朝向对方。

（7）鼓掌的手势。鼓掌是在观看文体表演、参加会议、迎候嘉宾时表示赞赏、鼓励、祝贺、欢迎等情感的一种手势。要领是：以右手掌心向下有节奏地拍击左掌，不可左掌向上拍击右掌；不可右掌向左，左掌向右，两掌互相拍击。鼓掌时间要长短相宜，5~8 秒钟为宜。

（8）指人的手势。指人包括指他人和指自己。这两种情况都要注意运用正确的手势，而要克服不正确的手势。

5. 常见的手势语

手势语是以手的动作和面部表情表达思想、进行交际的手段，使用时多伴有上肢和身体的动作。社交中常用的手势语如下。

（1）"OK"的手势。拇指和食指合成一个圆圈，其余三指自然伸张可形成"OK"的手势。这一手势于 19 世纪初期风靡美国，其意义相当于英语的"OK"，即"好了""一切妥当""赞扬""允许""了不起""顺利"等。"OK"手势在西方某些国家比较常见，但应注意在不同国家其语义有所不同，如在法国表示“零”或“无”；在印度表示“正确”；在中国表示“零”或“三”两个数字；在日本、缅甸、韩国则表示“金钱”。

小案例 4-15

“OK”手势闹出笑话

礼仪专家李荣建曾因为“OK”势闹出笑话。他在上中学的时候，由于学校修路把侧门关闭了，就要绕很远去上课。有一次眼看就要迟到了，于是他决定翻墙进去，但学校明令禁止跳墙，经常派保安埋伏在墙下。他正犹豫不决的时候，看见一个同学刚好经过。隔着栅栏门，他小声问：“墙底下有没有保安？”同学四下看看，也不说话，只是冲他比划了个“OK”的手势。他一见很高兴，如武林高手一般，攀住墙头，“噌”地一下翻了过去。就在他双脚落地之时，3个保安过来将他团团围住，二话不说，把他带到了保卫处。回到教室，李荣建十分生气地问那个同学：“明明墙底下有3个保安，你怎么做“OK”的手势来骗我？”那位同学也十分气愤地说：“你是真傻还是装傻呀？我这是中国手势，意思是墙下有3个保安！”可见，同一种手势在不同的地方就会有不同的含义，甚至不同的手势却表示相同的含义。

（2）伸大拇指手势。大拇指向上，在说英语的国家多表示“OK”之意或是打车之意；若用力挺直，则含有骂人之意；若大拇指向下，多表示坏、下等人之意。在我国，伸出大拇指这一动作基本上是向上伸表示赞同、一流、好等，向下伸表示蔑视、不好等。

（3）“V”字形手势。伸出食指和中指，掌心向外，其语义主要表示胜利（英文 Victory 的第一个字母）。

【小贴士 4-38】

“V”字形手势的来历

“V”字形手势来源于英国前首相温斯顿•丘吉尔（Winston Churchill）。在第二次世界大战中英国在对德国抵抗中处于较为不利的地位。丘吉尔在演说中使用了这样的手势，代表“Victory”（胜利）之义，号召人们起来保家卫国，坚决同法西斯斗争到底。这一手势受到人们的欢迎和喜爱，很快風靡全国。

现在，“V”字形手势已经风靡世界。在赛场上，在人们互相祝贺的各种场合都不难看到这一手势。需要注意的是，如果将手心向内做出这样的手势，在英国、澳大利亚和新西兰等国，就成了一种亵渎侮辱他人的信号。在中国，可以使用类似的手势表示数字“2”。在欧洲各地，这一手势也用来表示“2”。

小案例 4-16

小明的手势

小明刚上三年级，这天他考数学，考得挺好，放学回到家，他 90 多岁的太奶奶就问他：“今天考得咋样啊？”，他说考得挺好，冲他太奶奶做了个“V”字形手势，他太奶奶哪懂得“洋手势”的意思呀，说道：“哦，这孩子学习不行，考了个‘鸭巴子’”。“鸭巴子”是方言，就是指得了 2 分，鸭子的形状不是像阿拉伯数字“2”吗。第二天放学，太奶奶又问小明：“孩子你今天考得咋样啊？”小明今天考的是语文，他考得也很好，他冲太奶奶做了一个“OK”的手势，他太奶奶还是不懂这个“洋手势”的意思，叹了口气，说道：“唉，这孩子学习不行，还不如昨天呢，考了个大零蛋！”。

（4）捻大拇指手势。商人、推销员、银行职员等经常与钱打交道的人，常常使用捻大拇指的手势表示“钱”。这是因为在日常生活中，人们使用这一动作来数钱。捻大拇指的手势是这样的：拇指与食指相捏，然后用拇指向上，食指向内，做出两指相捻的动作。人们注意到，在使用这一手势时，食指是向里、向内移动的，这一下意识的动作方向暗示了谈钱者希望“向里”收钱的愿望。当人想得到报酬或各种形式的好处时，其食指一定会向“里”移动，这是无意识地对有形的钱或无形的其他好处的“期盼”与“接收”。相反，如果使用这一手势时，食指是向外移动的，这恰恰与人们弹掉什么东西的手势相似，那么，他所表示的意思就不再是内敛或内聚了，就成了表示“排除”和“解除”的信号。

（5）十指交叉的手势。这是将十指交叉在一起，置于桌上或身体一侧的动作。这一手势的含义不一。实际上，对这种手势的理解有两种：许多情况下，人们将这种姿势看作是自信，因为使用这一手势的人总是神情自若，面带微笑，言谈中也总显得无忧无虑；另一方面，也有人将这种手势看作是一种消极的人体信号，它表示情绪沮丧、心理矛盾或敌对情绪，也可以表示紧张或被控制的思想情绪，但到底是哪一类，需结合具体情况而定。

（6）“尖塔式”手势。这是将左手的五指和右手的五指，分别指尖相对或相交，形成近似尖塔的形状。根据“尖塔”的指向，可以把这种手势分为“上耸式”和“下垂式”两种。哪些人喜欢使用“尖塔式”手势呢？那些比较自信的人较之不那么自信的人，更经常使用这一手势以显示他们的高傲和自信。在上下级之间，这种手势主要用来表示“高人一等”“万事皆通”和“唯我独尊”的心理状态。具体而言，具有相当权势的各级各类领导人物较多地使用这种手势。上耸式手势是两拇指朝向自身，其余各指相对，指向上方的塔尖式手势。这一手势是大脑产生“拔尖儿”思想时，手做出的下意识动作，它与高傲、盛气凌人以及“我比人强”等思维活动有关。一般来说，大多数自信的男人喜欢使用这一手势。下垂式手势是与之相反的手势，拇指向外，其余各指指向下方。对于大多数女性而言，她们更习惯使用这种手势。下垂式的尖塔式手势也是思维中“拔尖儿”的一种下意识表现，是在遇到“山外有山，人外有人”的情况，遇到比自己更“拔尖儿者”时，做出的“让步”的人体表示。

（7）捻指做响手势。捻指做响手势就是用手的拇指和食指弹出声响，其语义或表示高兴，或表示赞同，或是无聊之举，有轻浮之感。应尽量少用或不用这一手势，因为其声响有时会令他人反感或觉得没有教养，尤其是不能对异性运用此手势，这是挑衅、轻浮之举。

6. 不良的手势

手势是人的第二面孔，具有抽象、形象、情意、指示等多种表达功能。在交际中使用手势和手势语时，以下几种手势是值得特别重视的，否则，将会给对方传达出不良的信息。

（1）指指点点。交际中绝不可随意用手指对服务对象指指点点，与人交谈时更不可这样做。指点着别人说话，往往会引起他人较大的反感。

（2）随意摆手。在接待服务对象时，不可将一只手臂伸在胸前，指尖向上，掌心向外，左右摆动。这些动作的一般含义是拒绝别人，有时还有极不耐烦之意。

（3）端起双臂。双臂抱起，然后端在胸前这一姿势，往往暗含孤芳自赏、自我放松或置身度外、袖手旁观、看他人笑话之意。

（4）双手抱头。这一体态的本意是自我放松，但在服务时这么做，则会给人以目中无人之感。

（5）摆弄手指。工作无聊时，反复摆弄自己的手指，活动关节或将其捻响、打响指，或是莫名其妙地攥松拳，或是手指动来动去，在桌面或柜台上不断敲扣，这些往往会给人不严肃、很散漫之感，令人望而生厌。

（6）手插口袋。这种表现会使客人觉得服务行业从业人员忙里偷闲，在工作方面并未尽心尽力。

（7）搔首弄姿。这种手势，会给人以矫揉造作、当众表演之感。

（8）抚摸身体。在工作时，有人习惯抚摸自己的身体，如摸脸、擦眼、搔头、挖鼻、剔牙、抓痒、搓泥，这会给别人留下缺乏公德意识、不讲究卫生、个人素质极其低下的印象。

（9）勾指手势。请他人向自己这边过来时，用一只食指或中指竖起并向自己怀里勾，其他四指弯曲，示意他人过来，这种手势有唤狗之嫌，对人极不礼貌。

【小贴士 4-39】

手势训练

训练应在四面墙安装长及地镜子的形体训练室进行。训练前做好如下准备：音乐播放器材、音乐歌曲 CD、投影设备、毛泽东、周恩来等伟人的音像资料、剪子、文件等。

（1）先观看毛泽东、周恩来等伟人的音像资料，然后开始训练。

（2）调整体态，保持良好的站姿。

（3）每两人一组对镜子练习常用手势，包括请、招呼他人、挥手道别、指引方向、递接物品（剪子、文件）、鼓掌、展示物品等手势，并互相纠正。

四、举止

一个人的举止端庄、行为文明、动作规范，是良好素养的表现，它能帮助个人树立美好形象，也能为组织赢得美誉；反之，则会损害组织形象。《人民日报》上有过如下这样一则报道。

小案例 4-17

一口痰毁了一项合同

中国长江医疗机械厂经过艰难的谈判，即将与美国客商约瑟（Jose）先生签定“输液管”生产线的合同。然而，在参观车间时，厂长陋习难改，在地上吐了一口痰。约瑟看后一言不发，掉头就走，只留给厂长一封信：“我十分钦佩您的才智和精明，但您吐痰的一幕使我彻夜难眠。一个厂长的卫生习惯可以反映一个工厂的管理素质，况且我们合作的产品是用来治病的，人命关天。请原谅我的不辞而别，否则上帝都会惩罚我的。”

一口痰毁了一项合同，可见，日常举止是优美仪态的一个重要组成部分。端庄的举止、文明的行为体现在日常生活的方方面面，但交际中更要求人们的举止应有一定的约束。在交际中不拘小节、行为莽撞、举止失措的“冒失鬼”是不受欢迎的。因此，在交际中我们要努力克服以下不良举止。

1. 冒冒失失的行为

行为冒失的人，往往“目中无人”，以自我为中心，不考虑自己的行为是否会对他人造成影响。行为冒失的人的行为特征是手脚太“快”、动作太“硬”、幅度太“大”。有些人是手脚冒失，如在庄重肃穆的场合，冒失的人往往会窜来窜去；展览会上的展品他会随便去摸；进别人的房间时，往往忘了敲门；由于手脚冒失经常将物品损坏。有些人是语言冒失，他们常常说话不看对象、不分场合、不讲分寸，结果常常闹出笑话或得罪人。例如，初次相识，冒失的人便会给对方提出一些不恰当的问题或要求；连别人是否结了婚都没搞清楚，便贸然问人家的孩子是男孩还是女孩；一不小心言语就伤害了别人的自尊心等。有人认为这是性格粗犷、豪爽仗义，其实不然，这些冒冒失失的行为举止正表现出其在礼仪方面的修养很不成熟。

2. 公共场合大声说话

在公共交通工具上、餐厅里、剧院、电梯等地方经常可以看到一些人大声交谈，即使是一些很隐私的问题，他们也旁若无人地大声交流。这必将影响周围人的心情、思绪，有时甚至让听到者感到难堪。所以，在公共场合应注意控制自己说话的音量，以免干扰别人。如果可以找到一个不影响他人的区域，最好到这样的区域去谈话。

3. 随便吐痰，乱扔垃圾

吐痰是最容易直接传播细菌的途径，随地吐痰是非常没有礼貌而且绝对影响环境、影响我们的身体健康的行为。如果要吐痰，应该把痰吐在纸巾上，丢进垃圾箱，或去洗手间吐痰，但不要忘记清理痰迹和洗手。随手扔垃圾也是应当受到谴责的最不文明的举止之一。

4. 当众搔痒

搔痒的举止很不文雅。瘙痒的原因很多，出现这些情况时，要按所处场合来灵活掌握。如果处在极严肃的场合，应稍加忍耐；如果实在是忍无可忍，则只有离席到较为隐蔽的地方去挠一下，然后赶紧回来。一般来说，在公共场合不得用手抓挠身体的任何部位。因为不管怎么注意，抓挠的动作都是不雅的。

5. 当众嚼口香糖

有些人必须当众嚼口香糖以保持口腔卫生，那么，应当注意在别人面前的形象。咀嚼的时候闭上嘴，不能发出声音，并把嚼过的口香糖用纸包起来，扔到垃圾箱里。

6. 当众挖鼻孔、掏耳朵

有些人用小指当众挖鼻孔或用钥匙、牙签、发夹等当众掏耳朵，这是一个很不好的习惯。尤其是在餐厅或茶坊，别人正在进餐或饮茶，这种不雅的小动作往往令旁观者感到非常恶心。

7. 当众挠头皮

有些头皮屑多的人，因为头皮发痒往往在公共场合忍不住挠起头来，顿时头皮屑飞扬四散，令旁人大感不快。特别是在那种庄重的场合，这样是很难得到别人谅解的。

8. 在公共场合抖腿

有些人坐着时会有意无意地抖动双腿，或者让跷起的腿像钟摆似的来回晃动，而且自我感觉良好，以为无伤大雅。其实，这会令人觉得很不舒服。记住，这不是文明的表现，也不是优雅的行为。

小案例 4-18

"我的财都被他抖掉了"

有一位华侨到国内洽谈合资业务，洽谈了好几次，最后一次来之前，他曾对朋友说："这是我最后一次洽谈了，我要跟他们的最高领导谈，谈得好，就可以拍板。"过了两个星期，他和朋友相遇，朋友问："谈成了吗？"他说："没谈成。"朋友问其原因，他回答："对方很有诚意，进行得也很好，就是跟我谈判的这个领导坐在我的对面，当他跟我谈判时，不时地抖着他的双腿，我觉得还没有跟他合作，我的财都被他抖掉了。"

9. 当众打哈欠

在交际场合，打哈欠给对方的感觉是对所讲话题不感兴趣，表现出很不耐烦的样子。因此，如果控制不住要打哈欠，一定要马上用手盖住嘴，并立即说"对不起"。

10. 频频看表

在与人交谈时，如果无其他重要约会，最好少看自己的手表。这样的小动作会使对方认为你还有什么重要的事情，不会使谈话继续下去；同时，你的这种小动作可能引起对方的误会，认为你没有耐心再谈下去。如果你确实有事在身的话，不妨婉转地告诉对方改日再谈，并表示歉意。

通过克服以上不良举止，可展现良好的风度气质，打造出完美的个人形象。

小案例 4-19

李嘉诚的风度

冯仑在他的《伟大是熬出来的》一书中谈到，有一次，他们长江 CEO 班三十几个同学到了香港，此行的安排之一是见李嘉诚。冯仑说，见李嘉诚之前他有几个预想。一是，他们到达约好的会见室后，肯定是先见到李嘉诚的空座椅，而不会一下就见到本人。二是，见面后，他们一拨人会递名片给对方，而对方是不会派名片的。三是，吃饭时肯定有主桌，这么多人不可能都和李嘉诚坐在一张桌子上，于是就有了主桌、次桌之分。四是，李嘉诚不会等饭吃完的，一定是吃两口就推说忙而先行离开。

结果却如冯仑的记叙："首先电梯刚一开，一位 70 多岁的大哥站着跟我们握手，这样的开场很不一样，我有点愣。其次，一见面大哥先发名片，这个也很诧异，而且发名片还给你递过来一个盘子，上面有号，拿名片顺带抓个号，这个号决定你吃饭时坐在哪桌，避免到时候我们这些同学谁坐一号桌，谁坐二号桌，心里有想法。后来才知道，照相也根据这个号，站哪儿就是哪儿，我觉得挺好，大家避免尴尬。"

让人更没想到的是，那次共有 4 张桌子，每张桌子上都多备一副碗筷，一个小时的用餐时间，李嘉诚每张桌子都去坐了一会儿，而且都大约是 15 分钟时间。会餐结束后，李嘉诚又与每个人握手道别，一个都不漏掉，就连站在旁边的服务员，李嘉诚都专门走过去认真握手道谢……

五、风度

风度是社交活动中给人印象深刻的内在潜质的综合反应，风度不但是人的一种性格特征的表现，而且还是一种内在涵养的表现。风度是一个人的姿态举止、言谈、作风等表现出来的美。这种美既是一种外在美，又是一个人内心美的自然流露，也就是内在美和外在美的和谐统一。看过《周恩来外交风云》的人不会忘记：在日内瓦会议和万隆会议上，周恩来以其卓越才智和个人魅力，为和平解决印度支那问题、促进亚非会议做出了历史性的贡献。他的举手投足，都展现出一个彬彬有礼、温文尔雅、和蔼可亲的东方美男子形象。1954 年，当周恩来代表中国出现在日内瓦会议上，他的风采、他的气质、他的落落大方、不卑不亢的外交才干令所有人为之惊叹、为之折服，令西方国家对新中国的总理刮目相看。在万隆会议上，周恩来又以其风度与个人魅力从会前需要“老前辈”介绍而变为会后公认的“外交明星”，他所倡导“和平共处五项原则”“求同存异”的方针，也产生了深远的影响，被广泛承认为处理国与国之间关系的基本准则。周恩来那优雅的充满独特魅力的翩翩风度，倾倒了多少不同国度不同民族甚至不同信仰的人，令多少人为之惊叹与折服！

因此我们既要重视化妆、服饰与姿态的美，更要看重内在的修养，何况外在仪表本身就折射着个人内在的内容。要想在社交场合风度翩翩，应从根本做起。

1. 风度的培养是人内在气质的展现

气质不佳者，难有好的风度。内在气质的优化是靠平时修养、陶冶而成，因而它会不经意地显露出风度。

【小故事 4-2】

曹操的气质风度

据《世说新语》记载：曹操个子较矮，一次匈奴来使，应由曹操接见。可是，曹操怕使者见自己矮而看不起，于是请大臣崔琰冒充自己，曹操则持刀扮成卫士站在崔琰的旁边观察使者。崔琰“眉目疏朗，须长四尺，甚有威重”。接见后，曹操派人去探听使者的反应，使者说：“魏王雅望非常，然床头提刀者，此乃英雄也。”曹操具有高度的政治、军事、文化素养，养成了封建时代的政治家特有的气质。因此，他的风度并不因他身材矮小而受到影响，也不因他扮成地位低下的卫士而被掩盖。

2. 风度的培养离不开良好的德、才、学、识

良好的文化素养、脱俗的思想境界、渊博的学识、精深独到的思辩能力，是构成风度美的重要内在因素。宽宏的气度与气量是自古以来的君子之风，知识丰富且善于辞令，时而妙语连珠，时而幽默风趣，这些风度也可通过语言举止、服饰和作风等转换为外在的形式。如毛泽东有运筹帷幄的政治家风度，周恩来有才思敏捷、风姿潇洒的外交家风度，鲁迅有“横眉冷对”的铮铮铁骨，宋庆龄则留下端庄自然的慈母风度，等等，高尚的道德修养与高超的学识造就了卓然的风度。

3. 风度的培养应注意经常的训练

培养风度首先要对自己的气质、性格、经历、知识和文化程度，乃至身材、面容等条件有个自知之明。既不能听之任之，对自己毫无要求，以“本色”“自然”自夸；也不能乞求过高，操之过急，以致矫揉造作，生硬别扭，或东施效颦，欲美反丑。而审度自己，科学地进行自我设计，持久地实践、训练，自然能水到渠成。例如根据自身特点坚持训练站姿、坐姿、走姿、言谈举止的技术，在各种场合、环境下都能运用自如，心理从容自信，风度也随之而来。正如一位艺术家所言：“只有你自己才能识别自己的长处和魅力。它们也许是你的低回浅笑，也许是你的开怀畅谈，也许是你的亲切和蔼。它可能是你对生活乐趣

的领悟，也可能是你的沉静安详。不管你那特有的吸引力是什么，它都会因为魅力的技术因素而得到加强。”

拓展阅读

不同职业角色的妆容技巧

每个人都有自己特定的社会角色。由于在不同的交际场所“扮演”的角色不同，因此，装扮或表现也要相应有所区别。每一个角色都有一个自己的定位。凸显角色是一种行为选择，也是一个人在自我定位时，决定哪一个角色比其他角色重要的过程。

1. 高级主管的妆容技巧

当一位新的部门主管走马上任，人们在观察他时，通常会较多地注意那些无形的价值，如个人形象、人际沟通能力、人品及性格等。因此，身为部门主管注意自己的妆容，不断强化自己的妆容技巧是必要的。

（1）女性主管。女性主管要在工作中做到真正与男性处于同等地位，必须从自信与装扮上提升自己作为一个独立人格存在的水准。要尽可能打扮得端庄得体，发型、妆容、首饰和衣服应该和谐统一。装扮要尽可能优雅、完美。

（2）男性主管。女士们通常羡慕男士不用花多少精力去装扮，以为他们只要穿上一套得体的西装就可以了，但在当今的市场竞争社会里，已有越来越多的男士开始意识到仅仅做到这些是远远不够的。男性主管也必须努力注意自己的妆容。

① 内衣不仅要干净，也要合身。

② 第一次与重要人物见面时，着装要尽可能含蓄，以免咄咄逼人。色彩和款式较含蓄的高级丝质领带比色彩艳丽的领带更好。

③ 眉毛间杂乱的毛发看上去不整洁，要设法修整。

④ 参加重要会议，首先要考虑清楚自己到底应以什么样的形象出现，然后，再考虑相应的服饰。

⑤ 如果发型长期不变，肯定会显得落伍，甚至会显得比实际年龄老气。去设计一个更好的发型，改变原有的习以为常的形象。

⑥ 如果总是等鞋子脏了才去擦，那么皮革就很容易老化，一般穿三次就应该擦一次。

⑦ 一次性水性笔只适合学生或临时工用，优质钢笔更能反映出你的成功和个性。

⑧ 手指甲应每两个星期就修剪一次。

⑨ 有趣的塑料手表只是少年的玩物，包括潜水式的手表都会有损职业人士的形象。

⑩ 对于有机会单独与客户接触的职业男士来说，个人卫生是非常重要的。每天都应更换衬衣，早晨要洗淋浴，每天都要刷牙 3 次。此外，应选择能与裤装和鞋子相匹配的素色或黑色袜子。

2. 接待人员的妆容技巧

每个公司都应该注意公司形象与员工形象之间的协调。因为公司通过宣传等其他方式建立起来的形象，最终要由员工来体现和强化。公司应制定出一整套员工形象标准，以帮助他们维护公司的形象。

公司接待人员通常多为女性，公司主管应该让她们了解作为接待员是代表公司接待宾客的，给来访者的第一印象非常重要。一个最佳的接待人员通常就是公司形象的代言人。因此，人事部门在招聘接待人员时必须严格筛选，并制定出严格的用人规范。

（1）女性应淡妆上岗，化妆与发式应整齐、清洁、端庄。不宜在接待宾客时整理卷发或补妆。

（2）珠宝首饰佩戴不宜超过三件，应选用无声响、不夸张、不招摇的饰品。

（3）手和指甲必须随时保持整洁。特别值得注意的是，不要把流行的"酷妆"带到工作岗位上来。因为在职场工作的每一位员工，都应按照职场的妆容礼仪规则要求自己，到公司接受服务的可能都是有业务关系的朋友或服务对象，因此，绝不能将私人化的妆容形象带到职场上来。一个人的形象应随着环境的变化而变化，在休闲环境下是良好的形象，到了职场环境下可能就不合时宜了。

3. 求职人员的妆容技巧

不论是已经有工作经验者或是刚毕业的学生，任何想获得一份工作的人都需经过面试。所以，专门探讨一下有关面试时的妆容技巧是有必要的。

面试最初 3 分钟的印象非常重要，在这 3 分钟里主考官会对求职者形成初步的感性认识。印象好可能会给求职者更多的时间以便其深入了解，印象不好可能就会匆匆结束面试，或缩短面试过程。在相互不认识的人之间，以貌取人并没有错。因为在最初的印象中，形象是对方能够获取相关信息的最直观、最快捷、最有效的途径。因为，对方不可能在这么短的时间里准确得知一个人的全方位信息。比如，关于一个人的为人处世、人品才能等的信息，均需要经过较长时间的了解接触才能获取。所以，应聘时的外在形象对一个应聘者越过最初的障碍会起到非常重要的作用。在准备面试前要做到以下几点。

（1）面试前一晚必须睡眠充足，使皮肤保持光洁。

（2）女性要用浅色调彩妆化自然一些的淡妆。脸上有斑点的女性要用遮瑕膏将其遮盖。不化妆的女性以及蓄须的男性，在求职过程中容易遭遇偏见，从而会减少许多本应属于自己的机会。女性若浓妆艳抹，比没有化妆的应聘者更糟糕。化一点淡妆，让面部显得清新自然，是最受人们欢迎的。

（3）头发要保持干净，不要用油滑的定形液，否则会给人湿漉漉的感觉。留长发的女性，要把头发扎起来，束带应简单而自然，不要使人觉得稚气未脱。

（4）要洗净、修整指甲，因为在与人握手或做记录时，指甲不清洁总是一件让人感到尴尬的事情。女性应用无色自然的指甲油，这样看上去会显得更健康。

（5）不要用香水，否则会分散考官的注意力。

个人良好的妆容形象对获得一份理想的工作起着重要作用，尤其是当你还没有这方面的经验时，需要依靠自身良好的外在形象，把内在的潜质更好地表现出来，以便于他人能愉快地接受。

（资料来源：吴雨潼. 职业形象设计与训练[M]. 大连：大连理工大学出版社，2015.）

实践训练

1．个人形象设计训练

实训目标：了解个人形象礼仪的基本知识和规范，遵循个人形象礼仪基本原则，在交际中塑造出良好的个人形象。

实训课时：4 课时。

实训地点：实训室。

实训内容：

（1）仪容形象设计

① 准备化妆盒、棉球、粉底霜、胭脂、眼影、眉笔、唇彩、香水等化妆用品；

② 将全班学生分组，两两一组，要求其根据所学仪容礼仪知识，扬长避短展现出最美丽的妆容；

③ 在课堂上分组进行形象展示，最好用数码相机进行拍摄，由学生互评，要求从面部化妆、发型设计方面进行重点评价；

④ 由教师进行总结评价，重点评价各组存在的共性问题，全班评出“最佳表现”妆容。

（2）个人着装展示

① 学生分成小组，每组 5～6 人，每组设计不同场合（如正式场合、休闲场合等）的服饰穿戴与搭配；

② 每组学生进行角色扮演，演示服饰的穿戴与搭配，用数码摄像机记录整个过程，然后投影回放，学生自我评价，找出不合规范之处；

③ 授课教师总结点评学生存在的个性和共性问题，全班评选出“最佳表现组”。

（3）个人仪态设计

① 根据个人着装展示的分组情况，每组设计各种情景（例如：求职面试、商务接待、商务拜访等场景）展示基本的仪态礼仪；

② 每组同学根据设计的情景进行角色扮演，展示基本的站姿、坐姿、走姿和蹲姿、表情、手势等仪态，用摄像机记录展示的全过程；

③ 根据录像，找出不规范的地方，同学可进行相互评价；

④ 最后由授课老师进行总结评价，全班同学评选出“最佳表现组”。

2．招聘情景模拟训练

实训目标：掌握交际仪态礼仪规范，开展各类交际活动，体现出优雅的举止，展现出良好的个人形象。

实训学时：2 学时。

实训地点：实训室。

实训场景：

星盛房地产开发公司招聘现场

星盛房地产公司人事部经理：程小姐

应聘者：向书静

地点：人事部经理办公室

（旁白）前来应聘的是身穿T恤和牛仔裤，性格活泼的向书静。（旁白，敲门三下，之后……）

程小姐：请进（看着向小姐走到面前，不语）

向书静：您好，我是向书静，哦，对了，这是我的个人简历。（走到经理面前双手递上，并返回原地）我先自我介绍一下吧！（经理示意"请"）本人毕业于××职业技术学院商务文秘专业，现已过了英语三级，我的个性比较外向开朗，善于与人沟通，我对秘书应具备的知识掌握得比较全面，例如写作能力、与人沟通的能力、管理能力等，并且实习单位对我的评价也比较好，因此，我想应聘销售部经理助理一职。

程小姐：您请先坐吧！（手势示意）

向书静：好的，谢谢！（走到椅子前坐下，跷起"二郎腿"）

程小姐：（抬头看了一下向书静的坐姿，并停留了一会儿）

向书静：（意识到经理的目光，并矫正了自己的坐姿）

程小姐：我能问你几个问题吗？

向书静：当然可以。

程小姐：你认为对人最有亲和力的是什么呢？

向书静：我觉得应该是微笑吧。

程小姐：你可以示范一下吗？

向书静：可以啊。（微笑）

程小姐：很好，还挺专业的……假如现在有一位外单位的销售部经理来我们这儿，你怎样引导他进入会客室，请他坐下。（起身走到向书静面前，向书静立即起身）假如我就是那位经理，你该如何接待我？

（程小姐走到大门外，向书静走到大门口，分别扮演各自的角色。程小姐从远处走过来，向书静面带微笑）

向书静：您好，欢迎光临本公司。（用手示意，指向会客室方向）

程小姐：你好！（面带微笑，顺着所指方向，朝会客室走去）（向书静走在客人的左前方两步，一边走，一边与客人随意聊，遇到拐弯处，用手势指示所去方向）

（遇到下一级台阶，并提醒，向书静提醒客人）

向书静：小心，下一级台阶。

程小姐：好的。（面带微笑）

（向书静开门，门朝里，她先走进去，推开门，并扶好）

向书静：请进！（用另一只手示意）

程小姐：（微笑致意）

（向书静走到沙发边，用手示意）

向书静：您请坐，我给您沏茶。

程小姐：好的，就这样吧。你的表现还不错，现在你可以回去等我们的通知了。

向书静：那请问我什么时候能接到您的通知呢？

程小姐：半个月内吧，我们会与你联系的。

向书静：好的，再见！（握手，告别）

程小姐：再见。（向书静退出办公室）

实训要求：请把这一接待过程演示出来。分组训练，每三人一组，分别扮演其中两个角色，另一个是旁白；要综合运用以前生活中接人待物的常识；在演练的过程中，每一位同学要认真对待，注意服饰、举止与仪容的协调，交谈的声音、语调、话语内容要适宜。

（资料来源：王芳．秘书礼仪实务[M]．北京：电子工业出版社，2014．）

课后练习

1. 仪容修饰对个人形象的塑造有何重要意义？

2. 作为女士，请用5分钟时间给自己化一个漂亮的工作妆。请实际操作，如果结果不令你满意，要继续实践，反复练习，直到取得满意效果为止。

3. 作为男士应如何保持仪容整洁？请每天早晨出门前对着镜子检查一下，在个人卫生方面还有哪些地方需要改进？要坚持一丝不苟。

4. 你的皮肤属于哪种类型？有什么特点？在保养方面要注意哪些要点？

5. 你的脸型、发质和职业最适合哪种发型？

6. 假如你是一名即将毕业的大学生，准备去参加招聘面试，为了能更好地展示自己良好的形象，能在众多的应聘者中脱颖而出，除了注意服装搭配外，在仪容修饰方面你该如何准备？

7. 观看视频短片，学习片中的化妆方法和技巧。

8. 搜集护肤品、化妆品的产品知识，学会选择适合自己的产品。

9. 作为男士，请每天出门前对照以下“男士仪容仪表自我检测”来仔细审视自己，看看自己哪些方面需要改进，以养成良好的习惯。

男士仪容仪表自我检测

发型款式大方，不怪异，头发干净整洁，长短适宜。无浓重气味，无头屑，无过多的发胶、发乳。

鬓角及胡须已剃净，鼻毛不外露。

脸部清洁滋润。

衬衣领口整洁，纽扣已扣好。

耳部清洁干净，耳毛不外露。

领带平整、端正。

衣、裤袋口平整伏贴。衬衣袖口清洁，长短适宜。

手部清洁，指甲干净整洁。

衣服上没有脱落的头发和头皮屑。

裤子熨烫平整，裤缝褶痕清晰。裤腿长及鞋面。拉链已拉好。

鞋底与鞋面都很干净，鞋跟无破损，鞋面已擦亮。

10. 作为女士，请每天出门前对照以下“女士仪容仪表自我检测”来仔细审视自己，看看自己哪些方面需要改进，以养成良好的习惯。

女士仪容仪表自我检测

头发保持干净整洁，有自然光泽，不要过多使用发胶；发型大方、高雅、得体、干练，前发以不要遮眼、遮脸为好。

化淡妆：眼亮、粉薄、眉轻、唇浅红。

服饰端庄：不太薄、不太透、不太露。

领口干净，脖子修长，衬衣领口不过于复杂和花哨。

饰品不过于夸张和突出，款式精致、材质优良，耳环小巧、项链精细，走动时安静无声。

公司标志佩戴在要求的位置，私人饰品不与之争夺别人的注意力。

衣袋中只放小而薄的物品，衣装轮廓不走样。

指甲精心修理过，不太长，不太怪，不太艳。

裙子长短、松紧适宜。拉链拉好，裙缝位正。

衣裤或裙子以及上衣的表面无明显的内衣轮廓痕迹。

鞋洁净，款式大方简洁，没有过多装饰与色彩，鞋跟不太高、不太尖。

衣服上没有脱落的头发和头皮屑。

丝袜无勾丝、无破洞、无修补痕迹，包里有一双备用丝袜。

11. 如何进行服饰的色彩搭配？

12. 请根据你同事的脸型、形体和个性特点，给他（她）在服饰运用上提些合理化建议。

13. 请对以下三个事例加以评价。

事例1：一所名气很大的幼儿园老师上门家访，结果引出了转学风波。原来，幼儿园老师上门家访，前脚离开，后脚就引起了一场家庭会议，“我们一定要转园！”妈妈、奶奶斩钉截铁。园长想不通了，别人抢着要求进园，这家却强烈要求退园，一问原因才知：“不能把宝贝交给这样的老师”——挨个家访的女老师穿着吊带背心，还是露脐装！

事例2：一位大型国有企业的秘书正在陪同外商参观，优雅的举止、礼貌的谈吐赢得外商的好评，却意外地发现秘书小姐的丝袜破了个洞。

事例3：小刘是公司办公室主任，他十分注意正装的穿着，穿西服套装，袖长及手腕，裤长及鞋面，身长盖及臀部；衬衣领子高出外套一厘米，袖边长出外套一厘米；领带尖对着皮带扣；黑色皮鞋和深色袜子。

14. 你到某公司应聘营销员这一职位，将如何着装？

15. 在一个阳光明媚的春天，某公司举行盛大的10周年庆典晚会，时间是晚上7:00 ~ 9:00，地点在一个五星级酒店宴会大厅。请问男士和女士应分别如何穿戴入场？

16. 请每天拿出10~20分钟时间练习站、立、行、蹲等姿态。

17. 你对自己的仪态满意吗？请观察一下你周围的人士站姿、坐姿、走姿等方面存在什么问题？提醒自己避免出现这些问题。

18. 观察一下路人的走姿，看看什么样的走姿给你的感觉最好？

19. 在遇到陌生人时，怎样用你的身体语言使对方精神放松，以博得对方的好感？

20. 你的眼神是否充满了自信和活力？怎样才能使眼神充满自信和活力

21. 观察一下日常生活中各个微笑的脸，说说“微笑的脸”有哪些特征？

22. 今天你微笑了吗？试着每天清晨起床后，对着镜子整理仪容的同时，把甜美愉快的笑容留在脸上。

23. 观察你周围的人，分析他们哪些言行、举止符合礼仪要求，哪些不符合礼仪要求。举例列出表现，并分析形成的原因。

24. 请根据语句的内容给出相应的手势语和表情语。

（1）请大家安静，安静！

（2）什么是爱？爱，不是索取，而是奉献！

（3）他转身朝着黑板，拿起一支粉笔，使出全身的力量，写了两个大字："法兰西万岁！"然后他站在那儿，头靠着墙壁。话也不说，只向我们做了一个手势："散学了——你们先走吧！"

（4）在过去的一年中，在座各位，各位将我们的销售额不可思议地提高了17.17%！这在公司的整个历史上还从来没有过，从来没有！由此我们的利润不只是提高了 5%或 10%，而是 13%，整整 13%！

（5）大家不要慌，请大家跟我来！

（6）我现在要明确地告诉对方辩友，你们犯了一个严重的逻辑错误！

（7）现在，请让我们大家在此，心平气和地交换一下对这个问题的看法。

（8）现在，摆在我们面前的有两条道路：一是勇往直前奋战下去，有成功的可能，但也有失败的风险；二是原地踏步，坐以待毙。

（9）这几天，大家晓得，在昆明出现了历史上最卑劣最无耻的事情！李先生究竟犯了什么罪，竟遭此毒手？他只不过用笔写写文章，用嘴说说话，而他所写的、所说的，都无非是一个没有失掉良心的中国人的话！大家都有一支笔、有一张嘴，有什么理由拿出来讲啊！有事实拿出来说啊！

（10）我要感谢我的竞选伙伴。他发自内心地投入竞选，他的声音代表了那些在他成长的斯克兰顿街生活的人们的声音，代表那些和他一道乘火车上下班的特拉华州人民的声音。现在，他将是美国的副总统，他就是乔·拜登！

25. 案例分析

利用服饰巧妙地修饰形体缺陷

沈秋月是一家公司的经理助理，因为工作的关系，她非常注重自己的穿着。可她有一个烦恼，那就是她的胸部过于丰满。如果穿职业装，势必将胸部衬托得鼓鼓囊囊，不但有失美观，还时不时会惹来男性异样的目光。很快她就对自己的服装进行了调整，她改穿背心式的长洋装，这样里面不但可以搭配不同颜色的上衣，而且能造成前胸的视觉分割，使得胸部看起来更顺畅；同时，极力修饰自己修长的美腿，选择深色调的长筒袜。这样搭配之后，无论她走到哪里，都会引来欣赏和赞美的目光，瞬间提升了自己的职场气质指数。

张明朗是客服经理，每天要跟形形色色的顾客打交道，除了能说会道外，她也不忘让自己的衣服替自己说话。用她自己的话来说，她长得哪儿都不对，比如大腿胖、小腿粗、有小肚子、臀部还宽，那些具有修身效果的紧身衣服她连试都不敢试。后来经高人指点，她开始关注时髦的宽长裙，这样不但可以对她的粗腿和小肚子加以修饰，还可以将臀部巧妙地隐藏起来。当她和客户沟通时，不但显得气质优雅，还体现出非凡的身份，用一句流行的话来形容就是：很有范儿！

陈菊英是一位中学教师，为人师表自然要格外注意穿衣。学校规定老师必须穿西装，可她又矮又胖，腰还比较粗，穿上西装整个成了一个滚筒，这身打扮背地里不知道引来同事和学生多少笑话。自从她升任教导主任后，第一件事情就是换衣服。她听从服装店店员的建议，给自己选择了伞状上衣，腰部以下有蓬松的下摆，恰到好处地遮挡了粗壮的腰部，并且使得她的个子显得不那么矮小。

【思考与讨论】

（1）本案例对你选择服饰有何启示？

（2）你存在形体缺陷吗？你准备怎样利用服饰巧妙地修饰形体缺陷？

微笑的魅力

小艳是某通信企业的一名客服代表，从事的工作是通过电话来为用户提供服务。在她所在的企业，有一句信条是：把微笑融入声音，把满意带给客户。而小艳得到客户的满意指标却始终完不成。部门主管找其沟通原因，小艳的业务、服务态度等都没有问题，那究竟是什么原因影响她的满意指标呢？于是，主管决定和小艳一起上班，坐在她旁边来观察到底什么原因。经过两天的观察，主管发现一个问题，就是小艳在接电话时，她很主动地为用户服务，但是她始终都没有微笑过。不带感情的声音让客户选择不满意。找到这个原因，主管开始训练小艳在接电话时微笑。主管先给了她一面镜子，让她接电话时随时能看到自己的表情。经过一段时间的训练，小艳在接电话时，时时保持微笑。通过微笑，把她的真诚、热情带给客户，她的满意指标已达到要求。

【思考与讨论】

（1）微笑有何作用？

（2）微笑应注意什么？

金先生失礼

风景秀丽的某海滨城市的朝阳大街，高耸着一座高大的楼房，楼顶上"远东贸易公司"六个大字格外醒目。某照明器材厂的业务员金先生按原计划，手拿企业新设计的照明器材样品，兴冲冲地登上六楼，脸上的汗珠未及擦一下，便直接走进了业务部张经理的办公室，正在处理业务的张经理被吓了一跳。"对不起，这是我们企业设计的新产品，请您过目。"金先生说。张经理停下手中的工作，接过金先生递过的照明器，随口赞道："好漂亮啊！"并请金先生坐下，倒上一杯茶递给他，然后拿起照明器仔细研究起来。金先生看到张经理对新产品如此感兴趣，如释重负，便往沙发上一靠，跷起"二郎腿"，一边吸烟一边悠闲地环视着张经理的办公室。当张经理问他电源开关为什么装在这个位置时，金先生习惯性地用手搔了搔头皮。好多年了，别人一问他问题，他就会不自觉地用手去搔头皮。虽然金先生做了较详尽的解释，张经理还是有点半信半疑。谈到价格时，张经理强调："这个价格比我们预算高出较多，能否再降低一些？"金先生回答："我们经理说了，这是最低价格，一分也不能再降了。"张经理沉默了半天没有开口。金先生却有点沉不住气，不由自主地拉松领带，眼睛盯着张经理。张经理皱了皱眉："这种照明器的性能先进在什么地方？"金先生又搔了搔头皮，反反复复地说："造型新、寿命长、节电。"张经理托词离开了办公室，只剩下金先生一个人。金先生等了一会儿，感到无聊，便非常随便地抄起办公桌上的电话，同一个朋友闲谈起来。这时，门被推开，进来的不是张经理，而是办公室秘书。

【思考与讨论】

（1）请指出金先生的失礼之处。

（2）本案例对你有哪些启示？

第五章　交际礼仪

生活里最重要的是礼貌，它比最高的智慧，比一切学识都重要。

——【俄】赫尔岑

礼貌是有教养的人的第二个太阳。

——【古希腊】赫拉克利特

学习目标

在交际中能够得体地称呼对方；得体地进行自我介绍、他人介绍，更好地与人相识；熟练运用标准的握手等见面礼节；能够设计富有特色的名片，在交际中能够规范地使用名片；接待、拜访符合礼仪规范；使用电话和手机符合礼仪规范；掌握微博和微信的礼仪；面试前能够进行充分准备；面试中讲究礼仪。

引导案例

如此会面

某企业李经理为了采购新的生产线，决定前往其中一个供应商处实际考察。李经理在约定的时间到达该公司，拜访营销部王经理。到达办公室后，王经理正在收拾杂物。李经理自报家门后，王经理非常热情地伸出沾满灰尘的手与李经理握手，而后伸出右手食指指着旁边的沙发，说："请坐。"李经理从公文包里拿出自己的名片，双手递交给王经理，说："王经理，这是我的名片，还请多多关照。"王经理右手接过名片，随手放到自己的办公桌上，而后从裤子口袋拿出自己的名片，单手递给李经理说："这是我的名片。"接着坐在沙发上跷起了"二郎腿"，而且两腿不停地抖动。20多分钟后会谈结束，李经理告辞，并且暗下决定，不在这家供应商处采购生产线。

问题：

1. 营销部王经理违反了哪些礼仪规范？
2. 日常交际的礼仪规范包括哪些方面？

第一节　见　　面

一、称呼

1. 称呼的礼仪要求

（1）礼貌尊重。称呼即关系定位，称呼的基本要求就是使用尊称。所以，职场交往中，首先要定位彼此之间的关系，准确合理地使用称呼，做到因人而异、礼貌尊重。

（2）区分场合。在正式的工作场合和日常的交往场合，要采用不同方式的称呼，做到合乎常规。

（3）入乡随俗。不同的国家或民族、地域风俗、个人习惯等决定了称呼不是一成不变的，要因地而异，做到亲切自然。

2. 常用称呼的分类

常用的称呼类型见表 5-1。

表 5-1 常用的称呼

称呼类型	称呼应用	使用说明
职务称呼	与交往对象的职务相称，以示身份有别、敬意有加。如：经理、科长等	可在职务前加上姓氏；可在职务前加上姓名
职业称呼	对方职务不明确，可以直接以其职业相称。如医生、老师、司机等	职业中有职称之别的可以细化为职业称呼，如教授、博士
姓名称呼	工作岗位上平级者、同事、熟人之间可称呼姓名	可只呼其姓，如“老李”“小张”；可只称其名，如“丽萍”
泛尊称	职场商界、服务场合交往中，对不熟识的人广泛应用尊称。如“小姐”“女士”“先生”等	“小姐”是称未婚女性，在某些场合要慎用。“女士”是对成年女性的统称。

3. 称呼的禁忌

（1）称呼错误。误读或误会都将引起错误的称呼，不仅失礼而且尴尬，所以对拿捏不准的名字、年龄、辈分、婚否以及彼此关系等一定要事先了解，虚心请教。比如，不可将未婚女士误称为“夫人”。

（2）称呼不当。不通行、不对应、不适宜的简称都是不当称呼。例如，不可将“范局长”简称为“范局”；山东人喜欢称呼“伙计”，但这在南方人听来，“伙计”类似于“打工仔”；中国人把配偶经常称为“爱人”，在外国人的意识里，“爱人”则是“情人”的意思。

（3）称呼庸俗。非正式场合的称呼、替代性称呼、绰号等用在职场正式场合中，就是庸俗的、不得体的。例如，“大个儿”“哥们儿”“老大”等称呼，虽然听起来亲近，但在正式场合就显得俗气。

4. 称呼的运用技巧

（1）初次见面更要注意称呼。初次与人见面或谈业务时，要称呼姓+职务，要一字一字地说得特别清楚，例如，“王总经理，你说得真对……”。如果对方是个副总经理，可删去那个“副”字；但若对方是总经理，不要为了方便把“总”字去掉，而变为经理。

（2）称呼对方时不要一带而过。在交谈过程中，称呼对方时，要加重语气，称呼完了停顿一会儿，然后再谈要说的事，这样能引起对方的注意，他会认真地听下去。如果你称呼得很轻又很快，有种一带而过的感觉，对方听着不会太顺耳，有时也听不清楚，就引不起听话者的兴趣。相比之下，如果太不注意对方的姓名，而过分强调了要谈的事情，那就会适得其反，对方不会对你的事情感兴趣了。所以一定要把对方完整地称呼，很认真很清楚很缓慢地讲出来，以显示对对方的尊重。

（3）关系越熟越要注意称呼。与对方十分熟悉之后，千万不要因此而忽略了对对方的称呼，一定要坚持称呼对方的姓+职务（职称），尤其是有其他人在场的情况下。人人都需要被人尊重，越是朋友，越是要彼此尊重，如果熟了就变得随随便便，“老王”“老李”甚至用一声“唉”“喂”来称呼，那这样是极不礼貌的，是令对方难以接受的。

【小贴士 5-1】

称呼亲属

对他人的亲属，采用敬称，使用最为广泛的是以“令”“尊”“贵”“贤”等构成的一系列敬称词。例如，对他人之父可称为“令尊”，称其母为“令堂”，为了更突出敬重可称“令尊大人”“令堂大人”；称其兄弟为“令兄”“令弟”；称其妻为“贤内助”“令正”；称其子女为“令郎”“令爱”；等等。

在向他人谦称自己的亲属时，常在亲属前冠之以“家”“舍”“敝”等字。词义虽近，却有长幼、亲疏之分。“家”一般用来称比自己辈分高、年长的亲人，如向他人称己父为“家父”或“家严”，称己母为“家母”或“家慈”，称己兄为“家兄”，称己嫂为“家嫂”；“舍”一般用于向他人谦称比自己年幼的亲人，如对他人称己弟为“舍弟”，称己妹为“舍妹”，称己侄为“舍侄”；“敝”一般用于向人谦称与自己亲属关系上较疏远的长辈、平辈，如“敝姻翁”“敝表姐”；等等。需要特别指出的是，在向他人谦称自己的儿女时，习惯上不称“舍儿”“舍女”，而是用其他卑词，如“小儿”“小女”“小婿”，或“犬子”“犬女”等。

二、介绍

介绍是社交的一把钥匙，这把钥匙用得好，可以使人在社交中万事如意；反之，则会给人带来种种麻烦。介绍可分为两种，一种是介绍自己；另一种是介绍他人。

1. 自我介绍

（1）自信大方。羞怯心理是进行自我介绍的大障碍。如何才能增强自信意识？在进行自我介绍前，首先，应有自信心，相信每个人都有优点、长处，“我”当然也不例外，且自己最了解自己，所以应有把握地把自己介绍给对方，引起对方的兴趣，把自己推销出去。其次，自信大方的自我介绍，可满足对方了解自己的欲望，他定会做出反应，与你真诚合作，为今后的友谊奠定良好的基础。最后，在进行自我介绍时，一定要确立人人平等的观念。不管你的交谈对象是谁，地位相差多远，都应挺起腰杆去介绍自己，因为彼此在人格上都是平等的。

（2）简繁得当。人与人之间交往的目的不同，交谈的要求不一样，自我介绍的繁简程度也要有所区别，要因人因事制宜。有时只需要简单的自我介绍，讲明姓名、身份及前来的目的和要求即可。在另一些场合，自我介绍的内容就要详尽得多。不仅要将姓名、身份及前来的目的和要求讲明，还要介绍自己的学历、性格、专长、经验、能力、兴趣等，目的是让对方对自己产生信任感。一般以联系日常工作为目的的自我介绍宜简，以交友、求职、应聘为目的的自我介绍宜详。

（3）自谦为佳。进行自我介绍，注意在自信的同时，还应自谦。谦虚是中华民族传统的美德，首先要学会说好一个“我”字。在自我介绍时，如果左一个“我”如何如何，右一个“我”怎样怎样，听众会渐渐反感。有的人把“我”字说得特别重，而且有意拖长，仿佛要通过“我”字来树立自己高大的形象。更有甚者，有的人说“我”字时，神态得意洋洋，目光咄咄逼人，大有不可一世的气势。这种介绍不过是孤芳自赏，只能给人留下骄傲自大的印象。要给人留下良好的印象，必须在说“我”字时语气平和，目光亲切，神态自然，这样才能从“我”字中让人感受到你自信、自立、自尊而又自谦的美好形象。

（4）善于自嘲。自吹自擂往往引起人的反感，而自嘲这种自我介绍的方式反倒常常受到欢迎。因为自嘲是一种自我嘲讽和自我戏谑，是在自贬中包含自解和自慰，因而极富幽默感。例如　某校元旦晚会上，一位青年教师主动要献一首歌给大家，他微笑着走上台，先向大家简短地说了几句："本人喜运动，爱唱歌，但没受过专门训练，自学亦未成才，自诩为运动场上的球迷，走廊上的歌星。在这联欢晚会上，听到校园歌手引吭高歌，我喉咙发痒，于是也想唱一支，奢望获得大家鼓励的掌声。"几句诙谐幽默的自我介绍，充满了自嘲、自信、自得之意，既风趣，又不自夸，容易为众人接受。

【小贴士 5-2】

名人的自我介绍

著名的戏剧表演家王景愚是这样做自我介绍的："我就是王景愚，表演《吃鸡》的那个王景愚，愚公移山的愚。人称我是多愁善感的戏剧家，实在是愧不敢当，我只不过是一个'走火入魔的哑剧迷'罢了。你看我 40 多公斤的瘦小身材，却经常负荷许多忧虑与烦恼，又多半是自找的。我不善于向自己敬爱的人表述敬与爱，却善于向所憎恶的人表述憎与恶，然而胆子并不大。我虽然很执拗，却又常常否定自己，否定自己既痛苦又快乐，我就生活在这痛苦与快乐的交织网里，总也冲不出去。在事业上，人家说我是敢于拼搏的强者；而在复杂的人际关系面前，我又是一个心无灵犀、半点不通的弱者。因此，在生活中，我是交替扮演强者与弱的角色……"

台湾地区著名艺人，丑星凌峰在中央电视台举办的春节联欢晚会上是这样介绍自己的："在下凌峰……这两年，我们大江南北走了一道，男观众对我的印象特别好，因为他们见到我有点优越感，本人这个样子对他们没有构成威胁，他们很放心，（大笑）他们认为本人长得很中国，（笑声）中国五千年的沧桑和苦难都写在我的脸上了。（笑声、掌声）一般说来，女观众对我的印象不太良好；有的女观众对我的长相已经到了忍无可忍的地步。（笑声）她们认为我是人比黄花瘦，脸比煤球黑。（笑声）但是我要特别声明，这不是本人的过错，实在是父母的错误，当初并没有征得我的同意就把我生成这个样子。（笑声、掌声）但是，时代在变，潮流在变，现在的男人基本上可以分为三种：第一种，你看上去很漂亮，看久了也就那么一回事，这一种就像我的好朋友刘文正这种；第二种你看上去很难看，看久了以后是越看越难看，这种就像我的好朋友陈佩斯这种；（笑声）第三种，你看上去很难看，看久了以后你会发现，他有另一种男人的味道，这种就是在下这种了。（笑声、掌声）鼓掌的都表示同意了！鼓掌的都是一些长得和我差不多的，（笑声）真是物以类聚啊！（笑声、掌声）"

点评：表演艺术家王景愚的自我介绍机智巧妙，同时又不乏谦虚、诚恳。自我介绍不一定要口吐莲花，人们更推崇自信自谦，分寸恰当的介绍。艺人凌峰的自我介绍也独具风味，他抓住自己形象的特征，并把它加以夸大，既风趣幽默，又出人意料，给人留下深刻的第一印象。

2. 介绍他人

在人际交往中，不仅要介绍自己，还要介绍他人，如把一位朋友介绍给另一位朋友。为他人做介绍必须注意以下几点。

（1）讲究次序。为他人做介绍时要讲究介绍的次序，必须遵守"尊者优先了解情况"的规则，在为他人做介绍前，先要确定双方地位的尊卑，然后先介绍位卑者，后介绍位尊者。具体地：先将男士介绍给女士；先将年轻者介绍给年长者；先将未婚女子介绍给已婚女子；先将职位低的介绍给职位高的；先将家庭成员介绍给对方。

另外，集体介绍时也要注意顺序。在被介绍者双方地位、身份大致相似，或者难以确定时，应当是人数较少的一方礼让人数较多的一方，一个人礼让多数人，先介绍人数较少的一方或个人，后介绍人数较多的一方或多数人。若被介绍者在地位、身份之间存在明显差异，特别是当这些差异表现为年龄、性别、婚否、师生以及职务有别时，则地位、身份为尊的一方即使人数较少，甚至仅为一人，仍然应被置于尊贵的位置，最后加以介绍，而先介绍另一方人员。若需要介绍的一方人数不止一人，可采取笼统的方法进行介绍，例如可以说："这是我的家人""他们都是我的同事"，等等。但最好还是要对其一一进行介绍。进行此种介绍时，可比照他人介绍位次尊卑顺序进行介绍。若被介绍双方皆不止一人，则可依照礼规，先介绍位卑的一方，后介绍位尊的一方。在介绍各方人员时，均需由卑到尊，依次进行。

小案例 5-1

赵总脸色怎么转"阴"了

刘兵和新同事小李来集团公司开会的时候，遇到了集团的赵总。刘兵赶紧远远地和赵总打了个招呼，赵总也和他点点头。赵总正要转身离去的时候，刘兵赶紧向前紧走两步向赵总伸出了手，赵总表现出一丝犹豫，但还是勉强地伸出了手。刘兵和赵总握手后，又赶紧给小李做介绍："小李，这是咱们集团的赵总。"然后又转向赵总："赵总，这是咱集团二公司人力资源部的小李。"敏感的小李明显感觉赵总的脸色转"阴"了。

【思考】本案例中刘兵什么地方不符合礼仪？

（2）要实事求是。如果你这样为他人做介绍："他叫张明，在学校工作能力非常强，可谓跨世纪的人才，要是能来你厂工作，将来肯定是当厂长的材料。"结果会弄得被介绍人和对方都十分尴尬。

（3）寻求双方的共同点。例如，被介绍的两个人是同乡，或者是职业相同，爱好相似，同在某校读过书，或同在某地工作过，或学的同一专业。

（4）介绍要口齿清晰，并注意介绍顺序。不管介绍他人还是自己，都要口齿清晰，让人一听就明白。例如，介绍他对方姓"张"，可在后面加上"弓长张"，以区别"立早章"。在公众场合介绍他人的顺序一般是把年轻的介绍给年长的；把后辈介绍给前辈；把下级介绍给上级；把男性介绍给女性。

（5）介绍完之后在适当的时候离开。当给双方介绍后，不宜马上走开，特别是介绍男女朋友，走得太早双方谈不起来。待双方引出话题和兴趣之后，即可托故走开。特别是被介绍的双方想个别交谈时，再不离开就不合适了。

三、握手

【小贴士 5-3】

握手的由来

史前时期，人类的祖先以打猎为生，世界对他们来说是充满危险的。因此，当陌生人相遇时，如果双方都怀着善意，便伸出一只手来，手心向前，向对方表示自己手中没有石头或武器，走近之后，两人互相摸摸右手，以示友好。这样沿袭下来，便成为今天人们表示友好的握手。

关于握手礼来源的另一种说法是：中世纪时，骑士们都穿着盔甲，全身披挂后，除两只眼睛外，其余都包裹在盔甲里，随时准备冲向敌人。如果表示友好，互相走近时就应脱去右手的甲胄，伸出右手，表示没有武器，互相握手，这是和平的象征。

当今，握手已成为世界上最为普遍的一种礼节，其应用的范围远远超过了鞠躬、拥抱、接吻等。在日常交际中，我们必须注意握手的基本礼节。

1. 握手的次序

根据礼仪规范，握手时双方伸手的先后次序，一般应当遵守“尊者先伸手”的原则，由尊者首先伸出手来，位卑者只能在此后予以响应，而绝不可贸然抢先伸手，不然就是违反礼仪的举动。其基本规则如下。

（1）男女之间握手。社交场合男女之间握手，男士要等女士先伸出手后才握手。如果女士不伸手或无握手之意，男士应向对方点头致意或微微鞠躬致意。男女初次见面，女方可以不和男士握手，只是点头致意即可。男女握手时，男士要脱帽和脱右手手套，如果匆匆忙忙来不及脱，要道歉。女士除非对长辈，一般可不必脱手套。

【小贴士 5-4】

公务场合男女之间握手

在社交场合男女之间握手主要取决于双方的年龄和性别，而在公务场合握手的顺序主要取决于双方的身份、地位。例如，一位年长、职位低的女士与一位年轻的、职位高的男士的握手，在公务场合，应该是这位男士先伸手，而不是女士先伸手。

（2）宾客之间握手。宾客之间握手，主人有向客人先伸出手的义务。在宴会、宾馆或机场接待宾客，当客人抵达时，不论对方是男士还是女士，女主人都应该主动先伸出手。男士若是主人，尽管对方是女宾，也可先伸出手，以表示对客人的热情欢迎。而在客人告辞时，则应由客人首先伸出手来与主人相握，在此表示的是“再见”之意。

（3）长幼之间握手。长幼之间握手，年幼的一般要等年长的先伸手。和长辈及年长的人握手，不论男女，都要起立趋前握手，并要脱下手套，以示尊敬。

（4）上下级之间握手。上下级之间握手，下级要等上级先伸出手。但涉及主宾关系时，可不考虑上下级关系，做主人的应先伸手。

（5）一个人与多人握手。若是一个人需要与多人握手，则握手时也应讲究先后次序，由尊而卑，即先年长者后年幼者，而先长辈后晚辈，先老师后学生，先女士后男士，先已婚者后未婚者，先上级后下级，先职位、身份高者后职位、身份低者。

值得注意的是：在公务场合，握手时伸手的先后次序主要取决于职位、身份；而在社交、休闲场合，则主要取决于年龄、性别、婚否。

2. 握手的方式

握手的标准方式，是在距握手对象约 1 米处，双腿立正，上身略向前倾，伸出右手，四指并拢，拇指张开与对方相握。握手时应用力适度，上下稍许晃动三四次，随后松开手来，恢复原状。具体应注意以下几点。

（1）神态。与人握手时神态应专注、热情、友好、自然。在通常情况下，与人握手时，应面含微笑，目视对方双眼，并且口道问候。在握手时切勿显得自己三心二意、敷衍了事、漫不经心、傲慢冷淡。如果在此时迟迟不握他人早已伸出的手，或是一边握手，一边东张西望，目中无人，甚至忙于跟其他人打招呼，都是极不应该的。

（2）力度。握手时用力应适度，不轻不重，恰到好处。如果手指轻轻一碰，刚刚触及就离开，或是懒懒地、慢慢地相握，缺少应有的力度，会给人勉强应付、不得已而为之之感。一般来说，手握得紧表示热情。男人之间可以握得较紧，甚至另一只手也加上，握对方的手大幅度上下摆动，或者在手相握时，左手又握住对方胳膊肘、小臂甚至肩膀，以表示热烈。但是注意既不能握得太用力，使人感到疼痛，也不能显得过于柔弱，不像个男子汉。对女性或陌生人，轻握会显得不热情，尤其是男性与女性握手应热情、大方，用力适度。

（3）时间。握手通常是握紧后打过招呼即松开。但如果是亲密朋友意外相遇、敬慕已久而初次见面、至爱亲朋依依惜别、衷心感谢难以表达等场合，握手时间则可长一点儿，甚至紧握不放，话语不休。在公共场合，如列队迎接外宾，握手的时间一般较短。握手的时间应根据与对方的亲密程度而定。

3. 握手的禁忌

在交际中，握手虽然司空见惯，看似寻常，但是由于它可被用来传递多种信息，因此在行握手礼时应努力做到合乎规范，并且注意下面几点。

（1）不要用左手与他人握手，尤其是在与阿拉伯人、印度人打交道时要牢记这一点。因为在他们看来左手是不洁的。

（2）不要在握手时争先恐后，而应当遵守秩序，依次而行。特别要记住，与基督教信徒交往时，要避免两人握手时与另外两人相握的手形成交叉状，这类似十字架，在基督教信徒眼中是很不吉利的。

（3）不要戴着手套握手，在社交场合女士的晚礼服手套除外。

（4）不要在握手时戴着墨镜，只有患有眼疾或眼部有缺陷者才能例外。

（5）不要在握手时将另外一只手插在衣袋里。

（6）不要在握手时另外一只手依旧拿着香烟、报刊、公文包、行李等东西而不肯放下。

（7）不要在握手时面无表情，不置一词，好似根本无视对方的存在，而纯粹是为了应付。

（8）不要在握手时长篇大论，点头哈腰，滥用热情，显得过分客套，会让对方不自在、不舒服。

（9）不要在握手时把对方的手拉过来、推过去，或者上下左右抖个没完。

（10）不要在与人握手之后，立即揩拭自己的手掌，好像与对方握一下手就会使自己被污染似的。

【小贴士 5-5】

握手方式与性格

（1）控制式。控制式即用掌心向下或向左下的姿势握住对方的手。这种人想表达自己的优势、主动、傲慢或支配地位，一般具有说话干净利落、办事果断、高度自信的特点。凡事一经自己决定，就很难改变观点，作风不大民主。

（2）谦恭式。谦恭式即用掌心向上或向左上的手势与对方握手。这种人往往性格软弱，处于被动、劣势地位，处世比较谦和、平易近人，不固执，对对方比较尊重、敬仰，甚至有几分畏惧。

（3）对等式。对等式即握手时两人伸出的手心都不约而同地向着左方握在一起。这种人比较友好，也可能是很遵守游戏规则的平等的竞争对手。

（4）双握式。双握式即在右手相握的同时，再用左手加握对方的手背、前臂、上臂或肩部。加握部位越高，其热情友好的程度也显得越高。这种人热情真挚、诚实可靠、信赖别人。

（5）捏手指式。捏手指式即只捏住对方的几个手指或手指尖部。女性与男性握手时，为了表示自己的矜持与稳重，常采取这种方式。如果是同性别的人之间这样握手，就显得有几分冷淡和生疏。若换成显贵人物，则其意在显示自己的"尊贵"。

（6）拉臂式。拉臂式即将对方的手拉到自己的身边相握。这种人往往过分谦恭，在他人面前唯唯诺诺、轻视自我，缺乏主见与敢作敢为的精神。

（7）死鱼式。死鱼式即握手时伸出一只无任何力度、质感，不显示任何积极信息的手。这种人的性格不是生性懦弱，就是对人冷漠无情，待人接物消极傲慢。

4. 握手的技巧

（1）主动与每个人握手。在商务场合，如谈判开始之前，双方都要做自我介绍。这时候，你最好表现得积极一些、主动一些，表示你很高兴与他们认识。为了表示你的这种诚意，你可以主动地与对方的每一个人握手。因为你主动就说明你对对方尊重，只有在你尊重别人时，才会得到别人的尊重。

（2）有话想让对方出来讲，握手时不要松开。有时你想找对方谈一些事，不巧的是里边还有其他人在，你想与对方单独谈，耐心等了很久以后仍没有机会，那你只好想办法让对方出来说了。但你又不能明白告诉对方："我有点事，咱们到外边说"，因为这是不礼貌的。你得想办法让对方起身相送。在你起身告辞时，对方站起来，你就边与对方交谈边向外走。如果对方无意起身，你就走近他，很礼貌地与他握手，出于礼貌对方会站起身走出自己的座位，然后你边说边往外走，千万不能断了话。因为当你还有话要说时，对方是不好意思不送你的。说话时，眼睛也要看着对方，不要只顾走。走到门口对方要与你告辞，你主动伸手与他握手，握手之后不要马上松开，要多握一会儿，并告诉对方："你看我还有件事……"，你说得缓慢些，对方也就意识到了，他也就主动走出来了。

（3）握手时赞扬对方。握手时的寒暄话是非常重要的。在你与对方握手时，可以对对方表示一下关心和问候，或赞扬对方两句。握手时双方的距离很近，对方的衣着服饰可以尽收眼底，如果你用心观察，肯定会有某一方面值得你赞扬。而每个人又都有自己特别注重修饰的地方，有人特别爱惜自己的发式，每天修理头发，使自己神采奕奕；有人特别注意领带，不惜高价买一条，或用一枚精制的领带夹子点缀一下，使自己容光焕发；有的穿了一件新西装，质地优良、做工讲究；有的穿一件衬衣色彩和谐明快，使人显得年轻漂亮。见面握手时不能对这些熟视无睹，要加以赞美。双方会因此而显得亲近，你则显得格外大方、热情、细心，因而会给人留下一个好印象。

5. 常见的其他见面礼节

在国内外交往中，除握手之外，以下见面礼也颇为常见。

（1）点头礼。点头礼适用于路遇熟人，或在会场、剧院、歌厅、舞厅等不宜与人交谈之处，或在同一场合碰上自己多次见面者，或遇上多人又无法一一问候之时。行礼的做法是：头部向下轻轻一点，同时面带笑容，不宜反复点头不止，点头的幅度不必过大。

（2）举手礼。行举手礼的场合与行点头礼的场合大致相似，它最适合向距离较远的熟人打招呼。其做法是：右臂向前方伸直，右手掌心向着对方，其他四指并拢，拇指分开，轻轻向左右摆动一两下。不要将手上下摆动，也不要在手摆动时用手背朝向对方。

【小贴士 5-6】

举手礼的由来

中世纪，由于骑士们经常在公主和贵妇们面前比武，而且在经过公主的坐席时，骑士们要吟唱一首赞美的情诗，在诗里把公主比作光芒四射的太阳，骑士们把手举起来做遮蔽阳光的姿势，借此一睹芳容，同时也表示尊敬之意。后来，这种动作便演变成举手礼。

（3）脱帽礼。戴着帽子的人，在进入他人居所、路遇熟人、与人交谈并握手或行其他见面礼、进入娱乐场所、升挂国旗、演奏国歌等情况下，应自觉主动地摘下自己的帽子，并置于适当之处，这就是所谓的脱帽礼。女士在社交场合可以不脱帽子。

（4）注目礼。注目礼的具体做法是：起身立正，抬头挺胸，双手自然下垂或贴放于身体两侧，笑容庄重严肃，双目正视于被行礼对象，或随之缓缓移动。一般在升国旗、游行检阅、剪彩揭幕、开业挂牌等情况下，行注目礼。

（5）拱手礼。拱手礼是我国民间传统的会面礼，今天也常使用，如在过年时举行团拜活动、向长辈祝寿、向友人恭喜（结婚、生子、晋升、乔迁）、向亲朋好友表示无比感谢，以及与海外华人初次见面时表示久仰大名，等等。行礼时应起身站立，上身微微前倾，将右手半握拳放在胸前，再用左手包住右手，双手在胸前轻轻摇动，同时眼睛应注视对方面带笑意。武术礼节中的抱拳动作与拱手礼是不同的，是用左手手掌搭在右手的拳头上，这个动作还有一个传说，就是当左手五指伸直并拢，这代表“五湖”，右手握紧拳头是代表“四海”，将左手搭在右手上，就是表示“五湖四海皆兄弟”。这个礼节在生活中已不常用。两臂前伸，双手在胸前高举抱拳，自上而下或者自内向外，有节奏地晃动两三下。

（6）鞠躬礼。在日本、韩国、朝鲜等国，鞠躬礼十分普遍。目前鞠躬礼在我国主要适用于向他人表示感谢、领奖或讲演之后、演员谢幕、举行婚礼或参加追悼活动。行礼时应脱帽立正，双目凝视受礼者，然后上身弯腰前倾。男士双手应贴放于身体两侧裤线处，女士的双手则应下垂自然地放于腹前。下弯的幅度越大，所表示的敬重程度就越大。

【小故事 5-1】

李叔同鞠躬

丰子恺17岁的时候，最初在杭州的浙江省立第一师范学校里见到李叔同先生，即后来的弘一法师。那时丰子恺是预科生，李叔同是丰子恺的音乐老师。

他回忆说：“上课铃响时，同学早已到齐，他（李叔同）站起身来，深深地一鞠躬，课就开始了。这样地上课，空气严肃得很。”“有一个人上音乐课时不唱歌而看别的书，有一个人上音乐课时吐痰在地板上，以为李先生看不见的，其实他都知道。但他不立刻责备，等到下课后，他用很轻而严肃的声音郑重地说：‘某某等一等再出去。’于是这位某某同学只得站着。等到别的同学都出去了，他又用轻而严肃的声音向这某某同学和气地说：‘下次上课时不要看别的书。’或者：‘下次痰不要吐在地板上。’说过之后他微微一鞠躬，表示‘你出去罢。’出来的人大都脸上发红。又有一次下音乐课，最后出去的人无心把门一拉，碰得太重，发出很大的声音。他走了数十步之后，李先生走出门来，满面和气地叫他过来。等他到了，李先生又叫他进教室来。进了教室，李先生用很轻而严肃的声音向他和气地说‘下次走出教室，轻轻地关门。’就对他一鞠躬，送他出门，自己轻轻地把门关了。”

可见，李叔同先生非常注意鞠躬礼的，他注意言传身教，为人师表，敢于批评学生，教育他们习礼仪，学做人，他注意给学生鞠躬，尤其是指出他们的不足之后。这反映了他的涵养和对人的尊重。

（7）合十礼。在东南亚、南亚信奉佛教的地区以及我国傣族聚居区，合十礼最为普遍。

行合十礼时双掌十指在胸前相对合，五指并拢向上，指尖和鼻尖基本持平，手掌向外侧倾斜，双腿立直站立，上身向前微倾低头，可以口颂祝词或问候对方，亦可面带微笑，但不准手舞足蹈，反复点头。一般而论，行此礼时，合十的双手举得越高，越体现出对对方的尊重，但原则上不可高于额头。

【小贴士 5-7】

合十礼的健身作用

“双手合十”不但是一种见面礼节，它还有健身的作用呢。大家知道，古往今来，和尚打坐修炼时常常受双手合十。而有趣的是，无论是中国的气功，还是印度的瑜伽，“双手合十”都是练功中必不可少的重要动作之一。美国纽约大学医学院副教授史蒂文拉姆发表了一篇论文。他指出，人在双手十指相贴、掌心相对时，可以使身心放松，最大限度地进入一种使全身心彻底松弛的状态，这种近乎于催眠的姿势，能使人达到一种忘我的境界，如果一个人每天能够用 30 分钟至 1 小时，做这个简单动作，那么久而久之对身体会大有裨益。

人的左右手掌上集中了 3 条阴经的诸多同名穴位，这些穴位在各自的经络线上各司其责，担负着不同经气运行的任务。双手合十，使左右手掌的各同名穴位相互接触或密合，使原来左右各行其是的经气相互沟通，经气通过左右手掌同名穴之间的交融达到了平衡。双手合十是使“阴阳两齐”，使健康之花“芳菲”的一种简便易行且行之有效的健身之法。

（8）拥抱礼。在西方，特别是在欧美国家，拥抱礼是十分常见的见面礼与道别礼。在人们表示慰问、祝贺、欣喜时，拥抱礼也十分常用。正规的拥抱礼，讲究两人正面面对站立，各自举起右臂，将右手搭在对方左肩后面；左臂下垂，左手扶住对方右腰后侧。首先各向对方左侧拥抱，然后各向对方右侧拥抱，最后再一次各向对方左侧拥抱，可以视对方的感受决定是否在拥抱的同时贴面。其实在中国比较流行的是一次拥抱，即两人相对站立，伸开双手，将右臂举起扶着搭在对方的左后肩上，然后用左手从对方的右肋环抱至背后，两人头部及上身同时向左相互拥抱，用手轻轻拍对方的背部几下，以表示问候之情，拍背 3～5 下后分开。

（9）亲吻礼。亲吻礼，也是西方国家常用的见面礼，有时它会与拥抱礼同时使用，一般用于长辈与晚辈之间。施礼时，长辈亲吻晚辈脸的一侧或两侧；晚辈可用双手搂抱长辈的颈部，或双手下垂亲吻长辈脸颊。关系亲近的女性之间也可采用吻面颊的礼节，两人同时亲吻对方的右侧、左侧，或亲吻一侧。

长辈对晚辈也可吻额头，亲吻额头的中间部位。

异性、同性之间，也可采用贴面颊的礼节。施礼时，两人的面颊相贴，顺序先右后左。

接吻，即吻嘴唇，仅限于夫妻与恋人之间，而不宜滥用，不宜当众进行。此礼节在法国、意大利等国家颇为流行。我方人员与外国朋友见面时，一般不施行亲吻礼。如对方执意亲吻，且无恶意，可贴一下面颊。

【小贴士 5-8】

亲吻礼的由来

据说，古罗马严禁妇女饮酒。丈夫外出（多是作战）归来，先凑到妻子嘴边闻一闻，检查一下妻子是否饮酒了。后来这种习惯沿袭下来，就成为夫妻见面的第一道礼，久而久之，接吻礼逐渐演变成夫妻见面时表示亲昵、爱抚的一种礼节。

（10）吻手礼。吻手礼由维京人（生活在 8～10 世纪）发明，维京人有一种风俗，就是向他们的日耳曼君主“手递礼物”，“吻手礼”也就随之出现。当今吻手礼主要流行于欧美国家。

它的做法是：男士行至已婚妇女面前，首先垂手立正致意，然后以右手或双手捧起女士的右手，俯首以自己微闭的嘴唇，去象征性地轻吻一下其手背或是手指。行吻手礼的地点，应在室内为佳。吻手礼的受礼者，只能是妇女，而且应是已婚妇女。

【小贴士 5-9】

飞吻礼

飞吻是对源于欧洲的贴面吻的成功演绎。这种吻看起来有些表演性，在咖啡厅、画廊、机场、饭店、办公室、小店、电影院、人行道——凡是人们进行交往和会面的地方，都很容易见到飞吻。进行交际性飞吻时，你根本不用让嘴唇去碰对方的面颊，脸贴脸就更不必了。只需吻自己的手，再传抛掷给对方状，以示情爱（或欢迎、喜悦）就可以了。

四、名片

名片是现代社会中必不可少的社交工具。两人初次见面，先互通姓名，奉上名片，单位、姓名、职务、电话等历历在目，既回答了一些对方心中想问而有时又不便贸然出口的问题，又使相互之间的距离一下子拉近了许多。在交往中，熟悉和掌握名片的有关礼仪是十分重要的。

1. 名片的制作

（1）名片的规格、材质与色彩。名片一般为 10 厘米长、6 厘米宽的白色卡片。我们经常使用的名片规格略小，长 9 厘米，宽 5.5 厘米。值得说明的是：如无特殊需要，不应将名片制作得过大，甚至有意搞折叠式，免得给人以标新立异、虚张声势之感。

印制名片，最好选用纸张，并以耐折、耐磨、美观、大方的白卡纸、再生纸、合成纸、布纹纸、麻点纸、香片纸为佳。至于高贵典雅、纸制挺括的刚骨纸、皮纹纸，则可量力而行，酌情选用。必要时，还可覆膜。

印制名片的纸张，宜选庄重朴素的白色、米色、淡蓝色、淡黄色、淡灰色，并且以一张名片一色为好。

（2）名片的内容。名片的内容一般包括工作单位、姓名、身份、地址、邮政编码，等等。工作单位一般印在名片的上方，姓名印在名片中央，它的右侧印有职务、职称。名片的下方为地址、邮编、电话号码、E-mail 地址等。有的商务名片在背面印有英文作为对应，也有的名片在背面印上企业和公司的简介、经营范围等。名片不可以乱发，要在适当的时候送给适当的交往对象。有几种情形必须递交名片：希望认识对方时；被介绍给对方时；对方提议交换名片时；对方向自己索要名片时；初次登门拜访对方时；打算获得对方名片时；自己的信息变更通知对方时。

2. 名片的交换

要使名片在交际中正常地发挥作用，还需在交换名片时做的得法。遇到以下几种情况时需与对方交换名片：一是希望认识对方时；二是被介绍给对方时；三是对方提议交换名片时；四是对方向自己索要名片时；五是初次登门拜访对方时；六是通知对方自己的变更情况时；七是打算获得对方的名片时。

（1）递交名片。名片的持有者在递交名片时动作要洒脱、大方，态度要从容、自然。表情要亲切、谦恭。应当事先将名片放在身上易于掏出的位置，取出名片便先郑重地握在手里，然后再在适当的时机得体地交给对方。

递交名片的姿势是：要双手递过去，以示尊重对方。将名片放置手掌中，用拇指夹住名片，其余四指托住名片反面，名片的文字要正向对方，以便对方观看。若对方是外宾，则最好将名片上印有对方认得的文字的那一面面对对方，同时讲些“请多联系”“请多关照”“我们认识一下吧”“有事可以找我”之类友好客气的话。

递交名片的时间，应当根据具体情况而定。如果名片持有者与人事先有约，一般可在告辞时再递上名片。如果双方只是偶然相遇，则可在相互问候，得知对方有与你交往的意向时，再递交名片。

与多人交换名片时，要注意讲究先后次序，或由近而远，或由尊而卑。一定要依次进行，切勿采取“跳跃式”，当然也没有必要像散发传单似的，站在人流拥挤处随意滥发名片。

（2）接受名片。接受他人名片时，应恭恭敬敬，双手捧接，并道感谢。接受名片者应当首先认真地看看名片上所显示的内容，可以从上到下，从正面到反面重复看一遍，必要时还可把名片上的姓名、职务（较重要或较高的职务）读出声来，如“您就是张总啊”，以表示对赠送名片者的尊重，同时也加深了对名片的印象。然后把名片细心地放进名片夹或笔记本、工作证里夹好。

在别人给了名片后，如有不认识或读不准的字要虚心请教。请教他人的姓名，丝毫不会降低你的身份，反而会使人觉得你是一个对待事情很认真的人，从而增加对你的信任。

接受名片时应避免：马马虎虎地用眼睛瞄一下，然后顺手不经意地塞进衣袋；随意往裤子口袋一塞、往桌上一扔；名片上压东西、滴到了菜汤油渍；离开时把名片忘在桌子上。名片是一个人人格的象征，这些行为是对其人格的不尊重，从而使人感到不快。

当然在收到别人的名片后，也要记住回敬别人自己的名片，因为只收别人的名片，而不拿出自己的名片，是无礼拒绝的意思。

（3）索取名片。如果没有必要最好不要强索他人名片。若索取他人名片，则不宜直言相告，而应委婉地表达此层意思：可向对方提议交换名片、主动递上本人的名片；询问对方“今后如何向您指教？”（向尊长者索要名片时多用此法）；询问对方“以后怎么与您联系？”（向平辈或晚辈索要名片时多用此法）。

反过来，当他人向自己索取名片时，自己不想给对方时，不宜直截了当，也应以委婉方式表达此意，可以说“对不起，我忘带名片了”或“抱歉，我的名片用完了”。

3 名片的存放

（1）名片的放置。在参加交际活动之前，要提前准备好名片，并进行必要的检查。随身所带的名片最好放在专用的名片夹里，也可放在上衣口袋里。不要把名片放在裤袋、裙兜、提包、钱包等处，那样既不正式，又显得杂乱无章。在自己的公文包以及办公桌抽屉里，也应经常备有名片，以便随时使用。在交际场合，如感到要用名片，则应将其事先预备好，不要在使用时再去翻找。

参加交际活动后，应立即对所收到的他人名片加以整理收藏，以便今后方便使用。不要将它随意夹在书刊、材料中，压在玻璃板底下，或是扔在抽屉里面。存放名片的方法大体上有以下四种：①按姓名的外文字母或汉语拼音字母顺序分类；②按姓名的汉字笔画的多少分类；③按专业或部门分类；④按国别或地区分类。若收藏的名片甚多，还可以编一个索引，那样用起来就更方便了。

（2）名片的利用。随着交际的不断深入，还可在收藏的他人名片上随手记下可供本人参考的资料，使其充当社交的记事簿。在收藏的他人名片上可记的有利于交际的资料如下。

①收到名片时的具体情况。包括收到名片的地点、时间，以及是否与对方亲自交换，等等。在国外有一种做法，即把名片的右上角向下折，然后再使其恢复原状，它表示该名片是对方亲自与自己交换的。

②交换名片者个人的资料。例如性别、年龄、籍贯、学历、专长、嗜好，等等。这既可备忘，也可补充作为资料。

③交换名片者在交换名片后变化的情况，例如单位、部门的变化，职业的变动调任，职务、学衔的升降，联络方式的改变，等等。

小案例 5-2

修改名片带来的麻烦

小王刚刚升任为公司的销售经理，为了回报领导对他的器重，准备在即将到来的外贸谈判中好好表现一下，这可是小王第一次作为谈判代表与外商接触。为了这次意义重大的交易磋商，他在各方面都做了充分的准备：住宿、就餐、娱乐等。外商来到后对主人的热情感到十分满意，也透露了想与我方做这笔生意的诚意。激动的谈判时刻终于到来了，谈判之前，在小王与外商代表见面后，互递名片，小王把自己的名片递给外商后，突然想起他最近新换了手机号码，而名片上印的是原来的号码。于是他很有礼貌地把已经递出的名片要了回来，掏出笔，划掉名片上已经打印好的旧号码，写上了自己的新号码。没有想到外商在看过小王第二次递上来的名片之后，马上拒绝了与小王谈判的要求，看着外商离去的身影，小王一行人当即傻了眼……

第二节　接　　待

迎来送往，接待访客，是公关人员工作中常遇到的任务。接待工作的好坏，直接影响到组织的形象以及组织与公众的关系。随着经济的发展和对外交往的扩大，企业接待及拜访工作越来越频繁，正确地运用接待礼仪，对企业间建立联系、发展友谊、沟通合作有着极其重要的作用。

一、接待的准备

1. 接待的心理准备

（1）要待客诚恳。公关人员在对待客人时，要以自己最大的诚心、热情和耐心面对一切问题。无论是预约的客人还是没有预约的，无论是通情达理的客人还是脾气暴躁的，都要让对方感到自己是受欢迎的、得到重视的。接待客人时要有一种“欢迎光临”“感谢惠顾”的心理。

（2）要善于合作。当看到同事招待客人比较忙碌时，要主动帮助同事做一些力所能及的事情。另外，即使不是负责接待工作的部门员工，见到来客时也要态度诚恳，尽量帮忙，因为同是一家公司的员工，这样做能传递一种协作精神、一种真诚的友谊、一种企业的氛围，让客人感受到这是一个团结合作、奋发向上、有集体荣誉感的团队，有助于提升企业形象。

2. 接待前的物质准备

（1）环境准备。为了使接待活动给来宾留下美好印象，要充分布置好活动地点及周边的环境。接待环境应该清洁、整齐、明亮、美观，无异味。可以在前台、走廊、会客室等地放置一些花束或绿色植物，使客人产生好感。

（2）办公用品准备。让客人站着是不礼貌的，所以，前厅要准备沙发或座椅，样式要线条简洁流畅，摆放要整齐舒适。会客室里桌椅要摆放整齐，桌面清洁。茶具、茶叶、饮料应该事先准备好，茶杯要干净，不可有污渍，不可有缺口。会议室墙上可以挂一些雅致的壁画，让人一进门就觉得清静雅致，身心愉悦。

3. 了解来宾的基本情况

接待人员在接待来宾之前，要准确地掌握对方的基本情况。对于对方主宾的基本信息，如姓名、性别、年龄、籍贯、民族、单位、职务，以及文化程度、宗教信仰、生活习惯、家庭状况等，都要一清二楚。对来宾的具体人数、性别概况、组团情况也要给予一定的关注。对于来宾正式抵达的时间，如具体日期、具体时间，以及相关的航次、车次、地点等，接待人员必须充分掌握。

4. 制定接待流程

一般性的接待活动，特别是需要举行专门仪式的接待活动，都必须事先制定接待流程，以保证接待事务循序而行、井井有条。

（1）确定接待规格。接待人员要在接待之前确定接待规格，这关系到由哪位管理人员出面接待、陪同，以及接待用餐、用车、活动安排等一系列接待活动的规格。接待规格主要取决于接待方主陪人的身份。高规格接待，就是主陪人比主宾的职务高的接待方式；对等规格接待，就是主陪人与主宾的职务相当的接待方式；低规格接待，就是主陪人比主宾的职务低的接待方式。

（2）拟定日程安排。为了让所有有关人员都准确地知道自己在此次接待活动中的任务，可制定两份表格，印发给各有关人员。人员安排表，包括时间、地点、事项、主要人员、陪同人员。日程安排表，包括日期、活动时间、地点、内容、陪同人员等。

（3）注意细节。在接待宾客的具体活动中，接待人员既要事事从大局着眼，又要处处从小事着手，关注具体的细节问题。

在准备中，要时时关注天气的变化情况，掌握当地的天气变化规律，针对可能产生天气变化的情况，制定应急方案。同时，还要注意交通状况，树立“安全第一”的观念。

二、接待的礼仪

1. 迎候礼仪

迎接宾客时，要体现出主人应有的主动和热情。对于远道而来的客人，要派专人提前到机场、码头或车站去等候迎接。在人声嘈杂的迎候地点迎接素不相识的客人时，为了方便客人识别，可试用以下方法。

（1）使用接站牌。接站牌上可以写上“热烈欢迎某某同志”或者“某单位接待处”。

（2）悬挂欢迎条幅。在迎接重要客人或众多客人时，这种方法最适合。

（3）佩戴身份胸卡。迎宾人员佩戴供客人确认身份的标志性胸卡，其内容主要包括本人姓名、工作单位、所在部门及现任职务等。

2. 见面礼仪

在接待宾客时，要注意正确使用日常见面礼仪。接待人员要品貌端正，举止大方，服饰要整洁、端正、得体、高雅。当宾客到达后，要主动迎上去，热情地与对方握手，并有礼貌地询问和确认对方的身份，如从“您好，请问您是从某某公司来的吗？”对方认可后，接待人员应做自我介绍，如：“您好，我是某某公司的秘书，我叫张某某。”然后把迎客方的成员按一定顺序一一介绍给客人。如果客人递送名片，应双手接住，认真仔细地看一看，然后很郑重地把名片放入名片夹中，或放进上衣的上部口袋中。

【小贴士 5-10】

接待 3S

当客人到达时，接待人员应该做到以下三个“S”。

（1）Standing，站立，起身迎接客人，不管客人的年龄和辈分怎样，对方刚刚到达时，需要站起来欢迎一下对方，这是最基本的礼貌。

（2）See，目中有人，聚精会神，正视客人，让客人感觉自己受到重视，通过你的眼神把诚意准确传达给客人。

（3）Smile，面带微笑，微笑是世界上最好的沟通方式，微笑的魅力是无穷的，它会把欢迎和欣喜无言地传递给对方。

3. 乘车礼仪

对方如有行李，接待方应主动帮客人把行李提到车上。上车时，最好让客人从右侧门上，主人从左侧门上。安排座位要符合规范。轿车的座次尊卑一般是右高左低，前高后低。在公务接待中，轿车前排副驾驶座通常为“随员座”，唯独在主人亲自驾驶时，主宾应坐在副驾驶座上，与主人“平起平坐”。

4. 引导礼仪

当客人到达公司时，要引导客人进入会客室。引导时要注意以下一些礼仪：在走廊上时，引导人员应走在访客左前方 2～3 步；当访客走在走廊正中央时，接待人员要走在走廊的一旁，偶尔向后望，确认访客跟上了；当转弯时，接待人员要说“请往这边走”。

在楼梯上时，接待人员先说一声“在某某楼层”，然后引领访客到楼上。一般来说，高的位置代表尊贵。上楼时应该让访客先走，下楼时让客人后行，在上下楼梯时，不应并排行走，而应当右侧上行，左侧下行。

上电梯时，接待人员要先按电梯按钮，让客人先进。若客人不止一人时，接待人员可先进电梯，一手按住“开”按钮，对客人礼貌地说：“请进！”到达目的地后，接待人员要一手按“开”按钮，一手做请出的动作，并说道：“到了，您先请！”客人走出电梯后，接待人员应立即走出电梯，在客人前面引导方向。到达会客室开门时，接待人员要把住门把手，站在门旁让客人先进。

案例 5-3

不懂电梯礼仪的营销人员

营销人员王强要到工作室所在的办公大楼门口迎接前来体验产品的顾客张太太。这是王强第一次接待顾客，表现得极为热情，一见面就嘘寒问暖。进入电梯时，王强抢先踏入，紧靠着最里面站好，想把更多的空间留给顾客。

电梯里，除了王强和张太太还有其他乘梯者，王强为了不冷场，便充分发挥了他的口才，继续和张太太攀谈，问这问那、口若悬河，但是张太太只是礼貌地冲他微笑，偶尔轻声简单回答他的问题，并没有攀谈的意思，这让王强觉得非常尴尬。最终，张太太匆匆地参观了工作室，并表示有急事要先回去。

后来，王强才知道，原来是因为上次在电梯里对顾客接待不周，顾客认为他们没有得到应有的尊重。知道原委后，王强非常后悔自己的电梯失礼行为。

点评：电梯虽小，礼仪别有洞天，乘电梯尤其考验人的礼仪修养水平。通过得体的电梯礼仪，可以在短短的几十秒内给他人留下良好的印象。

5. 座次礼仪

客人进入会客室后，接待人员要请客人入座。招待客人入座时，要讲究座次礼仪。

（1）面门为上。主客双方采用“相对式”就座时，依照惯例，通常以面对房门的座位为上座，应让客人就座；以背对房门的座位为下座，宜由主人就座。

（2）以右为上。主客双方采用“并列式”就座时，以右侧为上，应请客人就座；以左侧为下，应主人自己就座。若主客双方参与会见者不止一人，则双方的其他人员可分别按照各自身份的高低，由近而远在己方负责人两侧就座。

（3）居中为上。如果客人较少，而主方接待者也较多，往往可由主方的人员以一定的方式围坐在客人的两侧或者四周，而请客人居于中央。

（4）以远为上。当主客双方并未面对房间的正门，而是居于房内左右两侧之中的一侧时，一般以距离房门较远的座位为上座，应请客人就座；而以距离房门较近的座位为下座，由主人就座。

6. 端茶倒水礼仪

当客人入座后，接待人员要主动及时地给客人斟茶。以茶待客是最具中国特色、最受中国人欢迎的待客方式。若来访的客人较多，上茶的顺序一定要慎重。合乎礼仪的做法是：先为客人上茶，后为主人上茶；先为主宾上茶，后为次宾上茶；先为女士上茶，后为男士上茶；先为长辈上茶，后为晚辈上茶。

标准的上茶步骤是：双手端着茶盘进入客厅，首先将茶盘放在临近客人的茶几上或备用桌上，然后右手拿着茶杯的杯托，左手附在杯托附近，从客人的左后侧用双手将茶杯递上去，并置于客人右前方。茶杯放置到位后，杯耳应朝向右侧。有时，为了提醒客人注意，可在为之上茶的同时，轻声告之：“您请用茶。”若对方向自己道谢，不要忘记答以“不客气”。如果自己的上茶打扰了客人，则应对其道一声“对不起”。

【小贴士 5-11】

茶杯的选用

一般来宾，最好是使用一次性的纸杯冲泡“袋装茶”或灌装茶，这样接待人员就不必为茶具是否雅观而担心了，客人也不会为茶具是否消毒而疑虑。但对重要客人，还是要使用清洁的瓷杯为好，显得正式庄重些。

7. 送客礼仪

当接待人员与来访者交谈完毕或领导与来访客人会见结束时，接待人员一般都应礼貌地送别客人。“出迎三步，身送七步”是接待宾客最基本的礼仪。接待宾客要善始善终，所以，送别客人是必不可少的环节之一。接待工作是否圆满，在很大程度上体现在送别来宾这一环节上。

送别来宾时，有很多方面需要注意。首先，不要在客人面前看表，否则会给客人带来要下“逐客令”的感觉，所以，在会客的时候，接待人员不应该总是看时间。其次，当客人提出告辞时，要等客人起身后再站起来相送，切忌没等客人起身，自己先于客人起立相送。更不能嘴里说再见，而手中却还忙着自己的事，甚至连眼神也没有转到客人身上。最后，当客人起身告辞时，应马上站起来，主动为客人取下衣帽，与客人握手告别，同时选择最合适的言辞送别，如“希望下次再来”等礼貌用语。尤其对初次来访的客人更应热情、周到、细致。

（1）送别本地客人。对本地客人，一般陪同送至单位楼下或大门口。客人带有较多或较重东西时，送客时要主动帮客人提重物。出办公室时，要轻轻关门，不可将门“砰”地关上，这样极不礼貌。在门口告别时，接待人员要与客人握手，帮客人拉开车门，待其上车后轻轻关上车门，挥手道别，目送客人离开。要以恭敬真诚的态度，笑容可掬地送客，不要急于返回，应挥手致意，待客人移出视线后，才可结束告别仪式。

小案例 5-4

李嘉诚送客

很多知名企业家也很注意送人的礼节。一位内地企业家在接受电视采访时谈到了他去李嘉诚办公室拜访李嘉诚的经历。

那天，李嘉诚和儿子一起接见了他。会谈结束之后，李嘉诚起身从办公室陪他出来，送他到电梯口。更让人惊叹的是，李嘉诚不是送到即走，而是一直等到电梯上来，他进去了，再举手告别，等到门合上。

身为亚洲首富的李嘉诚肯定是日理万机，可他依旧注重礼节，亲自送人，没有丝毫的怠慢。这位内地企业家面对着电视机前的亿万观众动情地说：“李嘉诚这么大年纪了，对我们晚辈如此尊重，他不成功都难。”

（2）送别外地客人。首先，要确定时间。对于远道而来的客人，负责送别来宾的接待人员必须重视，一定要提前与对方商定双方会合的时间和地点。对于送别的具体时间，双方不仅要事先商定，而且通常讲究主随客便。接待人员在安排有关送别活动的时间表时，要留有一定的时间幅度。要在执行上留有适当的余地，即送别人员在执行送别任务时，应当提前到场、最后离场，并且在特殊情况发生时见机行事。其次，要充分准备。具体从事来宾接待工作时，接待人员必须高度重视送别工作，并悉心以对。在送别时，接待人员要注意以下两点。一是限制送别的规模。目前要求简化接待礼仪，所以，有必要对送别规模加以限制。在组织活动时，应突出实效、体现热情，但在实际操作上则应务实从简，在参加人数、主人身份、车辆档次与数量上严格限制，不搞前呼后拥、人海战术。二是在力所能及的情况下，送别来宾所使用的交通工具应由主办方负责提供。对于主办方来说，一定要保证交通工具的数量能够满足要求，以备不时之需。最后，要热情话别。为客人送行，应使对方感受到自己的热情、诚恳、礼貌和修养。接待方应提前为客人订返程的车票、船票或机票。一般情况下，公务接待人员应专程陪同来宾乘车前往车站、码头或机场，亲自为来宾送行。有必要时，可在贵宾室与来宾稍叙友谊，或举行专门的欢送仪式。在宾客临上火车、轮船或飞机之前，送行人员应按一定顺序同来宾一一握手话别，祝愿客人旅途平安并欢迎再次光临。火车、轮船开动之时或飞机起飞之后，送行人员应向宾客挥手致意，直至他们在视野中消失。

小案例 5-5

接待客户：一灯礼仪公司的“前台接待流程”

1. 电话用语

“您好，一灯婚庆，××为您服务。”

2. 接待客人

前台所有人始终微笑服务，接待时，时常看新人，看新人眉心位置，不允许自顾自低头讲单。不允许只盯着新郎讲或者只盯着新娘讲，话语的最后集中在新娘身上。

（1）分组。

一组 2 个人，A 主要负责迎宾、接待客人。B 主要负责接单。

（2）客人进门后。

① 问询。A：“您好，欢迎光临一灯，您是咨询婚庆还是有预约？”同时前台其他婚礼顾问（没谈单的顾问）必须在位置上站好，客人目光看到谁，谁要说：“您好”。客人落座后，其他人才可落座。

② 请客人落座。A 说：“请这边坐”，同时伴随着手势（一般情况下伸朝向座位方向的手，大臂微弯）

③ 饮品。A 问客人：“您想喝点什么？我们这有果汁和咖啡。”如果客人选择其中一种，A 再问：“我们这有××果汁/咖啡，您想喝哪种？”如果客人说来点水就可以了，绝不能给客人倒水，也要说：“要不然建议您来点果汁（清凉润喉）/咖啡（提神醒脑）吧！”

④ 介绍搭档 B。A 说：“给您介绍一下，这是我们首席高级策划师××，由她为您服务。”介绍完后，A 去为客人倒水。

⑤ B 自我介绍。B 说：“您好，我是一灯婚庆的婚礼策划师，我叫××，你也可以叫我××。”同时双手把名片递上。在坐下的同时，坐垫要高起来，位置要比客人高，目的是增加心理优势。B 在谈单时，不要一开始就讲单，首先要了解客人的自然情况，想办什么样的婚礼。A 倒完水，为 B 拿笔、咨询表等。

⑥ A 坐在 B 旁边旁听，辅助 B。

⑦ 送客。讲完单后，客人不起身，接待人员不能起身。要先客人一步到达门口，为客人开门，然后寒暄之后，说“感谢您的光临”，送客人要送到楼梯下边，客人走了之后再回来。

第三节　拜　访

拜访是公务、商务等社会活动中一件经常性的工作，是最常见的社交形式，同时，也是联络感情、增进友谊的一种有效方法。要使拜访做得更得体、更有效，即更好地实现拜访的目的，就要重视和学习拜访的礼仪。

一、约好时间

拜访前，应事先联络妥当，尽可能事先告知，最好是和对方约定一个时间，以免扑空或打乱对方的日程安排，即使是电话拜访也不例外，不告而访是非常失礼的。如果双方有约，应准时赴约，不能轻易失约或迟到。但如果因故不得不迟到或取消访问，一定要设法在事前立即通知对方，并表示歉意。拜访应选择适当的时间，选择一个对方方便的时间。做客拜访一般可在平时晚饭后或假日的下午，要避免在吃饭和休息的时间登门造访。

小案例 5-6

守时的康德

德国著名古典哲学家康德是一个十分守时的人，他认为守时是一种美德，代表着礼貌和信誉。1779年，他想要去一个名叫珀芬的小镇拜访老朋友威廉先生，事先写信告诉威廉，说自己将会于3月5日上午11点钟之前到达。康德3月5日一早就租了一辆马车上了去威廉先生家的路。途中经过一条河，需要从桥上穿过去。但马车来到河边时，车夫停了下来，对车上的康德说："先生，对不起，桥坏了，再往前走很危险。"

康德只好从马车上下来，看看从中间断裂的桥，他知道确实不能走了。康德看看时间，已经10点多了，他焦急地问："附近还有没有别的桥？"车夫回答："有，在上游，如从那座桥上过去，最快也得40分钟才能到达目的地。"康德算了算时间，那就赶不上约好的时间了。于是，他跑到附近的一座破旧的农舍旁边，对主人说："请问您这间房子肯不肯出售？"农妇听了很吃惊地问："我的房子又破又旧，而且地段也不好，你买这座房子干什么？""你不用管我有什么用，你只要告诉我你愿不愿意卖？""当然愿意，200法郎就可以。"康德毫不犹豫地付了钱，对农妇说："如果您能够从房子上拆一些木头，在20分钟内修好这座桥，我就把房子还给你。"农妇再次感到吃惊，但还是立即把儿子叫来，及时修好了那座桥。

马车终于平安地过去了。10点50分的时候，康德准时来到了老朋友威廉家门前。这时，已等候在门口的老朋友看到康德，大笑着说："亲爱的朋友，你还像原来一样准时啊！"可他哪里知道康德中间买房修桥的事。康德认为，守时也是一种信誉。

二、做好准备

1. 明确拜访目的

无论是初次拜访还是再次拜访，都要事先明确拜访的主要目的。

2. 准备有关资料

商务拜访，比如客户拜访，要准备的资料就包括公司及业界的资料、相关产品资料、客户的相关信息资料、销售资料及方案、针对可能出现的情况事先拟订的解决方案或应对方案、一些小礼品等。此外，名片、电话号码簿等也要事先准备好。

3. 设计拜访流程

要针对拜访环节准备好最稳妥、最得体的称呼和开场白，选择好话题材料，确定话题范围等。

4. 电话预约确认

出发前应致电被拜访者，再次确认本次拜访人员、时间和地点等事宜。

5. 注意礼仪细节

到达前，最好先稍事整理服装仪容。如果是重要的拜访对象，要事先关掉手机，这体现了对拜访对象的尊敬，对访问事宜的重视。

小案例 5-7

有备无患

王莉在某公司市场部工作，她准备去拜访顺达公司的市场部经理胡军先生。王莉预约的拜访时间是本周三下午三点。事前王莉准备好了有关的资料、名片，并对顺达公司及胡军先生进行了了解。拜访前王莉对自己的仪容、仪表进行了精心、得体的修饰。到了周三，王莉提前五分钟到达顺达公司。在与胡军先生的交谈过程中，王莉简明扼要地表达了拜访的来意，交谈中始终紧扣主题，给胡军先生留下了很好的印象，最终促成了合作。

三、上门有礼

到达拜访地点后，如果对方因故不能马上接待，可以在对方接待人员的安排下在会客厅、会议室或在前台安静地等候。如果等待时间过久，可以向有关人员说明，并另定时间，不要显出不耐烦的样子。有抽烟习惯的人，要注意观察该场所是否有禁止吸烟的警示。即使没有，也要问问工作人员是否介意抽烟。如果接待人员没有说“请随便看看”之类的话，就不要随便东张西望，到处窥探，那是非常不礼貌的。到达被访人所在地时，一定要事先轻轻敲门，进屋后等主人安排后再坐下。后来的客人到达时，先到的客人应站起来，等待介绍或点头示意。对室内的人，无论认识与否，都应主动打招呼。如果与对方是第一次见面，应主动递上名片，或做自我介绍。对熟人可握手问候。如果你带其他人来，要介绍给主人。进门后，应把随身带来的外套、雨具等物品搁放到对方接待人员指定的地方，不可任意乱放。接茶水时，应从座位上欠身，双手捧接，并表示感谢。吸烟者应在主人敬烟或征得主人同意后，方可吸烟。和主人交谈时，应注意掌握时间。有要事必须要与主人商量或向对方请教时，应尽快表明来意，不要不着边际，浪费时间。

拜访结束时彬彬有礼地告辞，可给对方留下良好的印象，同时也给下次的拜访创造良好氛围和机会。所以，及时告辞、礼貌告辞这一环节相当重要。拜访时间长短应根据拜访目的和主人意愿而定，通常宜短不宜长，适可而止。当接待者有结束会见的表示时，应立即起身告辞。告辞时要同主人和其他客人一一告别。如果主人出门相送，应请主人留步并道谢，热情说声再见。中途因特殊情况不得不离开时，无论主人在场与否，都要主动告别，不能不辞而别。

小案例 5-8

如此拜访

金勇是一位刚刚大学毕业分配到利华公司的新业务员，今天准备去拜访某公司的王经理。由于金勇没有王经理的电话，所以他没有预约就直接去了王经理的公司。金勇刚入职，还没有公司制服，所以他选择了休闲运动打扮。到达王经理的办公室时，刚好王经理正在接电话，就示意让他在沙发上坐下等。金勇便往沙发上一靠，跷起“二郎腿”，一边吸烟一边悠闲地环视着张经理的办公室。在等待的时间里不时地看表，不时地从沙发上站起来在办公室里走来走去，还随手翻了一下放在茶几上的一些资料。

【思考】请问金勇在这次拜访中成功的概率高吗?如果不高，请你指出他失礼的地方。

四、注意事项

要成功地完成拜访，在拜访过程中还有以下方面需要注意。

1. 准时到达

让被拜访者无故等候，无论因何原因都是严重失礼的事情。如果是对方要晚点到，要安静等待，可充分利用剩余的时间，检查准备工作。

2. 控制时间

谈话时开门见山，不要海阔天空，浪费时间。最好在约定时间内完成访谈，如果客户表现出有其他要事的样子，千万不要再拖延，如为完成工作，可约定下次拜访时间。

3. 注意言谈举止

要以优雅得体的言谈举止体现素质、涵养和职业精神，赢得对方的好感和敬重。即便与接待者的意见相左，也不要争论不休。要注意观察接待者的举止神情，当有不耐烦或有为难的表现时，应转换话题或口气。总之，要避免出现不愉快或尴尬的场面。

4. 处理好“握手”与“拥抱”的关系

必须事先搞清对方人员的真实身份，根据主次或亲疏的关系，处理好见面时的礼仪关系。

5. 尊重对方习惯

被拜访者的国别、民族、年龄、性别以及爱好、兴趣、习惯各有不同，事先要了解清楚，并给予充分的尊重。

6. 讲究服饰

服饰事关拜访者自身的职业形象和所代表的机构形象，也体现对被拜访者的尊重 所以，拜访前对服饰的选择和斟酌马虎不得。

7. 及时致谢

对拜访过程中接待者提供的帮助要及时适当地致以谢意。若是重要约会，拜访之后给对方寄一封谢函或留一条短信，会加深对方的好感。

小案例 5-9

成功的拜访

李梅参加暑期大学生社会实践。今天，她要去采访一位企业家。电话预约后，来到那家公司，秘书小姐请她在办公室里先坐一会儿，因为张总临时有个紧急会议。过了半个多小时，门推开了，门口出现了张总略带疲惫的脸。李梅马上站起身来，微笑着说："你好，张总。真是非常感谢你能在百忙之中接受我的拜访。""不用客气，请坐。"坐定之后。李梅又诚恳她说："说实在的，我刚才心里还有点忐忑。见到张总这么忙，真有点担心你无暇顾及我的这件小事，而且您工作这么辛苦，我占用了您宝贵的时间，实在是不好意思。""哪里的话，约好的事情，我一定会做到的。"

"是呀，从张总的身上我能看到贵公司重实守信的形象。"听到李梅这句真挚的赞扬，张总爽朗地笑起来，刚刚的疲惫一扫而空。接下来，双方的交谈显得既轻松又愉快，一个小时很快就过去了。临别时，李梅又向张总致谢："今天采访进行得这么顺利，我要谢谢张总的配合。而且张总平易近人的言谈，努力开拓、求实创业的精神给我留下了深刻的印象，更让我感受到了你们企业蓬勃向上的活力和风采。回去我一定把这篇报道好好地写出来，让更多的人以您为榜样，从你们成功的事迹中得到激励。如果我毕业后能有机会来贵公司工作，成为贵公司的一员，那将是我莫大的荣幸。"

【思考】李梅的拜访为何成功？取得了什么效果？

第四节　通　联

世界已经进入信息时代，人们之间的联系交流正因为科学技术提供的先进通信工具和手段而变得更加方便、准确和及时。过去人们通联主要是写信、拍发电报，现在不仅固定电话普及，移动电话、电子邮件、传真机等也都成为现代社交活动的重要通信工具。电报这种过去的重要通信工具在现代社交活动中使用得越来越少，逐渐居于次要地位，但传统的书信通联依然具有其独特的功效和魅力。在享受通联便捷与快乐时，请不要忘记通联时的礼貌。

一、电话礼仪

电话是人们开展社交活动不可缺少的工具，在日常生活和工作交往中，都要利用电话与别人取得联系和交流。据美国《电话综述（Telephone Review）》说，一个人一生平均有 8760 个小时在打电话。在录像电话还没普及之前，人们通过电话给人的印象完全靠声音和使用电话时的习惯，要想有"带着微笑的声音"或者通过电话赢得信任，就必须掌握使用电话的礼节与技巧。

1. 电话语言要求

目前大部分电话能传输的信号是声音，但这一信号载体却包含着许多信息。说话人想做什么，要做什么，是高兴还是悲伤，还有对另一方的信任感、尊重感，彼此都可以清晰地得知。这些都取决于电话的语言与声调。因此，电话语言要求礼貌、简洁和明了，以准确地传递信息。

（1）态度礼貌友善。当我们使用电话交谈时，我们不能简单地将对方视作一个“声音”，而应看作是面对一个正在交谈的人。尤其是对办公人员来说，我们面对的是组织的一名公众，如果你们是初次交往，那么，这样一次电话接触便是你给公众的第一次“亮相”，应十分慎重。因此，在使用电话时，多用肯定语，少用否定语，酌情使用模糊用语；多用些致歉语和请托语，少用些傲慢语、生硬语。礼貌的语言、柔和的声音，往往会给对方留下亲切之感。正如日本一位研究传播的权威所说：“不管是在公司还是在家庭里，凭这个人在电话里的讲话方式，就可以基本判断出其‘教养’的水准。”

（2）传递信息简洁。电话用语要言简意赅，将自己所要讲的事用最简洁、明了的语言表达出来。因为通话的一方尽管有诸如紧张、失望而表情异常的体态语言，但通话的另一方不知道，他所能得到的判断只能是来自他听到的声音。在通话时最忌讳发话人吞吞吐吐，含糊不清，东拉西扯。正确的做法是：问候完毕对方，即开宗明义，直言主题，少讲空话，不说废话。

（3）控制语速语调。通话时语气温和，语调、语速适中，这种有魅力的声音容易使对方产生愉悦感。如果说话过程语速太快，则对方会听不清楚，显得应付了事；太慢，则对方会不耐烦，显得懒散拖沓；语调太高，则对方听得刺耳，感到刚而不柔；太低，则对方会听得不清楚，感到有气无力。一般说话的语速、语调和平常的一样就行了，即使是长途电话，也无需大喊大叫，把受话器放在离嘴两三寸的地方，正对着它讲就行了。另外通电话时，若周围有种种异样的声音，会使对方觉得自己未受尊重而变得恼怒，这时应向对方解释，以保证双方心情舒畅地传递信息。

（4）使用礼貌用语。在电话交际中应使用礼貌用语，尤其是“你好”“请”“谢谢”“对不起”“再见”等礼貌用语应该常用不懈。

2. 接电话

（1）迅速接听。接电话的速度首先要快，力争在铃响三次之前就拿起话筒，这是避免让打电话的人产生不良印象的一种礼貌。电话铃响过三遍后才做出反应，会使对方焦急不安或不愉快。正如日本著名社会心理学家铃木健二所说：“打电话本身就是一种业务。这种业务的最大特点是无时无刻不在体现每个人的特性。”“在现代化大生产的公司里，职员的使命之一，是一听到电话铃声就立即去接。”接电话时，应首先自报单位、姓名，然后确认对方，如“您好！这是××公司营销部。”如果对方没有马上进入正题，可以主动请教：“请问您找哪位通话？”

（2）积极反馈。作为受话人，通话过程中，要仔细聆听对方的讲话，并及时作答，给对方以积极的反馈。通话中听不清楚或意思不明白时，要马上告诉对方。在电话中接到对方邀请或会议通知时，应热情致谢。

（3）热情代转。如果对方请你代转电话，应弄明白对方是谁，要找什么人，以便与接电话的人联系。此时，请告知对方“稍等片刻”，并迅速找人。如果不放下话筒喊距离较远的人，应用手轻捂住话筒或按保留按钮，然后再呼喊接话人。如果你因为某些原因决定将电话转到其他部门，应客气地告之对方，你将电话转到处理此事的部门或适当的职员。如：“真对不起，这件事是由财务部处理，如果您愿意，我帮您转过去好吗？”

（4）做好记录。如果要接电话的人不在，应为其做好电话记录，记录完毕，最好向对方复述一遍，以免遗漏或记错。可利用电话记录卡片做好电话记录。

3. 打电话

（1）时间适宜。打电话的时间应尽量避开上午 7 时前、晚上 10 时后的时间，还应避开晚饭时间。有午休习惯的人，也请不要用电话打扰他。电话交谈所持续的时间也不宜过长，事情说清楚就可以了，一般以 3~5 分钟为宜。因为在办公室打电话，要照顾到其他电话的进出，不可过久占线，更不可将办公室的电话或公用电话作为聊天的工具，这是惹人讨厌的行为。著名相声表演艺术家马季曾说过一段相声，名叫《打电话》，就是讽刺这种人。

（2）有所准备。通话之前应该核对对方公司或单位的电话号码、公司或单位的名称及接话人姓名。写出通话要点及询问要点，准备好在应答中使用的备忘纸和笔，以及必要的资料和文件。估计一下对方情况，决定通话时间。

（3）注意礼节。接通电话后，应主动友好，自报家门和核实对方的身份。应先说明自己是谁，除非通话的对方与你很熟悉，否则就该同时报出你的公司及部门名称，然后再提一下对方的名称。打电话要坚持用“您好”开头、“请”字在中，“谢谢”收尾，态度温文尔雅。若你要找的人不在，可以请接电话的人转告，如“对不起，麻烦您转告×××……”，然后将你所要转告的话告诉对方。最后别忘了向对方道一声谢，并且问清对方的姓名，切不可“咔嚓”一声就把电话挂了，这样做是不礼貌的。即使你不要求对方转告，你也应该说一声：“谢谢，打扰了。”结束通话时，要道谢和说声再见，这是通话结束的信号，也是对对方的尊重。注意声音要愉快，听筒要轻放。一般来说，应是打电话的人先搁下电话，接电话的人再放下电话。但是，假如是与上级、长辈、客户等通话，无论你是接话人还是发话人，都最好让对方先挂断。

小案例 5-10

电话中的“女高音”

某杂技团计划于下月赴美国演出，该团团长刘明就此事向市文化局做请示，于是他拨通了文化局局长办公室的电话。

可是电话响了足足有半分多钟时间，不见有人接听。刘明正纳闷着，突然电话那端传来一个不耐烦的女高音：“什么事啊？”刘明一愣，以为自己拨错了电话：“请问是文化局吗？”“废话，你不知道自己往哪儿打的电话啊？”“哦，您好，我是市歌舞团的，请问王局长在吗？”“你是谁啊？”对方没好气地盘问。刘明心里直犯嘀咕：“我叫刘明，是杂技团的团长。”

“刘明？你跟我们局长什么关系？”

“关系？”刘明更是丈二和尚摸不着头脑。

“我和王局长没有私人关系，我只想请示一下我们团出国演出的事。”“出国演出？王局长不在，你改天再来电话吧。”没等刘明再说什么，对方就“啪”地挂断了电话。

刘明感觉像是被人戏弄了一番，拿着电话半天没回过神来。

二、手机礼仪

手机使用要注意以下礼仪规范。

1. 遵守秩序

使用手机时不允许有意、无意之间破坏了公共秩序，具体来说，此项要求主要是指以下几点。

在会议中、和别人洽谈的时候，最好的方式还是把手机关掉，起码也要调到震动状态。这样既显示出对别人的尊重，又不会打断发言者的思路。而那种在会场上铃声不断，像是业务很忙，使大家的目光都转向他的，实际给人的印象只能是缺少教养。

注意手机使用礼仪的人，不会在公共场合或座机电话接听中、开车中、飞机上、剧场里、图书馆和医院里接打手机，就是在公交车上大声地接打电话也是有失礼仪的。

公共场合特别是楼梯、电梯、路口、人行道等地方，不可以旁若无人地使用手机，应该把自己的声音尽可能地压低一下，而绝不能大声说话，同时不要妨碍他人通行。

在一些场合，比如在看电影时或在剧院打手机是极其不合适的，如果非得回话，或许采用静音的方式发送手机短信是比较适合的。

在餐桌上，关掉手机或是把手机调到震动状态还是必要的。避免正吃到兴头上的时候，被一阵烦人的铃声打断。

在体育比赛场馆，观看射击等比赛项目，运动员需要安静环境，这时也应注意使手机关机或处于静音状态。

2. 考虑对方

给对方打手机时，尤其当知道对方是身居要职的忙人时，首先想到的是，这个时间他（她）方便接听吗？并且要有对方不方便接听的准备。在给对方打手机时，注意从听筒里听到的回音来鉴别对方所处的环境。如果很静，应想到对方在会议上，有时大的会场能感到一种空阔的回声，当听到噪音时对方就很可能在室外，开车时的隆隆声也是可以听出来的。有了初步的鉴别，对能否顺利通话就有了准备。但不论在什么情况下，是否通话还是由对方来定为好，所以“现在通话方便吗？”通常是拨打手机的第一句问话。其实，在没有事先约定和不熟悉对方的前提下，我们很难知道对方什么时候方便接听电话。所以，在有其他联络方式时，还是尽量不打对方手机好些。

不要在别人能注视到你的时候查看短信。一边和别人说话，一边查看手机短信，是对别人不尊重的表现。

当与朋友面对面聊天时，不要正对着朋友拨打手机，避免发射高频大电流对他产生辐射，让对方心中不愉快。

3. 注意安全

使用手机时必须牢记“安全至上”，否则不但害人，还会害己。要注意以下几点。不要在驾驶汽车时，使用手机电话，或是查看寻呼机内容，以防止发生车祸。不要在病房、油库等地方使用手机，免得他们所发出的信号有碍治疗，或引发火灾、爆炸。不要在飞机飞行期间使用手机，否则极可能使飞机“迷失方向”，造成严重后果。

4. 放置到位

在一切公共场合，手机在没有使用时，都要放在合乎礼仪的常规位置。不要在没有使用的时候放在手里或是挂在上衣口袋外。放手机的常规位置有：一是随身携带的公文包里，这种位置最正规；二是上衣的内袋里；有时候，可以将手机暂放腰带上，也可以放在不起眼的地方，如手边、背后、手袋里，但不要放在桌子上，特别是不要对着对面正在聊天的客户。

5. 彩铃文明

另外现在有不少人，特别是年轻人喜欢使用彩铃。有些彩铃很搞笑，或很怪异，与千篇一律的铃声比较起来，确实有独特之处。但是彩铃是给打电话的人听的，如果你需要经常用手机联系业务，最好不要用怪异或格调低下的彩铃，以免影响你的形象和公司的形象。

6. 会发短信

手机短信还是人们交际活动的一种方式。其礼仪主要包括书写发送手机短信礼仪和接收手机短信礼仪。

（1）书写发送手机短信礼仪。书写发送手机短信礼仪包括：第一，内容要简单明了；第二，语意要清楚；第三，检查文法和错别字；第四，短信拜年，记得署名。还有一点需要注意，在短信的内容选择和编辑上，应该和通话文明一样重视。不要编辑或转发不健康的、格调不高的短信，特别是一些带有讽刺伟人、名人甚至是革命烈士的短信，更不应该转发。

（2）接收手机短信礼仪。接收手机短信的礼仪包括：第一，接收短信及时回复；第二，及时删除不用的短信，保持手机短信容量有一定空余量，以免影响新短信的接收，甚至耽误大事；第三，重要短信及时移至收藏夹。

【小贴士 5-12】

网络电话的接打礼仪

网络电话就是运用软件通过无线网或是手机数据流量传输到开发者服务器，通过回拨方式连接打电话者和接电话者双方。无论是在公司的局域网内，还是在学校或网吧的防火墙背后，均可使用网络电话，实现电脑——电脑的自如交流，无论身处何地，双方通话时完全免费。

1. 下载安装要正规

网络电话品种很多，在很多平台都可以下载，而且只要是智能机就可以使用这些软件，总的来说使用还是非常方便的。但是我们也要注意到一点，就是下载的时候要尽可能地选择官网下载。如果是在非正规的网站下载，很有可能会出现中病毒的情况，为了我们的手机安全，一定要选择正规的下载渠道。

2. 注册按要求填写

注册的时候一定要填写自己的手机号码，如果没有填写正确的信息，那么使用的时候会出现问题。这样不仅影响正常使用，以后更换也会非常麻烦，所以建议在注册时就按要求认真填写。

3. 多使用 Wi-Fi 网络

因为网络电话更多还是要依靠网络的，在有 Wi-Fi 的情况下也是非常经济的，很多公用场所也都有免费的 Wi-Fi 可以使用，从而能够轻松拨打电话。

4. 接通时自报家门

使用网络电话拨号后，对方收到的电话显示的是网络号码，因此要先自报家门。杜绝使用网络电话拨打一些违反社会道德、法律的电话，如包括恐吓、诈骗、恶意骚扰、扰乱公共秩序、赌博、色情活动等内容的电话，如发现，应立即举报给公安部门。

5. 不散播不良短信

利用网络电话发短信时，不能出现侮辱、骚扰他人，涉及赌博、毒品、六合彩、色情类、宗教、政治及其他涉嫌违规的内容，不能有一些虚假广告、涉及个人隐私以及危害国家、社会、他人的短信等。一旦电脑检测出有不良的短信内容，账号可能会被锁定，余额也会被冻结，情节严重的，会被举报给公安部门。

三、微博礼仪

微博是近几年兴起的一种网络传播和交流的方式，其实就是一种通过关注机制分享简短信息的广播式的社交网络平台。微博可以相互关注，可以共享信息，可以交朋结友，而且使用起来极为方便和快捷，因而一经问世，立即风靡全网，现在依然是很受欢迎的私媒体和社交平台。

对话，是微博的基本形式。虽然大家在微博上彼此互动却不见其人，但微博绝非是一个纯虚拟空间。微博上的一言一行，都能体现出每个用户的不同学识、气质形象与品行素养。而企业的官方微博则更是一个直接的窗口，展现一家企业、一个品牌的内涵。因而，不论是个人的微博，还是企业组织的微博，都应特别注重方法技巧与礼仪规范。

1. 文明高雅，客观评论

对于个人微博，发布信息语言一定要文明高雅，内容要清新可读，不可语言粗俗，更不可攻击他人，甚至公开骂人；生气时尽量不发微博，别让自己的心情影响到大家；发送前一定要检查是否有错别字，转发时必须确保自己了解这件事情，评论别人的微博时要了解原文，客观地发表自己的意见，不能信口雌黄，更不能随意骂人，语言粗俗，这些都是基本的发微博的礼仪。

2. 礼尚往来，互相关注

微博也是一个网络社交的平台，在微博上同样讲究礼尚往来，互相关注也是一种礼貌。一般说来我们会优先关注那些已经关注自己的人，那些回复自己消息的人，主要是获得心理的认知，感觉到互联网上有人关注你，体会到受人尊重的体验。如果你想和一个人交往，你不妨天天围着他的微博转，等到有一天混得脸熟，他会理会你，关注你。如果大家天天来关注你，你一直没有回复，时间久了，没有人再会理会你。也就是说，如果别人粉你（关注你），你也应当适时回访，也加上关注，叫“互粉”才是礼貌的。

3. 官方微博，注重形象

如果你将来在某企业就职，专门管理企业的微博，那就更需要讲究礼仪，这样才能树立企业的良好形象。因为从某种程度上来说，企业的官方微博就是企业形象的一个展示，甚至就是企业的形象。所以，维护好企业的官微，也就是维护好了企业的形象。虽然微博操作的权限属于具体的某一位员工，但操作者必须清楚明白，他的所言所行都是代表一个官方企业账号在公共的平台上互动交流。与公众的关系不再是“我”与“你”，而是直接以企业的形象及相关权限身份与众人在线的会面。因此，在具体操作上应尽量减少和避免微博编辑和客服人员的个人行为，而遵循亲和、干练的职业化水准来进行。企业的官微要对大事件高度敏感，对一些公众最为关心或是当前的热点，不妨多加转发；对于一些公益活动，不妨积极参与并转发；对于企业客户，要全心全意服务，并从服务中提升企业的形象。

4. 语言文明，灵活互动

微博上的礼仪，大多数都是通过微博的发布、回复、评论及私信得以体现。发布微博的语言应当文明礼貌、生动、风趣。微博的文明用语，不仅仅有助于培养积极健康的心态，而且是一种热情、亲和、开放合作精神的体现。在微博互动时穿插趣味、生动性的回复，偶尔与大家开开玩笑，也会起到很好的效果。微博文字中的"小表情"，也可很好地辅助传递情绪，体现人性化的感性内涵。如果一些敏感性问题不适合公开交流的话，那么不妨私信对方，同时要注意，如果没有必要进行私密沟通的事宜，应尽可能不以发私信的形式来处理，以免让对方产生反感，甚至是拉黑。

小案例 5-11

违背网络礼仪的小李

小李的女友小丽向他提出了分手，小李怀恨在心，为泄私愤，他在本市一家有名的网络论坛上发布了一个名为"拜金女被人包养，为钱抛弃初恋男友"的帖子。帖子中虚构了女友贪慕虚荣，主动投入有钱富商怀抱而将初恋男子抛弃的情节，并公布了女友的真实身份，引发网友围观。

经朋友提醒后，小丽在网上发现了该帖子，立刻要求该社区版主删除帖子，并向派出所报了案。民警利用网络侦查手段锁定并找到了小李，对其捏造事实诽谤他人的行为给予了应有的处罚。

四、微信礼仪

当今，在我国网络即时通信工具几乎成了最受欢迎的网络工具。人们可以通过这些通信工具联络事宜，就算近在咫尺，也无需起身交谈。与远方的协作客户交谈，轻轻敲几下键盘就可以解决问题，这种交流在过去是无法想象的。现在使用最普及的就是 QQ 和微信。需要注意的是，网络通信虽然方便、快捷，但毕竟只是辅助通信手段，不能当成唯一的通信方式。当有重要的、正式的、紧急的事宜时，必须通过传统的方式，比如电话、书面信函甚至面访的形式完成。

手机即时聊天工具微信比 QQ 更特别，增加了不少新功能，如便捷的语音聊天功能及其他新功能，加之它还没有通信费，一经推出就受到很多人的喜欢，相对来说似乎给交流增加了便利和感情色彩。关于微信礼仪，我们需要注意以下几点。

1. 明确功能

微信是一款快速发送文字和照片、支持多人语音对讲的手机聊天软件。微信主要有三个功能。第一是玩游戏。很多成年人不玩微信游戏，但玩游戏的确是微信的第一功能，微信游戏与其他手机游戏、电脑游戏最大的不同是能跟微信好友们比个高下，获得排名。第二是看朋友圈。微信朋友圈的内容跟一个新闻网站没有区别，人们看朋友圈就是去看新闻，看热闹，看看朋友们又秀了哪些生活，当然也有人通过看朋友圈去学习。第三是交朋友。微信好友除了自己原来的 QQ 好友和手机通讯录好友，还为你打开了一片新天地，去认识微信上的 6 亿用户（注册用户 6 亿，活跃用户大概接近 3 亿）。

2. 尊重为本

使用微信的礼仪，其实和我们平常的交际礼仪和电话礼仪一样，尊重别人是第一位的。别人向你"打招呼"时，应尽可能及时予以回应，这也是基本的礼貌。发信息要有礼貌，不能凭空一声吼。对别人发来的信息要及时回复，争取做到一分钟内回复，最起码也不能让信息隔夜，这是尊重人的表现。

3. 注意内容

微信的文字内容现在基本都是文字录入，所以更要慎重处理，避免手指不小心碰错了地方，发错了造成误会的内容。输入数字时，手写功能更易出错，所以应该输好后审查一遍再发出。发送前最好再确认一下联系人，有时同时聊天的人有好几位时，容易将内容发错对象，引起尴尬。听别人语音内容的时候，最好戴上耳机，除非你周围没人，否则不要让你和朋友间的私密语音和大家“分享”。要力争内容原创，不要动不动就转发点别人的内容，很多时候，你觉得新鲜热乎的内容，其实都是别人几年前嚼剩下的东西，发给别人让别人烦，也会降低自己的身价。

4. 相互关注

在微信上，你想让人关注你，就要经常翻看朋友圈，感兴趣的就点个赞，多赞别人，你才能靠互动获得更多好评，这是一种风度。使用微信提倡互粉、互赞、互评的“三互”精神，多鼓励和肯定别人，少说教和批评别人。这样大家才都能有个好心情。不可强制别人转发你的作品，比如说转了将走大运、发大财，不转将会如何如何……这是微信交流中的大忌。不能泄露他人隐私，不能随意发表未经他人同意、带有个人隐私性质的内容和图片，这涉及人权和肖像权，也是行规。赞了才能转，看到别人精彩文段和图片意欲转发时，应先赞后转，这是礼貌，也是涵养。

5. 注意时间

微信联系一般以私人目的为主，但也有因公联系的。不管是使用语音功能还是文字或图片，都要注意时间，避免与对方在不方便的时候，特别是在休息的时候联系。除非你们有约定，否则不应该在上午 7 时前晚上 10 时后再联系。如果是因公联系，晚上 7 时、8 时后就应避免联系。千万不要大半夜玩微信乱发信息，大半夜发微信，那就是骚扰别人，是不礼貌的。

6. 关注“朋友圈”

现在，刷屏已变成了大部分手机用户的习惯性动作，有事没事刷两下，看看谁有什么动态，同时该关心的关心，该点赞的点赞，该调侃的调侃，每个人都忙得不亦乐乎。但最忌讳的就是在别人伤口上撒盐。同时，也要注意发心情和分享的内容不要太过频繁，尽可能不要每天上传大量的共享内容。要知道，别人可能不仅仅只有你一位好友，他不能一直看“朋友圈”的信息，当然有时“朋友圈”的内容是写给自己的，那就要及时将可见范围设置为私密。也最好不要在里面发布自己的身份信息，如身份证号码、驾驶证号码等重要的个人信息，以防不法分子窃取。同时转发也应转发健康有用的朋友圈内容，朋友圈内容每天每时每刻都在不停地更新着，看到了就想转，但转前最好自己稍微看几眼，不要转发有错误、影响自身形象的内容。不要频繁刷朋友圈，最好每小时发一次，千万别像有些话唠每分钟恨不得发一次，太过频繁，就是贫嘴和烦人的“贫烦”，你不停地发，浪费人家的流量，让人反感。这是不符合微信礼仪要求的，这需要克制。你自己的朋友圈内容要有明确规划，不要东一榔头西一棒子，今天愤世嫉俗，明天心灵鸡汤，后天显摆专业，这样有可能会被人当成是精神分裂。

7. 注意群聊礼仪

对于微信上的群聊，更需要讲究礼仪。公共群就像一个主题茶馆，发起人开设了一个群，给大家一个聊天喝茶的地方，但是既然是主题茶馆，就要切合主题，不要无限跑题，非常私密的话题可以私下加好友私聊。不要谈论和转发太多跑题及敏感话题；不要发大图和长的语音，那会很消耗流量，有用的图和语音还能受人欢迎，要是没用的无聊的内容，就会受人诟病甚至挨骂了。

3. 公众微信注意形象

公众微信越开越多，建议开公众微信的要讲究公众形象，遵守公众应遵守的基本道德。另外关注者也应注意分辨，那里有不乏很多打广告的或不法的公众微信，最好辨别清楚了再去关注或转发其内容，不然每天会不停的发送来很多信息，反而浪费流量。

使用 QQ 的礼节与使用微信的礼节差不多，只是越来越多的人更愿意使用微信沟通。

【小贴士 5-13】

查阅网上资讯礼仪

人们往往需要上网查阅一些重要的新闻或资料。一般来说，这些资讯的查阅通过新闻网和万维网两种途径进行。查阅资讯也有一定的礼仪规范。

1. 做好准备

上网前，对于自己要查找的内容和要登录的网站应有大致的了解，并提前做好记录、下载或打印的准备。目标明确后，上网时就能直奔主题，不至于在网上漫无目标地临时查找。

2. 提高效率

在网上查阅资料需要一定的技巧和方法。对于所需要的资料可及时下载，不宜在网上长时间浏览。

3. 独善其身

针对网上传播的虚假消息，要保持清醒的头脑，增强辨识能力，不要轻信他人所言，不要人云亦云、以说传说，更不能随意发布假消息。

4. 文明交流

在网上与人交流时，应确保用语的规范和文明，不得使用攻击性、侮辱性语言。另外，电脑有自身独特的语言符号系统，应当对其加以了解。

5. 言语有度

为维护形象，切不可以单位或部门的名义在网上任意发表个人对新闻时事的看法，尤其不能发布假消息　不得泄露国家或商业机密[①]。

第五节　面　　试

现代社会对每个人提出了种种挑战的同时，也提供了各种各样难得的机遇，如何在竞争激烈的人才市场中，力挫群雄，一举应聘成功，在具备良好的专业素养的前提下，掌握必要的惯例与技巧也不容忽视，尤其是求职面试中的礼仪礼节，它往往还起着举足轻重的作用呢。

[①] 秦保红　职场礼仪教程[M]. 北京：中国人民大学出版社，2016.

一、面试前的准备

1. 心理准备

无论是刚从学校毕业的新人，还是等待谋求新职的人，都必须面临求职面试这一关。每一个求职的人，都希望在面试时留给主考官一个好印象，从而增大录取的可能性。所以，事先了解面试时的一些必要的礼节，是非常重要的。可以说，这是求职者迈向成功的第一步。中国有句古话："知己知彼，百战不殆。"面试就如同一场试探性的战斗，战斗的双方就是面试单位的主考官和参加面试的你自己。

（1）要研究主考官。应聘者"研究主考官"，这里所说的"研究"是要试想一下主考官会从哪些方面来考察、评价面试者。综合起来，有以下几个方面：主考官可能会先评价一个应聘者的衣着、外表、仪态和行为举止；主考官会对应聘者的专业知识、口才、谈话技巧做整体的考核；主考官可能会从面谈中来了解应聘者的性格和人际关系，并从谈话过程中了解应聘者的情绪状况以及人格成熟的程度；主考官会在面试时，观察应聘者对工作的热情程度和责任心，了解应聘者的人生理想、抱负和上进心。

（2）要研究自己。这包括以下几个方面：认识自己，了解自己的长处、兴趣、人生目标、就业倾向等。许多学校都会为毕业生就业求职开设一些辅导，帮助毕业生分析个人的专业和志向，作为毕业生的你，可以充分利用这个渠道，为求职预先做好准备。听取家人和有社会经验的亲友的意见和建议，修正个人的志愿，也是很有必要；搜集招聘公司的相关资料，了解该公司目前的经营状况、企业文化、未来的发展等情况，这项工作可以使你更能把握现有情况，增强面试时的信心；事前的演练可以帮你发现问题，放松紧张的精神；参加面试一定要抱着谨慎的态度，不浪费每一次机会，并把每一次面试当作重要的经验积累起来，千万不要有随便或侥幸的心理。人与人的作用是相互的，你若是郑重其事，对方也自然会重视你，你要了解并演练一下必要的面试礼仪。在平时，你可能是一个非常自由、无拘无束的人，对任何繁文缛节都不屑一顾，但在面试之前，你多少要了解一些面试的礼仪，它对你争取那个职位有很大帮助。在面试之前演练一下你并不熟悉的礼仪，会让你在面试中表现得轻松自如；同时也要准备一套适合面试的服装。对于一个大学毕业生来说，毕业工作意味着社会角色的转变，求职是参加工作的第一步，你的穿着一定要符合你的新社会角色。对男士来讲，拥有一套合身、穿着舒服但不用很昂贵的西装是非常有必要的。对女士来讲，暂时把时装收起来，身着职业套装会平添几分成熟和风韵。

2. 撰写简历

简历主要是针对应聘的工作，将相关经验、业绩、能力、性格等简要地列举出来，以达到推荐自己的目的。由于毕业生就业推荐表栏目和篇幅限制，多数毕业生更希望有一份个性突出，设计精美、能给用人单位留下深刻印象的简历。

（1）简历的设计原则。真实、简明、无错是简历设计的三个原则。真实原则就是指简历从内容上讲必须真实，比如选了什么课，就写什么课；如果没有选，就不要写。兼职工作更是如此，做了什么，就写什么。不要做了一，却写了三或四。因为在面试时，你的简历就是面试官的靶子，他会就简历上的任何问题提出疑问。如果你学了或做了，你就能答上来，否则你和考官都会很尴尬，你在其眼里的信誉也就没有了，这是很不利的。讲真话，不要言过其实，相信自己的判断力是十分重要的。

如果你没有参加任何兼职工作，你可以不写，因为主考官知道你是即将要毕业的学生，而学生的本质工作就是学习。或许你就是重点地学了本专业，没有顾上其他；或许你在学习本专业同时选择了第二专业或辅修专业；或许你虽然没有在校外兼职，但在校内系里或班里做了大量社会工作。总之，你会有自己的选择，也会珍惜自己的选择，并为自己的选择骄傲。这样你就没有必要为没有兼职工作而苦恼或凭空捏造。请记住，主考官都是从学生过来的，他们会尊重你的选择。

简历，简历，最好简单明了。这是简明原则的又一重要原则。如果简历内容过多，又缺乏层次感，会给人以琐碎的感觉。必要信息如姓名、性别、出生年月、联系电话和地址等一定要写上。相比之下，身高、体重、血型、父母甚至兄弟姐妹做什么工作并不是非常重要的，这些内容纯属辅助信息，可要可不要，至少不应占据重要位置。可以将自己认为重要的信息全部浓缩到第一页上，然后把认为次要的信息，诸如每学期成绩单，获奖证书复印件等信息都当作附件。这样的简历主考官只看一页就清楚了，主次分明，非常有效，主考官如果感兴趣，可以继续看附件里的文件。

无错原则是指简历应该没有错误，尽可能在寄出简历之前，一个字一个字地检查一遍。标点符号也不能落下。否则会被认为是一个粗心的人，在激烈的竞争中就可能被淘汰。

（2）简历的内容。简历并没有固定格式，对于社会经历较少的大学毕业生，一般包括个人基本资料、学历、社会工作及课外活动、兴趣爱好等，其内容大体包括以下几方面。

个人基本材料。主要指姓名、性别、出生年月、家庭住址、政治面貌、身高、视力等，一般写在简历最前面。

学历。用人单位主要通过学历情况了解应聘者的智力及专业能力水平，一般应写在前面。习惯上书写学历的顺序是按时间的先后，但实际上用人单位更重视现在的学历，最好从现在开始往回写，写到中学即可。学习成绩优秀，获得奖学金或其他荣誉称号是学习生活中的闪光点，可一一列出，以加重分量。

生产实习、科研成果和毕业论文及发表的文章。这些材料能够反映你的工作经验，展示你的专业能力和学术水平，将是简历中一个有力的参考内容。

社会工作。近几年来，越来越多的用人单位渴望招聘到具有一定应变能力、能够从事各种不同性质工作的大学毕业生。学生干部和具备一定实际工作能力、管理能力的毕业生颇受青睐。社会工作对于仍在求学的毕业生来说，主要包括社会实践活动和课外活动，是应聘时相当重要的。

勤工助学经历。即使勤工助学的经历与应聘职业无直接关系，但是勤工助学能够显示你的意志，并给人留下能吃苦、勤奋、负责、积极的好印象。

特长、兴趣爱好与性格。是指你拥有的技能，特别是指中文写作、外语及计算机能力。兴趣爱好与性格特点能够展示你的品德、修养、社交能力及团队精神，它与工作性质关系密切，所以用词要贴切。

联系方式。联系地址、电话、邮政编码千万不要忘记写，以免用人单位因联系不到你而失去择业机会。

在按要求完成上述简历的基础上，不要忘记给自己的简历设计一个完美的封面。

【小贴士 5-14】

如何选择简历照片

（1）首选可以展示自己气质的相片，但不要有太大差距，做到可以真实表现自我。

（2）梳理一个看起来比较大方得体、整洁的发型，不要把头发弄得古怪或张牙舞爪。

（3）如果是女士，可以画个淡妆，使人看起来显得比较有精神，但切记不要化烟熏妆或者是浓妆。

（4）服装的搭配很重要，你可以选择正规的职业套装，不可穿休闲服或者舞台装。

（5）照相前一晚保证自己有充足的睡眠，才可以在照相时精神饱满、显得更加有气质。

（6）照相时要记住，必须选择拍正面照或者是前侧面照，如果对方没有要求，最好不要放全身照或全侧面照。

（7）面对镜头的时候，表情要自然，不要带着怒气或做些搞怪动作。

（8）不要把以前照的相片放到简历上，最好选择最近半年内所照的相片，否则，照片与本人不符也会让用人单位反感的。

（9）照片的尺寸以 1 寸或者 2 寸的证件照为主，或者清晰的半身照也行。

（10）照相馆的选择很重要，应选择正规的专业照相馆，不要去街上的大头贴或即时取相的那种地方拍照，那样会显得你很不专业，而且随便拍一张，还不如不拍。

二、面试时的礼仪

面试时要注意遵守以下礼仪规范

1. 礼貌地接面试通知电话

从面试的过程来看，面试是从何时开始的？从你来到面试地点开始吗？还是从你敲门进入面试房间开始？实际上，企业对你的面试早已开始。

某企业人力资源经理蔡国顺曾对求职者忠告说，面试从你接到电话面试通知的那一刻就已经开始了。他说也许是等待就业的心情比较迫切吧，他在通知有资格参加下一轮面试的面试者时，一般从电话另一头听到的都是一些浮躁的声音，这里摘了一点他与求职者的对话，供大家参考：

"喂！"

"喂，您好，请问是×××先生么？"

"你是谁啊？"（当时，我的心里已经不高兴了，但是不会表露出来）"我是××公司的，请问您参加了我们公司的招聘吗？"

"哪个公司"（肯定是撒大网了）"我们把您的面试时间安排在了明天的×××，地点在×××"

"我记一下，你们是什么公司？"（噢，我的天）……

这样我就会把我的看法写在他（她）的简历上，供明天面试的时候参考，影响可想而知！

所以要正确礼貌地接电话。接完电话，你马上要做的就是赶快回忆有关该企业的资料或者初试的情况。如果可能的话，再次赶到人才市场重新详细地抄一份该公司的资料，认真了解一下，重点要对这家企业的所有制形式、规模、地理位置、发展前景等了解清楚。回去安静下来自己模拟面试，大概会问我什么问题，我该怎么回答？了解招聘单位最需要什么，你可以给单位带来什么，把二者比较一下，看一看差距。

2. 提前20分钟到达面试地点

面试时首先遇到的问题就是究竟应何时到达面谈地点较为恰当。是准时抵达还是提前到达？若是早到又应以几分钟为宜？在等待的时间中应该注意什么？由于目前的交通状况不甚良好，塞车的情况经常发生，令人无法预计准确的车程时间，所以最好提早出门，所谓“赶早不赶晚”“小心能驶万年船”，应比原定时间早15分钟左右到达面谈地点。早到可先熟悉这家公司附近的环境并整理仪容。但如果早到千万别在接待区走来走去，因为这样会打扰公司上班的职员，有损他人对自己的第一印象，对后面的面试一点好处也没有。所以，此时可向别人询问盥洗室在哪儿，像我们前面说的，从公司的卫生间也能看出其管理水平。在那里还可再一次检查自己的服装仪容。轮到自己上场面试时，就能更从容地面对了。

对面试地点比较远、地理位置也比较复杂的，不妨先跑一趟，熟悉交通线路、地形，这样你就知道面试的具体地点，同时也了解路上所需的时间。

礼仪专家张心萌认为，招聘人员是允许迟到的，这一点一定要清楚，对招聘人员迟到千万不要太介意，也不要太介意招聘人员的礼仪、素养。如果他们有不妥之处，你应尽量表现得大度开朗一些，这样往往能使坏事变好事。否则，招聘人员一迟到，你的不满情绪就溢于言表，面露难色，招聘人员对你的第一印象就大打折扣，甚至导致全盘皆输。因为面试也是一种人际磨合能力的考查，得体、周到的表现自然是有百利而无一害的。

3. 注意等待过程的礼貌

到了办公区，最好径直走到面试单位，而不要四处张望，甚至被保安盯上；走进面试单位之前，口香糖和香烟都收起来，因为大多数的面试官都无法忍受你在办公场所嚼口香糖或吸烟，何况现在公共场所是禁烟的；手机坚决不要开，避免面试时造成尴尬局面，同时手机也会分散你的精力，影响你的面试成绩。一进面试单位，若有前台，则开门见山说明来意，经指导到指定区域落座，若无前台，则找工作人员求助。这时要注意用语文明，开始的“你好”和被指导后的“谢谢”是必说的，这体现了你的教养；一些小企业若没有等候室，就在面试办公室的门外等候；当办公室门打开时应有礼貌地说一声“打扰了”。然后向室内考官表明自己是来面试的，绝不可贸然闯入；假如有工作人员告诉你面试地点及时间，应当表示感谢；不要询问单位情况或向其索要材料，且无权对单位加以品评；不要驻足观看其他工作人员的工作，或在落座后对工作人员所讨论的事情或接听的电话发表意见或评论，以免给人肤浅、嘴快的印象。

进入公司前台，要把来访的目的、有无约定、被访者的名字和自己的名字报上。到达面试地点后应在等候室耐心等候，并保持安静及正确的坐姿。如果此时有的单位为使面试能尽可能多地进行，会略过单位情况介绍这一步骤，尽快进入实质性阶段，这时如果你准备了公司的介绍材料，应该仔细阅读以先期了解其情况，也可自带一些试题重温，而不要来回走动表现得浮躁不安，也不要与别的应聘者聊天，因为这可能是你未来的同事，甚至是决定你能否称职的人。你的谈话对周围的影响是你难以把握的，这也许会导致你应聘的失败。更要坚决杜绝的行为是：在接待室恰巧遇到朋友或熟人，就旁若无人地大声说话或笑闹。

4. 注意进入面试房间的礼貌

如果没有人通知，即使前面一个人已经面试结束，也应该在门外耐心等待，不要擅自走进面试房间。自己的名字被喊到，就有力地答一声“是”，然后再敲门进入。即使面试房间的门是虚掩的，也应敲门。敲门时要注意敲门声的大小和敲门的速率。正确的是用右手背的手指关节，主要是食指和中指的手指关节轻轻地敲三响，不可敲得太用劲儿了，以里面听得见的力度为准。听到里面说“请进”后，要回答“打扰了”，再进入房间。千万不要用巴掌拍门，像查户口一样。开门、关门尽量要轻，进门后不要用后手随手将门关上，应转过身去正对着门，用手轻轻将门合上。回过身来将上半身前倾30度左右向面试官鞠躬行礼，面带微笑称呼一声“你好”，彬彬有礼而大方得体，不要过分殷勤、拘谨或过分谦让。

5. 得体的服饰打扮

穿什么样的衣服去面试，能体现出你是一个什么样的人。如果你衣着得体，不仅表示你对面试官尊重，还能给面试官留下一个良好的印象。所以，这个“面子”工作你不但要做，还要做得精细、巧妙，这样你成功的机会才能更大。曾有一名求职者前往一所学院应聘计算机教师的职位。面试时，这名求职者打上了领带，穿上了西装。面试过程很顺利，求职者过硬的专业知识让招聘老师欣赏不已。在决定是否录用这名求职者的过程中，有一位老师提出了异议：“你们注意到没有，这个面试者穿了一双旅游鞋。一方面，如此着装很不得体；另一方面，也说明此人很有个性，也许比较难管理。”由于当时学院急于用人，几天后，这名求职者就到学院正式上班了。接下来的事情却令人感到意外，人们发现，当初那位老师的话逐一成真。上班后，此人不拘小节，衣着随意。更要命的是，他个性十足，很难听进别人的意见。领导找他谈过几次话，但收效甚微，日子久了，领导只好请他另谋高就。

常常在面试场合见到一些奇装异服的人，有穿着吊带衫贴着纹身贴的美女，有穿着肥大的宽腿裤、腰里别着大串钥匙的男生。其实，这都是面试时较典型的不和谐音符。人们常说，到什么山唱什么歌，根据应聘岗位的特点来着装也是应聘者成功的一大秘籍。

求职面谈是一种正式场合，一般来说，求职者的服饰要同自己的身材、身份、年龄等相符合，做到大方得体、整洁明快。着装必须干净整洁。如果着装不整洁，会给人留下很不好的印象，尤其是职场人士、医护等特殊职业。在着装时，一要关注细节，比如衣服不必太贵，但要烫得平整，扣子要扣对，皮鞋要擦亮。着装应符合潮流，不能太超前，也不能太复古，颜色不应过分鲜艳，不佩戴款式夸张的首饰。面试所选的服装不一定要最漂亮的，而是要选能衬托你内在气质的、穿着舒服的，这样就不会因为服饰而产生潜意识的拘束和不自然。

求职者要特别注意穿着需与希望的职业身份相协调，行政类职位服装风格以典雅为原则，首选套装，可给人以简洁、干练的感觉。技术类职位简单、素色、中性的西服套装是最佳选择，选择冷色调一般来说比较合适。市场类职位主要选择能够令人感觉舒服以及能够给人干练感觉的服饰。会计与律师比其他行业更需要简单、干练，应选质感佳且色调中性的服饰。艺术类职位兼具时髦与沉稳，应有创意色彩。女士尤其需要注意。女性的着装比较丰富，如果你应聘广告、设计、策划之类重视创意的职位，可以不必塑造过于沉稳、内敛的形象，个性的休闲装、形象鲜明的T恤、高档的丝质衬衣、颜色发白的牛仔裤等都是不错的选择。其他岗位则根据上面的建议有选择地穿衣。

妆容要与衣服搭配，这是最基本的原则。女士可着淡妆。有时在面试现场可以看到个别女性的口红颜色是深红色的，但套装的颜色是浅色的，这种一冷一暖的色调当然是不和谐的。还有的人，眼影、腮红、口红颜色属于完全不同的色系，那张青春的脸就变成了“色板”，不但让自己丢了“面子”，而且让考官觉得有失庄重。最简单的办法就是口红、腮红、服装的颜色比较接近，眼影可略有差别，但不宜反差太大。香水也是如此，可以选择一些淡雅的味道，如果味道过于浓烈，连面试官都要捂鼻子，你想还能有好结果吗？

头发要梳理整齐、干净，男士的胡须一般都要求刮净。女性头饰不宜过多，看起来使人感到干净利落。过分的修饰，油头粉面使人感觉你华而不实。如某女士去某公司面试，人家一见她，就问："你的发型怎么回事？"原来，她为了这次面试，好好地"准备"了一下，对自己下手较狠，一咬牙花 500 元去美发厅给自己做了一个"职业"发型，人家这么问，她愣了一下，又啰嗦地回答，说以前怎样，现在怎样，怎么会这样……答到一半就被打断了。人家说你这发型我们不敢用你，够"潮"的了，我们可不是用你来展示发型的。

面试时饰物的佩戴也要讲究。礼仪专家孙祺奇着重提出要注意两点。一是你身上的饰品一定不能发出声音。当你的饰品发出声音时，已经说明同一个位置的饰品已经超过两件。要知道，你在某一个部位戴的饰品超过两件，给人们的感觉除了累赘就是矫情。在心理学上，大家会认为这是一个过于重视自己身体的人，以至于不会把过多的心思放在工作上！另外，饰品是产生外部气场的物件。过多的饰品会让你产生无谓的气场，那么你的亲和力就打折扣。如此，面试官岂能青睐于你？二是与宗教有关系的饰品不要戴。这些饰品包括佛珠、平安符、灵兽等。这些东西，我们可以戴，但不要在面试的时候戴。为什么？一般来说，有宗教信仰的人，都有自己的行为价值观，很多事情上喜欢坚持自己的原则。这本来没有什么问题，但是放在职场中，面试官必须尽可能地避免用人死角。说直白一点，你不能有脾气，更不能在一些问题上，出现以坚持自己的看法为代价，换取搁置工作这样的结果！经过调查，面试官们大都会认为有信仰的人，会在某些关键性问题上较真，以至于造成毁灭性后果！而这个感觉，恰恰是亲和力丧失的主要元凶！所以，即使你要戴，也等入职后再说吧。此外，还应注意不要给身体染色。凡是牵扯身体部件的，无论是头发还是皮肤，不要加人为的颜色。染头发、染指甲、纹身这些东西，在面试的时候，最好不要出现。

总之，在求职交际中，求职者要力求把内心的美和外表修饰的美都展现出来。

6. 学会自我介绍

小案例 5-12

杨澜面试的自我介绍

为什么不够漂亮和"纯情"的杨澜，却能够"击败"美女对手，如愿以偿进《正大综艺》栏目组？

杨澜应聘《正大综艺》节目主持人接受面试的时候，主考官对她初试的综合表现评价很高，但却嫌她不够漂亮。复试的时候，主考官安排杨澜与一位美女PK。

主考官对杨澜说：你将如何做这个节目的主持人？介绍一下你自己。

杨澜回答说："我认为主持人的首要标准不应是容貌，而是要看她是不是有强烈的与观众沟通的愿望。我希望做这个节目的主持人，因为我特别喜欢旅游。人和大自然相亲相近的快感是无与伦比的，我要把这些感受讲给观众听……父母给我起名'澜'，就是希望一个女孩子能有海一样开阔的胸襟，自强、自立。我相信自己能做到这一点……"

【思考】杨澜的自我介绍为何能打动主考官？

求职者自我介绍的根本目的，是使面试考官对自己有个初步的、大概的了解，并且尽可能留下好的印象以便使面试能够深入进行下去，最终赢得面试的成功。求职面试的自我介绍必须讲究技巧，成功的自我介绍往往会给面试考官留下深刻的印象，那样求职就成功了一半。在人的思想意识中，往往存在这样的误区，认为最了解自己的人一定是自己，把介绍自己当成是一件很容易的事。其实不然，说人易，说己难。在求职面试中，介绍自己是最难的部分，要成功地进行自我介绍，要从以下几个方面着手。

（1）礼貌地问候。在进行自我介绍之前，求职者先要跟面试主考官打个招呼、道声谢，这是最起码的礼貌。例如，“经理，您好，谢谢您给我这个机会，现在，我向您做个简单的自我介绍……”。介绍完毕以后，要注意向面试主考官致谢，并且还要向在场的其他面试人员致谢。

（2）主题要鲜明。求职面试中的自我介绍一般包括以下基本要素：姓名、年龄、籍贯、学历、学业情况、性格、特长、爱好、工作能力和工作经验等。一般地，面试时进行自我介绍的重点内容如表 5-2 所示。

表 5-2　面试时自我介绍的重点内容

介绍的内容	具体要求
我是谁	介绍自己的个人履历和专业特长，包括姓名、年龄、籍贯等个人基本信息；教育背景以及与应聘职位密切相关的特长等
我做过什么	做过什么，代表着你的经验和经历。在这个部分，你主要介绍与应聘职位密切相关的实践经历，包括校内活动经历、相关的兼职和实习经历、社会实践等。你要说清楚确切的时间、地点、担任的职务、工作内容等，这样让面试官觉得真实、可信
我做成过什么	做成过什么，代表着你的能力和水平。在这个部分，你主要介绍与应聘职位所需能力相关的个人业绩，包括校内活动成果和校外实践成果。介绍个人业绩，就是把自己在不同阶段做成的有代表性的事情介绍清楚
我想做什么	想做什么，代表着你的职业理想。在这个部分，你应该介绍自己对应聘职位、行业的看法和理想，包括你的职业生涯规划、对工作的兴趣与热情、未来的工作蓝图、对行业发展趋势的看法等。在介绍时，你还要针对应聘职位进行合理编排

在自我介绍时，不必面面俱全，而要主题鲜明，直截了当，切入正题，不拖泥带水，对于材料的组织要合理，做到详略得当、重点突出。一般来说，应按招聘方的要求来组织介绍材料，围绕中心说话。假如招聘单位对应聘的人的工作能力和工作经验很重视，那么，求职者就得从自己的工作能力及经验出发做详细的叙述，而且整个介绍都是以这个重点为中心。下面是某家工艺品总公司招聘业务员的一则对话。

面试考官：我公司主要是经营有地方特色或民族特色的工艺品，如北京的景泰蓝、景德镇的陶瓷和湖州的抽纱等。这次招聘的对象主要是能开拓海内外业务的湖州抽纱的业务员。现在，请你介绍一下自己的情况。

求职者：我叫李伟，今年 24 岁，是湖州市人，今年毕业于湖州市商业学校，读市场营销专业。我一直生活在湖州，小时侯就经常帮妈妈和奶奶做抽纱活，对于传统的抽纱工艺可以说是比较了解的。在商校学习的两年中，我掌握了营销方面的专业知识，这是我将来搞好业务的资本。我的口才较好，曾参加省属中专学校的求职口才竞赛，获得了二等奖，并且还具备一定的英语口语能力。我这个人的特点是头脑灵活、反应快，平时喜欢看报纸，对国内外的经济发展动态很感兴趣，喜欢从事具有挑战性的工作。

应聘的求职者一般应从最高学历讲起，只要面试考官不问，完全没有必要谈及小学、中学甚至是大学。谈所学的专业、课程时，不必说明成绩。谈求职的经历，不要漫无边际、东拉西扯，最好在1~3分钟完成自我介绍，要简洁、明快、干脆、有力。

（3）让事实说话。在面试时，有的人为了能给面试考官留下深刻的印象，往往喜欢对自己进行过多的夸张，动辄就“我的业务水平是很高的”“我的成绩是全年级最好的”，其实，这样反倒会给面试考官留下不好的印象。现在的用人单位往往更注重应聘者的真本事。“事实胜于雄辩”，虽然面试的时间很有限，不可能完全展示出求职者的才能，但是，求职者可以通过实际的事例来证明自己的能力，把自己的才华展示给面试考官。

小案例 5-13

小刘的独到之处

某大学中文系学生小刘，毕业后到报社应聘记者，面对着上百个新闻专业出身的应聘者，可以说小刘并没有什么优势。但小刘对此早有准备，他对面试考官介绍自己时是这样说的：“我叫刘晓明，山西人，毕业于××大学中文系。虽然我不是新闻专业的，但我对记者这个行业却十分感兴趣。在大学期间我是学校校报的记者。4年间，我进行了多次较为重大的校内外采访，积累了一定的采访经验，再加上我的中文功底，我相信我可以胜任贵报的工作。这是我在大学期间发表过的报道稿，请各位编辑领导批评指正。”

面试考官们看过小刘的报道材料后，觉得眼光独到、语言深刻，都很满意。结果小刘击败了众多的竞争者，不久就收到了录用通知。

（4）给自己留条退路。面试中的自我介绍既要坦诚，又要有所保留；既要介绍自己的能力，也不要把自己搞成事事皆能，使自己进退维谷。在自我介绍中，求职者要尽可能客观地显示自己的实力，但同时应尽可能地避免使用保证式或绝对式的语言，如“我非常熟悉这项业务，我保证让部门改变面貌!”这些话往往没有具体内容，反倒会引起面试考官的反感，如果遇到较为平和、内敛的面试考官，也许不会为难你，但是如果遇到个性较强的面试考官进行追问时，求职者会因无法回答而张口结舌、尴尬万分。

小案例 5-14

教训

小赵去面试一家国际旅行社的导游。他自我介绍说：“我这个人喜欢旅游，熟悉各处的名胜古迹，全国的风景名胜几乎都去过。”面试考官很感兴趣，就问：“那你去过云南大理吗？”因为面试考官就是大理人，对自己的家乡再熟悉不过了。可惜小赵根本就没去过大理，心想若说没去过这么有名的地方，刚才的话不就成了吹牛了吗？于是硬着头皮说：“去过。”面试考官又问：“你住的是哪家宾馆？”小张再也回答不上来，只好说：“那时我是住在一个朋友家的。”面试考官又问：“你的这位朋友在大理的什么地方啊？”小赵这下没词儿了，东拉西扯答非所问，结果自然是可想而知的。

7. 掌握面试中问与答的技巧

在求职面试的过程中，如何与面试考官进行良性的双向沟通，是求职者能否求职成功的重要保证。因此，在面试过程中，要注意以答为基础、以问为辅助的沟通技巧。尽管不同的公司面试的程序和模式有所不同，面试考官的风格各异，但是有些问题是面试考官们比较喜欢问的。应聘者一定要对这些问题有所准备，知己知彼才能百战不殆。那么面试考官喜欢问哪些问题，又有哪些回答的技巧呢？具体而言，可以从以下实际的案例分析中得到。

一般来说，招聘方提出的问题可分为两类：一类是规定性提问，也就是招聘方事先准备好的，对每一位招聘者都要发问的问题；另一类是自由性提问，即招聘方随意穿插的问题，这些问题往往是千变万化、涵盖宽泛。招聘方可以从应聘者不经意的对答中发现其闪光点或缺点。无论是哪类问题，应聘者在回答时都应当掌握以下基本技巧。

（1）不要遗漏表现自己才能的重要资料。

（2）保持高度敏锐和技巧灵活的思维状态。

（3）回答既要表现自己的个性气质，又要表现出对招聘方的尊重与服从。

（4）认真倾听对方的提问，并注意对方的反应，以便及时调整自己不恰当的回答。

（5）避免提到“倒霉”“晦气”“不幸”“疾病”之类可能招致对方忌讳的字眼。

【小贴士 5-15】

面试常见问题回答思路

以下是首席大学生就业顾问、著名职业生涯规划专家李震东老师向大家介绍面试问题及回答思路，供参考。

问题一：“请你自我介绍一下”

思路：

（1）这是面试的必考题目。

（2）介绍内容要与个人简历相一致。

（3）表述方式上尽量口语化。

（4）要切中要害，不谈无关、无用的内容。

（5）条理要清晰，层次要分明。

（6）事先最好以文字的形式写好背熟。

问题二：“谈谈你的家庭情况”

思路：

（1）自我介绍对于了解应聘者的性格、观念、心态等有一定的作用，这是招聘单位问该问题的主要原因。

（2）简单地罗列家庭人口。

（3）宜强调温馨和睦的家庭氛围。

（4）宜强调父母对自己教育的重视。

（5）宜强调各位家庭成员的良好状况。

（6）宜强调家庭成员对自己工作的支持。

（7）宜强调自己对家庭的责任感。

问题三：“最能概括你自己的三个词是什么？”

思路：这里建议经常用的三个词是适应能力强、有责任心和做事有始有终，结合具体例子向主考官解释，使他们觉得你具有发展潜力。

问题四：“你有什么业余爱好？”

思路：

（1）业余爱好能在一定程度上反映应聘者的性格、观念、心态，这是招聘单位问该问题的主要原因。

（2）最好不要说自己没有业余爱好。

（3）不要说自己有哪些庸俗的、令人感觉不好的爱好。

（4）最好不要说自己仅限于读书、听音乐、上网，否则可能令面试官怀疑应聘者性格孤僻。

（5）最好能有一些户外的业余爱好来“点缀”你的形象。

（6）找一些富于团体合作精神的。这里有一个真实的故事：有人被否决掉，因为他的爱好是深海潜水。主考官说，因为这是一项单人活动，我不敢肯定他能否适应团体工作。

问题五：“你最崇拜谁？”

思路：

（1）最崇拜的人能在一定程度上反映应聘者的性格、观念、心态，这是面试官问该问题的主要原因。

（2）不宜说自己谁都不崇拜。

（3）不宜说崇拜自己。

（4）不宜说崇拜一个虚幻的，或是不知名的人。

（5）不宜说崇拜一个明显具有负面形象的人。

（6）所崇拜的人最好与自己所应聘的工作能“搭”上关系。

（7）最好说出自己所崇拜的人的哪些品质、哪些思想感染着自己、鼓舞着自己。

问题六：“你的座右铭是什么？”

思路：

（1）座右铭能在一定程度上反映应聘者的性格、观念、心态，这是面试官问这个问题的主要原因。

（2）不宜说那些易引起不好联想的座右铭。

（3）不宜说那些太抽象的座右铭。

（4）不宜说太长的座右铭。

（5）座右铭最好能反映出自己某种优秀品质。

（6）参考答案——“只为成功找方法，不为失败找借口”。

问题七：“谈谈你的缺点”

思路：

（1）不宜说自己没缺点。

（2）不宜把那些明显的优点说成缺点。

（3）不宜说出严重影响所应聘工作的缺点。

（4）不宜说出令人不放心、不舒服的缺点。

（5）可以说出一些对于所应聘工作“无关紧要”的缺点，甚至是一些表面上看是缺点，从工作的角度看却是优点的缺点。绝对不要自作聪明地回答“我最大的缺点是过于追求完美”，有的人以为这样回答会显得自己比较出色，但事实上，他已经岌岌可危了。

问题八：“谈一谈你的一次失败经历”

思路：

（1）不宜说自己没有失败的经历。

（2）不宜把那些明显的成功说成是失败。

（3）不宜说出严重影响所应聘工作的失败经历。

（4）所谈经历的结果应是失败的。

（5）宜说明失败之前自己曾信心百倍、尽心尽力。

（6）说明仅仅是由于外在客观原因导致失败。

（7）失败后自己很快振作起来，以更加饱满的热情面对以后的工作。

问题九："有想过创业吗？"

思路：这个问题可以显示你的冲劲，但如果你的回答是"有"的话，要千万小心，下一个问题可能就是"那么为什么你不这样做呢？"

问题十："你参加过义务活动吗？"

思路：现在就着手做一些义务活动，不仅仅是那些对社会有贡献的，还要是你的雇主会在意的，如果他们还没有一个这样的员工，那么你会成为很好的公关资源。

问题十一："你为什么选择我们公司？"

思路：

（1）面试官试图从中了解你求职的动机、愿望以及对此项工作的态度。

（2）建议从行业、企业和岗位这三个角度来回答。

（3）参考答案——"我十分看好贵公司所在的行业，我认为贵公司十分重视人才，而且这项工作很适合我，相信自己一定能做好。""我来应聘是因为我相信自己能为公司做出贡献，而且我的适应能力使我确信我能很好地承担起我的工作职责。"

问题十二："对这项工作，你有哪些可预见的困难？"

思路：

（1）不宜直接说出具体的困难，否则可能令对方怀疑应聘者不行。

（2）可以尝试迂回战术，说出应聘者对困难所持有的态度——"工作中出现一些困难是正常的，也是难免的，但是只要有坚忍不拔的毅力、良好的合作精神以及事前周密而充分的准备，任何困难都是可以克服的。"

问题十三："如果我录用你，你将怎样开展工作？"

思路：

（1）如果应聘者对于应聘的职位缺乏足够的了解，最好不要直接说出自己开展工作的具体办法。

（2）可以尝试采用迂回战术来回答，如"首先听取领导的指示和要求，然后就有关情况进行了解和熟悉，接下来制订一份近期的工作计划并报领导批准，最后根据计划开展工作。"

问题十四："与上级意见不一致，你将怎么办？"

思路：

（1）一般可以这样回答："我会给上级以必要的解释和提醒，在这种情况下，我会服从上级的意见。"

（2）如果面试你的是总经理，而你所应聘的职位另有一位经理，且这位经理当时不在场，可以这样回答："对于非原则性问题，我会服从上级的意见，对于涉及公司利益的重大问题，我希望能向更高层领导反映。"

问题十五："我们为什么要录用你？"

思路：

（1）应聘者最好站在招聘单位的角度来回答。

（2）招聘单位一般会录用这样的应聘者：基本符合条件、对这份工作感兴趣、有足够的信心。

（3）如“我符合贵公司的招聘条件，凭我目前掌握的技能、高度的责任感和良好的适应能力及学习能力，完全能胜任这份工作。我十分希望能为贵公司服务，如果贵公司给我这个机会，我一定能成为贵公司的栋梁！”

问题十六：“你能为我们做什么？”

思路：

（1）基本原则上是“投其所好”。

（2）回答这个问题前应聘者最好能“先发制人”，了解招聘单位期待这个职位所能发挥的作用。

（3）应聘者可以根据自己的了解，结合自己在专业领域的优势来回答这个问题。

问题十七：“你是应届毕业生，缺乏经验，如何能胜任这项工作？”

思路：

（1）如果招聘单位对应届毕业生的应聘者提出这个问题，说明招聘单位并不真正在乎“经验”，关键看应聘者怎样回答。

（2）对这个问题的回答最好要体现出应聘者的诚恳、机智、果敢及敬业。

（3）如“作为应届毕业生，在工作经验方面的确会有所欠缺，因此在读书期间我一直利用各种机会在这个行业里做兼职。我也发现，实际工作远比书本知识丰富、复杂。但我有较强的责任心、适应能力和学习能力，而且比较勤奋，所以在兼职中均能圆满完成各项工作，从中获取的经验也令我受益匪浅。请贵公司放心，学校所学及兼职的工作经验使我一定能胜任这个职位。”

问题十八：“你希望与什么样的上级共事？”

思路：

（1）通过应聘者对上级的“希望”可以判断出应聘者对自我要求的意识，这既是一个陷阱，又是一次机会。

（2）最好回避对上级具体的希望，多谈对自己的要求。

（3）如“作为刚步入社会的新人，我应该多要求自己尽快熟悉环境、适应环境，而不应该对环境提出什么要求，只要能发挥我的专长就可以了。”

问题十九：“告诉我三件关于本公司的事情。”

思路：

你应该知道十件和公司有关的事情，他问你三件你回答四件，他问你四件你回答五件。说几件你知道的事，其中至少有一样是“销售额为多少多少”之类。

问题二十：“你为什么还没找到合适的职位呢？”

思路：别怕告诉他们你可能会有的聘请，千万不要说“我上一次面试弄得一塌糊涂……”。指出这是你第一次面试。

8. 拥有职业化的举止

一家医疗机构为了选拔护士长进行了一次面试。一位应试者在笔试中是佼佼者，但在面试过程中，她不但拍桌子，脚跟不断地敲打地板，身体还时不时地扭动。她认为自己很有希望，但结果却落选了。她为什么会落选呢？原因就是她缺乏职业化的举止。许多面试者往往只注重衣着和话语，而忽略了胜过有声语言的形体语言。职业化的举止，包括站姿、坐姿、走姿、手势和眼神等方面。

（1）站姿。站姿给人的印象非常重要，可人们往往认为其简单而忽略它的重要性。站立应当身体挺直、舒展、收腹，眼睛平视前方，手臂自然下垂。这样的站姿给人一种端正、庄重、稳重、朝气蓬勃的感觉。如果站立时歪头、扭腰、斜伸着腿，会给人留下轻浮、没有教养的印象。

（2）坐姿。进入面试房间之后应等主考官示意坐下才可就座。如果有指定座位，则坐在指定的位子；若无指定的位子时，可以选择主考官对面的位子坐定，如此方便与主考官面对面交谈。面试时的坐，不要贪图舒服。许多人养成了瘫坐的习惯，在面试中一下子就表现出来了。正确的坐姿从入座开始，入座的动作要轻而缓，不要随意拖拉椅子，身体不要前后左右晃动，背部要与椅背平行，沉着安静地坐下。落座后，上身要保持直立状态，既不前倾，也不后仰。双手自然下垂，肩部放松，五指并拢。男女的坐姿还有一定的区别：男士可以微分双脚，这样给人以自信、豁达的感觉，双手可以随意放置；女士一般要并拢双膝，或者小腿交叉端坐，这样，给人端庄、矜持的感觉，双手一般要放在膝盖上。

面试中以下这些“坐”法是应该避免的：拖拉椅子，发出很大的声音；一屁股坐在椅子上；坐在椅子上，耷拉着肩膀，含胸驼背，给人萎靡不振的感觉；半躺半坐，男的翘着”二郎腿”，女的双膝分开、叉开腿等，给人放肆和缺乏教养的感觉；坐在椅子上，脚或者腿不自觉地颤动或晃动。

就座时要注意包的放置。将手提包直接放到桌子上不合礼仪。直接将手提包挂到椅子上也不适宜，一是容易掉在地上，二是拿取面试所需物品不方便。如果提的是比较大的手提包，要放在椅子右侧，因为面试者多从左侧入座。如果是中型或小型手提包，也可以直接放到椅背处或邻座上。

（3）走姿。走姿是在站姿的基础上展示人的动态美的极好的方式。对于求职面谈而言，走姿主要是指从进入面谈室站定到入座或面谈结束后离开房间的两个过程。求职者要注意，步入面谈室后应主动向屋内的人打招呼，然后神态自然、步履稳健、面带微笑地走进房间。面谈结束后，不管自己对于面谈的预感是怎样的，步履仍然应该自信从容，到门口时再轻轻把门带一下，切记不可失去常态，慌慌张张地快步走出，也不能漫不经心、一步三晃地走出去，这样可能会使招聘人员对你的整个面谈的印象失去好感。

面试时重要的是自信，这种自信也是通过面试者的走姿表现出来的。自信的走姿应该是，身体重心稍微前倾，挺胸收腹，上身保持正直，双手自然前后摆动，脚步要轻而稳，两眼平视前方。步伐要稳健，步履自然，有节奏感。

（4）手势。面试者在运用手势时要注意紧密配合有声语言，做到协调一致，“该出手时就出手”，（笑声）不要“想出不敢出”，反倒给人胆小拘谨之感。手势还要大方自然，幅度适中。手势过大让人觉得性格不稳定，无节制地挥手或无规律地乱摆都会让人觉得说话者轻浮或狂妄；过小则显得呆板，缺少风度。

一些下意识的举动，如揉眼睛、玩手指、双手交叉在胸前、拉耳朵、扯衣服、挠头皮、频繁看表，甚至腿无意识地抖动等，这都反映出求职者内心的不安、慌张、窘迫，显得不庄重，会分散人的注意力，给面试考官留下不好的印象。所以，这些情形一定要在面试中加以杜绝。

小案例 5-15

手插裤兜，帅小伙与名校失之交臂

沈阳某师范大学的小军，英俊帅气。小军口才很好，也有比较强的人际沟通能力。

小军的心很高，他准备到南方高薪私立学校去应聘。他主动来到广州一所私立高中毛遂自荐。学校领导很重视这个东北来的求职者，5位校领导亲自参与面试。在面试中无论是知识结构还是语言和表达能力，小军都很出色。唯一让5位校领导都觉得不舒服的，是小军站着时双手喜欢插在裤兜里，或者大拇指插在裤兜里，其余4个手指留在外面。

手插裤兜里，给人以傲慢、自负的感觉，也会让人觉得这样的人难以服从领导。小军远远地赶到了广州，却因为手势不当没有得到想要的工作，实在遗憾。

（5）眼神。在求职面谈中，求职者要敢于和善于同招聘人员进行视线接触，这既是一种礼貌，又能帮助维持一种联系，使谈话在频频的视线接触中持续下去。一般情况下，视线接触的范围是双眼与嘴部之间的三角形区域，这样既保持了接触，又避免了因直直地盯着对方而引起对方的不快。正确地运用眼神目视对方，体现了你的礼貌，说明你对话题有兴趣而且不怕挑战。有的求职者总习惯于低着头看地板，几乎不看招聘方，或者左顾右盼，还有的总是窥探招聘人员的桌子或其手中的文件纸，这些行为会传递出求职者性格不稳定、不诚实、怯懦、缺乏自信心等信息，很不利于面谈。

此外，面试者在面试时还要注意微笑，这显得亲切自然，是充满自信心的又一表现。

总之，“此时无声胜有声”，面试者要用无声的、职业化的举止，向招聘考官表明“我是最适合的人选”。

小案例 5-16

不看考官，高材生失去“银行”

辽宁某大学的小强面试某大银行的职位，参与面试者中有一个行长、两个副行长、还有单位的人事部主任。小强在求职中亮出了多个获奖证书：美文大赛一等奖，三好学生、优秀学生干部。小强又高又帅，口才也比较好。可是，他不看考官说话。在面试现场，他的眼睛时而向下看、时而向上看、时而左右看。

通常来说，面试时喜欢向下看、向地面看的人有自卑心理，向上看、看房顶的人有傲慢的特点，而向左右看，给人以焦虑和惶恐的感觉。”

银行行长很惋惜地对小强说：“你很优秀，可是你一直不看我，我以为你不喜欢我。我希望你以后无论和谁说话，要看着别人的眼睛。”

太可惜了，高材生就这样失去了银行工作的机会。

在面试时，一定要看着考官的眼睛说话。如果有很多考官，初见时要微笑与每人对视3秒钟，这样会给人以自信和稳定感。

9. 消除过度紧张的情绪

面试过程中，一定要克服紧张情绪。有的人把自己弄得很紧张，从一进门，走到指定的椅子，就只有十几步，他由于紧张却走顺拐了，（大笑）往那儿一坐，扑通一声坐那儿了，把面试官吓一跳，面试官对他说：“请介绍一下你自己吧。”结果他紧张地说：“我叫不紧张。”（大笑）这哪行呀！

面试时心态平和，自然放松，不要过度紧张。如果出现过度紧张的情况，以下方法可以帮助消除，不妨一试。

（1）面试前可翻阅一本轻松活泼、有趣的杂志书籍。这时阅读书刊可以转移注意力，调整情绪，克服面试时的怯场心理，避免等待时紧张、焦虑情绪的产生。

（2）面试过程中注意控制谈话节奏。进入面试现场致礼落座后，若感到紧张先不要急于讲话，而应集中精力听完提问，再从容应答。一般来说，人们精神紧张的时候讲话速度会不自觉地加快，讲话速度过快，既不利于对方听清讲话内容，又会给人一种慌张的感觉。讲话速度过快，还往往容易出错，甚至张口结舌，进而强化自己的紧张情绪，导致思维混乱。当然，讲话速度过慢，缺乏激情，气氛沉闷，也会使人生厌。为了避免这一点，一般开始谈话时可以有意识地放慢讲话速度，等自己进入状态后再适当增加语气和语速。这样，既可以稳定自己的紧张情绪，又可以扭转面试的沉闷气氛。

（3）回答问题时，目光可以对准提问者的额头。有的人在回答问题时眼睛不知道往哪儿看。经验证明，魂不守舍、目光不定的人，使人感到不诚实；眼睛下垂的人，给人一种缺乏自信的印象；两眼直盯着提问者，会被误解为向他挑战，给人以桀骜不驯的感觉。如果面试时把目光集中在对方的额头上，既可以给对方以诚恳、自信的印象，也可以鼓起自己的勇气，消除自己的紧张情绪。

当然你如果多经历几次面试，就会觉得面试没有什么，也就不会过于紧张了。

10. 别忘了临别的礼貌

当主考官说到“咱们今天就谈到这里”“我很感谢你对我们这项工作的关注”等话语，你可以主动告辞，当然最好能记住面试官的名字。告辞时要讲礼貌：不管录取与否，都要感谢面试官给你的面试机会，同时也要感谢为你服务的人员，没有人不喜欢有礼貌的人。如果当时就知道被录用，也不要过于惊喜，应该向主考官表示感谢，希望以后合作愉快。若结果还未知，则应再次强调你对应聘工作的热情，并感谢对方抽出时间与你交谈。力戒言辞过分，过多使用“请多关照”“拜托你了”这样的词句，反而使对方感到你实力不足。要失聘不失态。不要主动与主考官握手，考官要伸出手，你才能握。最后轻轻地离开座位，轻轻地将门带上，礼貌地离去。

【小贴士 5-16】

求职面试中的语言禁忌

面试是求职的一个重要环节，如同其他考试一样，既要有经验的的积累，也要有临场的发挥，语言的技巧尤其显得重要。恰当得体的语言无疑会增强竞争力，更易应聘成功。反之，不得体的语言会损害你的形象，削弱你的竞争力，甚至导致求职面试的失败。因此，在求职面试中更要注意语言的禁忌。

（1）忌问“你们要不要……”

“你们要不要外地人？”“你们要不要女性？”“你们要招聘多少人？”“你们对学历的要求有没有余地？”等。

“你们要不要外地人？”一些外地人出于坦诚，或急于得到“兑现”，一见招聘人员就说这么一句，弄得人家无话可说。因为一般情况下，招聘方总是希望多用本地人，但也没有理由说不用外地人。这要看你的实际情况能否与对方的需求接上口，让人家觉得很有必要接纳你。“你们要不要女性？”这样询问的女性，首先给自己打了“折扣”，是一种缺乏自信心的表现。面对已露怯意的女性，用人单位正好“顺水推舟”，予以回绝。你若是来一番非同凡响的介绍，反倒会让对方认真考虑。“你们要招聘多少人？”对用人单位来讲，招一人是招，招十人也是招，问题不在于招几个，而是你有没有独一无二的实力和竞争力。“你们对学历的要求有没有余地？”本来，研究生、本科生、大专生，甚至于中专生，在学历上肯定是有差距的，但在能力的竞争上却是平等的，任人唯贤的例子是很多的。如果这样一问，招聘方回答没有余地，那么，你也就没有余地了。这些都是缺乏自信的表现，没有自信的人也是不受用人单位欢迎的人。

（2）忌说“我与××相熟”

“我与你们单位的××认识”“我和××是同学，关系很不错”等，有熟人这种话主考官听了会很反感，他会觉得你根本没有实力，就喜欢拉关系。或者是想“拉大旗做虎皮”，如果主考官与你所说的那个人关系不怎么好，甚至有矛盾，那么，你这话引起的后果就会更糟。

（3）忌急问“你们的待遇怎么样”

面试时尽量不要问工资待遇。一般的单位都有固定的工资标准体系，对于应届大学生，单位一般不会在工资上破例，而且很多时候用人单位会提前公布这方面的信息，面试时不适宜过多问这方面问题。这很容易让面试官反感，“工作还没干就先提条件，何况我还没说要你呢！”

（4）忌直说“我不同意”“我不赞成”

某些面试可能是讨论式的。由于个人的经历不同或者所处的社会地位不同，对一些问题的看法必然会有所不同，面试官与求职者讨论问题，双方的观点可能有很大的差异，求职者在发表自己的见解时，要注意避免和面试官的直接交锋，不要直接对抗对方观点。

（5）忌直说“我适合……，不适合……”

如果面试官说“我们的管理人员很多，一线工人不足，愿意到一线吗？”你该怎样回答。假若你说：“我适合做管理人员，而不适合去一线工作，”这样直接地反对，无疑面试很难进行下去。假若你说“愿意”，而不强调自己一定要向高层次发展，对方会觉得你碌碌无为，即使在一线，无上进心也不能很好地完成工作。对此可以说：“发展有难度并不等于不可能，我将尽最大努力去争取最适合我同时对公司有益的工作，并且能做好。”

（6）忌怕说“我不懂”“我不知道”

面试中常会遇到一些不熟悉、曾经熟悉现在忘了或根本不懂的问题，面临这种情况，知之为知之，不知为不知是上策。回避问题是失策，牵强附会更是拙劣，诚恳坦率地承认自己的不足之处，反倒会赢得面试官的信任和好感。

（7）忌不敢说“您问的是不是这样一个问题”

面试中，面试官提出的问题过大，以致不知从何答起，或求职者对问题的意思不明白是常有的事。但许多求职者碍于面子，或者胆怯，不敢问，结果是糊里糊涂，答非所问。应该是确认提问，敢于说“你问的是不是这样一个问题”，将问题复述一遍，确认其内容，才会有的放矢，不致南辕北辙，答非所问。

（8）忌说“我从没失败过”“我可以胜任一切”

这种说法是自诩。自诩是一种以自我为中心的不切实际的言语辐射，它往往使交流对象感到失去了自己的交际价值。自诩有自我吹嘘和借夸两种表现形式。自我吹嘘者往往言过其实地突出自我的某些情节、某项成就、某种特长。例如，考官问：“请你告诉我你的一次失败经历。”“我想不起我曾经失败过。”又如，“你有何有优缺点？”“我可以胜任一切工作。”这常常会让面试官产生逆反心理，对你才能乃至你的人品产生怀疑，反倒破坏自己的形象。借夸则不同，他是故意搬出与自己相近相似的某个人，把他品行才干方面的一些与自己相关的杰出表现大肆渲染，进行一番夸耀；或者大言不惭地吹嘘自己与某些名人、大人物的交往，借此抬高自己的身价，这也是一种变相的自夸，都令人生厌[①]。

[①] 陈丛耕．口语交际与人际沟通．重庆：重庆大学出版社，2010.

拓展阅读

方位次序礼仪

方位次序是指对参加社交活动的个人、团体或国家按照一定的惯例进行排列的先后次序。它是日常接待工作中应遵守的规则，体现了接待方对宾客尊重的心理。方位次序礼仪是日常工作中经常遇到的问题。它看起来简单，但稍不注意出现了差错，就会使参与者处于尴尬的境地，甚至影响工作的顺利开展。因此，在交际活动中千万不可小视方位次序礼仪。

1. 方位次序原则

凡两个人以上在一起行走、站立、坐……都有一个方位次序的问题。谁在左边，谁在右边，谁在前面，谁在后面都有一定的规则。在商务活动中，我们通常遵循“以右为尊”“前排为尊”“中间为尊”的原则。“以右为尊”即是当两个人就座、行走时，右边的位置比左边的更尊贵。应当让职位高者、长者、客人、女性处于右侧，以表示对他们的尊重。当几个条件同时存在时，应当视场合而定。在商务场合，应以职位高者为尊者，让其在右侧。若是社交场合，应先按年龄，再按性别的顺序进行安排。“前排为尊”即是在会议、合影、行走时，应以前排的位置为尊。“中间为尊”即在会议、合影、行走时，应以中间的位置为尊。

2. 不同场合的位次礼节

（1）主席台的座次。主席台上的座次顺序略有不同，它是按“中间为尊”“以左为尊”的原则来确定位次的。“中间为尊”就是把职务最高者居中，然后再按“以左为尊”的顺序先左边后右边依次向两边递延，这是我国传统的“以左为尊”观念的体现。主席台上的人数若是双数，只要把最后一个位次暂时先去掉，使人数变成单数，再按照“中间为尊”原则确定第一号人物，再按“以左为尊”原则依次向两边排序，再把最后一个位次依照刚才的排序方法加在最后即可。

（2）会见的位次。会见、会谈、接待、拜访等许多场合都涉及座次问题，我们应按国际惯例“以右为尊”原则来安排。但由于会客室桌椅摆放各不相同，所以其体现方式也不尽相同。因为会客室大小不一，门所在的位置、方向也不相同，这些都影响了桌椅的摆放方位，上座、下座的确定也不尽相同。一般来说，主要有以下几种摆放方式。

① 并列式。并列式是指主、客双方并排面对门而坐，门通常在主、宾的正前方。会见时，第一主人应该请主宾坐在他的右侧（上座），主宾双方的其他人员则各自一方按其身份高低依次排列就座，翻译或记录人员可在其两边或后侧就座。

② 相对式。相对式是指主人与客人相对而坐。这要依据门的位置来布置会客室。确定位次的总原则是：离门远、面对门的一侧是上座；离门近、背对门的一侧是下座。应该让客人坐在离门远、面对门的上座。具体还要根据门的方位与桌子的摆放来确定上座和下座：进门后，桌子横摆，那么离门远、面对门的是上座，应该让客人坐。进门后，桌子竖摆，即桌子的窄端面对门的时候，以进门后面对桌子窄端的右手一边为上座。如果在办公室接待来访者，那么离办公桌远、靠窗户近、比较安静的座位是上座。

③ 自由式。自由式即宾主自由选择座位，不事先安排座次。这种位次方式通常用于宾客比较多，不便于排座次时；或宾主双方关系比较密切，不需排座时。这种座次方式也能营造出一种轻松的谈话氛围。

（3）会谈的座次。会谈是由主客双方或多方就共同关心的问题交换意见和看法，寻求解决办法的一种沟通形式。会谈的氛围一般比较严肃，座次安排要求更加规范。

① 相对式。相对式一般使用长形或椭圆形谈判桌，宾、主各自列于桌子两侧，主谈人员居中，其他人员按以右为尊原则，依职位高低由近而远分坐于主谈人员两侧。根据谈判桌的摆放和门的方位，通常有两种座次安排方法。一是谈判桌的窄端面向门，进门后右侧为上，是客方所坐；左侧为下，是主方所坐。二是谈判桌横放，面对正门的一方是上座，为客方所坐；背对门的一侧是下座，为主方所坐。

② 主席式。这种形式适合三方或三方以上的多边会谈。在会场里面设一个主席台，发言人轮流到主席台上发表意见、陈述观点。

③ 自由式。这种形式适合多方（三方或三方以上）会谈，可以不排列顺序，随意而坐。会场通常是圆桌式的会场布置，表明各方平等的关系。一般东道主坐于背靠门的下座，表明对客方的尊重。

④ 商务宴请的座次。商务宴请的座次，人们讲究以右为尊，即离主人近为尊，离门远为尊。中餐座次，习惯让男性和女性各坐一边。男主宾坐在男主人右边，女主宾坐在女主人右边，其他来宾按职务高低依次排列。如有翻译，翻译可坐在主宾的右侧。

另外，也可按“之”形排列法或对角线排列法排列座次。人数较多的正规宴请，应该事先在桌上摆放名牌，主人就可示意大家按名牌入席。如果未放置名牌，主人就要邀请客人坐上座。假设主宾身份甚高或主人十分敬重他，就可以请主宾坐在正中，自己向左移一位（按中国传统礼节，主宾此时应该推辞、谦让一番，在主人坚决请求下再入座。不过现代人已经不需要过多的客套，略略谦让一下即可，如果老是推辞，大家都不能入座）。这样的移动会影响到整个座次的安排，但是不论怎样坐，背靠门口的座位一定要让主人一方的人来坐，因为这是个下座。

（4）乘车的座次。在接待工作中，我们常常为来宾安排乘坐轿车等事宜，乘车座次如何安排也是一项体现工作人员工作是否周密、对来宾的尊重程度如何的一个重要方面。由于各国交通规则不同，在不同的国家，轿车座次礼仪也不相同。英、美等国是靠左行驶，我国是靠右行驶。以我国为例，乘坐轿车的位次原则如下：右高左低，后高前低。另外，情况不同，也有不同的安排。我们既要按原则办事，又要尊重他人选择。

① 驾驶者是专业司机时。双排五座轿车，除司机外其他人员的尊卑位次是：后排右座，后排左座，后排中座，前排副驾驶座。若非常讲究座次的话，则后排只安排两人。

② 驾驶者是主人时。当主人开车时，位次尊卑顺序不同。双排五座轿车，其他人员的尊卑位次是：副驾驶座，后排右座，后排左座，后排中座。主宾应该坐在前排副驾驶的座位，与身份相当的主人并排而坐，也表示了对主人的尊重。若非常讲究座次的话，则后排只坐两人即可。

3. 不同场合的次序礼节

（1）行走的次序礼节。行走次序是指人们在步行中的位次排列顺序。商务人员经常陪同领导、宾客时，要特别注意这个问题，不可违反，否则有不礼貌之嫌。行走原则一般有如下几条。

① 二人行。前后行：前为尊，后为次；左右行：右为上，左为下；沿路行：内侧为上，外侧为下。

② 三人并行：中为尊，右为次，左为下。

③ 男女同行：女在右，男在左；或女在内侧，男在外侧。

④ 主客同行：主人应让客人走在内侧，主人走在外侧；若路况不好或路灯不明时，主人

应走在客人前面，照顾、提醒客人。

（2）乘坐电梯的次序礼节。有电梯工值守时，应让尊者、客人先进或先下。没有电梯工值守时，接待人员应先进电梯，按住电钮，请尊者、客人后进或先下，防止被门夹住。

（3）上下楼梯的次序礼节。上楼梯时，应让上司、客人、年长者、女士走在前面，秘书、随员走在后面。下楼梯时，男性、年轻人、主人应走在前面，上司、年长者、客人、女士走在后面。这种次序礼节是使尊者、需要照顾者总处在上方，万一他们不小心踏空摔倒，走在下面的人能很快将他们扶住。如果接待的是女士，而她又穿着短裙，这时上楼梯，接待人员就要走在前面。这是为防止女士所穿短裙高高在上，有"走光"的危险。

（4）进出门的次序礼节。在接待工作中，商务接待人员经常要引导客人进出房间。如果房间门朝内推，接待人员应走到前面，进门后把房门推开，扶持好，等尊者进门后，再把门关好；如果房间门朝外开，接待人员也应走上前去把门拉开，扶持好，等尊者进门后，自己再跟进来，并把门关好。

（资料来源：王芬. 商务活动中的方位次序礼仪. 北京：商场现代化，2008（15））

实践训练

1. 见面场景模拟训练

实训目标：熟练、规范地运用见面的各种礼节进行交际

实训学时：2 学时。

实训地点：实训室。

实训准备：见面场景、名片若干张。

实训方法：3～5 人一个小组，每组设计一个见面场景，将称呼、介绍、握手等见面礼、问候、递接名片等交际礼仪，连贯地演示下来，学生对各组的表演进行评价，最后教师总结。表演之前，每组应就设计的场景和成员的角色进行说明。

2. 制定网络沟通礼仪规范

实训目标：明确网络沟通的基本规则和礼仪。

实训学时：2 学时

实训地点：教室

实训方法：将全班学生分组，4～6 人为一组，要求其结合所学网络沟通的知识和自身使用网络的体会，制定出一份网络沟通行为准则。在课堂上分组进行交流，师生共同评价。

3. 举行模拟招聘会

实训目标：锻炼学生自我推销能力，积累应聘经验，掌握应聘礼仪，增强自信心，全面认识自我。

实训学时：2 学时。

实训地点：实训室。

实训准备：模拟招聘企业情况、需求岗位、面试问题、面试桌椅等。

实训方法：

（1）选 3～4 名学生担任某企业面试考官，其他同学担任求职者。

（2）面试考官先介绍单位及岗位需求情况，然后求职者依次进行1分钟自我介绍，面试考官提问，求职者回答问题。

（3）最后教师总结、点评。

课后练习

1. 小张和同学小李一同去听孙教授的礼仪讲座，小李对讲座非常感兴趣，想和孙教授进行深入交流。由于孙教授曾经给小张所在的班级上过课，认识小张，因此小李想让小张在工作结束后把自己介绍给孙教授。

请问：如果你是小张你将怎样做介绍？请与同学分别扮演相关角色实际模拟演示一下。

2. 设计出富有个性的名片，然后与同学相互之间练习名片的递接。有条件的话，还可以选出最具特色的名片，进行一次名片展览。

3. 小高已经毕业五年多了，她想去拜访已患胰腺癌的昔日班主任老师，然而她想了半天也没有想好该带什么礼物。如果他的班主任老师是女性，年龄在50岁左右，你认为应该送什么礼物为宜？

4. 你是五湖集团公司办公室的接待人员，明天上午四海集团公司的总经理亲自带队，来你公司参观考察并落实合作事宜。

请问：你将怎样安排这次接待工作？

5. 假如你明天要拜访一位重要客户，列出你需要做哪些准备？

6. 欣赏相声表演艺术家马季的相声《打电话》，讨论打电话应该注意什么？

7. 李经理正在与一位客户进行电话交谈，这时另一位重要客户来到办公室拜访。如果你是李经理，正确的做法应该是什么？

8. 结合自身实际，谈谈使用微博、微信、QQ与人沟通应注意哪些礼仪？

9. "人心隔肚皮"，更何况是在虚拟世界。你可能是一位网络常客，你认为应该重视网络礼仪吗？

10. 阅读以下材料，然后谈谈你的看法。

（1）某大学生毕业后到一家公司求职，公司经理照例同他进行面试谈话。开始，一切谈得都很顺利，由于对他的第一印象很好，经理随后就拉家常式地谈起了自己在休假期间的一些经历，这位大学生走神了，没有认真听取经理后来的谈话内容。临走时，经理问他有何感想，这位大学生说："您的假期过得不错，好极了！"经理盯了他好一会儿，最后冷冷地说："好极了？我生病住进了医院，整个假期都待在医院里！"

（2）周先生曾去报社应聘业务主管。主持面试的负责人问他平常都有什么爱好，周先生回答说"爱看书"。招聘者问："主要是哪方面的书？"周先生说自己爱读西方哲学著作。当招聘者要求周先生推荐一部西方哲学著作的时候，周先生搜肠刮肚偏偏一部都想不起来。实际上，他的确接触过几部哲学名著，但都没怎么精读，加之年日已久，已经忘得差不多了。周先生本以为，这样的回答可以把自己塑造成一个爱读书、学识渊博、有能力胜任报社主管一职的人。没想到，聪明反被聪明误，在招聘者眼中，周先生不够诚实，不够谦虚，言过其实，甚至有爱吹牛、弄虚作假之嫌。面试结果可想而知，他没有收到录取通知书。

（3）一位大学毕业生走进一家报社，问道："你们需要一位好编辑吗？"言下之意自己当然就是"好编辑"了，语气是那么的自信。

“不。”拒绝却是那么的干脆。

“那么，印刷工如何呢？”依然是坚忍不拔。

“不！我们现在什么空缺也没有。”嘴全部都封死了，看来没戏！

可是……

“那么，你们一定需要这个东西。”这位大学生从公文包里拿出一个精美的小牌子，上面写着：“额满，暂不雇用。”

报社主任笑了，他开始用一种新的眼光来审视面前的这位年轻人了。最后这位年轻人被录用到报社销售部当经理。

11. 以下是一则面试对话，请分析应聘者面试失败的原因。

面试官：从你的简历得知，你的英语已过了国家六级水平，真是不简单呀。

面试者：你过奖了。其实我周围很多同学都达到了这个水平，我也是一般而已。况且，我还有很多不足，比如，我的计算机水平老是跟不上，很多同学都过了二级，我还是停留在初级水平上；还有一些专业课也掌握得很不好，让我头痛得很。有时，我也觉得自己很没用。

面试官：原来你对自己很没信心。

12. 设想你对做一位宾馆公关部经理向往已久，现在有了这样的一个机会，但你的竞争对手如林，在面试时你如何推销自己？

13. 日本的一些大公司在招聘人才进行面试时，专门就说话能力规定了若干不予录用的条文。其中有：

应聘者声若蚊子者，不予录用；

说话没有抑扬顿挫者，不予录用；

交谈时，不得要领者，不予录用；

交谈时，不能干脆利落回答问题者，不予录用；

说话无生气者，不予录用；

说话颠三倒四、不知所云者，不予录用。

对于日本大公司招聘人才的以上规定，你有何看法？

14. 面试官问：“关于工资，你的期望值是多少？”应试者反问：“你们打算出多少？”如果是你，那么会这样反问面试官吗？为什么？

15. 一位男性应聘者听到考官席上两个人窃窃私语，好像是说自己个子太低、形象不佳，不适合到该公司求职，假如你是这位求职者，那么你会怎样扭转对自己明显不利的局面？

16. 案例分析

“小”字别乱喊

孙西是某咨询公司的高级培训师。上个月，他与公司另一名同事去杭州出差做一个项目。在企业做了一天的内部访谈后，第二天安排到市场一线做实地调研，由各地的区域经理负责安排接待陪同。

市场调研到了嘉兴，当地的区域经理白天陪同一起走访市场，晚上安排了饭局。区域经理几杯啤酒下肚，便开始称兄道弟。当他得知孙西比自己小几岁后，敬酒时便对孙西的同事喊着：“张经理我们干一杯，”然后冲孙西说：“小孙，咱们也喝一杯。”

孙西一听，感觉有点不对味，故意推辞：“不好意思，我吃完饭回去还得整理一下调研材料，就免了吧。”那个区域经理觉得被扫了面子，又冲着孙西的同事说：“张经理，你看小孙，可真不够意思！”

孙西闻言，更加不舒服了，他端起酒杯很绅士地对那个区域经理说：“请问您贵姓？”区域经理很纳闷，答道："我姓彭。""哦，小彭，咱们第一次见面，也不是很熟悉，但我要很负责地跟你说句话，你听好了——即使是你们老板跟我一起吃饭，敬酒时也都会很尊敬地称我一声'孙老师'或'孙经理'！好了，这杯酒我敬您。喝完我就先告辞了。"孙西一饮而尽，留下那个屁股刚抬起一半准备喝酒的区域经理，站也不是，坐也不是，呆立当地。

【思考与讨论】

（1）本案例中那位区域经理的问题出在哪儿？

（2）职场中称呼应该注意什么？

如此握手

艾丽是某著名房地产公司的副总裁。一天，她接待了来访的建筑材公司主管销售的韦经理。

韦经理被秘书领进了艾丽的办公室，秘书对艾丽说："艾总，这是××公司的韦经理。"艾丽离开办公桌，面带笑容，走向韦经理。韦经理先伸出手来，与艾丽握了握。艾丽客气地对他说："很高兴你来为我们公司介绍这些产品。这样吧，我先看一看这些材料，再和你联系。"韦经理在几分钟内就被艾丽送出了办公室。几天内，韦经理多次打电话，但得到的是秘书的回答："艾总不在。"

到底是什么让艾丽这么反感一个只与她说了两句话的人呢？原因在于握手！韦经理是一个男人，职位又低于艾丽，握手应该由艾丽先伸手。艾丽说："他伸给我的手不但看起来毫无生机，握起来更像一条死鱼，冰冷，毫无热情。当我握他的手时，他的手掌也没有任何反应，就这几秒钟，他就留给我一个极坏的印象。"

【思考与讨论】

（1）交际中握手应传递怎样的信息？

（2）握手的礼仪有哪些？

名片

某公司王经理约见一个重要的客户方经理。见面之后，客户就将名片递上。王经理看完名片就将名片放到了桌子上，两人继续谈事。过了一会儿，服务人员将咖啡端上桌，请两位经理慢用。王经理喝了一口，将咖啡杯子放在了名片上，自己没有感觉，客方经理皱了皱眉头，没有说什么。

【思考与讨论】

（1）请分析王经理的失礼之处。

（2）接过对方的名片后应如何放置？

对方看到你打电话的表情

日本有一个特别有名的销售员，有人结合他的经历写了一本书，叫《史上最伟大的推销员》。这个推销员的伟大之处在哪儿呢？他的工作中又有哪些有趣的故事？

有一天晚上，他回到家后，比较累了，决定先睡一觉。但他定了一个闹钟，同时告诉他老婆，晚上十点的时候，一定要把他叫起来，因为他跟一个很重要的客户约好在十点半的时候打电话。

到十点的时候，不等他老婆催他，他听到闹钟就醒了，然后去洗手间洗漱，接着又是刮胡子，又是穿衬衫、打领带的，还穿上了西装和皮鞋。最后拿了个本子，在电话机旁正襟危坐，一到十点半就准时给对方打电话。

业务倒是谈得很顺利，十几分钟就搞定了。但是他这番怪举动让他老婆感到很奇怪：不就一个电话吗？有必要搞得跟个神经病似的吗？大半夜的还要起来精心打扮一通，好像现在不是晚上，而是星期一一大早。

你猜他是怎么解释的？他跟他老婆说，如果我很邋遢、很懒散的话，对方虽然看不到我的样子，但是我自己的精神面貌不好，而这会通过我的语气变化传达到对方那里。经过这么一番打扮，我看起来正式多了，人也精神多了。虽然看不见对方，我也要尊重对方，我相信，对方一定能感受得到！

一个人的成功与伟大，从来都不是无缘无故的。他凭借着这样的好心态赢得了众多的客户，很多客户觉得，不管什么时候和这个推销员打电话，都会感觉他精神百倍，好像全心全意地在做这件事。客户要是感觉到你是全心全意的，哪怕只是对待一通电话，他也会觉得受到了极大的尊重。

【思考与讨论】

（1）与客户进行电话沟通时，怎样让客户觉得你是尊重他（她）的？

（2）本案例对你有什么启示？

一毛钱的作用

几个刚毕业的大学生到一家公司参加面试。这家公司很特别，把面试的地点放在了远离公司的地方。

到了面试的时间，工作人员提出了一个奇怪的要求："现在你们都用手机发一条署名的短信给经理，向经理询问公司的地址，经理会告诉你们是否被录取。"

尽管大家都觉得很奇怪，但还是照做了。他们都用毕恭毕敬的语气给经理发了短信，没过多久大家就收到了经理的回复，上面显示的正是那家公司的地址。有人举起手机问那个工作人员："就是这样吗？"

工作人员微笑着说："就是这样，请你们再等会儿，十分钟后经理就会宣布录取结果。"

十分钟以后，工作人员收到了一条手机短信，她抬头念出了一个名字，告诉他录取了。其他的几个人感到很奇怪，纷纷询问自己到底哪里做得不好。工作人员告诉他们："如果你们收到回复后，能像他一样，肯多花一毛钱，再给经理发一条感谢的短信，或许你们就会被录取。"

有时，微不足道的一毛钱，正代表了你对他人的态度。

【思考与讨论】

（1）使用短信有哪些礼仪规范？

（2）本案例对你有哪些启示？

谁来接站？

穆教授是礼仪方面的专家，他被邀请到某外贸公司做一堂关于国际交往礼仪的讲座。他打电话通知这家公司他明天抵达，希望公司有关人员届时到机场接一下。该公司秘书小吴接了电话，满口答应。但当穆教授走出机场时，左右环顾，无人接站，静等了十几分钟，仍无人前来，他只能叫出租车去公司了。穆教授到接待处，询问公司是否知道他要来，秘书说知道，都已经准备好了。穆教授奇怪地问，怎么没有来接站。秘书小吴"喔"了一声，连忙道歉，说"忘了"。她在忙乱之中，只想着给穆教授安排食宿问题了，而忘了要派车去接穆教授了。

【思考与讨论】

（1）从小吴的失误中，谈谈在接待之前都要做好哪些准备？

（2）如果你是小吴，应该怎样向穆教授道歉？

岂有让客人站着之理？

一天，某公司负责前台接待的秘书小张迎来了一位事先与市场部孙经理预约好的却提前20分钟到达的客人。小张立刻通知了市场部经理，经理说正在接待一位重要客人，请对方稍等，小张就如实转告给客人说："孙经理正在接待一位重要客人，请您稍等。"正说着电话铃响了，小张赶快去接电话，10分钟后才发现客人正在办公室走来走去，她这才意识到应该给客人安排座位，但客人脸色很不好看。

【思考与讨论】

（1）针对案例，请分析小张在接待中有哪些不妥？

（2）如果你是小张，接下来你要怎样对客人说来挽回自己的失误。

麦克拜访客户的秘诀

麦克具有丰富的产品知识，对客户的需要很了解。在拜访客户以前，麦克总是掌握了客户的一些基本资料。麦克常常以打电话的方式先和客户约定拜访的时间。

今天是星期四，下午4点刚过，麦克精神抖擞地走进办公室。他今年35岁，身高180cm，深蓝色的西装上看不到一丝的皱褶，浑身上下充满朝气。

从上午7点开始，麦克便开始了一天的工作。麦克除了吃饭的时间，始终没有闲过。麦克5点半有一个约会。为了利用4点至5点半这段时间，麦克便打电话，向客户约定拜访的时间，以便为下星期的推销拜访而预做安排。

打完电话，麦克拿出数十张卡片，卡片上记载着客户的姓名、职业、地址、电话号码资料以及资料的来源。卡片上的客户都是居住在市内东北方的商业区内。

麦克选择客户的标准包括客户的年收入、职业、年龄、生活方式和嗜好。

麦克的客户来源有3种：一是现有的顾客提供的新客户的资料；二是麦克从报刊上的人物报道中收集的资料；二是从职业分类上寻找的客户。

在拜访客户以前，麦克一定要先弄清楚客户的姓名。例如，想拜访某公司的执行副总裁，但不知道他的姓名，麦克会打电话到该公司，向总机人员或公关人员请教副总裁的姓名。知道了姓名以后，麦克才进行下一步的推销活动。

麦克拜访客户是有计划的。他把一天当中所要拜访的客户都选定在某一区域之内，这样可以减少来回奔波的时间。根据麦克的经验，利用45分钟的时间做拜访前的电话联系，即可在某一区域内选定足够的客户供一天拜访之用。

麦克下一个要拜访的客户是国家制造公司董事长比尔西佛。麦克正准备打电话给比尔先生，约定拜访的时间。

做好拜访前的准备工作使麦克成为一名优秀的业务员。

【思考与讨论】

（1）麦克拜访客户有哪些秘诀？

（2）本案例对你有何启示？

应聘

小李：（推门进来，重重地关上门。坐在主考官面前，默不作声。）

主考官：你是李东吧？请问，你是从哪所学校毕业？什么时候毕业的？

小李：（不解地）您没有看我的简历吗？您问的这些问题简历上都写着呢。

主考官：看了。不过我还是想听你说说。那么，请用1分钟叙述一下你的简单情况。

小李：（快速地）我在大学里学的是文秘专业，实习时在一家广告公司负责文案。这几年，我报考了英语专业的自学考试，目前已通过5门功课的考试。我很想到贵公司工作，因为贵公司的工作环境很适合年轻人的发展。我希望贵公司给我一个机会，而我将回报贵公司一个惊喜。

主考官：（皱起眉头）好吧，回去等通知吧。

小李：（急匆匆走出去，又急匆匆返回来拿放在椅子脚旁的帆布皮包。）

【思考与讨论】

小李这次面试为什么失败？

主要参考文献

[1] 龙旋．人际关系与沟通技巧[M]．北京：人民邮电出版社，2016.

[2] 李慧茹，王瑞春．商务礼仪[M]．北京：清华大学出版社，2016.

[3] 秦保红．职场礼仪教程[M]．北京：中国人民大学出版社，2016.

[4] 蒋红梅，张晶，罗纯．演讲与口才实用教程[M]．北京：人民邮电出版社，2015.

[5] 周璇璇，张彦．人际沟通[M]．厦门：厦门大学出版社，2015.

[6] 张月霞，唐邈芳.秘书沟通实务[M].北京：高等教育出版社，2015.

[7] 孙立湘，王颖．实用交际礼仪[M]．北京：机械工业出版社，2014.

[8] 李元授．人际沟通训练[M]．武汉：华中科技大学出版社，2014.

[9] 刘凤芹．沟通能力训练[M]．北京：科学出版社，2014.

[10] 刘恋.沟通技巧[M].西安：西安电子科技大学出版社，2014.

[11] 毛锦华，周晓.商务沟通与礼仪实务教程[M].北京：电子工业出版社，2013.

[12] 吴尚忠．说故事　学礼仪——常用公务商务礼仪趣谈[M]．南京：东南大学出版社，2013.

[13] 付桂萍．做派：在商务活动中合乎去情境地展示自己[M]．长沙：湖南人民出版社，2013.

[14] 金常德．大学生社交口才实践教程[M].北京：北京大学出版社，2013.

[15] 王振翼.商务谈判与沟通技巧[M].大连：东北财经大学出版社，2012.

[16] 陈光谊．现代实用社交礼仪[M]．北京：清华大学出版社，2012.

[17] 鲍日新.社交形象礼仪[J].上海:上海浦江教育出版有限公司,2012.

[18] 顾筱君.21 世纪想想设计教程[M].北京:机械工业出版社,2012.

[19] 王晶,等.形体训练与形象塑造[M].北京：清华大学出版社，2011.

[20] 关洁.个人形象设计[M].北京:中国戏剧出版社,2011.

[21] 何爱华，张学娟．实用商务礼仪[M]．北京：人民邮电出版社，2011.

[22] 王丽娟．员工礼仪[M]．北京：中国言实出版社，2011.

[23] 傅春丹．演讲与口才案例教程[M]．北京：中国水利电力出版社，2011.

[24] 屈海英．新编演讲与口才[M]．杭州：浙江大学出版社，2011.

[25] 晓蒂.你会打“职场招呼”吗[J].秘书之友，2011（4）.

[26] 陈乾文．别说你懂职场礼仪[M]．北京：龙门书局，2010.

[27] 胡详鸿．礼仪：销售人员的第一课[J]．现代营销（经营版），2010（01）.

[28] 张卫东，武冬莲．现代商务礼仪[M]．北京：电子工业出版社，2010.

[29] 廖春红.中国式商务应酬[M].广州：广东人民出版社，2010.

[30] 纪亚飞．时尚丽人礼仪课堂[M]．北京：中国公认出版社，2010.

[31] 吴新红．实用礼仪教程[M]．北京：化学工业出版社，2010.

[32] 卢海燕．演讲与口才实训[M]．大连：大连理工大学出版社，2009.

[33] 吴欣琪．一毛钱的作用[J]．故事会，2009（2）.

[34] 王建民.管理沟通实务[M].北京:中国人民大学出版社， 2008.

[35] 莫林虎．商务交流[M]．北京：中国人民大学出版社，2008.

[36] 尹凤芝，等．沟通与演讲[M]．沈阳：东软电子出版社，2008.

[37] 史振洪，朱贵喜．秘书人际沟通实训[M]．北京：人民大学出版社，2008.